निबन्धों की दुनिया

शिवपूजन सहाय

निबन्धों की दुनिया

शिवपूजन सहाय

प्रधान सम्पादक

निर्मला जैन

सम्पादक

अनिल राय

वाणी प्रकाशन

वाणी प्रकाशन
4695, 21-ए, दरियागंज, नयी दिल्ली 110 002
शाखा
अशोक राजपथ, पटना 800 004
फ़ोन: +91 11 23273167 फ़ैक्स: +91 11 23275710
www.vaniprakashan.in
vaniprakashan@gmail.com

NIBANDHON KI DUNIYA : SHIVPOOJAN SAHAY
Chief Editor : Nirmala Jain
Editor : Anil Rai

ISBN : 978-93-5072-166-7
Literary Essays

प्रथम संस्करण
मूल्य : ₹ 395

ओम ऑफ़सेट, दिल्ली-110093 में मुद्रित

वाणी प्रकाशन का लोगो मक़बूल फ़िदा हुसेन की कूची से

अनुक्रम

भूमिका

आचार्य शिवपूजन सहाय का जन्म 1893 ई. में बक्सर (बिहार) जिले के उनवाँस गाँव में हुआ। उनवाँस गाँव आज भी साधन-सम्पन्नता की दृष्टि से विकसित नहीं कहा जा सकता। आचार्य शिवपूजन सहाय के जीवनकाल में वह कितना विकसित रहा होगा, कहने की आवश्यकता नहीं। 'ग्राम सुधार' नामक पुस्तक की भूमिका में स्वयं शिवपूजन जी ने लिखा है, "मैं ठेठ देहात का रहने वाला हूँ, जहाँ नयी रोशनी की सभ्यता का उजाला नहीं पहुँचा है। अँधेरे में पड़े हुए गाँव बहुत से हैं; जहाँ न अच्छी सड़क है, न स्कूल है, न पुस्तकालय है, न अस्पताल है।" (ग्राम सुधार/सं. मंगलमूर्ति/पृ. 15)

वे गाँव की समस्याओं से परिचित और चिन्तित थे। अतः उन्होंने ग्राम-सुधार से सम्बन्धित अनेक निबन्ध लिखे। वे भारत को गाँवों का देश मानते थे और उनके विकास के बिना देश के विकास की कल्पना नहीं करते थे। वे अन्यत्र लिखते हैं, "हमारे देश की अधिकांश जनता गाँवों में रहती है, जहाँ अविद्या और अभावों का घना अन्धकार छा रहा है। वही अन्धकार गाँवों का उद्धार नहीं होने देता। लोगों के जीवन में पग-पग पर प्रकाश की जरूरत है। किन्तु दुर्भाग्यवश देश-हितैषी भी गाँवों से उदासीन हैं।" (ग्राम सुधार/पृ. 16)

देशहित और जनहित शिवपूजन सहाय के रचना-कर्म का मुख्य स्वर है। इसके लिए वे जनता के भीतर प्रकाश के स्फुलिंग डालना चाहते थे जिससे जनता सत्ता-प्रतिष्ठान में बैठे लोगों के रूप को समझ सके। वे लिखते हैं, "इस समय जनता को ऐसे ही प्रकाश की जरूरत है जिसमें वह अपने हितैषी और शोषक को पहचान सके, जिसमें उसे अपना हित-अहित सूझ सके।" (ग्राम सुधार/पृ. 16)

दरअसल जिस परिवेश से निकलकर आचार्य शिवपूजन सहाय ने साहित्य-सेवा की, वह उनके संघर्षमय जीवन की अन्तहीन कथा है। संघर्ष के संघात ने उनके जीवन को और अधिक सृजनशील बनाया। इस सृजनशील व्यक्तित्व का स्वर्गवास 1963 ई. में हुआ।

आचार्य शिवपूजन सहाय के सामाजिक जीवन की शुरुआत हिन्दी-शिक्षक के

रूप में हुई और साहित्य के क्षेत्र में वे पत्र-पत्रिकाओं के माध्यम से आये। रामधारीसिंह दिनकर ने लिखा है 'जब हम लोग साहित्य की दुनिया में आँख खोलने लगे, उससे बहुत पूर्व ही हिन्दी भूषण शिवपूजन सहाय का नाम हिन्दी संसार में सुविख्यात हो चुका था। ''मतवाला, के संपादकों' में शिवजी का नाम शायद नहीं छपता था, किन्तु साहित्य-प्रेमियों के बीच यह जानकारी काफी फैली हुई थी कि 'मतवाला' के कई कॉलम शिवपूजन सहायजी लिखते हैं। उनके उपन्यास 'देहाती दुनिया' का उन दिनों बड़ा नाम था और हम लोगों ने उसे बड़े चाव से पढ़ा था।'' (हिन्दी भूषण शिवपूजन सहाय/सं. मंगलमूर्ति/पृ. 100)

शिवपूजन सहाय का आरम्भिक जीवन बहुत कष्टमय था। ग्यारह वर्ष की आयु में पिता का निधन हो जाने से भविष्य तो अन्धकारमय हुआ ही; पिता की स्नेहछाया से भी वंचित रहे। प्रारम्भिक शिक्षा बुआ के यहाँ रहकर प्राप्त की और जिस साल (1913) मैट्रिक पास कर निकले, उसी साल छोटे भाई का देहान्त हो गया। आगे की पढ़ाई अवरुद्ध हुई और कठिनाइयों का दौर चलता रहा। शिवजी के छोटे भाई देवनन्दन सहाय ने लिखा है, ''भाई जी के लिए मैट्रिक के बाद आगे पढ़ना कठिन था, इसलिए उनको कुछ दिन बनारस की अदालत में नकलनवीस की नौकरी करनी पड़ी। उन्हीं दिनों एक बार वे विन्ध्याचल भगवती का दर्शन करने गये तो वहाँ के पंडों ने पैसा नहीं होने के कारण उनको मन्दिर में ही पाँच घंटे तक रोक कर रखा।'' (हिन्दी भूषण शिवपूजन सहाय/पृ. 31) शिवजी के युवा होने तक परिवार में मृत्यु का सिलसिला चलता रहा। 1907 में पहली पत्नी का निधन विवाह के कुछ ही दिनों बाद हो गया। 1908 में दूसरा विवाह हुआ और 1928 में दूसरी पत्नी का भी देहान्त हुआ। तीसरा विवाह 1928 में हुआ और शायद इस विवाह के बाद ही मृत्यु के सिलसिले से निजात मिली। इस विवाह के लिए शिवजी राजी न थे किन्तु मित्रों और सगे-सम्बन्धियों के दबाव के कारण उन्हें इसे स्वीकार करना पड़ा। शिवपूजन सहाय के इस अन्तरंग वृत्त की चर्चा इसलिए की गयी है जिससे यह पता चल सके कि किन विषम परिस्थितियों में उनके जीवन की शुरुआत हुई किन्तु उन्होंने परिस्थितियों के दबाव को कभी भी अपने ऊपर हावी नहीं होने दिया। उन्होंने समस्याओं के जंजाल से ही रास्ता निकाला और सृजन-कर्म में अनवरत लगे रहे। उनके व्यक्तित्व में मिठास थी किन्तु जिये वे ठसक के साथ। उनका कहना था ''अपने से बलवान से भी डरो मत, और न अपने से कमजोर को डराओ। कोई तुम्हारी बुराई या अहित करे तब भी उसके प्रति बदले की भावना मन में मत रखो। अपने लाभ के लिए किसी का बुरा मत सोचो। किसी की उन्नति से प्रसन्न होना सीखो, ईर्ष्या कभी मत करो।'' (हिन्दी भूषण शिवपूजन सहाय/पृ. 34-35)

आचार्य शिवपूजन सहाय हिन्दी के तपःपूत साधक थे। अपने समय में शिवपूजन जी का बिहार के साहित्य जगत में वही स्थान था जो राजनीति के क्षेत्र में डॉ. राजेन्द्र प्रसाद का। डॉ. राजेन्द्र प्रसाद 'देशरत्न' थे तो शिवजी 'साहित्य भूषण'। 'साहित्य भूषण' विशेषण शिवपूजन जी के लिए निराला जी का दिया हुआ था। उनकी ख्याति लेखक के रूप में ही नहीं एक अच्छे अध्यापक, सम्पादक और एक बेहतर मनुष्य के रूप में भी थी। वैदुष्य के साथ ही विनम्रता का दुर्लभ संयोग उनके व्यक्तित्व की महत्त्वपूर्ण विशेषता थी। डॉ. विद्यानिवास मिश्र ने लिखा है, ''उनके व्यक्तित्व में एक ओर प्रसाद और निराला घुले हुए हैं और उनके ऊपर एक ओर बनारसी और कलकतिया दोनों रंग छाये हुए हैं, दूसरी ओर एक दुबका हुआ परिवारी गृहस्थ है जो भाषा, साहित्य और वाङ्मय का इतना बड़ा साधक होते हुए भी घरबारी के रूप में ममता का छलकता हुआ प्याला है। उनकी विनम्रता अभिभूत कर देती थी और बड़े-से-बड़े रचनाकार या विद्वान् को लज्जा और संकोच से भर देती थी।'' (साहित्य भूषण शिवपूजन सहाय/पृ. 7)

आचार्य शिवपूजन सहाय एक असाधारण व्यक्तित्व थे, किन्तु जीवन भर साधारण की साधना में संलग्न रहे। वे जहाँ भी गये अपने सद्व्यवहार की छाप छोड़ते गये। उनकी सरलता और सज्जनता समूचे हिन्दी-जगत में प्रसिद्ध थी। डॉ. रामविलास शर्मा ने लिखा है, ''शिवपूजन सहाय अपनी कर्मठता और योग्यता के लिए जाने जाते थे। 'मतवाला' मंडल के लेखकों में हिन्दी लिखना सबसे पहले उन्हीं ने शुरू किया था; पत्र-सम्पादन का व्यावहारिक ज्ञान भी उन्हें सबसे ज्यादा था। दूसरों का बड़प्पन आसानी से ओढ़ लेते थे, लोग उनकी सरलता और सज्जनता पर बलि-बलि जाते थे। वे कवि न थे, पर कविता के पारखी जरूर थे।" (निराला की साहित्य साधना-1/पृ. 81) मतवाला-मंडल में सबसे ज्यादा नजदीकी निराला और शिवपूजन सहाय में ही थी। स्वभाव में ही नहीं, रचनात्मकता के स्तर पर भी।

आचार्य शिवपूजन सहाय के आरम्भिक लेख तथा कहानियाँ 'शिक्षा', 'लक्ष्मी', 'मनोरंजन' तथा 'पाटलिपुत्र' आदि पत्रिकाओं में प्रकाशित हुईं। हिन्दी पत्रकारिता के क्षेत्र में शिवजी का महत्त्व अविस्मरणीय है। वे अनेक पत्रों से सम्बद्ध रहे। 1920-21 के लगभग 'मारवाड़ी सुधार' के सम्पादक रहे। 1923 में 'मतवाला' मंडल के सदस्य हुए। कुछ समय के लिए 'आदर्श', 'उपन्यास तरंग' तथा 'समन्वय' आदि पत्रों में सम्पादन कार्य किया। सुलतानगंज, भागलपुर से प्रकाशित होने वाली 'गंगा' के सम्पादक रहे। लहेरिया सराय में 'बालक' का सम्पादन किया। स्वतन्त्रता प्राप्ति के पश्चात् बिहार राष्ट्रभाषा परिषद् के संचालक तथा बिहार साहित्य सम्मेलन की ओर से प्रकाशित 'साहित्य' नामक शोध समीक्षापरक त्रैमासिक के सम्पादक बने।

शिवपूजन सहाय का रचना कर्म वैविध्यपूर्ण है। कहानी, उपन्यास, निबन्ध, संस्मरण, डायरी, आलोचना, अनुवाद इत्यादि के साथ उन्होंने इतिहास और भूगोल से सम्बन्धित रचनाएँ भी कीं। 'बिहार का विहार' में बिहार राज्य का भौगोलिक एवं ऐतिहासिक वर्णन किया गया है। 'देहाती दुनिया' इनका चरित्र प्रधान महत्त्वपूर्ण उपन्यास है। इस कृति के बारे में विद्यानिवास मिश्र ने लिखा है, ''जीवन के यथार्थ की बड़ी सूक्ष्म पकड़ है, दूसरी ओर लोकोक्तियों, लोकगीतों के टुकड़े और लोक प्रचलित हास-परिहास के प्रसंगों के बीच-बीच में पिरोये जाने से वर्णन बहुत सरस और अनायास लगता है। कथा-साहित्य में ऐसा सलोना गद्य कहीं अन्यत्र मिलता नहीं जिसमें गाँव अपनी सभी सुकुमारता के साथ व्यंजित हो। और भाषा भी परिष्कृत हो।'' (हिन्दी भूषण शिवपूजन सहाय/पृ. 6) ग्राम सुधार और 'अन्नपूर्णा' के मन्दिर में' ग्रामोद्धार सम्बन्धी निबन्ध संगृहीत हैं। 'दो घड़ी' एक हास्यपरक रचना है। 'माँ के सपूत' बालोपयोगी तथा 'अर्जुन और भीष्म' नामक दो पुस्तकें महाभारत के दो पात्रों की एक तरह से जीवनी है। बिहार राष्ट्रभाषा परिषद् (पटना) ने इनकी विभिन्न रचनाओं को एकत्रित कर चार खंडों में 'शिवपूजन रचनावली' नाम से प्रकाशित किया है। उनके सुयोग्य पुत्र डॉ. मंगलमूर्ति ने उनकी कुछ अन्य अप्रकाशित रचनाओं का सन्धान करते हुए उनके समग्र साहित्य को हाल में ही 'शिवपूजन सहाय साहित्य-समग्र' नाम से दस खंडों में प्रकाशित करवाया है।

शिवपूजन जी के निधन से ठीक तीन साल पूर्व उनकी साहित्यिक सेवाओं के लिए 1960 में भारत सरकार ने 'पद्मभूषण' से सम्मानित किया। उन्हें ईश्वर में परम आस्था थी और इस सम्मान को भी उन्होंने अपनी साधना का फल नहीं, ईश्वर की कृपा माना। अपनी डायरी में उन्होंने लिखा है, ''यह रामजी की कृपा का ही फल है। मेरे समान अकिंचन के लिए यह उपाधि वस्तुतः उपाधि ही है। यह उपाधि मेरे लिए व्याधि ही तो है। हे प्रभो! मुझमें किसी प्रकार की कोई पात्रता नहीं है। तब भी आपकी कृपा से मुझे वह सरकारी उपाधि मिल गयी जिसके लिए कितने ही लोग प्रयत्नशील रहते हैं।'' (हिन्दी भूषण शिवपूजन सहाय/पृ. 9)

शिवपूजन सहाय की विनम्रता में गलदश्रु भावुकता नहीं थी। वे सामयिक स्थितियों पर प्रहार भी करते थे। किन्तु उनका प्रहार सहय होता था। विनम्रता और सदाशयता के बीच वह ऐसा दब सा जाता था कि व्यंग्य या प्रहार लगता ही नहीं था; लेकिन सोचने के लिए मजबूर अवश्य कर देता था। उनके पद्मभूषण मिलने के समय कितने ही लोगों ने प्रयास किया होगा; इसका संकेत इस प्रसंग से मिलता है।

शिवपूजन जी 'जथा लाभ संतोष' के आचारी साहित्यकार, पत्रकार और अध्यापक थे। यही कारण है कि उनका सर्वत्र सम्मान होता था। राजेन्द्र कॉलेज,

छपरा के हिन्दी विभाग में उनकी नियुक्ति इसका प्रमाण है। सदाशयता और साधना के बल पर ही वे निरन्तर आगे बढ़ते गये। वे नकलनवीस से बिहार राष्ट्रभाषा परिषद के संचालक और निदेशक पद पर पहुँचे। परिषद् के संचालक और निदेशक के रूप में जो काम उन्होंने किया वह अविस्मरणीय है। उनके कार्यकाल में अनेक गौरव ग्रन्थ प्रकाशित हुए जिनमें से अधिकांश भारत सरकार, साहित्य अकादेमी एवं साहित्यिक-सांस्कृतिक संस्थाओं द्वारा पुरस्कृत हुए। लोकभाषाओं के विकास के लिए उन्होंने लोकगीतों और लोककथाओं के वृहत् संग्रह प्रकाशित करवाये। लोक स्मृति में सुरक्षित साहित्य एवं प्राचीन हस्तलिखित पोथियों का संग्रह कराया जिससे साहित्य के इतिहास पर नयी दृष्टि से विचार करने का मार्ग प्रशस्त हुआ। 'विद्यापति की रचनावली', 'हिन्दी साहित्य का आदिकाल', 'हर्षचरित : एक सांस्कृतिक अध्ययन', 'मध्यदेश', 'भारतीय प्रतीक विद्या', 'दोहाकोश', 'बौद्ध धर्म दर्शन' इत्यादि अनेक मानक ग्रन्थों का प्रकाशन शिवपूजन जी के कार्यकाल में हुआ। स्वयं उन्होंने 'हिन्दी साहित्य और बिहार' नामक ग्रन्थ का सम्पादन किया जो दो खंडों में प्रकाशित है। इसमें सातवीं शताब्दी से लेकर उन्नीसवीं शताब्दी तक बिहार की भूमि पर सृजन करने वाले साहित्यकारों और उनकी रचनाओं का संक्षिप्त किन्तु सारगर्भित परिचय दिया गया है।

शिवपूजन जी का जीवन यायावरी था। आजीविका के सन्दर्भ में कभी आरा, कभी छपरा, कभी कलकत्ता, कभी काशी-लखनऊ तो कभी लहेरिया सराय और अन्ततः पटना में विराम मिला। वे जहाँ भी गये अपनी छाप छोड़ते गये। असहयोग आन्दोलन से भी वे गहरे प्रभावित थे और उसमें उन्होंने सक्रिय भागीदारी की। "वे गाँव-गाँव घूमकर उत्साह से कांग्रेस का प्रचार-कार्य करते थे। उन्होंने स्वदेशी वस्तुओं की एक दुकान भी चलवाई, जहाँ स्वदेशी कलम, दवात, कागज, खादी टोपी, झंडा आदि बिका करता था।" (हिन्दी भूषण शिवपूजन सहाय/पृ. 32) इस दुकान के बन्द होने के बाद ही वे 'मारवाड़ी सुधार' के सम्पादक होकर कलकत्ता चले गये।

सादगी और साफगोई शिवजी के व्यक्तित्व का महत्त्वपूर्ण पक्ष था। उनकी सादगी और बेपरवाही के बारे में डॉ. भुवनेश्वरनाथ मिश्र माधव ने लिखा है, "कपड़े लत्ते की पसंदगी के बारे में शिवजी बेहद लापरवाह थे, प्रायः प्रेमचंद की तरह। परन्तु ठीक इसके विपरीत खान-पान के मामले में बेहद शौकीन। तरह-तरह के व्यंजन बनाना वे स्वयं जानते थे और खाने की अपेक्षा खिलाने में उन्हें विशेष मजा आता था।" यही साफगोई और सादगी उनके लेखन में भी था। उनका गद्य साफ-सुथरा और संयत है। आलोचना-कर्म में सम्मान रखते हुए भी रियायत नहीं बरतते थे। गुण-दोषों का सम्यक् विवेचन करते थे। 'गंगा' में 'भट्टनायक' नाम से लिखा करते थे। उन्होंने हरिऔध जी और आचार्य-शुक्ल के 'हिन्दी साहित्य का इतिहास' की

समीक्षा लिखी है। इन समीक्षाओं को उनके समीक्षात्मक निबन्ध की कोटि के श्रेष्ठ निबन्ध कहा जा सकता है। 'आधुनिक काल' पर हरिऔध द्वारा यथोचित प्रकाश नहीं डालने पर शिवजी ने अपनी झुंझलाहट इस रूप में प्रकट की, ''आधुनिक काल के महत्त्व को समझते हुए भी इतनी बड़ी पोथी के लिखने वाले एक अधिकारी लेखक ने इतने संक्षिप्त रूप में अपना मत प्रकट किया है कि बरबस झुँझलाहट-सी आती है। उसमें केवल कुछ लेखकों और कवियों की चर्चा करके झटपट एक रस्म-सी पूरी कर दी गयी है। उसमें कई विचित्रताएँ भी हैं। लेखों के विषय में भी ऐसी लम्बी-लम्बी छलाँगें भरी गयी हैं कि बीच-बीच में बड़े ही महत्त्व के स्थल छूटते चले गये हैं। क्या छाती पर हाथ रखकर कोई कह सकता है कि भवभूति श्रीगणेश शंकर विद्यार्थी की वीर्यस्फीति ज्वालामयी भाषा और प्राणोन्मादिनी सजीव शैली ने हिन्दी साहित्य के विकास में कुछ भी हाथ नहीं बँटाया है? किन्तु उस युवकाचार्य प्रतापी लेखक का कहीं नाम-निशान नहीं है। बिहार का तो मानो हिन्दी साहित्य में कोई स्थान ही नहीं, वह तो साहित्य-क्षेत्र के समालोचना-मार्ग का कुश-कंटक है।... परन्तु जहाँ माधवराव सप्रे, पं. माखनलाल चतुर्वेदी और पं. बालकृष्ण शर्मा 'नवीन' जैसे उद्भट क्रान्तिकारी लेखकों को कोई महत्त्व नहीं दिया गया है, वहाँ कुछ थोड़े से लताड़े ही गये तो क्या हुआ?... सूक्ष्मदर्शी लेखक महोदय को स्वनामधन्य युगान्तरकारी कवि जयशंकर प्रसाद की कविताओं में अंग्रेजी कविता की 'पॉलिश' सूझ पड़ी है और निरालाजी तथा पन्तजी 'पश्चिमीय शैली' का अधिक प्रश्रय लेते हुए दीख पड़ते हैं। छायावाद के सम्बन्ध में 'सब धान बाईस पसेरी' करके लेखक ने बरबस अपने हृदय को संकीर्ण बनाकर घोर अन्याय किया है। यह कहना भी घोरतम अनर्थ है कि "छायावादी या रहस्यवादी कविताओं में कुछ सार नहीं है—केवल पाखंड है।" (शिवपूजन सहाय रचना समग्र-3/सं. मंगलमूर्ति/पृ. 151, 152, 154) 'हिन्दी भाषा और साहित्य' पुस्तक की समीक्षा का यह लम्बा उद्धरण इसलिए दिया गया है जिससे यह स्पष्ट हो कि सृजन कर्म में शिवजी जितने कोमल प्रतीत होते हैं आलोचना-कर्म में उतने ही स्पष्टवादी और वस्तुनिष्ठ। भाषा सधी हुई, जीवन्त और मारक है। जो ठीक लगा उसे बेलाग और उन्मुक्त भाव से पूरे सम्मान के साथ कहा।

कुछ ऐसी ही जीवन्त समीक्षा शिवजी ने शुक्ल जी के हिन्दी साहित्य का इतिहास की भी की है। शुक्लजी के इतिहास का महत्त्व हिन्दी साहित्य को एक आधारभूत ढाँचा देने में है किन्तु उसकी सीमाएँ भी हैं। उन सीमाओं को विद्वानों ने रेखांकित किया है। शिवजी ने इस इतिहास-ग्रन्थ और शुक्ल जी की पर्याप्त तारीफ की है। किन्तु जहाँ पर शुक्लजी ने आचार्य महावीर प्रसाद द्विवेदी के निबन्धों की सीमाएँ गिनाई हैं वहाँ शिवजी उनकी खबर लेने से नहीं चूकते। शुक्लजी ने द्विवेदी जी के बारे में लिखा था, ''विचारों की वह गूढ़-गुम्फित परम्परा उनमें नहीं मिलती,

जिससे पाठक की बुद्धि उत्तेजित होकर किसी नयी विचार पद्धति पर दौड़ पड़े। द्विवेदीजी के लेखों को पढ़ने से ऐसा जान पड़ता है कि लेखक बहुत मोटी अक्ल के पाठकों के लिए लिख रहा है।'' इसके जवाब में शिवपूजन सहाय ने लिखा, ''यहाँ पर मुझे भी यह कहने के लिए क्षमा मिलनी चाहिए कि वास्तव में द्विवेदी जी दूसरों ही के समझने के लिए लिखते हैं; पर शुक्ल जी केवल अपने ही समझने के लिए लिखा करते हैं। द्विवेदीजी सर्वसाधारण जनता के लिए लिखते हैं और शुक्ल जी लिखते हैं एम.ए. के छात्रों के लिए। द्विवेदी जी अपढ़ों और गरीबों के लेखक हैं; शुक्ल जी डिग्रीधारियों और अनन्त पथगामियों के।'' (शिवपूजन सहाय सा. समग्र-3/ पृ. 158) कतिपय अन्य सीमाओं की तरफ भी, शिवजी ने ध्यान दिलाया है। किन्तु उनका उद्देश्य केवल सीमाएँ गिनाना नहीं था। वे इन सीमाओं के बावजूद शुक्ल जी के इतिहास के महत्त्व को स्वीकार करते हैं। वे राग-द्वेष से ऊपर उठकर साहित्य और इतिहास को देखना चाहते हैं। उन्होंने अपने समकालीन और परवर्ती साहित्यकारों को सद्भावना और सक्रिय सहयोग दिया। जगदीशचन्द्र माथुर ने लिखा है, "द्विवेदी युग के शायद एकमात्र ऐसे साहित्यकार थे शिवजी जिन्होंने परवर्ती साहित्यकारों को न सिर्फ सद्भावना दी, बल्कि सक्रिय सहयोग भी। कटूक्तियों और समालोचनाओं के वागजाल से शिवजी प्रयोगवाद, प्रगतिवाद, छायावाद तीनों के ज्वारभाटे के समय से मुक्त रहे।" (हिन्दी भूषण शिवपवूजन सहाय/मंगलमूर्ति/ पृ. 200)

शिवपूजन सहाय का लेखन क्षेत्र विपुल और वैविध्यपूर्ण है। उन्होंने सबसे अधिक गद्य लिखा। उसमें निबन्ध, लेख, कहानियाँ, उपन्यास, सम्पादकीय टिप्पणियाँ, लिखित भाषण, वक्तव्य, अभिमत इत्यादि शामिल हैं। पत्र-लेखन और डायरी भी उनके साहित्य का महत्त्वपूर्ण अंग है। बाल-साहित्य से सम्बन्धित उनकी रचनाएँ 'बालक' में प्रकाशित हैं। साहित्यिक पत्र-पत्रिकाओं के विशेषांकों की समीक्षाएँ उन्होंने अपनी सम्पादकीय टिप्पणियों में लिखी हैं जो बहुत महत्त्वपूर्ण हैं। इस तरह की प्रभूत सामग्री है जिससे द्विवेदी युग और आज़ादी के बाद के साहित्य के इतिहास और विकास-क्रम पर महत्त्वपूर्ण प्रकाश पड़ सकता है।

प्रस्तुत संग्रह में आचार्य शिवपूजन सहाय के छोटे-बड़े बयालीस निबन्ध संकलित किये गये हैं। अन्तर्वस्तु की दृष्टि से इन निबन्धों में पर्याप्त वैविध्य है। इनका मुख्य सरोकार समाज और साहित्य से है। चूँकि शिवजी का मन मूलतः गँवई था और भारत गाँवों का देश कहा जाता है, अतः संकलन के निबन्धों की शुरुआत ग्रामचेतना से हुई है। पीछे हम बता चुके हैं कि 'ग्राम-सुधार' शिवजी के गाँव की समस्याओं से सम्बन्धित निबन्धों का एक स्वतन्त्र संग्रह भी है जिसमें उन्होंने ग्रामीण चेतना को जगाने की कोशिश की है। उनका मानना है, "गाँवों को स्वच्छ, शिक्षित,

सुन्दर और सुख-शान्तिपूर्ण बनाने की इच्छा से, गाँवों में ही रहकर, काम करने वाले सुधारक यदि अध्यवसायी, सहनशील तथा राष्ट्रहित चिन्तक हों, और ग्राम सुधार के काम में ही अपना सारा समय लगा सकते हों, तो गये-गुजरे गाँव भी कम-से-कम दस साल के अन्दर अवश्य सुधर जा सकते हैं। आज हमारे राष्ट्र के सामने जितनी जटिल समस्याएँ या गुत्थियाँ हैं, सबमें महत्त्वपूर्ण और तुरन्त ध्यान देने योग्य ग्राम-समस्या ही है। इस गुत्थी के सुलझते ही सबका समाधान हो जाएगा।" (ग्राम सुधार/भूमिका/सं. मंगलमूर्ति/पृ. 17) 'ग्राम-सुधार' का प्रकाशन 1947 में हुआ था। शिवजी के ये विचार आज भी कितने प्रासंगिक हैं; कहने की जरूरत नहीं। गाँवों में रोजगार तथा अन्य सुविधाओं पर यथेष्ट ध्यान दिया गया होता तो 63 वर्ष बाद आज जिस तरह से गाँवों से शहर की ओर लोग भाग रहे हैं, उसे रोका जा सकता था। भूमंडलीकरण और बाजारवाद के इस युग में गाँवों में नयी तरह की समस्याएँ पैदा हुईं। संचार और सूचना की रचनात्मक भूमिका जरूर रही है किन्तु सांस्कृतिक विपन्नता गाँवों में तेजी से बढ़ रही है।

उनके ग्राम सुधार सम्बन्धी निबन्धों की भाषा सरल एवं स्पष्ट है किन्तु पुनरुक्ति के कारण विषय-अन्विति नहीं बन पायी है। कसावट भी वैसी नहीं है। शिवजी इसके प्रति सजग भी नहीं रहे हैं। वे लिखते हैं, "भाषा इसकी मैंने बहुत सरल रखी है। देहात में जैसी भाषा सब लोग समझ लेते हैं वैसी ही रखने की कोशिश की है। मगर इस कोशिश के लिए मैंने कोई मेहनत या दिमागी कसरत नहीं की है। बोलचाल की भाषा में जो कुछ कलम से निकलता गया, मैं लिखता चला गया—ध्यान तो ग्राम-सुधार पर बँधा ही था।" (ग्राम-सुधार/पृ. 15) वास्तव में, शिवजी ने सायास भाषा-परिष्कार किया भी नहीं है फिर भी उनकी भाषा में लालित्य और सौष्ठव है। डॉ. रामचन्द्र तिवारी को उनकी भाषा में जादूगर का चमत्कार दिखा और आभिजात्य भी। वे लिखते हैं, "सहाय जी भाषा के जादूगर हैं। उनकी भाषा में एक प्रकार का आभिजात्य मिलता है। उसमें अलंकृति और सानुप्रासिक शब्दावली की कृत्रिमता है।" (हिन्दी का गद्य साहित्य, पृ. 418) शिवजी की भाषा में आभिजात्य और अलंकृति तो मानी जा सकती है; कृत्रिमता है, यह बात गले नहीं उतरती। वह तत्सम प्रधान अवश्य है किन्तु जरूरत के अनुसार उसमें उर्दू के पर्याप्त और लोक प्रचलित शब्द और कहीं-कहीं अंग्रेजी के शब्दों का प्रयोग हुआ है। उनकी भाषा-शैली में अपने तरह का प्रवाह है। उसे कलात्मक और चामत्कारिक बनाने का प्रयास उन्होंने नहीं किया, उसे तराशने की कोशिश भी नहीं की। वह उनके सम्पादकीय व्यक्तित्व के फलस्वरूप खुद-ब-खुद 'तराश' गयी हो। उसमें एक तरह की रवानगी है और वह दुरूह और गरिष्ठ शब्दावली से लदी भी नहीं है। विषय के अनुरूप भाषा का यह तेवर बदला भी है, कलात्मकता नहीं, पर काव्यात्मकता अवश्य

आयी है—अब यह सायास है, अनायास नहीं कहा जा सकता।

आचार्य शिवपूजन सहाय के विपुल गद्य-लेखन में वैविध्य है और वैचारिक गम्भीरता भी। कुछ अर्थों में उनका लेखन सोद्देश्य भी है किन्तु उनके फ़कीराने स्वभाव का प्रभाव उनके सुन्दर गद्य और भाषा-शैली पर भी है। डॉ. नामवर सिंह ने लिखा है, "उनका हस्तलेख तो सुघड़ था ही, वे सुघड़ गद्यशिल्पी भी थे। शिवजी ने अपने रक्त कणों की मणियों से ही शब्दमाला और वाक्यमाला गूँथी है।" (शिवपूजन सहाय सा. समग्र-3/भूमिका, पृ. 25)

स्त्रियों की स्थिति और उनके महत्त्व पर शिवजी के तेरह निबन्ध हैं। इस संकलन में संकलित निबन्धों में भी एक निबन्ध 'ग्रामीण स्त्रियों की दशा' है जिसमें गाँव की स्त्रियों की अनेक तरह की परेशानियों पर विचार किया गया है। ये विचारात्मक कोटि के श्रेष्ठ निबन्ध हैं। शिवजी का मानना है कि गाँवों में सबसे अधिक स्त्रियाँ प्रसव-पीड़ा से मरती हैं। विधवाओं की दुर्दशा तो अकथनीय है। स्त्री-पराधीनता का सम्बन्ध वे उनकी अशिक्षा से जोड़ते हैं। वे मानते हैं कि अशिक्षा स्त्रियों के लिए कोढ़ में खाज़ है। कुछ सम्पन्न घरों की लड़कियाँ गाँव से बाहर जाकर पढ़ जाती हैं परन्तु ग्रामीण स्त्रियों के प्रति उनका मिज़ाज़ बदला हुआ रहता है। दूसरी बात यह भी कि यदि कोई पढ़ी-लिखी स्त्री गाँवों की स्त्रियों के भीतर चेतना जगाने का काम करती है तो उसे तरह-तरह के अपमान और लाँछन झेलने पड़ते हैं। गाँवों में यह समस्या आज भी है। शिवजी लिखते हैं, "समाज में विद्रोह की भावना फैलाने के लिए नारी-समाज के अखंड अधिकारों की आवाज उठाना शहरों में भले ही सम्भव हो, पर गाँवों में अभी सम्भव नहीं; वहाँ फिर दूसरे ही उपद्रव खड़े हो जाएँगे।"

शिवजी ने भाव और मनोविकारपरक निबन्ध भी लिखे हैं। आलिंगन, धैर्य, सन्तोष, औदार्य्य, सेवा, सचाई, परोपकार आदि बड़े सुन्दर निबन्ध हैं। इन निबन्धों में शिवजी का दृष्टिकोण बहुत व्यापक और मानवतावादी है। 'आलिंगन' निबन्ध में शोध अभिनिवेशी दृष्टि का परिचय मिलता है। वे आलिंगन की विविधताओं के साथ उसके महत्त्व को अनेक तरह से रेखांकित करते हैं। इसी प्रकार प्रेम, सेवा, औदार्य्य आदि निबन्धों के माध्यम से वे संकेत करते हैं कि किस प्रकार मनुष्य इनके माध्यम से जीवन को जीने लायक और दुनिया को बेहतर बना सकता है। साहित्य का उद्देश्य केवल आत्माभिव्यक्ति नहीं है, वह जीवन को उसके सुन्दरतम रूप में प्रस्तुत करने का एक माध्यम भी है; शिवजी इन निबन्धों के माध्यम से यह इंगित करते हैं।

'समय का सदुपयोग और मूल्य' शिवजी का उपदेशपरक निबन्ध है। इसमें समय का महत्त्व और उसके सदुपयोग की शिक्षा दी गयी है। किन्तु इस प्रकार के निबन्ध कोरे उपदेशात्मक नहीं है। उनमें एक गहरी वैचारिकता है, सूक्ष्मनिरीक्षण क्षमता है और व्यक्तित्व की व्यंजना भी है। विचारों में क्रमबद्धता है और सबसे बड़ी बात यह कि विषय की एकसूत्रता बनी रहती है। वे अपने विचारों को अनेक तरह

से प्रमाणित करते हैं और स्थान-स्थान पर प्रामाणिक उद्धरण भी देते हैं। इस प्रकार वे विषयवस्तु के प्रति पूरी निष्ठा रखते हैं। उनके गद्य में उनका शिल्पी रूप दिखायी पड़ता है। सोद्देश्य साहित्य-कर्म उनके समय की माँग थी अतः वे उससे अछूते नहीं रहे। व्यंग्य-विनोद भी उनके गद्य का हिस्सा है किन्तु उसमें भी वैचारिक गाम्भीर्य है। उसमें विदेशी साम्राज्यवाद पर प्रहार था और भारतीय समाज के प्रगति विरोधी दुर्गुणों का उपहास था। उनके सुधारवादी पक्ष को भले ही आज का साहित्यकार स्वीकार न करे किन्तु उसके महत्त्व को नकारा नहीं जा सकता है। शिवजी ने अपना साहित्य अपने कर्मठ जीवन और जीवट से तपाया था, उसके ताप को कैसे झुठलाया जा सकता है। उनका अनुभव-जगत भी बहुत व्यापक था इसी कारण उनका सृजन-कर्म भी वैविध्यपूर्ण दिखाई पड़ता है। निबन्धों को ही केवल लें तो उनके निबन्धों की इतनी कोटियाँ हैं कि वे प्रचलित प्रतिमानों को तोड़ती हुई नज़र आती हैं। भाव, विचार, मनोविकार, पत्र-जगत्, सम्पादक-प्रकाशक से लेकर पशुओं तक पर उन्होंने निबन्ध लिखे।

शिवजी के निबन्धों की एक विशेषता यह भी है कि उनके ज्यादातर निबन्ध छोटे-छोटे हैं। इन्हें पाठक बहुत मनोयोग से पढ़ सकते हैं क्योंकि इनमें वैचारिक गम्भीरता, सूत्रबद्धता, भावात्मकता, सरसता, सहजता सभी गुण एकत्र मिल जाते हैं। उनके कुछ निबन्ध लम्बे भी हैं। ये निबन्ध मूलतः साहित्यिक हैं और सामयिक भी। 'मन' शीर्षक निबन्ध काफी लम्बा है। इसमें अनेक उदाहरणों द्वारा उन्होंने मन की स्थिति पर विचार किया है। इसी प्रकार 'बंगीय रंगमंच', 'हिन्दी साहित्य का अभ्युदय और उत्कर्ष', 'हिन्दी साहित्य में मध्य भारत का अतीत एवं वर्तमान' अपेक्षाकृत लम्बे निबन्ध है'। इन निबन्धों में विषयवस्तु का समग्र विवेचन शिवजी का लक्ष्य रहा है। किन्तु कलेवर में किंचित बड़े होने पर भी इन निबन्धों में उनका गद्य-शिल्पी रूप अपनी पूरी गरिमा के साथ प्रस्तुत होता है। डॉ. रामस्वरूप चतुर्वेदी ने लिखा है, ''लेखन की सरलता और भाषा की सादगी विशेष रूप से ध्यान आकृष्ट करती है।'' (हिन्दी सा. और संवेदना का विकास/ पृ. 262) यद्यपि चतुर्वेदी जी ने ये वाक्य उनके डायरी लेखन के प्रसंग में लिखे हैं किन्तु उनके निबन्धों में भी भाषा का यही स्वर मुखर है। उनकी भाषा में कोमलकान्त पदमल विन्यत्सि है और मुहावरे की धार भी। भाषा में उच्छृंखलता बिलकुल नहीं है। कुल मिलाकर वे एक प्रौढ़ गद्य-शिल्पी हैं।

भाषा और साहित्य को लेकर शिवजी ने अनेक निबन्ध लिखे। हिन्दी भाषा के रूप और साहित्य की दिशा को दर्शाने वाला उनका प्रसिद्ध निबन्ध 'भाषा का रूप और साहित्य की दिशा' है जिसमें हिन्दी की गति के बारे में उनका कहना है, ''भारत में स्वाभाविक गति से हिन्दी बढ़ती जा रही है। इसकी लोकप्रियता का आतंक केवल दुर्बल हृदयों पर ही है। वास्तव में हिन्दी स्वयं आतंक उत्पन्न करके अपनी सत्ता स्थापित करना नहीं चाहती। किसी के प्रति इसका दुर्भाव नहीं है। सबके साथ

सद्भाव और सहयोग ही इसका सिद्धान्त है। तब भी इसके प्रतिपक्षी और विरोधी इसके अभ्युदय के मार्ग में विघ्न-बाधाएँ उपस्थित करने से नहीं चूकते।'' (शिवपूजन सहाय सा. समग्र-3/पृ. 35)

देश-विभाजन की प्रक्रिया में हिन्दुस्तान और पाकिस्तान की भाषा को लेकर काफी ऊहापोह और विवाद की स्थिति बनी हुई थी। शिवजी भाषा और साहित्य दोनों के लिए ही 'हिन्दी' शब्द चाहते थे। उन्होंने बहुत छोटा-सा किन्तु सारगर्भित लेख लिखा 'हिन्दुस्तान-पाकिस्तान की भाषा'। उसमें वे लिखते हैं, ''राष्ट्रभाषा के लिए यदि 'हिन्दी' नाम या शब्द व्यवहृत किया गया तो क्या हिन्दुस्तान की आजादी खतरे में पड़ जाएगी? क्या आजादी तभी टिकाऊ होगी, जब भाषा के साथ 'हिन्दुस्तानी' और साहित्य के साथ 'हिन्दी' शब्द अलग-अलग चलते रहेंगे? राष्ट्रीयता क्या तभी क़ायम रह सकेगी जब हमारे इतिहासकार 'हिन्दी साहित्य' की जगह 'हिन्दुस्तानी साहित्य' लिखा करेंगे। बोलचाल की भाषा का नाम 'हिन्दुस्तानी' और साहित्य की भाषा का नाम 'हिन्दी' रखने से तो हमारे इतिहास की परम्परा ही बिगड़ जाएगी। और पाकिस्तान में उर्दू के बदले 'हिन्दुस्तानी' चलेगी, यह कल्पना करना भी आकाश-कुसुम लोढ़ना है।'' (समग्र-3/पृ. 39-40)

राष्ट्रभाषा के सवाल और उसके स्वरूप को लेकर शिवजी चिन्तित नज़र आते हैं। वे अहिन्दी भाषियों से नहीं उत्तर भारत के लोगों के प्रति शंकित दिखायी पड़ते हैं। उनका कहना है, ''राष्ट्रभाषा के रूप को बिगाड़ने का काम हिन्दी के जन्म-स्थान उत्तर भारत में ही हो रहा है। अपने को हिन्दी का हिमायती मानने वाले कुछ सज्जन मनमाने ढंग से भाषा और लिपि पर बल-प्रयोग कर रहे हैं। फारसी, अरबी, तुर्की आदि भाषाओं के जो हजारों शब्द हिन्दी में खपे हुए हैं उनको हम पचा ही चुके हैं और आवश्यकतानुसार आगे भी बहुत से नये-नये शब्दों को हम खुशी से पचावेंगे; मगर जो न अरबी है, न फारसी है, जो न घर का है न घाट का, जो खिचड़ी-खचड़ा है, जिसको स्वीकार करके भाषा की नस्ल बिगाड़ना महापाप होगा।'' (समग्र-3/पृ. 46)

उर्दू और हिन्दी के सवाल पर भी शिवपूजन जी ने विचार किया है और वे उर्दू को हिन्दी से अलग नहीं मानते हैं। वे मानते हैं कि उर्दू अरबी-फारसी के कठिन शब्द-जाल और दुर्बोध लिपि के कारण हिन्दी से अलग जान पड़ती है। वह भारतीय जमीन की ही उपज है। जिस समय यह पैदा हुई उस समय भी जन भाषा हिन्दी ही थी। वे लिखते हैं—"जनभाषा हिन्दी में अरबी-फारसी के मेलजोल से मुसलमानी रंगत आ गयी। उसी को मुसलमान भाई उर्दू कहने लगे। खड़ी बोली के क्षेत्र में उर्दू पैदा हुई। वास्तव में वह खड़ी बोली का ही मुसलमानी रूप है। उसके क्रियापद, अव्यय, मुहावरे, तद्धित, कृदन्त आदि हिन्दी व्याकरण के अत्यन्त निकट हैं।" (समग्र/पृ. 48)

नाटक और बंगीय रंगमंच पर इस संकलन में दो निबन्ध हैं। शिवजी के समय

में नाटक और रंगमंच का कोई विशेष महत्त्व नहीं था। नाटक खेलने वाले और देखने वाले दोनों के प्रति सम्मान का भाव नहीं था। किन्तु वे उसे महत्त्वपूर्ण मानते थे। वे लिखते हैं, 'नाटक यदि कोई दूषित कार्य रहता तो प्रातःस्मरणीय भारतेन्दु, प्रतापनारायण मिश्र, राजलक्ष्मणप्रसाद सिंह और लाला शालग्राम जैसे विद्वचक्र चूड़ामणि, पुरुष शार्दुल क्यों इस वृक्ष को अपनी कीर्ति वाटिका में आरोपित करने का श्रम उठाते?' बंगीय रंगमंच के परिप्रेक्ष्य में वे शिशिरकुमार भादुड़ी के अभिनय की तारीफ करते हैं और उसे प्रामाणिक बनाने के लिए 'अमृत बाजार' पत्रिका से अनेक उदाहरण प्रस्तुत करते हैं।

शिवजी सम्पादन और प्रकाशन की दुनिया से गहरे जुड़े रहे। इससे सम्बन्धित अपने अनुभवों को भी उन्होंने अपने निबन्धों में निबद्ध किया है। 'सम्पादक के अधिकार' निबन्ध में उन्होंने सम्पादक के अनेक अधिकारों का जिक्र किया है जिसमें सम्पादक की स्वायत्तता और स्वतन्त्रता की दरकार को मुख्य रूप से रेखांकित किया है। सम्पादकीय विभाग चूँकि एक सामूहिक प्रयास है इसलिए उस पूरे विभाग पर वे सम्पादक के नियन्त्रण के हिमायती हैं। वे कई पत्रों के संचालकों का सन्दर्भोल्लेख करते हैं जिन्होंने पुस्तकें खरीदने तक की छूट सम्पादकों को दे रखी थी। 'सरस्वती' के सम्पादक महावीर प्रसाद द्विवेदी को पुस्तकें खरीदने का अधिकार था और अपने घर पर ही रहकर 'सरस्वती' का कामकाज देखने की छूट थी। आज की पत्रकारिता में सम्पादकों की क्या हैसियत रह गयी है इसे बताने की जरूरत नहीं है। अतः शिवजी का यह निबन्ध आज भी प्रासंगिक बना हुआ है। इसी प्रकार 'लेखक-प्रकाशक सम्बन्ध' निबन्ध भी पठनीय है। शिवजी का मानना है कि लेखक-प्रकाशक के बेहतर सम्बन्धों और ईमानदारी से ही साहित्य की प्रगति होती है। रॉयल्टी के प्रति प्रकाशक की विश्वसनीयता तब भी नहीं थी। शिवजी का मानना है कि दोनों के भीतर पारस्परिकता की भावना होनी चाहिए, पेशेगत नैतिकता होनी चाहिए। दोनों में परस्पर सहयोग की भावना होनी चाहिए। शिवजी लिखते हैं, "किन्तु पहले प्रकाशकों को ही आगे बढ़ना है, लेखकों का सहयोग उनकी सहृदयता पर निर्भर है। यदि प्रकाशक समझने लग जायँ कि लेखकों को सन्तुष्ट रखे बिना हम सदा समृद्ध नहीं रह सकते तो निश्चय ही लेखक निर्विकार चित्त से उनका साथ देंगे, और तभी दोनों की सदाशयता से साहित्य का उत्तरोत्तर अभ्युदय होने लग जाएगा।" (समग्र-3 पृ. 482)

अपनी भाषा और शैली की विशिष्टताओं के कारण शिवपूजन सहाय के निबन्ध-साहित्य का हिन्दी साहित्य में विशेष महत्त्व है। उसमें निहित लालित्य, मुहावरेदार वाक्यावली, अनगढ़ किन्तु जड़ाऊ शब्दावली और प्रवाहमयता उनके निबन्धों में सौष्ठव भर देते हैं। यही कारण है कि शिवजी का गद्य अपने अभिजात्य और आनुप्रासिकता के बावजूद सर्वसमावेशी है। संकलित निबन्धों में शिवजी के चिन्तक और सर्जक मन के अनेक आयामों को देखा जा सकता है।

—अनिल राय

गाँवों का महत्त्व

भारतवर्ष 'गाँवों का देश' कहलाता है। गाँव ही हमारे राष्ट्र की रीढ़ हैं। वही हमारे अन्नदाता हैं। किसान और मजदूर वहीं रहते हैं। हमारे पशुधन का खजाना भी वहीं है। हमारा अन्न और दूध-घी का भंडार तो वह है ही, कपड़े बनाने के सब सामान भी हम वहीं से पाते हैं। सुख के सारे सामान हमें वहीं से मिलते हैं। शहरों में और बड़े-बड़े कारखानों में हमारे काम की जितनी चीजें तैयार होती हैं, सबके लिए कच्चा माल वहीं से आता है।

गाँवों में ही भाईचारा पलता है। एक गाँव एक पूरा परिवार है। पड़ोसियों में आपस का मेलजोल देखने लायक है। जरूरत पड़ने पर सब लोग एक दूसरे की मदद के लिए हमेशा तैयार रहते हैं। ब्राह्मण-छत्री भी दूसरी जाति के स्त्री-पुरुषों को चाची-भाभी और काका-भैया कहते हैं। मंगल-अमंगल में, सुख-दुःख में, संकट-विपद में सबका सहयोग और सद्भाव बना रहता है। हिन्दू और मुसलमान भी शादी-गमी में, परब-त्योहार में, खेती-बारी में, लेन-देन में, बातचीत और व्यवहार में कोई भेदभाव नहीं रखते। हिन्दू ताजिया में शरीक होते हैं, मुसलमान होली में। पड़ोस का नाता दोनों में बराबरी के साथ चलता है। कुलीनों और हरिजनों में भी ऐसा ही बर्ताव देखा जाता है।

डोम जब सराध में दौरा देता है तब मनचाहा दाम नहीं माँगता, मगर जब शादी-ब्याह में देता है तब हठ ठानकर मुँहमाँगा दाम ले लेता है। धोबी जब गमी के कपड़े धोता है तब सीधा भी नहीं माँगता, मगर सौरी-घर के कपड़े धोने पर भरपूर सीधा और नेग-निछावर हँसा-खेलाकर ले लेता है। सराध की हजामत में नाई का मुँह नहीं खुलता, मगर ब्याह के नहछू और रीति-रसम में पग-पग में सोलह आने ही चाहता है। बढ़ई या लुहार जब अरथी बनाने आता है तब उदास मन से बनाकर चुपचाप घर चला जाता है, मगर जब ब्याह में माँड़ों के बाँस काटने आता है या वर-कन्या के लिए पीढ़े बनाकर लाता है तब छप्पन टके और जोड़े रुपये के साथ पीली धोती भी माँगता है। कुम्हार भी सराध में मिट्टी के बरतन खुद ढोकर पहुँचा जाता है और दाम को मालिक या गृहस्थ की मर्जी पर छोड़ देता है, मगर मँड़वे का

हाथी और कलसा देते समय पाँचों टूक पियरी पाने को मचल जाता है। इस तरह गाँवों के समाज में, एक दूसरे के सुख-दुख में शामिल रहकर, आपस की हमदर्दी और मेल-जोल कायम रखते हुए, सब-के-सब प्रेम और शान्ति से रहा करते हैं।

अतिथि वहाँ का देवता है। गरीब-से-गरीब देहाती भी उसका आदर-सत्कार करने में अपनी शक्ति-भर श्रद्धा दिखाता है। गंगा-नहान या किसी मेले के समय गाँवों में घर-घर अतिथि पहुँच जाते हैं। उन्हें ईन्धन और अन्न, रहने की जगह और रसोई के बर्तन देकर देहाती गृहस्थ अपने को पुण्यवान समझते हैं। साल में हर पर्व-त्योहार पर देहातियों को अपनी औकात के माफिक अतिथि-सत्कार में कुछ-न-कुछ खर्च करना ही पड़ता है। यों तो साल-भर भिखारियों और कँगलों को भी वे मुट्ठी भर अन्न देते ही रहते हैं।

तन्दुरुस्ती के ख्याल से भी गाँवों का बड़ा महत्त्व है। आँखों को वहाँ हरियाली मिलती है, साँसों को खुली हवा। अन्न और दूध-घी शुद्ध रूप में मिलते हैं। थोड़े ही खर्च में जिन्दगी निबह हो जाती है। फालतू खर्च की चिन्ता नहीं करनी पड़ती। कपड़े-लत्ते में भी वहाँ कोई आडम्बर नहीं है। पर्व-त्योहार में; शादी-ब्याह में, भले ही कुछ टीम-टाम या तड़क-भड़क दीख पड़े, नहीं तो हमेशा सादगी से ही रहना पड़ता है। इससे खुली देह में हरदम हवा और धूप लगती रहती है। खेत-खलिहानों और बाग-बगीचों में घूमते-फिरते रहने से आदमी और मवेशी दोनों ही नीरोग रहते हैं। घास-पात और फूल-फल से ही साधारण रोगों की दवा हो जाती है। बच्चों को खेलने-कूदने के लिए काफी जगह मिलती है, इसलिए वे सदा प्रसन्न रहते हैं—धूल में लोटपोट कर खूब मजबूत हो जाते हैं। नौजवान भी अखाड़े में कसरत-कुश्ती करके हट्टे-कट्टे बने रहते हैं। रोज ताजा दाँतून मिलने की सुविधा रहने से दाँत के रोग कम होते हैं, इसलिए बहुत-से बूढ़े-बूढ़ियों की बत्तीसी भी चमकती नजर आती है। ढेंकी और चक्की स्त्रियों को भी तन्दुरुस्त रखती है।

गाँवों की बदौलत ही शहरों में रौनक है। कचहरियों और रेलों की खूराक वहीं से आती है। तीर्थस्थानों की चहल-पहल भी देहातियों के चलते कायम है। खासकर टुटपुँजिए रोजगारियों की रोजी गाँवों से ही चलती है। बड़े-बड़े अढ़तियों और दूकानदारों को भी ज्यादा नफा गाँवों से ही होता है। सबके लाभ के सोते का मूल गाँवों में ही है।

गाँवों में स्वदेशीपन भी कुछ कम नहीं है। दिन में छप्पर के छोर की छाया और रात में आसमान के तारे वहाँ घड़ी का काम देते हैं। मुर्गा बोला या चुहचुहिया बोली, रात के अन्त का अन्दाज लग गया। कौआ बोला, सुबह हो गयी, जंगल-मैदान से चरकर गाय बथान पर आयी, शाम हो गयी। बाँस की कुंजें चिड़ियों के चहकने से गूँज उठीं, दिन के अन्त का पता लग गया। पंचायत के लिए पंडाल की जरूरत नहीं,

हरिशंकरी के पेड़ की छाया काफी है। सभा के लिए भी घनी अमराई ही पंडाल है और चौपाल ही कौंसिल का कमरा है। जैसे मुर्गा-कौआ घड़ियाल का काम देते हैं वैसे ही कुत्ता वहाँ पहरुआ चौकीदार है। बछड़े को दूध पिलाती हुई गाय, जल से भरा घड़ा लेकर जाती हुई पनिहारिन और धुले कपड़े लेकर सामने आती हुई सुहागिन धोबिन वहाँ शुभ यात्रा की पहचान हैं। जैसे चौकीदारी के लिए कुत्ता घर-घर में दो-चार कौर पाकर मस्त रहता है, वैसे ही प्रिय का संदेसा सुनाकर कौआ भी दूध-भात पा लेता है। चूहों से कोठी के अन्न की रक्षा करने के लिए 'बाघ की मौसी' बिल्ली भी अपनी रोजी पाती रहती है। गुल्ली-डंडा और चिक्का-कबड्डी वहाँ के टेनिस-फुटबॉल हैं। ढोल और झाल वहाँ के बाजे हैं, लाठी और भाला-फरसा हथियार। सोटा वहाँ 'दुखभंजन' कहलाता है। 'सत्यनारायण की कथा' वहाँ का वेद-पुराण है। पुरोहितजी का पत्रा वहाँ का धर्मशास्त्र है। इस तरह भारतीय संस्कृति या हिन्दुस्तानियत का गढ़ वहीं पर है।

गाँवों के साहित्य में भी भारतीयता भरी हुई है। विद्यापति और कबीर, सूर और तुलसी, रहीम और बृन्द, गिरिधरदास और मलूकदास, मीरा और दादू, घाघ और भड्डरी, आल्हा और उदल, सबका रैन-बसेरा वहीं है। रामचरितमानस और सुखसागर, योगवासिष्ठ और विश्रामसागर, ब्रजविलास और तोता-मैना, सिंहासनबतीसी और बैतालपचीसी वहाँ का साहित्य है। सोहर और बिरहा, जँतसार और झूमर, होरी और कजरी, फगुआ और चैता, मलार और बारहमासा वहाँ का संगीत है। रामलीला-रासलीला और नौटंकी वहाँ का नाटक-सिनेमा है। घर लौटा हुआ परदेसी वहाँ देस-दुनिया की खबर पहुँचाने वाला अखबार है। मुहावरे तो वहाँ हर एक देहाती की जबान पर नाचते रहते हैं। वहाँ का हर घर कहावतों का अड्डा है। कहानियों और लोरियों से वहाँ की गलियाँ गूँजती रहती हैं। विवाह और गंगा-नहान के गीतों में, धान रोपनेवाली और खेत काटनेवाली मजदूरिनों के गानों में, चरवाहों और हलवाहों के तरानों में वहाँ साहित्य और संगीत छलकते रहते हैं। लोरिक और विजयमल, बिकरमाजीत और आल्हा-उदल वहाँ के पँवारे में नायक बनकर उमंग की तरंग उमड़ाते हैं। गाँवों का शुद्ध स्वदेशी साहित्य हमारी ऊँची परम्परा का दरपन है।

आजकल के गाँव

पुराने जमाने के गाँवों के बारे में कहा जाता है कि वे बड़े सुखी और सम्पन्न थे। पुराने ग्रन्थों और इतिहासों से गाँवों की खुशहाली और उनके संगठन की कहानियाँ सुनाई जाती हैं। मगर पुराने गीत गाने से कोई लाभ नहीं। 'हमारे दादा को हाथी था, हम सींकड़ लिये फिरते हैं' और 'हमारे बाप ने घी खाया था, हमारी हथेली सूँघ लो'—इन कहावतों से अब मन नहीं भर सकता। अब तो यह देखना है कि आजकल गाँवों की असली हालत क्या है? उनकी ठीक-ठीक दशा की जाँच-परख करके अब ऐसे उपाय सोचना और करना है कि उनके दुर्दिन टलें और सुदिन बहुरें। बेशक इस समय भी गाँवों में बहुत-कुछ अच्छाइयाँ हैं, लेकिन ठीक-ठीक सोच-समझकर देखने से उनमें बुराइयाँ ही अधिक नजर आवेंगी। इसका कारण यह है कि कामधेनु से बूँद-बूँद दूध निकाल लेने वाले तो सभी हैं, मगर उसके लिए सानी-पानी का इन्तजाम करने वाला कोई नहीं। अँगरेजी सरकार जब तक रही, गाँवों को हर तरह से चूसती ही रही, उसकी चूसी हुई सीठी को भी जमींदार और सेठ-साहूकार निचोड़ते रहे। फिर वह नीरस सीठी भी अदालती अमलों के सिल-लोढ़े से रगड़ी जाती रही। इस तरह गाँवों का एक-एक कण निर्जीव बना डाला गया। आज वे ही गाँव निस्सार होकर दरिद्रता, दुर्बलता, अज्ञान, रोग और अभावों के अड्डे हो गये हैं। भगवान् ही उनका उद्धार कर सकते हैं।

गाँवों में कुछ लोग ऐसे भी हैं जो दरिद्र, दुर्बल और रोगी नहीं हैं—जिनको किसी प्रकार का अभाव नहीं है; पर ऐसे लोग बहुत ही कम हैं—वे उँगलियों पर गिन लिये जा सकते हैं। किन्तु अधिकतर लोग गरीबी और अज्ञान के ऐसे शिकार हो गये हैं कि उनकी जिन्दगी जानवरों से भी गयी-बीती है। गरीबी के कारण गन्दगी उन्हें हर तरह से और हर तरफ से घेरे रहती है। गरीबी उन्हें आलसी बना देती है। कपड़ों का अभाव और जल का अभाव उन्हें गन्दा रहने के लिए मजबूर करता है। जिन गाँवों में कहीं-कहीं अच्छे कुँए और तालाब हैं, उनमें रहनेवाले गरीब भी कपड़ों के अभाव से सफाई के साथ नहीं रह पाते। बहुतेरे गाँवों के गरीबों को बहुत दूर-दूर के कुँओं से सिर्फ पीने-भर पानी लाना पड़ता है। कहीं-कहीं तो हरिजनों को एक-एक

मील की दूरी से एक-दो घड़ा जल लाकर किसी तरह अपना काम चलाना पड़ता है। मर्द तो कहीं इधर-उधर बाहर निकलकर नहा-धो भी लेते हैं, मगर औरतों को तो बहुत दिनों तक नहाने का पानी नसीब नहीं होता। दिन-रात के सारे काम दो-चार घड़े जल से ही करने पड़ते हैं। जितनी कंजूसी से उन्हें जल खर्च करना पड़ता है, उतनी किफायत अन्न और पैसे में भी नहीं करनी पड़ती। ऐसी हालत में उनका रोगी रहना कोई अचरज की बात नहीं है। उनके पशुओं को तो हमेशा गन्दे गड्ढों का ही पानी पीना पड़ता है, जिसका नतीजा यह होता है कि मुँहपाक आदि कई तरह के रोगों से मवेशी मरते रहते हैं। जानवरों के अस्पताल देहात से बहुत दूर-दूर हैं, इसलिए देहाती गरीब बेचारे लाचार होकर छाती पीटते रह जाते हैं। दरिद्रता और दरिद्रता से पैदा हुए आलस्य और अज्ञान के कारण पशुओं के रहने के स्थान भी बहुत गन्दे रहते हैं। गाँवों में ऐसे पक्के कुँए भी नहीं हैं जिनके साथ पशुओं के पानी पीने योग्य हौज बने हुए हों। जहाँ नदी और तालाब की सुविधा है, वहाँ भी बस्ती के अन्दर जगह-जगह पड़े हुए घूरों पर मवेशी चीथड़े-लत्ते या कूड़ा-कचरा चबाते चलते हैं। इस तरह भी पशुधन का नाश होता है और पशुधन ही गरीबों की पूँजी है।

दुर्बलता या कमजोरी भी गाँवों में तरह-तरह की है। गिने-चुने लोगों को ही पुष्टिकर भोजन मिलता है। इसलिए गरीबी ने प्रसादी की तरह कमजोरी बाँट दी है। पुरुषों से अधिक स्त्रियों में कमजोरी बहुत ज्यादा है। स्त्रियों के खान-पान की चिन्ता पुरुष बहुत कम करते हैं। जिन घरानों की स्त्रियाँ बाहर नहीं निकलतीं, उन घरानों के पुरुष कभी स्त्रियों के दाँतों की सफाई के लिए घर में दाँतून लाकर रखने की परवा भी नहीं करते। स्त्रियों की तन्दुरुस्ती कायम रखने के लिए पुरुष कभी सपने में भी नहीं सोचते। स्त्रियों को जिस घर में दिन-रात बन्द रहना पड़ता है, उसमें हवा और रोशनी की गुंजाइश है या नहीं, इस पर भी ध्यान नहीं दिया जाता। उनके बीमार होने पर दवा-दारू का ठीक इन्तजाम नहीं होता। उनके सौरी-घर की सफाई पर कोई खयाल नहीं रखता, गर्भवती होने पर उनकी देखभाल अच्छी तरह नहीं की जाती, बच्चा पैदा करने के बाद सेवा-शुश्रूषा के बिना वे रोगों की खान बन जाती हैं, उनकी दुर्दशा का कहीं अन्त नहीं! माता की कमजोरी दूध के साथ सन्तान में उतरती है। बहुत-सी स्त्रियाँ कमजोरी के कारण बच्चा पैदा करने से पहले ही मौत के घाट उतर जाती हैं। बहुत-से बच्चे भी सौरी-घर में ही दम तोड़ देते हैं। जो बच्चे जीते हैं, वे ठीक तरह से पाले-पोसे नहीं जाते। इसलिए वे अच्छी तरह पनपने नहीं पाते। सयाना होने पर उनका शरीर, चरित्र, ईमान, दिल और दिमाग—सब कमजोर हो जाते हैं। सिर्फ गाँव के बाहर की हरियाली और खुली हवा ही गाँववालों को जिलाती है, नहीं तो वे सचमुच कीड़ों की मौत मरते हैं। शरीर और मन की कमजोरी के कारण ही वे हैजा, प्लेग आदि महामारियों के झट शिकार हो जाते हैं। बहुतेरे तो सिर्फ डर से

बीमारी के चंगुल में फँस जाते हैं। दिल-दिमाग की कमजोरी के कारण उन्हें कई तरह के संकटों के पंजे में फँसना पड़ता है। चरित्र और ईमान की कमजोरी के कारण वे ऐसे-ऐसे काम कर बैठते हैं जिनसे उनकी प्रतिष्ठा में बट्टा लगता है, धन की हानि होती है, लोक और परलोक दोनों बिगड़ते हैं। इसी कमजोरी के कारण आपसी मनमुटाव, अनबन और झगड़े होते हैं, मुकदमे लड़े जाते हैं, फालतू खर्च से तबाही बढ़ती है और दंगा-फसाद भी हुआ करते हैं। उचित मात्रा में हमेशा अच्छा भोजन न मिलने से शरीर की जो कमजोरी होती है, वह दिन-रात परिश्रम करते रहने से विशेष उभड़ने नहीं पाती, घरेलू और बाहरी कामों में लगे रहने से स्त्री-पुरुषों के शरीर की दुर्बलता जल्दी कोई खराब असर नहीं पैदा कर पाती। मगर कभी-कभी बहुत मामूली कारण से भी अनायास उभड़ पड़ती है और फिर ठीक-ठीक संयम न हो सकने से खतरनाक साबित होती है। जो लोग तन्दुरुस्त और ताकतवर होते हैं, उनका बल भी बदपरहेजी से जल्दी टूट जाता है। यह बदपरहेजी बहुत करके अज्ञान के कारण होती है।

दरिद्रता और दुर्बलता का मूल कारण भी अज्ञान ही जान पड़ता है; क्योंकि समय का मूल्य समझने की शक्ति या बुद्धि बहुत कम होती है। खेती और पशुपालन के कामों से बचा हुआ बहुत-सा समय आलस्य में गँवा देते हैं। कहीं बेकार बैठकर गप्प करेंगे, चुगलखोरी में या बे-मतलब की बातों में समय बिताते फिरेंगे। न चर्खा कातेंगे, न गाँव की सफाई में मिलजुलकर जुटेंगे, न अपनी आमदनी बढ़ाने के उपाय सोचेंगे, न गाँव के दुखियों की सेवा-सहायता करने के लिए आपस में सलाह करेंगे और न देश की भलाई का कोई काम करेंगे। साल के कई महीने बेकारी में ही खो देंगे। मसल है कि 'बेकार आदमी का दिमाग शैतान का कारखाना' होता है। वही मसल ठीक उतरती है। आलस में पड़े-पड़े किसी की शिकायत करेंगे, किसी की बुराई सोचेंगे और इस तरह दिन-रात का सारा समय फजूल कामों में काट देंगे। दुनिया के प्रपंच और लल्लो-चप्पो में जो समय कट जाता है, उसे भले कामों में लगाने की चिन्ता भी कभी नहीं करते। जीवन की अमूल्य घड़ियों का यह सर्वनाश ही दरिद्रता और दुर्बलता को टिकाऊ बना देता है। ठीक समय पर निबटना-नहाना, मुँह धोना और खाना-पीना किसी का नियम नहीं। ऐसे लोग मुट्ठी-भर ही किसी गाँव में पाये जायँगे जो रोज ठीक वक्त पर अपनी नित्यक्रिया करके अपने शरीर की रखवाली पर खयाल रखते हैं। नहीं तो अधिकतर लोग समय की पाबन्दी या स्वास्थ्य-रक्षा के नियम बिलकुल नहीं निबाहते। पहर-भर दिन चढ़ गया, मुँह धोने की बेला नहीं हुई! दुपहरी आ धमकी, नहाने-खाने की चिन्ता नहीं! किसी काम में समय का बन्धन नहीं—नियम का निबाह नहीं! सारी जिन्दगी का रास्ता ऊबड़-खाबड़!

अज्ञान का तो राज्य ही वहाँ है। धर्मचर्चा या कथा-पुराण सुनेंगे भी तो उसकी

सीख पर टुक ध्यान न देंगे। तुलसीदास की रामायण बाचेंगे, ढोलक-झाल लेकर झूम-झूम उसे गावेंगे, मगर उसके उपदेशों पर भूले-भटके भी कान न देंगे। उसे पढ़कर या गाकर उठे और दूसरे के खेत का पानी अपने खेत में कर आये, दूसरे के खलिहान से कटी फसल का बोझा उठाकर अपने खलिहान में रख दिया, दूसरे के खेत में खड़ी हरी फसल को अपने मवेशी से चरा दिया, जिससे कुछ वैर-विरोध है उसके बैल-गाय-भैंस की चोरी करा दी। किसी से अदावत है तो उसका खेत कटवा लिया या खलिहान फूँक दिया या घर में सेंध लगवा दी। लड़कों और स्त्रियों में कुछ कहा-सुनी हो गयी, मर्द-मानुष आपस में उलझ पड़े—लाठियाँ चल गयीं। खेत-खलिहान में मवेशी चला गया, 'बातहिं बात करष बढ़ि आयी'—भाले फरसे निकल पड़े। समझदारी की कमी से, अज्ञान के चक्कर में पड़कर, मामले-मुकदमे में नाहक पानी की तरह पैसे बहाये जाते हैं। जाली 'हैंडनोट' बनाकर नये बखेड़े खड़े किये जाते हैं। इस तरह मुकदमे गढ़े जाते हैं। अज्ञान ने वैर-विरोध के कारखाने खोल रखे हैं। अदालती कानून की पेचीदगी से गाँवों की बरबादी बहुत बढ़ गयी है। महाजनी और जमींदारी भी इसमें सहायक हैं।

रोग भी गाँवों में घर-घर घुसे हुए हैं। ज्यादातर स्त्रियों में इनका बोलबाला है। वैद्य, हकीम या डॉक्टर गाँवों में बहुत कम हैं। अस्पताल और औषधालय भी बहुत दूर-दूर हैं। अगर कहीं 'पेटेंट' दवाओं के दवाखाने हैं भी, तो गरीबी के कारण बहुतेरे गरीब उनसे लाभ नहीं उठा पाते। कहीं-कहीं जिला-बोर्ड के दवाखाने भी हैं, मगर वे दाल में नमक के बराबर भी नहीं हैं। लेडी डॉक्टर, नर्स या धाई का तो कहीं पता ही नहीं है। जानवरों के अस्पताल तो सिर्फ शहरों में ही हैं। मवेशी के डॉक्टर कभी देहात में फेरी नहीं लगाते। मवेशियों की तरह औरतें भी बे-मौत मरती हैं। हैजा, प्लेग, मलेरिया आदि बीमारियों के फैलने पर कितने ही घरों में ताले लग जाते हैं। ये बीमारियाँ भी अधिकतर अच्छे भोजन के अभाव से ही पैदा होती हैं। रोगियों को उचित पथ्य भी नसीब नहीं होता। एक तो अज्ञान के कारण लोग तन्दुरुस्ती की ओर से लापरवा होते ही हैं, दूसरे दरिद्रता के कारण भोजन-वस्त्र की कठिनाई से खाने-पहनने में भी गन्दगी ढोये फिरते हैं। जिनको अन्न-वस्त्र या रुपये-पैसे की कमी नहीं है, वे अपने मकान के आसपास की गन्दगी से बीमारी के जाल में जा पड़ते हैं। घर-घर की नालियाँ गलियों में गन्दगी के पनाले बहाती हैं। अड़ोस-पड़ोस की गलियों में जहाँ-तहाँ घूरे पड़े रहते हैं। अपने-अपने घर की सफाई करके लोग बाहर के रास्ते या सहन में कूड़ा-कचरा डाल देते हैं। कुँओं के आसपास महीनों कीचड़ और गँदला पानी सड़ता रहता है। बिना विचारे गन्दे बर्तन भी कुँए में डाल दिये जाते हैं। कुँए की जगत के पास ही कोई मुँह धोता है, कोई नहाता है, कोई मैले-कुचैले कपड़े कचारता है; कोई बर्तन माँजती है, कोई गन्दी डोरी या दूध-दही के बर्तन से

पानी भरती है। कुँए की जगत ज्यादातर नीची या जमीन के बराबर रहती है जिससे आँधी या तेज हवा के झोंके में बाहर का कूड़ा-करकट कुँए के अन्दर आ पड़ता है। कहीं-कहीं जेठ के महीने में, मृगदाह नक्षत्र में, जब कुँए की सफाई होती है, तब भीतर से निकली हुई सड़ाँद देखकर पता लगता है कि गाँव के लोग महामारियों में कुत्तों की मौत क्यों मरते हैं? घरों के आँगन में जहाँ रसोई के बर्तन माँजे जाते हैं, वहाँ भी थूक-खखार का विचार नहीं रखा जाता। रसोई-घर की जमीन और दीवार भले ही रोज लीपी-पोती जाती हो, मगर छप्पर तो शायद दीवाली या चैत के नवरात्र में ही झाड़ा-पोंछा जाता है। इसलिए हवा के झकोरे छप्पर की काली जहरीली गर्द नीचे गिराते रहते हैं। इसी तरह बस्ती के बाहर भी सफाई पर कोई ध्यान नहीं रखता। बगीचे में फल खाएँगे तो वहीं पर छिलके और गुठलियाँ डाल देंगे। जहाँ सायादार पेड़ के नीचे घाम गँवाने या जुड़छाँह लेने की जगह है, वहाँ बैठकर ऊख चूसेंगे, हरे चने या मटर की छीमी खायँगे और फलियों के छिलके वहीं बिखेर देंगे। यही आदत रेल के सफर में और तीर्थयात्रा में भी रहती है। गंगा को पूजेंगे सही; मगर घाट पर जूठी पत्तलें, गन्दी जीभियाँ वगैरह ज्यों-की-त्यों छोड़ देंगे। तीर्थ की धर्मशाला और स्टेशन के मुसाफिरखाने में भी यही करेंगे। नदी और तालाब के घाट पर मुँह धोने बैठेंगे, सारी अँतड़ी वहीं उझल देंगे। आँखें बचाकर घाट के आसपास की जमीन को मलमूत्र से इस तरह गन्दा कर डालेंगे कि नहाने-धोने पर भी तबियत घिनाती ही रहेगी—खुलकर साँस लेने की भी गुंजाइश न हो सकेगी। गाँव की बस्ती के इर्द-गिर्द भी यही हाल देखने में आता है। खासकर गाँव की स्त्रियाँ बस्ती से दूर नहीं जा पातीं; क्योंकि उन्हें भोर होने से पहले ही और शाम की अँधियाली के बाद ही निबटना पड़ता है। इसीलिए बस्ती के चारों ओर गलीज और गन्दे चीथड़े पड़े नजर आते हैं। अगर बस्ती के अन्दर कोई गड्ढ़ा, बाँसों का झाड़-झुरमुट और खँडहर रहता है तो वहाँ भी वही दुर्गन्ध का फैलाव दीख पड़ता है। ऐसे-ही-ऐसे और भी बहुत से कारण हैं जिनसे तरह-तरह के रोग वहाँ अड्डा बाँधे रहते हैं। अगर गाँव हरी-भरी प्रकृति की गोद में न बसे होते, चारों ओर दूर-दूर तक फैले हुए मैदानों की खुली हवा उन्हें पखारती न रहती, तो उनमें बसनेवालों की क्या गत होती, इसका अन्दाजा लगाना मुश्किल नहीं है।

गाँवों में जो अभाव व्यापे हुए हैं, उन सबकी गिनती नहीं हो सकती; क्योंकि ठीक-ठिकाने से गाँवों की खोज-खबर कभी ली ही न गयी, इसलिए उनके ऐसे अभाव भी दूर न हो सके जिनके दूर होने से उनकी हालत कुछ सुधर जाती। पहली बात तो यह है कि गाँवों में अच्छे कुँए बहुत कम हैं। पक्के और साफ कुँओं का अभाव गाँववालों की तन्दुरुस्ती पर बहुत बुरा असर डालता है। उसी प्रकार अच्छी सड़कों का अभाव भी उनकी आमदनी को और उनके ज्ञान को बढ़ने नहीं देता। वे अपने

खेतों और बगीचों की उपज आसानी से शहर या स्टेशन तक नहीं पहुँचा पाते। अगर वे तरकारी (साग-सब्जी) की खेती और बागवानी करें भी, तो वह सागभाजी या फलों की पैदावार अच्छे दामों पर बिकने योग्य स्थान में नहीं पहुँच सकती। अच्छे-अच्छे नेता और वक्ता भी उनके पास नहीं पहुँच पाते; क्योंकि वहाँ तक अच्छी सवारियाँ मुश्किल से पहुँच सकती हैं। इसलिए कोई सभा या उत्सव वहाँ सुविधा से नहीं हो पाता। बरसात में तो असंख्य गाँव मनुष्य की पहुँच से भी बाहर हो जाते हैं। अनेक गाँव ऐसे भी हैं जहाँ सूखे दिनों में भी बैलगाड़ी तक तभी पहुँच सकते हैं जब एक आदमी फावड़ा लेकर आगे-आगे खेतों की मेंड़ काटता और लीक बनाता चले। जब तक गाँवों की सड़कों का सुधार न होगा तब तक शिक्षाप्रचार में सुविधा न हो सकेगी। अच्छे कुँओं से गाँव वालों को सफाई और तन्दुरुस्ती तथा खेतों की सिंचाई में सुविधा होगी और अच्छी सड़कों से उनकी आमदनी के साथ-साथ उनके ज्ञान में भी वृद्धि होगी। इसके बाद स्कूलों और पाठशालाओं का अभाव तथा अस्पतालों और डाकखानों का अभाव दूर करना होगा। इन सबके अभाव से उन लोगों की दशा सुधरने नहीं पाती। शिक्षा का प्रचार न होने से वे लोग अपने अधिकारों को नहीं पहचानते और उन अधिकारों को पाने के लिए लड़ने का तरीका भी उन्हें मालूम नहीं। अगर उनमें विद्या का प्रचार बढ़ेगा तो वे समझ सकेंगे कि उनको किस अधिकारी से क्या सहायता मिल सकती है। अस्पतालों से उनके जीवन और पशुधन की रक्षा होगी। डाकखानों से वे बाहरी दुनिया के साथ नाता जोड़ सकेंगे। गाँवों में चिट्ठियों और अखबारों की पहुँच देर से होती है। इसलिए गाँव वाले देश-विदेश की बातें ठीक समय पर नहीं जान पाते। देश की उन्नति के कामों में उनका सहयोग या देश-सुधार के किसी भी आन्दोलन में उनकी पूरी सहायता तभी मिल सकती है जब उनके सब अभाव शीघ्र दूर कर दिये जायँ।

कवियों और लेखकों के गाँव

हमारे कवियों और लेखकों ने गाँवों के जो चित्र खींचे हैं, वे बड़े सुहावने-लुभावने हैं। गाँवों में बसने वालों को उन्होंने दूध का धुला हुआ साबित कर दिया है। कविताओं और कहानियों में, लेखों और पुस्तकों में, सब जगह गाँवों के गुण गाये गये हैं। गाँव स्वर्ग है, किसान देवता! गाँववाले भोलेभाले और सीधे-सादे हैं, शहरवाले चलता-पुर्जा और चुस्त-चालाक हैं। कवियों और लेखकों की ऐसी बातों में कुछ सच्चाई भी जरूर है; मगर अधिकतर खयाली पुलाव ही पकाया गया है। असलियत यह है कि इस समय गाँवों में और गाँववालों में तरह-तरह की बुराइयाँ घर कर गयी हैं, जिनके कारण कहीं-कहीं तो स्वर्ग भी नरक बन गया है और देवता भी दानव हो गये हैं। इस बात में नमक-मिर्च की मिलावट नहीं है, खरी सचाई है। वहाँ अगर मेल-मिलाप भी देखने में आता है तो उसके भीतर भेदभाव छिपा रहता है। बेईमानी-शैतानी, ईर्ष्या-द्वेष, बैर-विरोध, धोखाधड़ी—भीतर-ही-भीतर चला करती है, बाहर-बाहर सिर्फ जीभ ही काट करती है। ऊपर राम-राम भीतर सिद्ध काम! दिल की सफाई और ईमान की सच्चाई बहुत ही कम देखने में आती है। इसलिए अदालती झगड़ों में देहातियों के काफी पैसे बरबाद होते हैं। नालिश-फौजदारी के बखेड़े से बचे हुए गाँव उँगलियों पर गिन लिये जा सकते हैं। एक अच्छा खाता पहनता है, दूसरा डाह से जलता है। महाजनी करने वाला सूद-दर-सूद लगाकर गरीबों को ऋण की चक्की में पीसता है। किसी के पास अच्छी दरी, बढ़िया कालीन, गलीचा या तोशक है तो लोग मँगनी ले जाकर पचा जायँगे—साफ कह देंगे, चीज भूल गयी; अगर दंड या दाम लिया जाय, तो घात पाकर बैर साधेंगे। कीमती असबाब रखना बहुत खतरनाक है। बराती सामान मँगनी न देने पर चोरी करा देंगे। साधारण-सी चीज के लिए बैल, गाय, भैंस, घोड़े आदि की चोरी करा देने वाले बहुत लोग हैं। थोड़ी सी कहा-सुनी हो गयी, घर में सेंध पड़ गयी! फल का बाग है तो लोगों को फल खाने की छूट दीजिए, नहीं तो कच्चे फल ही नष्ट कर दिये जायँगे—बाग-भर के हरे पेड़ भी कट जायँ तो कोई अचरज की बात नहीं। मखमली दस्ताने में लोहे के बघनखे रखनेवाले लोगों ने गाँवों को चौपट कर डाला है। तिलक-फटाकावाले और माला कंठीधारी तो और भी डूबकर

पानी पीते हैं। पढ़े-लिखे जो हैं सो भी उसी दलदल में फँसे हैं। 'भोलाभाला' कहा जाने वाला किसान अन्त में 'भाला' निकलता है। अदना-सी बात के लिए किसानों में आपस का मनमुटाव हो जाता है, खेत में खड़ी हरी फसल कट जाती है, खलिहान फुँक जाता है, बहू-बेटी तक पर आ बीतती है। आन की बात ठन गयी तो डकैती और खूनखराबा भी देखते-देखते हो जाता है। मुकदमे की मुक्ति हाईकोर्ट में मानी जाती है। शादी-ब्याह काटने के धन्धे गुपचुप चला करते हैं। किसी सुखी और सम्पन्न घराने की विधवा को बहकाकर पट्टीदारी का झगड़ा खड़ा किया जाता है। भोलेभाले भाई-भतीजे को फुसला-बहलाकर नये मामले-मुकदमे गढ़े जाते हैं। हलवाहे-चरवाहे मजदूर भी बहकाये जाते हैं। मजदूरों ने ऐसा ईमान छोड़ दिया है कि कसकर मजदूरी लेने पर भी तन-मन से काम नहीं करते। गाँवों में पैसे के सिवा खाना-दाना और तर-तम्बाकू भी देना पड़ता है। तब भी देखरेख न करने पर ठीक तरह से काम नहीं होता। काम करानेवाले को दिन-भर मजदूरों की पूरी चरवाही करनी पड़ती है। पैसा और सीधा भी दीजिए, समय भी नष्ट कीजिए। खेत-खलिहान में भी मजदूरों पर आँख न रखी जाय तो बंटाढार ही समझिए। जो बेचारे सचमुच ईमानदार हैं, वे भी बेईमानों के गुट में अपना पत-पानी मुश्किल से बचा पाते हैं। सीधे-सपाटे का गुजर गाँव में तभी हो सकता है जब अपनी हानि सहकर दूसरों को लाभ पहुँचाता रहे। बिना मुँह का आदमी वहाँ नहीं खप सकता। 'मिट्टी का देवता तिलक में ही गायब' हो जाता है। सूधे का मुँह कुत्ता चाटता है। जो दबंग है, जिसे लाठी का जोर है, जिसके घर में दो-चार पट्ठे लठैत हैं, उसका हल तो भूत भी जोतता है; मगर जिसके पास बाहुबल नहीं है, वह अपने धन की रक्षा के लिए हमेशा डरा या चिन्तित रहता है; या तो वह जब-तब लोगों की जरूरत पूरी करता रहे और उन्हें दी हुई रकम के लिए उनसे कभी तगादा करने की हिम्मत न करे, या सींग-पूँछ दबाकर दीन बना रहे। गाँवों की यह हालत उत्तम स्वदेशी शिक्षा से ही सुधर सकती है। यों तो आजकल के पढ़े-लिखे लोग भी गाँवों में रहकर कुछ सुधार नहीं कर पाते; क्योंकि वे खुद ही सुधरे हुए नहीं हैं। जो बात का धनी, लँगोट का पक्का, ईमान का सच्चा, निष्पक्ष, स्वार्थत्यागी और परोपकारी स्वभाव का हो, वही गाँव में रहकर गाँव का सुधार कर या करा सकता है। लेखकों और कवियों ने गाँवों और किसान की सफाई के तरीके भी बतलाए जायँ। जल के विकार से ही नाना प्रकार के रोग होते हैं; क्योंकि पीने के सिवा अन्न के पकाने में भी जल ही काम में लाया जाता है।

गाँव के गरीबों और अछूतों को अपने घर से दूर-दूर जाकर कुँए का पानी लाना पड़ता है। कहीं-कहीं तो अछूतों को बस्ती के बाहर के कुँए से पानी ढोना पड़ता है। जहाँ पीने के लिए पानी इतनी कठिनाई से मिलता है, वहाँ नहाने-धोने के लिए पानी कौन ढोए? चाहिए तो यह कि गरीबों और अछूतों की बस्ती के अन्दर या उनके

घर के नजदीक ही पक्का कुँआ बनवा दिया जाय, जहाँ से वे सुविधा के साथ पीने का पानी भर सकें, उनके स्त्री-बच्चे नहा सकें, उनके पशु भी पानी पी सकें। कोई पक्का कुँआ भी शायद ही ऐसा देखने में आता है जिसके पास पशुओं के पानी पीने के लिए चरन या हौज बना हुआ हो। कुँए के आसपास के गड्ढ़ों में जमा हुआ सड़ा पानी ही पशु पीते और घूरे पर पड़े गन्दे लत्ते चबाते फिरते हैं।

गाँवों में नल-कूप या हाथ के नल भी बनवाये जा सकते हैं। लेकिन हाथ का नल (टिउब-वेल) गाँव में तभी टिकाऊ रहकर बराबर काम देगा जब उसके बिगड़ने पर उसे दुरुस्त करनेवाला कारीगर वहाँ मिल जाया करे। देहात में कल-पुर्जे की चीज मौके पर नहीं बन सकती। हाथ के नल से कुँआ कहीं अच्छा है, एक बार मजबूती से बन गया तो बरसों के लिए पानी का कष्ट दूर हो गया। हाँ, गाँवों में हाथ के नल लगेंगे तो वहाँ कल-काँटे के कारीगर भी निकल आवेंगे—उनकी रोजी भी बढ़ जायगी; तब भी कुँओं का अभाव खटकता ही रहेगा। पानी-नल या बिजली के दमकल की बात ही और है। उसके दिन अभी दूर हैं।

अच्छे और साफ कुँओं की सुविधा होने पर गाँव के लोग नीरोग रहेंगे, महामारियों से भी बचेंगे। किन्तु बड़े-बड़े गाँवों में नहाने-धोने और पशुओं को पानी पिलाने की सुविधा के लिए अच्छे तालाबों की जरूरत है। गाँवों में कहीं-कहीं पक्के तालाब हैं भी, मगर ज्यादा जगहों में कच्चे घाटवाले ही हैं, बहुतों की बिल्कुल बिगड़ी दशा है—उनका सुधार होने से गाँववालों को बड़ा आराम होगा। तालाब-पोखरे भी गाँववालों की गन्दी आदतों से ही खराब होते हैं। गाँव के पास का नदी-तट भी गन्दा ही रहता है। कारण यह है कि वहाँ हर एक आदमी अपने ही सुख-सुभीते का ध्यान रखता है, दूसरे के सुख सुभीते से उसे कोई मतलब नहीं। गाँववालों को जलाशयों की स्वच्छता के लाभ सुझाए जायँ—कुँए, तालाब और नदी-तट की सफाई के पाठ पढ़ाये जायँ, ढंग सिखलाये जायँ, कायदे बतलाये जायँ, अभ्यास कराये जायँ। जब उनमें सफाई की भावना आ जायगी, उनके बहुत से क्लेश मिट जायँगे। शुद्ध वायु उन्हें मिलती ही है, शुद्ध जल भी मिलने लगेगा।

गाँवों में कुँओं और तालाबों के बनवाने या सुधारने में वहाँ के धनीमानी लोगों से भी सहायता ली जा सकती है। सरकारी प्रेरणा या आज्ञा से ही गाँवों के धनी-मानी लोग सहायता दे सकते हैं। बहुत से धनियों के पास इतना काफी धन है कि उसे कोई भोगने-वाला नहीं है। बहुत-सी निःसन्तान विधवाओं के पास और धनी महन्तों के पास काफी रुपये बेकार पड़े हुए हैं। ऐसे कृपणों और धन-लोभियों पर सरकारी दबाव पड़ने से गाँवों में अच्छे कुँए और तालाब बनाये जा सकते हैं। इसके सिवा सारे गाँव के लोगों के मेल-जोल से भी बिगड़े कुँओं तालाबों का सुधार हो सकता है। ग्राम-पंचायतों को सरकारी सहयोग मिलने पर भी यह काम ठीक-ठिकाने से हो सकेगा। ऐसे काम के लिए कुछ लावारिस धन भी मिल सकता है।

गाँवों के मकानों का सुधार

अच्छे शहरों में मकान बनाने के लिए म्युनिसिपैलिटी में मकान का नक्शा पेश करना पड़ता है; लेकिन गाँवों में धनियों के मकान भी बे-किता और बे-तरतीब बनते हैं, फिर गरीबों के मकानों का बे-डौल होना कोई अचरज की बात नहीं। गाँवों में मकान बनवाने का ढंग बहुत ही खराब है। बड़ी-बड़ी बस्तियों में बहुत ही सँकरी गलियाँ और बे-ढब मकान बड़े दुखदायी हैं। न उनमें काफी रोशनी मिलती है, न साफ हवा। घर की नालियों से गलियाँ भी गन्दी ही रहती हैं। अगर ग्राम-पंचायतों को बस्तियों के सुधार का अधिकार भी सौंपा जाय तो बहुत अच्छा होगा। मकानों की सीधी कतारों के बीच में चौड़ा रास्ता और पीछे की ओर पाखाने-पनाले रहें तो लोगों की तन्दुरुस्ती अच्छी रह सकती है—खास कर स्त्रियों को खुली हवा और धूप नसीब होगी। घनी बस्तियों में अन्धकूप घरों के अन्दर रहनेवाली पर्दानशीन स्त्रियों की बड़ी दुर्दशा है। वे किसी-न-किसी तरह के रोग की शिकायत करती ही रहती हैं। बच्चों की मौत इसीलिए बहुत ज्यादा होती है कि उनकी माताओं की तन्दुरुस्ती हमेशा बिगड़ी रहती है। कितनी ही स्त्रियाँ अपनी कमजोरी के कारण सुख से बच्चा भी नहीं जनतीं, सौरी-घर में ही दम तोड़ देती हैं। और कितनों के पेट में ही बच्चा मर जाता है। अगर मकानों में खुली धूप और हवा मिला करे तो स्त्रियों का बड़ा उपकार हो। उनके लिए तो गाँव की बस्ती के बीच में या नजदीक ही कोई ऐसा खुला मैदान रहना चाहिए, जहाँ सुबह-शाम सिर्फ वे ही अपने बच्चों के साथ टहल-घूम सकें। वह मैदान चारों ओर से घिरा हुआ हो या खुला ही हो, मगर उसमें किनारे-किनारे कुछ फूल-पत्ती और कुछ सायादार सुन्दर पेड़ भी होने चाहिए। अगर हर एक मकान के आगे खुला मैदान या सहन और छोटी-सी फुलवारी या साग-भाजी की क्यारियाँ रहें तो और भी अच्छा होगा। आज भी गाँवों में देखा जाता है कि कुछ मकानों के पिछवाड़े छोटा या बड़ा एक खंड होता है जिसमें फूल-फल के पेड़ और साग-सब्जी की दो-चार क्यारियाँ होती हैं। लेकिन मकान के साथ लगे हुए ऐसे खंडों का कोई सिलसिला नहीं होता। किसी मकान के पीछे है तो किसी के दाहिने-बाएँ और किसी के कोने पर, कोई सँकरा है

तो कोई तिकोना। ऐसा न होकर यदि एक कतार के सभी मकानों के साथ-साथ बराबर-बराबर जमीन के टुकड़े लगे रहें और एक कतार के सभी मकानों के आगे-पीछे थोड़ी घनी खुली जमीन रहे, तो बस्ती के लोगों की तन्दुरुस्ती भी ठीक रहे और गाँव भी सुन्दर दीख पड़े।

बस्ती का सुधार करते समय अच्छे मकानों की जाँच करनी पड़ेगी। अगर तन्दुरुस्ती के खयाल से कोई मकान साफ-सुथरा, हवादार और मजबूत भी जान पड़े तो ऐसे मकानों को बचा रखने से बस्ती के सुधार का खर्च नहीं बढ़ सकता। अच्छे मकानों के आसपास के गन्दे मकानों का सुधार तो बहुत जरूरी है। जिन मकानों में धूप और रोशनी की कमी हो, जिनमें पाखाने और नाली का निकास न हो, जिनसे बस्ती की सुन्दरता बिगड़ती हो और गन्दगी भी बढ़ती हो, उन्हें तोड़कर अच्छे ढंग से बनवाने का उपाय होना चाहिए। ग्राम-पंचायत और गाँव की सहयोग-समिति (कोआपरेटिव सोसाइटी) से मकान-मालिक को मदद मिलनी चाहिए। जिसके पास जमीन की कमी हो उसको तो उसकी गुंजाइश के मुताबिक जमीन भी मिलनी चाहिए, भले ही उसके मकान की जगह बदल जाय। बहुत-से अच्छे मकानों की शोभा आसपास के बेडौल मकानों से मारी जाती है। वे ही बेडौल मकान, मिट्टी और फूस के ही सही, अगर सुधारकर सुहावने ढंग से बना दिये जायँ, तो बस्ती की सूरत बदली जा सकती है। बहुत से धनी-मानी लोग अपनी जरूरत से ज्यादा जमीन घेरे बैठे हैं, जिससे उनके पड़ोसी गरीबों को बहुत तकलीफ है। इसी तरह, बहुत से गरीब भी ऐसे हैं जिनको थोड़ी-सी जमीन के न मिलने से एक अच्छे मकान का रुख बिगड़ जाता है; मगर उस जमीन के बदले में वे न रुपया लेते हैं और न खेत—अपने काम में भी नहीं लाते, सिर्फ इसीलिए नहीं देते कि वह अच्छा मकान नकटा ही बना रहे तो भला है, और इतना ही नहीं, डाह से घर-भर का कूड़ा-कर्कट उसी फालतू जमीन में डालते रहते हैं ताकि अच्छे मकान की आन बिगड़ जाय। खेती की जमीन की तरह बस्ती की जमीन का झगड़ा भी पूरा रगड़ा ही है। ऐसी हालत में सरकारी कानून से ही बस्ती का सुधार हो सकता है। जब तक सरकार की शक्ति इस काम में नहीं लगेगी तब तक गाँव की बस्ती नरक-कुंड ही बनी रहेगी। ग्राम-पंचायत को अगर बस्ती के सुधार का काम सौंपा जाय तो उसे उचित अधिकार भी दिया जाय। गाँवों की बस्तियों को सुन्दर बनाने के लिए शायद बहुत-से पुराने कानूनों को भी सुधारना पड़ेगा। परन्तु जब गाँवों का कायाकल्प करना ही है—देश को सुन्दर, सभ्य और सुखी बनाना ही है, तब दकियानूसी कानूनों को ताक पर रखना ही होगा। नये युग की जरूरत के मुताबिक नये-नये कानून बनते ही हैं। कानून की कड़ाई के बिना कोई सुधार का काम हो ही नहीं सकता। हाँ, कानूनी कठोरता के साथ न्याय की दयालुता भी होनी चाहिए। प्रजा पर शासन की निठुराई हो तो नेह-छोह और ममता भी हो।

बस्ती की खूबसूरती के लिए किसी का अनगढ़ मकान ढहाने से पहले उसके बनाने का उपाय कर या करा देना होगा—कर्ज या मदद देने-दिलाने का बन्दोबस्त कर देना होगा। यह काम चाहे ग्राम-सभा करे या सरकारी अफसर। करना किसी को पड़ेगा जरूर, नहीं तो गँवार, देहाती बहुत बखेड़ा करेंगे।

मकानों के सुधार में हर तरह के छोटे-बड़े घरों के नक्शों की जरूरत होगी। ईंट या मिट्टी या बाँस-फूस के हर तर्ज के मकान का ढाँचा और उनके बनवाने में खर्च का अन्दाज जब लोगों की आँखों के सामने आ जायगा तब लोग कर्ज काढ़कर भी सुन्दर मकान बनवा डालेंगे। छोटे-बड़े परिवारों के अनुसार बने हुए छोटे-बड़े और सस्ते-महँगे मकानों के नक्शे देख लेने पर गाँववालों में जरूर ही नया हौसला पैदा होगा। अगर इसमें कुछ दिक्कत भी हो तो गाँववालों की भलाई और तन्दुरुस्ती के खयाल से यह करना ही पड़ेगा। जब तक गाँव की बस्ती साफ-सुथरी, सुन्दर और हवादार न होगी तब तक गाँव गन्दगी और रोग के घर बने ही रहेंगे। कानून के सहारे जब हर तरह के सुधार किये जा सकते हैं, तब यह सुधार तो सबसे पहले होना चाहिए। बस्ती की नयी बनावट के बारे में गाँव के लोग राजी किये जा सकते हैं और पंचसाला या सतसाला ब्योरा तैयार करके धीरे-धीरे थोड़ा-थोड़ा काम भी निबटाया जा सकता है। इसके लिए गाँव के मुखिया या धनी-मानी लोगों को कुछ स्वार्थत्याग करना पड़ेगा, जिसके लिए उत्साह और सुझाव मिलने पर वे खुद तैयार हो सकते हैं। नमूने के गाँवों को देखकर लोगों में देखा-देखी भी उमंग आ सकती है।

गाँव के खँडहर, गड्ढे, टीले और झाड़-झंखाड़ भी बस्ती को गन्दगी का भंडार बना देते हैं। इनके कारण बस्ती के अन्दर दुर्गन्ध, मच्छर और साँप का अड्डा कायम हो जाता है, जिससे रोग और मौत का डर बना रहता है। खँडहरों में साग-भाजी या फूल-पत्ती उगायी जा सकती है। गड्ढों को मिट्टी से पाटकर सहन बना देने से मच्छरों का डर जाता रहेगा। टीलों और झाड़ों को काटकर साफ कर देने से जहरीले जीवों का बसेरा उजड़ जायगा। लावारिस खँडहर तो खेत की तरह किसी अच्छे असामी के हाथ बन्दोबस्त किये जा सकते हैं। गाँव के बेचारे कितने ही मजदूर अपने बाल-बच्चों के साथ दिन-रात हाड़-तोड़ मेहनत करने को तैयार रहते हैं, मगर उनके पास खेत ही नहीं—कोई जमीन का टुकड़ा नहीं कि वे सब-के-सब लग-भिड़कर उसे आबाद करें। उपज बढ़ाने की शक्ति जिनमें भरपूर है, उनके पास जमीन ही नहीं है। और जो मेहनत नहीं कर सकते—साथ ही, भरपूर मेहनताना भी देना नहीं चाहते—उनके पास काफी जमीन है, जो आबाद न हो सकने पर बेकार परती पड़ी रहती है। इस तरह तो गरीबी और भुखमरी कभी दूर ही न होगी। इसलिए बस्ती के अन्दर की जो जमीन आबाद होने लायक हो और बेकार पड़ी रहकर गन्दगी बढ़ाती हो, उसे गरीब मजदूरों या बिना खेती-बारी के किसानों को उचित लगान पर सौंप

देने का कानूनी इन्तजाम होना चाहिए—भले ही यह इन्तजाम करने का हक ग्राम-पंचायत को ही क्यों न हो।

गाँव की बस्ती का सुधार करने के लिए ग्राम-पंचायत या ग्राम-सुधार सभा को जिम्मेवारी सौंपी जा सकती है, लेकिन उसकी देखभाल और जाँच-पड़ताल करने के लिए सरकारी अफसर भी रहना चाहिए। हाँ, वह गाँव की सब तरह की बातों का जानकार हो और गाँव का ही रहनेवाला भी हो; क्योंकि शहर का रहनेवाला अफसर गाँव की बहुत-सी बातों को ठीक समझ और सुलझा नहीं सकता। साथ ही, वह भत्ता बनानेवाला आराम-तलब भी न हो; वह बरसात में भी बराबर गाँवों में चक्कर लगाता रहे, तभी वह बस्तियों की हालत का अन्दाज लगा सकेगा। जब तक ग्राम-सुधार विभाग के सरकारी अफसर गाँवों के रास्तों की दुर्दशा खुद नहीं झेलेंगे, तब तक सिर्फ सूखे दिनों में सवारी दौड़ाने से कोई फायदा न होगा। यह जरूरी नहीं है कि गाँव की बस्ती के सुधार में सिर्फ सरकार के ही पैसे खर्च हों। अगर गाँव के लोगों में नयी उमंग और नया हौसला पैदा किया जाय, तो बस्ती के सुधार का सारा खर्च गाँववालों से ही निकाला जा सकता है। मगर लोगों में साध पैदा करने वाला सच्ची लगन का आदमी चाहिए।

जरूरत इस बात की है कि शहरों में जैसे मकान बनाने के लिए म्युनिसिपैलिटी को मकान का नक्शा दिखाना पड़ता है, वैसे ही गाँवों में भी कुछ ऐसा नियम होना चाहिए कि मकान चाहे मिट्टी का बने या ईंटों का या बाँस-फूस का, उसकी बनावट की रूपरेखा को ग्राम-पंचायत पहले ही देखकर मंजूरी दे और वह तन्दुरुस्ती या सफाई के खयाल के साथ-साथ सुन्दरता का खयाल भी रखे। मकान मामूली भी हो तो उसकी बनावट सुन्दर हो, उसमें रोशनी और हवा की काफी गुंजाइश हो, उसके इर्द-गिर्द की जमीन साफ-सुथरी हो, उसकी मोरी या नाली का निकास ठीक हो।

बस्ती के सुधार में एक दिक्कत यह है कि देहात में ईंट और सीमेंट का बहुत अकाल है। कुछ लोग पक्का मकान बनवा सकते हैं, मगर शहर से ईंट-सीमेंट मँगाने में बहुत ज्यादा खर्च पड़ने के डर से हिचकते हैं। कोयला और सीमेंट भी उन्हें आसानी से नहीं मिल पाते। अगर ईंट-सीमेंट का रोजगार करनेवाले धनी व्यापारी जगह-जगह गाँवों के मंडल के बीच-बीच में ईंट-सीमेंट की अपनी तिजारत खोल दें तो दस साल के अन्दर गाँवों की बस्तियों की सूरत बदल जायगी। मकानों के साथ-साथ कुँओं का भाग्य भी पलट जायगा। तिजारतियों को भी खूब नफा होगा। गाँवों की राहों या सड़कों पर जगह-जगह पुल या बाँध बनवाने में सरकार को भी सुविधा होगी। गाँवों के टूटे-फूटे मन्दिर, देवस्थान, तालाब और घाट, सबकी मरम्मत और सबके उद्धार के लिए लोगों में सूझ और साध पैदा होने लगेगी। इस तरह गाँवों का रूप सुन्दर और सुहावना बन जायगा।

गाँवों में पशु-पालन

गाँव में पशु-पक्षियों का पालन करके भी उद्योग-धन्धे चलाये जा सकते हैं। पशु-पक्षियों के पालन का व्यवसाय आज भी कहीं-कहीं गाँवों में देखा जाता है। लेकिन गाँव के लोग पशु-पालन का पुराना तरीका भूलते या छोड़ते जा रहे हैं और नया तरीका भी नहीं जानते। पशुओं के पालने की जो विधि हिन्दुस्तान में थी, वह अब शायद ही कहीं देख पड़ती है। हमारे पूर्वज बड़े प्रेम और परिश्रम से पशु-पालन करते थे। अब न उतने प्रेम के लिए हौसला है और न उतने परिश्रम के लिए पौरुष ही है। मगर, अब तो जो कुछ भी है, उसीको बढ़ाकर पहले के बराबर करना होगा या उससे भी आगे बढ़ना होगा।

देहात में रोजगार के लिए पाले जानेवाले पशु-पक्षियों में भैंस, घोड़े, सूअर, भेड़, बकरी, मुर्गी, कबूतर आदि अधिक देखे जाते हैं। कहीं-कही, शहर के करीब गाँवों में, दूध के रोजगार के लिए गायें भी पाली जाती हैं, वैसे ही दूध और घी के रोजगार के लिए भैंसें। परन्तु इन सब जानवरों के पालने का तौर-तरीका गाँववाले ठीक-ठीक नहीं जानते। अगर वे जान जायँ, उन्हें साफ-साफ सही-सही बतला दिया जाय, तो देश का पशुधन बढ़ सकता है। पशुधन बढ़ने से खेती को तो लाभ होगा ही, जनता की तन्दुरुस्ती भी तरक्की करेगी।

गाँवों के अधिकतर पशु तरह-तरह की बीमारियों के शिकार हुआ करते हैं। इसका कारण यह है कि उनके रहने का स्थान साफ-सुथरा नहीं होता और उन्हें चारा-पानी भी अशुद्ध मिलता है। बहुत ही कम गृहस्थ अपने घर में गाय-भैंस की सेवा और रक्षा करने में तत्पर देखे जाते हैं। अधिकतर लोगों की गाय-भैंस बड़ी लापरवाही से रखी जाती हैं। जिन गाय-भैंसों के दूध-दही-घी से मनुष्य का शरीर पलता है, वे ही गाय-भैंसें गली-गली का कूड़ा-कचरा चबाती चलती हैं—घूरों पर पड़े हुए गन्दे लत्ते तक खाती फिरती हैं और गड्ढ़ों का गँदला पानी पीकर गुजर कर लेती हैं। इतना ही नहीं, गायें जहाँ-तहाँ गन्दी जगहों में बैठती हैं और गन्दी जगहों की घासें चरती हैं, गर्मियों में भैंसें गन्दे गड्ढ़ों की सड़ी कीच में लोटपोटकर अपने

रोम-रोम में रोग के कीड़े बैठा लेती हैं। ऐसे दुधैले पशुओं के दूध पीने वाले लोग अगर रोगी हो जायँ और दुधारू पशुओं में भी जान-मारू रोग फैल जायँ तो कोई अचम्भे की बात नहीं है।

गाँवों में जब पशुओं की बीमारी आती है, तब कितने ही किसानों और गृहस्थों के बथान सूने हो जाते हैं, खूँटे उखड़ जाते हैं, खेती का सुतार बिगड़ जाता है, कर्ज काढ़ने की नौबत आ जाती है, गरीबी की कोढ़ में खाज पैदा हो जाती है। इस विपत्ति के मूल कारणों को वे लोग थोड़ा-बहुत समझते जरूर हैं, मगर अपनी गरीबी से ऐसे लाचार हैं कि कोई उपाय नहीं कर पाते। एक तो गाँव के सब लोगों में आपस का मेलजोल भी बहुत कम है, दूसरे उनमें मिलजुलकर सबकी भलाई का काम करने की सूझ-समझ भी नहीं है। सबके स्वार्थ अलग-अलग हैं। आफत आती है तो झेलते सभी हैं, मगर उसे टालने का उपाय करने के लिए आपस में सहयोग नहीं करते, आपस के संगठन से काम नहीं लेते। इसका भी कारण उनका अनपढ़ और अबूझ होना ही है। सरकार की ओर से उनको इस संकट से भी उबारने की कोशिश होनी चाहिए।

सरकारी मवेशी-अस्पताल गाँवों से बहुत दूर-दूर हैं। कम-से-कम पचास गाँवों के बीच में एक मवेशी अस्पताल जरूर होना चाहिए। मवेशी अस्पताल के डॉक्टर कभी गाँवों का दौरा नहीं करते। जब गाँववाले उनके पास अस्पताल में पहुँचते हैं तब भी वे उनके दुख-दर्द का उतना खयाल नहीं करते जितना करना उनका कर्त्तव्य है। मवेशियों की तो बात ही क्या, आदमियों के दवा-दारू के लिए जो सरकारी डॉक्टर जगह-जगह के अस्पतालों में रहते हैं, वे भी हैजा-प्लेग के समय गाँव के गरीबों से कुछ कमाने की ही कोशिश में रहते हैं। खेतों के महकमे के अफसर, सिंचाई या नहर के महकमे के अफसर, कचहरी के अमले, सब-के-सब गाँववालों से खूब अनुचित लाभ उठाते हैं। घूसखोरी के शिकार बेचारे देहाती अपनी गाढ़ी कमाई अपने ही देश के पढ़े-लिखे बाबुओं की थैली भरने में लुटा देते हैं। उन बेचारों की यह मजबूरी उन्हें पनपने नहीं देती। हमारे पढ़े-लिखे भाई जब किसी सरकारी महकमे के कारिन्दा या अफसर बन जाते हैं तब जैसे-तैसे पैसे कमाने की ही धुन में रहते हैं। लोकोपकार और जनता की सेवा का भाव बहुत ही कम लोगों में देखा जाता है। अगर सभी सरकारी नौकर बराबर देश के हित का ध्यान रखें तो गाँवोंवाले इस देश के बहुत से दुःख दूर हो जायँ। हमारे लाट साहब और कलक्टर साहब तो अपने को जनता का सेवक और देश की खिदमत करनेवाला कहते हैं, मगर उनके अधीन जो अफसर और अमले हैं, वे लोग जब तक देश के हित की बातें न सोचेंगे—जनता की सेवा करने पर उतारू न होंगे, तब तक गाँववालों के सुख के लिए सरकार चाहे लाख उपाय करे, कोई ठोस फायदा नहीं हो सकता। हाँ, गाँवों के लोग जब शिक्षित हो जायँगे,

लिख-पढ़कर अपना हक समझने लग जायँगे, शिक्षा पाने से आँखफोड़ होकर अपने अधिकारों को पहचानने लगेंगे और अपने कानूनी हकों के लिए लड़ने में निडर हो जायँगे, तब हो सकता है कि सरकारी अमले और अफसर भी चेत जायँ। इसीलिए गाँव-गाँव में लोगों को अभी से यह बतलाने की जरूरत है कि स्वतन्त्र देश के लोग कैसे-कैसे अधिकार भोगते हैं।

हाँ, तो पशु-पालन में गाँववालों को तभी सुविधा होगी जब मवेशी-अस्पताल उनकी पहुँच के अन्दर कहीं आसपास होंगे और मवेशियों के डॉक्टर उनके पशुधन को देश की दौलत समझकर उसकी रक्षा करना अपना कर्तव्य समझेंगे। इसके अलावा, पशुओं की रक्षा के खयाल से गाँव की बस्ती को भी साफ-सुथरा रखना होगा, ताकि वे खूँटे से खुलने या छूटने पर न कहीं पड़ी हुई गन्दी चीज खाने के लिए पा सकें और न गन्दा पानी ही पी सकें। उनके घास चरने की जगह भी सूखी और साफ-सुथरी हो, ताकि मच्छर या डाँस से वे बचे रह सकें और उन्हें खुली हवा और रोशनी काफी मिले। कहने को तो कह दिया जाता है कि पशुओं के रहने की जगह ईंट और सीमेंट से या पत्थर से पक्की बनवा देनी चाहिए, मगर गाँववालों के लिए ईंट और सीमेंट पा सकना बहुत कठिन है। कुछ धनी या मुखिया लोग पक्की गोशाला बनवा सकते हैं, मगर सब किसानों और गृहस्थों को गाँव में ईंट-सीमेंट मिलना दुर्लभ है। बहुत-से गरीब बेचारे तो अपने पशुओं के लिए मिट्टी का खपरैल मकान बनवाने में भी असमर्थ होते हैं, किसी तरह घास-फूस की झोंपड़ी बनाकर ही पशुओं को रखते हैं, यहाँ तक कि बहुतेरे गरीबों के पशु पेड़ों के नीचे ही जाड़ा-बरसात काट लेते हैं। अगर हम नये ढंग की पक्की गोशाला बनाने की बात गाँववालों को सुझावें भी, तो वे अपनी गरीबी के कारण उसे बनवा नहीं सकते। इसलिए, सौ बात की एक बात यह है कि सबसे पहले गाँववालों की गरीबी दूर करने का उपाय होना चाहिए। इसके लिए उन्हें खेतों की पैदावार बढ़ाने की सुविधा देनी होगी, उन्हें रोगों और फजूल-खर्चियों से बचाना होगा, परमुंडे फलाहार करनेवाले बाबुओं के फौलादी पंजे से उन्हें छुड़ाना होगा, अन्धविश्वासों की चक्की में पिसने से उन्हें उबारना होगा और समाज की कुरीतियों के फन्दे से उन्हें निकालना होगा।

जरूरत इस बात की भी है कि गाँवों में पशुओं के पानी पीने के लिए पक्के हौज बनवाए जायँ, जो बराबर साफ होते और ताजा पानी से भरे जाते रहें। अगर गाँव में तालाब हो तो उसके जल की सफाई पर ध्यान रखा जाय, ताकि पानी में किसी तरह कीड़े न पड़ सकें, नहीं तो सड़ा पानी पीने से ही पशुओं को 'मुखपाक' आदि रोग हो जाते हैं—गन्दी चीजें खाने से ही उन्हें 'अफरा' आदि रोग हो जाते हैं, जिससे उनका पेट फूल जाता है और वे अपना दम तोड़कर किसान की भी कमर तोड़ देते हैं। गन्दी जगहों में रहने और घूमने-फिरने से वे 'खुरपाक' रोग के शिकार हो जाते हैं और खुरपाक-मुखपाक रोगों के कारण गाँवों में बहुत-से मवेशी मरा करते हैं। न

तत्क्षण कोई दवा मिल पाती है और न घासपात की देहाती दवा भयंकर रोग को दबा ही पाती है, बेचारे गरीबों का मूलधन हाय-हाय करते लुट जाता है। चाहिए तो यह कि पशुओं के रोगों की पहचान करानेवाली बातें गाँववालों को बतलाई जायँ। गाँव-गाँव में जैसे यह बतलाने की जरूरत है कि खेती के कीड़ों से फसल कैसे बचायी जाय—देशी खाद तैयार करके उपज कैसे बढ़ाई जाय—महामारियाँ कैसे दूर की जायँ—साग-भाजी और फूल-फल पैदा करके आमदनी कैसे दुगुनी की जाय—घरेलू रोजगारों से कैसे पैसे निकाले जायँ, वैसे ही यह भी बतलाना जरूरी है कि पशुओं को कौन-कौन से रोग होते हैं और क्यों होते हैं, उनकी दवा क्या है और उनसे बचे रहने के उपाय क्या हैं। इन सब बातों को, और ऐसी ही दूसरी बातों को भी, बहुत ही सरल भाषा में, मोटे अक्षरों में, दो-चार पैसों की पुस्तकों में छापकर, गाँवों में फैलाना चाहिए। ऐसी लाभ की बातों के फैलने से गाँववालों की जानकारी बढ़ेगी और वे अनेक संकटों से बच जायँगे। गाँव की पंचायतों या ग्राम-सुधार-सभाओं को, हर पखवारे या हर महीने में, गाँववालों को एक जगह इकट्ठा करके, ऐसी-ऐसी बातें बतलाने या ऐसी-ऐसी छोटी-मोटी पुस्तकों के पढ़ सुनाने का प्रबन्ध करना चाहिए, जिससे उन गरीबों का भी भला हो, जो शिक्षित नहीं हैं। साथ ही साथ, अपढ़ों को पढ़ाने का काम भी जारी रहना चाहिए; क्योंकि जब तक गाँव के लोग लिख-पढ़कर सचेत नहीं होंगे, तब तक उनके बहुतेरे कष्ट दूर न हो सकेंगे।

गाँववालों को पशु-पालन की विधि बतलाने के साथ-साथ गो-रक्षा का महत्त्व भी बतलाना होगा और पशुओं की नस्ल सुधारने के तरीके भी बतलाने होंगे। अच्छे साँड़ रखने से ही गो-वंश की अच्छी वृद्धि और गोधन की रक्षा हो सकती है। इसके लिए गिने-चुने गाँवों के मंडल के बीच-बीच में गोरक्षिणी संस्था या पिंजरापोल बनवाने में भी गाँववालों की सहायता ली जा सकती है। इससे बूढ़े और निकम्मे पशुओं की रक्षा हो सकेगी और उत्तम वंश के साँड़ों से उत्तम बछड़े भी तैयार हो सकेंगे, जिससे खेती के काम में काफी मदद मिलेगी। अगर गाँववाले दुधार गायें पोसकर दूध के भंडार खोल दें, तो मक्खन और घी के रोजगार से भी नफा कमा सकते हैं। उम्दा नस्ल के साँड से जो बढ़िया बछिया तैयार होगी वह दुधैल गाय बनकर इस रोजगार को बड़ा लाभ पहुँचा सकती है। गाँवों में बछड़े को बधिया करने के तरीके बहुत ही खराब हैं, उनमें बड़ी निठुराई भरी हुई है, कितने ही जवान बछड़े तो बेदर्दी के शिकार होकर मर जाते हैं। इसलिए बधिया करने का जो राक्षसी ढंग है उसको बदलना ही होगा, नहीं तो गोरक्षा को पुण्य माननेवाले देश में गो-वंश पर जो अत्याचार होता है वह नहीं रुकेगा। यहाँ यह भी ध्यान में रखना होगा कि मक्खन और घी का रोजगार गाँवों में तभी बढ़ सकता है जब गाँव से शहर या स्टेशन तक सुगम रास्ता तैयार हो जायगा। साग-भाजी या फूल-फल भी बिक्री के लिए बाजार तक तभी पहुँच सकते हैं जब गाँवों की सड़कें सुधर जायँ।

गाँवों के स्कूल

गाँवों में शिक्षा का प्रचार नहीं के बराबर है। कुछ गाँवों में तो हाईस्कूल भी हैं, मगर अधिकतर गाँवों में प्राइमरी स्कूल भी नहीं हैं। शहर या कस्बे के पासवाले गाँवों के लड़के दो तीन कोस तक स्कूलों में पढ़ने के लिए जाते-आते हैं। इससे उनका बहुत समय नष्ट होता है और बेकार मेहनत भी पड़ती है। अगर आसपास के गाँवों का एक-एक मंडल बनाकर बीचोबीच जगह में स्कूल खोल दिये जायँ तो गाँवों के बहुत से गरीब लड़के आसानी से पढ़ना-लिखना सीख जा सकते हैं। लेकिन प्राइमरी स्कूल और मिडिल स्कूल तो सभी छोटे-बड़े गाँवों में रहने चाहिए। छोटे गाँव में प्राइमरी स्कूल या अपर प्राइमरी स्कूल हो और बड़े गाँव में मिडिल स्कूल या हाइस्कूल। दिन-भर किसानी या मजदूरी करनेवालों के लिए रात्रि पाठशालाओं का भी प्रबन्ध होना चाहिए। गरीब लड़कों के लिए स्लेट, पेंसिल, कागज और किताब का प्रबन्ध भी करना पड़ेगा; क्योंकि गाँवों के गरीबों की गरीबी के अभी जल्दी दूर होने की कोई आशा नहीं है। जब बिना फीस की शिक्षा चालू हो जायगी तब भी गरीब लड़कों के लिए पढ़ाई के सामान का इन्तजाम करना होगा। अगर उनके लिए कुछ नाश्ता या जलपान का भी प्रबन्ध हो सके तो और भी अच्छा होगा। गाँवों में तो चना-चबेना भी काफी होगा। और, इन सब बातों के लिए सिर्फ सरकार की सहायता का ही आसरा रखना ठीक न होगा। अपनी सरकार पर अधिक बोझ लादना उचित नहीं। गाँव के धनीमानी लोग ऐसे कामों के लिए आगे बढ़ें और परोपकार नहीं, तो देशोद्धार के खयाल से अपनी थैली खोलें।

गाँव के लोग हर साल धर्म और परलोक के नाम पर बहुत-से पैसे खर्च कर डालते हैं। धर्म या पुण्य के लिए और परलोक सुधारने के लिए जितने काम गाँवों में होते हैं उनमें अधिकतर अन्धविश्वासों के कारण ही होते हैं। गाँव के लोगों के मन में यह बात बैठाने या जँचाने की जरूरत है कि मन्दिर और मसजिद बनाने से बढ़कर स्कूल और अस्पताल बनाने में अधिक पुण्य है। यह समय देश को सुधारने और ऊँचा उठाने का है। तीर्थयात्रा में, यज्ञ में, पूजा-पाठ में या ऐसे ही और-और कामों में देश का जो धन लगत्ता जा रहा है उसकी धारा पलटने की जरूरत है। लोगों

को यह समझना चाहिए कि स्कूल, अस्पताल, अनाथालय, विधवाश्रम, गोशाला आदि खोलने से जो पुण्य कमाया जा सकता है, वह तीर्थयात्रा से नहीं। स्कूल और अस्पताल किसी कदर तीर्थ से कम नहीं हैं। यज्ञ की आग में घी और मेवा जलाने से कहीं अच्छा है कि गरीबों के पेट की ज्वाला में अन्न के दाने डाले जायँ। दरिद्रनारायण के सन्तुष्ट होने से ही हमारे देवता और भगवान् भी सन्तुष्ट होंगे। और, शिक्षा प्रचार करना तो एक प्रकार का ज्ञान-यज्ञ ही है। देश के हजारों-लाखों प्राणियों को ज्ञान-दान देकर और सुखी बनाकर भी परलोक सँवारा जा सकता है। जहाँ देश के करोड़ों भाई अज्ञान के अँधेरे में भटक रहे हैं वहाँ परलोक के रास्ते में घी के दीये जलाना किसी काम का नहीं। मसजिद और मन्दिर बहुत बन चुके और जो बन चुके हैं, उन्हीं की रक्षा-पूजा ठीक तरह से नहीं हो पाती। अब अधिक बनवाने से कोई लाभ नहीं। अब तो उनकी जगह स्कूल और अस्पताल ही बनना चाहिए। तीर्थ के पंडा-पुजारी को पैसे देने से उतना पुण्य नहीं हो सकता जितना कुँआ-तालाब खुदवाने और बाग-बगीचा लगाने से; क्योंकि देश की दशा को सुधारने के लिए इस समय इसी की जरूरत है। जब देश खुशहाल हो जायगा, जब देश की जरूरतें पूरी हो जायँगी, तब भले ही तीर्थ और मन्दिर के लिए पैसे खर्च किये जायँ; मगर इस समय तो हमें सब तरफ से अपना ध्यान समेटकर देश की भलाई में ही लगा देना चाहिए। तभी इस देश का कल्याण हो सकेगा।

गाँवों में स्कूलों का खर्च चलाने के लिए ग्रामपंचायतों और ग्रामसभाओं को भी आमदनी का जरिया निकालना होगा। सिर्फ जिलाबोर्ड और सरकार के भरोसे रहने से काम नहीं चलेगा। गरीब विद्यार्थियों को भोजन देने के लिए मुठिया की प्रथा चलायी जाय और गाँव के समर्थ गृहस्थ एक-एक विद्यार्थी को खिलाने का भार अपने ऊपर ले लें। मुठिया की रीति चल पड़ेगी तो घर-घर से हर महीने में काफी अन्न इकट्ठा हो जायगा। धनी गृहस्थ के लिए एक विद्यार्थी का पेट भरना कोई कठिन काम नहीं है। इसके अलावा, लड़के के जन्म में, बूढ़े के श्राद्ध में, विवाह और उपनयन (जनेऊ) में हर एक ग्रामवासी से उसकी औकात के मुताबिक खुशी से चन्दा उगाहा जा सकता है। खुशी के दान में किसी को उज्र नहीं हो सकता। बँधेज हो जाने पर ऐसा रवाज चल पड़ेगा कि हर साल कुछ-न-कुछ आमदनी होती ही रहेगी। बूढ़े-बूढ़ी के श्राद्ध में जहाँ सैकड़ों रुपये खर्च होते हैं वहाँ दो-चार-पाँच रुपये स्कूल के लिए भी आसानी से मिल सकते हैं। लड़के की पैदाइश या शादी में नाच और आतिशबाजी की फजूलखर्ची अब बन्द होनी चाहिए। आनन्द-मंगल के कामों में हवन-पूजा आदि चाहे जो हो, मगर किसी ऐसे काम में रुपया बहाना ठीक नहीं जिससे देश का कोई हित नहीं होता या देश के हित में बाधा पड़ती है।

गाँव के स्कूलों पर सरकार का ही अधिकार रहना चाहिए; क्योंकि अब तक के अनुभव यही बतलाते हैं कि जिलाबोर्ड के हाथों में पड़कर गाँव के स्कूल बड़ी दुर्दशा भुगत रहे हैं। शिक्षकों को एक तो बहुत ही कम वेतन मिलता है, दूसरे उन्हें महीनों और कभी-कभी बरसों वेतन के रुपये नहीं मिलते। उन्हें अपना हक पाने के लिए भी कहीं-कहीं घूस तक देना पड़ता है। अगर उन्हें भत्ता भी मिलता है तो वह अफसरों और अमलों की खुशामद में खर्च हो जाता है। बिना चापलूसी के उनका गुजर होना मुश्किल है। इस दुहरी मार से उन्हें बचाना होगा। अगर गाँवों में शिक्षा प्रचार करना ही है तो सबसे पहले पाठशाला के गुरुओं का पेट भरना होगा। त्याग और सेवा की दुहाई देकर उन्हें आदर्श सुझाना बेकार है। अभावों के चक्कर में पड़ा हुआ मनुष्य न तो त्याग कर सकता है, न सेवा, न आदर्श-पालन। देश का हर एक बच्चा अपने राष्ट्र का मूलधन है। उस बच्चे का जीवन और भविष्य जिस शिक्षक के हाथ में सौंपा जाता है उस शिक्षक के सन्तुष्ट न रहने से बच्चे नहीं सुधर सकते। शिक्षक को छूछे सन्तोष की शिक्षा देना भी बेकार है; क्योंकि इस युग में कोई देशभक्त भी शुद्ध सन्तोष से काम नहीं ले रहा है। फिर भी, शिक्षक को अपनी जीविका के योग्य साधन पाकर, सन्तोष के साथ, देश की सेवा के भाव से, काम करना चाहिए। हम बच्चों को जब राष्ट्र की थाती-पूँजी समझकर शिक्षकों के जिम्मे लगाते हैं तब हमारा यह कर्तव्य है कि शिक्षकों के सुख-दुख का खयाल रखें, उन्हें भरपूर वेतन देकर निश्चिन्त कर दें। हाँ, लोभी और अयोग्य शिक्षकों से बच्चों को जरूर बचाना चाहिए। गाँवों में जहाँ कितने ही आदर्श शिक्षक हैं, वहाँ कुछ लालची और लम्पट भी पाये जाते हैं। इसलिए शिक्षकों का चुनाव अच्छी तरह जाँच-परखकर होना चाहिए। चाहे जो कोई गुरु-ट्रेनिंग पास कर ले, वही शिक्षक बन जाय, यह नियम इस युग के लिए ठीक नहीं है; क्योंकि यह युग देश को शिक्षित बनाने का ही नहीं है, बल्कि देश को चरित्रवान बनाने का भी है। देश के लोग पढ़े-लिखे होकर भी तब तक देश को ऊपर नहीं उठा सकते जब तक वे सदाचारी न होंगे। देश को ऊँचा उठाने के लिए विद्या-बल से बढ़कर चरित्र-बल है। पवित्र चरित्र के बिना विद्याबुद्धि निष्फल है। गाँवों में रहने वालों का चरित्र बहुत बिगड़ गया है। वहाँ के बड़े-बूढ़े तो अब काठ की तरह सुधर नहीं सकते; मगर आगे की नयी पीढ़ी को सुधारना हमारे हाथ में है। अच्छे शिक्षकों से ही यह काम लिया जा सकता है। वे ऐसी विद्या सिखावें कि हमारे बच्चे ब्रह्मचारी और देशप्रेमी बनें, साहसी और बहादुर बनें, जनता के सच्चे सेवक और राष्ट्र के सच्चे नागरिक बनें।

गाँव के स्कूलों में जो पुस्तकें पढ़ाई जाती हैं उनमें भी काफी हेरफेर होना चाहिए। वहाँ ऐसी ही पुस्तकें पढ़ाई जायँ जिनसे देहाती जिन्दगी को सुखी बनाने वाली बातें मालूम हों और बाहरी दुनिया के बारे में भी जरूरी बातों की जानकारी हो जाय। नक्शे,

चित्र, खिलौने आदि से भी बहुत तरह की बातों का ज्ञान कराया जा सकता है। लड़कों को अपने जिले और अपने प्रान्त का भूगोल और इतिहास केवल पुस्तकों में ही न पढ़ाया जाय, बल्कि उन्हें दल बाँधकर घूमने-फिरने का भी अवसर दिया जाय, ताकि वे उन जगहों और चीजों को अपनी आँखों देखकर प्रत्यक्ष ज्ञान पा सकें। कई गाँवों के चुने हुए लड़कों का दल, बारी-बारी से, एक-एक यात्रा में, बहुत-से देखने योग्य स्थानों की सैर कर सकता है। हर एक दल के साथ एक-दो सयाने शिक्षक रहेंगे और यात्रा अधिकतर पैदल ही अच्छी होगी। इसके लिए अच्छे मौसम में एक सप्ताह या एक पखवारे का कार्यक्रम बनाया जा सकता है। इसी के सिलसिले में बालचरों की भी तैयारी होती चलेगी। स्काउट या स्वयंसेवक बनने की शिक्षा देने के लिए गाँव के स्कूल का वही शिक्षक काम दे सकता है जो कसरत-कवायद सिखाता है। खेल-कूद और कसरत-कुश्ती, नाटक और मनोरंजन, देहाती खेल-तमाशे और नाच-गाने, चित्रकारी और बागवानी, यात्रा और वाद-विवाद ये सब भी शिक्षा के अंग बनाये जायँ। इनसे गाँव के लड़कों का खूब विकास होगा और वे सभ्य देश के बालक कहलाने योग्य हो सकेंगे।

गाँव के स्कूल में जो पुस्तकालय हो, उसी से गाँव-भर के लोग पुस्तकें लेकर पढ़ें, वहीं पर सब लोग इकट्ठे होकर रेडियो सुनें, वहीं पर अखबार पढ़ें जायँ, वहीं पर अखाड़े में दंगल की होड़ भी हो। गाँव के स्कूल को एक ऐसा केन्द्र बना देना चाहिए जहाँ से सब लोग जागृति का सन्देश लें। एक ही संस्था की उन्नति में गाँव-भर के लोग सहयोग करने को जुट जायँ। उसमें पढ़ाई भी हो, कताई-बुनाई भी हो, खेती की उपज बढ़ाने और पशुधन की रक्षा करने के तरीके भी बतलाये जायँ, बस्ती की सफाई और तन्दुरुस्ती की हिफाजत के ढंग भी सिखाये जायँ, और इस तरह गाँव की भलाई के सभी कामों का केन्द्र बनाकर स्कूल की उन्नति में गाँव की सारी शक्ति लगा दी जाय। गाँव के लोग ऐसी संस्था को ही तीर्थस्थान समझें। ऐसी संस्था की सेवा-सहायता करना ही सब लोग पुण्य मानें। जिस दिन विद्यादान और परोपकार को लोग असली यज्ञ समझने लगेंगे, उस दिन देखते-देखते गाँवों की हालत बदल जायगी। हर बात में सरकार का दरवाजा खटखटाने की आदत इसलिए पड़ी हुई है कि गाँव के लोगों का बहुत-सा पैसा ऐसे कामों में खर्च हो जाता है जिनसे देश का कोई लाभ नहीं होता। अगर बिखरी हुई सारी शक्तियों को समेटकर केवल देश की उन्नति में ही लगा देने पर लोग तुल जाएँ, तो दस साल के अन्दर ही गाँवों की काया पलट जायगी। यही बात गाँववालों के मन में जँचाने की जरूरत है। फिर तो वे अपने पैरों पर खड़े होकर राष्ट्र की उन्नति में भी सहायक हो सकेंगे।

जिन गाँवों में स्कूल नहीं हैं या जहाँ आसानी से पहुँचने योग्य स्थानों में भी स्कूल नहीं हैं, वहाँ जरूरत के मुताबिक छोटे या बड़े स्कूल खोलने की कोशिश जल्दी होनी

चाहिए। इसके लिए गाँव-गाँव के धनीमानी और पढ़े-लिखे लोगों को इकट्ठा करके सरकार की ओर से उत्साह दिया जाना चाहिए। फजूल-खर्ची के सभी रास्तों को कानून के जोर से बन्द करके देश की संगठित पूँजी को शिक्षा के प्रचार में लगाने की जरूरत है। जो लोग इस काम में तन-मन-धन से लग जायँ, उनको सरकार की ओर से बढ़ावा मिलना चाहिए। अगर इनाम और खिताब देने का रिवाज देशी सरकार को भी चलाना पसन्द हो तो वह ऐसे कामों के करनेवालों को इज्जत देने के लिए यह रिवाज जारी करे। देश की भलाई के कामों में जो तत्पर रहें, उनका मान बढ़ाना हर एक सरकार का काम है। स्वदेशी सरकार के दरबार में जब लोगों का सम्मान होने लगेगा तब गाँव के लोगों में देखादेखी सार्वजनिक हित के काम करने की रुचि पैदा हो जायगी। जहाँ उनमें हौसला और शौक पैदा हुआ कि बिना सरकारी सहायता के भी गाँवों में शिक्षा-प्रचार के प्रयत्न होने लगेंगे। स्कूल और पुस्तकालय के लिए कुछ दिनों तक ऐसा कोई उपाय सरकार को करना पड़ेगा।

गाँवों में लड़कियों के लिए स्कूल भी होना चाहिए। कन्या-विद्यालय के लिए अगर हर जगह अलग-अलग इन्तजाम न हो सके तो हर सबडिविजन या हर जिले में एक-एक कन्या विद्यालय खोला जाय, जहाँ शिक्षित स्त्रियाँ ही पढ़ावें और लड़कियों के रहने के लिए भी सुरक्षित स्थान हो। बिहार में स्त्री शिक्षा का बहुत अभाव है और कोई ऐसी महिला विद्यापीठ भी यहाँ नहीं है जहाँ लड़कियों के योग्य अच्छी शिक्षा दी जाती हो। एक-दो ऐसे विद्यापीठों की चर्चा फैली भी, मगर उनको जनता या सरकार से ऐसी सहायता नहीं मिली कि वे बिहार की स्त्रियों के मन में विद्या पढ़ने के लिए खिंचाव पैदा कर सकें। किन्तु महिला-विद्यापीठों में वे ही स्त्रियाँ शिक्षा पा सकेंगी जिनको अपने घर से रुपये की मदद मिलेगी। गाँव की गरीब स्त्रियों और लड़कियों के लिए जब गाँव की बस्ती के अन्दर ही कन्या-पाठशाला खोली जायगी तभी घर-घर में स्त्री शिक्षा की जोत जग सकेगी। यह काम लड़कों की पाठशाला में भी हो सकता है जहाँ सिर्फ छोटी उम्र की लड़कियाँ पढ़ाई जा सकती हैं। मगर सयानी लड़कियों के लिए हर जगह अलग इन्तजाम होना कठिन है। इसलिए, जो लड़कियाँ शुरू की पढ़ाई खतम करके सयानी होने पर ऊँचे दर्जे की शिक्षा पाना चाहें, उन्हें विद्यापीठों या हाईस्कूलों में भेजने का प्रबन्ध होना चाहिए। इसके लिए सरकार की मदद जरूरी होगी और गाँव के पंचों को भी होनहार लड़कियों के पढ़ाने का उपाय गाँव के लोगों से कराना होगा। लेकिन लड़कियों की पढ़ाई लड़कों से दूसरे ढंग की होनी चाहिए, इसी ख्याल से उनके लिए अलग स्कूल होना जरूरी जान पड़ता है। लड़कियों को पढ़ाने के लिए शुरू में तो लड़कों के स्कूल से ही काम लेना होगा, मगर उसके बाद उन्हें ऐसे स्कूल में ही पढ़ाना ठीक होगा जिसमें उनके जीवन को समाज के योग्य बनाने की शिक्षा दी जाती हो। ऐसा स्कूल तो खास तौर से उन्हीं के लिए

हो सकता है। उनके स्कूल में घरेलू कामों के सिखलाने का विशेष प्रबन्ध होगा। उन्हें सच्ची घरनी और आदर्श माता बनने की सीख देनी होगी। सीना-पिरोना, कसीदा काढ़ना, रसोई बनाना, घर को सँवारना-सँभालना, बच्चों को पालना-पोसना, रोगी की सेवा-टहल करना, गाना-बजाना, रुपये पैसे का हिसाब रखना, आमद-खर्च का लेखा-जोखा दुरुस्त रखना, रहन-सहन और खान-पान में सफाई और सुन्दरता लाना, आचार-व्यवहार में पवित्रता और मधुरता लाना, चित्रकारी और रंगसाजी जानना—ये सारे गुण उनके जीवन को समाज के लिए सुखदायक बना सकते हैं। उनके इन्हीं गुणों से देश के लोगों का पारिवारिक जीवन आनन्द और शान्ति का भंडार बन सकेगा। उन्हीं के आदर्श गृहिणी और आदर्श जननी बनने से देश को आदर्श नागरिक मिलेंगे। होनहार लड़के माता के इशारे पर ही आगे बढ़ते हैं। पूज्य माता 'कस्तूरबा' के स्मारक कोष से स्त्रियों की उन्नति के जो काम होनेवाले हैं, उनसे भी स्त्रियों के कल्याण की आशा है। गाँवों में प्रसूति स्त्रियों के लिए धाइयों की सख्त जरूरत है। बच्चा जनने के समय बहुत-सी स्त्रियाँ मर जाती हैं और अधिकतर बच्चे भी मर जाते हैं। इसलिए गाँवों की स्त्रियों को चतुर धाई बनाने की भी जरूरत है। गर्भवती स्त्रियों का पालन-पोषण कैसे होना चाहिए, बच्चे की पैदाइश के वक्त कैसी सफाई रखनी चाहिए, बच्चे के साथ ही बच्चे की माता की कैसी देखभाल होनी चाहिए—इन सब बातों की शिक्षा गाँव की स्त्रियों के लिए बहुत ही जरूरी है। यह शिक्षा भी गाँव के कन्या-विद्यालयों में दी जानी चाहिए।

ग्रामीण स्त्रियों की दशा*

ग्रामप्रधान देश भारत के गाँवों की दशा शोचनीय होने से ही देश की दशा दयनीय हो गयी है। गाँवों की दुर्दशा के कारणों में सबसे प्रधान है—ग्रामीण स्त्रियों की दुर्गति। यदि गाँवों में रहने वाली हमारी माताएँ स्वस्थ, सुशिक्षित और स्वतन्त्र हों तो उनकी सन्तानें कहलाने वाले हम भी वैसे ही होंगे।

नगरों में जो लोग रहते हैं, उनमें अधिकांश ग्रामवासी ही हैं। किन्तु ग्रामवासी भी नागरिक बनकर अपने गाँवों को भूल जाते हैं। अनेक ग्रामवासी सज्जन नगरों में बहुत अधिक धन कमाते हैं और नगरों की संस्थाओं को दान देते हैं; पर उन्हें यह नहीं सूझता कि लोक-हितकारिणी संस्थाओं की सबसे अधिक आवश्यकता गाँवों में ही है। ग्रामीण धनी भी नगरों में बसकर गाँवों की सर्वथा उपेक्षा करते हैं। गाँव के लोगों की शारीरिक और मानसिक उन्नति के लिए बहुत ही कम धनी अपनी थैली खोलते हैं। कहीं-कहीं गाँवों में ही रहने वाले धनी केवल अपना परलोक सँवारने के लिए कुँआ तालाब बनवा देते हैं। लोकोपकार की भावना बहुत ही कम लोगों में देखी जाती है।

देहात की असंख्य स्त्रियाँ प्रसव-वेदना से मर जाती हैं। असंख्य विधवाएँ विधर्मियों द्वारा बहकाई और भगाई जाती हैं। असंख्य माताएँ प्रसव-काल में या रोगी होने पर, उचित देखभाल और सेवा-शुश्रूषा न होने के कारण, मर जाती हैं। पर कोई उनकी खोज-खबर लेने वाला नहीं है। महिलाओं के हित के लिए आन्दोलन का ढोल पीटने वाली अनेक संस्थाएँ देश में हैं; पर किसी की ओर से गाँवों में कोई काम होता नहीं दीख पड़ता। गाँवों में घूम-घूमकर स्त्रियों की वास्तविक स्थिति की जाँच करने, उन्हें उपदेश और शिक्षा देने , उनके अभाव-अभियोगों को संसार के सामने रखने तथा उन्हें सुमार्ग सुझाने के लिए कोई शिक्षिता महिला देहात में नहीं जाती। नारी-जाति

*इस लेख में ग्रामीण स्त्रियों से सम्बन्ध रखनेवाली बातों को छोड़कर ग्रामहितविषयक अन्यान्य बातें काट दी गयी हैं; क्योंकि वे पहले के ग्रामोपयोगी लेखों में आ चुकी हैं। —लेखक

की सेवा करने की इच्छा रखने वाली पढ़ी-लिखी स्त्रियों को गाँव में जाना चाहिए।

देहात के पुरुषों ने नारी-जाति का महत्त्व और गौरव अच्छी तरह नहीं समझा है। देहाती पुरुष अपनी स्त्रियों को बाहरी हवा से बचाने में बड़े सावधान रहते हैं। वे नहीं चाहते कि सुधार के आन्दोलन की हवा उनके घरों में पहुँचे। देहाती स्त्रियाँ बेचारी नाना प्रकार की जकड़बन्दियों से कसी हुई हैं। उनकी लाचारी और उनकी पराधीनता अत्यन्त दयनीय है।

गाँवों की स्त्रियों में अविद्या का घोर अन्धकार छाया हुआ है। इसलिए सबसे पहले उनमें महिलोपयोगी शिक्षा के निरन्तर प्रचार की आवश्यकता है। देश में आदर्श स्त्री-शिक्षा के लिए जो दो-चार प्रसिद्ध संस्थाएँ हैं, उनमें गाँवों की लड़कियाँ, कई अनिवार्य कारणों से नहीं पहुँच पातीं। अधिकतर ग्रामीण बालिकाओं के अभिभावक, आर्थिक कठिनाइयों के कारण, अपनी कन्याओं को आजकल की महँगी शिक्षा नहीं दिला पाते। गाँवों के कुछ धनी लोग अपनी कन्याओं को, रुपये के बल पर, बाहर भेजकर ऊँची शिक्षा दिलाते हैं; पर वे जब शिक्षिता होकर गाँव में आती हैं तब ग्रामीण स्त्रियों से उनके स्वभाव और रहन-सहन का मेल नहीं खाता तथा वे अपनी देहाती बहनों की दशा पर कुछ भी ध्यान नहीं देतीं। ठाट-बाट से रहनेवाली पढ़ी-लिखी स्त्रियाँ तो देहात की गरीब और मैली-कुचैली स्त्रियों को देखकर घृणा करती हैं—बहुत भड़कती हैं। आज तक कोई सभ्य और भद्र महिला घर-घर में घूमकर देहाती स्त्रियों को यह भी सिखाने नहीं गयी है कि शरीर और वस्त्र को कैसे और क्यों स्वच्छ रखना चाहिए तथा नारी-जीवन को सुख-शान्तिमय बनाने के लिए आचार-विचार कैसा होना चाहिए।

स्त्रियों पर आदर्श महिलाओं का ही प्रभाव पड़ सकता है। इस समय कुछ ऐसी संस्थाओं की आवश्यकता है जो गाँवों की स्त्रियों में शिक्षा और सभ्यता का प्रसार करने के लिए सेवाभाव-परायण उपदेशिकाओं को तैयार करके उन्हें गाँवों में घूमने के लिए भेजें। जिन शिक्षिता स्त्रियों को निश्चिन्ततापूर्वक देशसेवा करने का उत्साह और अवसर हो, वे शहरों से निकलकर गाँवों में जायँ, वहाँ की स्त्रियों को सच्ची गृहिणी और आदर्श माता बनने की शिक्षा दें, उनके शारीरिक और मानसिक विकास में सहायता पहुँचावें, उनकी आर्थिक दशा के सुधारने में भी योगदान करें। केवल नगरों या प्रधान केन्द्रों में सभा-सम्मेलन करके व्याख्यान देने और प्रस्ताव पास करने तथा अखबारों में लेख लिखने या आन्दोलन मचाने से देहाती स्त्रियों का यथेष्ट हितसाधन नहीं हो सकता।

अधिकांश ग्रामीण स्त्रियाँ यह भी नहीं जानतीं कि नारी-समाज के सुधार और उत्थान के लिए देश में स्त्रियों की ओर से भी कोई उद्योग या आन्दोलन होता है।

अखबारी दुनिया से वे कोसों दूर हैं। कुछ दो-चार सौ पढ़ी-लिखी और सम्पन्न घरानों की स्त्रियाँ कहीं किसी नगर में कोई बड़ी सभा करके चाहें कि ग्रामीण स्त्रियों का कल्याण हो जाय; तो यह सर्वथा असम्भव है।

पाश्चात्य जगत की स्त्रियों का आदर्श सिखाने के लिए यदि कोई शिक्षिता महिला गाँवों में जायगी तो उसे तिरस्कृत एवं हताश होना पड़ेगा। वहाँ उच्छृंखलता, स्वच्छन्दता और अमर्यादित स्वतन्त्रता का सन्देश सुनाने जो देवी जायगी, वह ग्रामीण स्त्रियों का महान् अपकार करेगी। ग्रामीण सद्गृहस्थ यदि भड़क जायँगे तो कहीं भी सफलता की आशा नहीं की जा सकती। समाज में विद्रोह की भावना फैलाने के लिए नारी-समाज के अखंड अधिकारों की आवाज उठाना शहरों में भले ही सम्भव हो, पर गाँवों में अभी सम्भव नहीं है, वहाँ फिर दूसरे ही उपद्रव खड़े हो जायँगे। गाँवों की स्त्रियों में सेवा और प्रेम का सुकोमल सन्देश ही कुछ काम कर सकता है, उग्र क्रान्तिकारी विचार वहाँ कृतकार्य नहीं हो सकते।

ग्रामीण स्त्रियों को स्वयंवर की प्रथा या तलाक की रीति का ज्ञान कराने की आवश्यकता नहीं है। उन्हें तो ऐसी मीठी सलाह दी जाय जिससे वे अपने घर-परिवार को सुव्यवस्थित और सुख-शान्तिपूर्ण बना सकें, घरेलू जीवन को आनन्दमय रख सकें, अपने गृह-प्रबन्ध कौशल से सामाजिक जीवन में सुन्दरता एवं सुविधा ला सकें। उनके लिए ऐसी अध्यापिका और उपदेशिका चाहिए जो उन्हें सच्ची आर्यमहिला बना सके। उन्हें भारतीय नारी के ऊँचे आदर्श का ज्ञान करा सके, उन्हें युगधर्म की पुकार सुनाकर ऐसा संयत मार्ग दिखा सके जिससे उनकी सामाजिक स्थिति संकटापन्न न हो।

शिक्षा के अनुराग और सुप्रबन्ध की कमी तथा स्वास्थ्य रक्षा की भावना के अभाव से ग्रामीण स्त्रियाँ दुर्दशाग्रस्त हो रही हैं। उनके रक्षक पुरुष भी इन अभावों के शिकार हैं; इसलिए वे और भी विवश हैं। परदा-प्रथा में यद्यपि कुछ शिथिलता आ रही है, तथापि गाँवों में अभी तक इस कुप्रथा की प्रबलता देखी जाती है। इसके कारण उच्च जाति की कुलवधुओं का स्वास्थ्य दिन-दिन भ्रष्ट होता जा रहा है। निम्न जाति के गरीब लोगों की स्त्रियाँ अनेक असुविधाओं और आर्थिक कठिनाइयों के कारण स्वास्थ्य-सम्बन्धी सहज नियमों का भी पालन नहीं कर पातीं। गाँवों के अधिकांश घरों या परिवारों में कुँआ नहीं है। बड़े घर की स्त्रियाँ कुँओं पर बाहर नहीं जा सकतीं। उन्हें एक प्रकार से तौलकर पानी मिलता है। भला काक-स्नान से स्वास्थ्यरक्षा कैसे हो सकती है?

ग्रामीण पुरुषों के घर में अन्न और घी-दूध के प्रबन्ध की चिन्ता रहती है; पर यह खयाल नहीं रहता कि स्त्रियों के लिए रोज अच्छी दाँतून और शारीरिक स्वच्छता

के लिए काफी जल की भी जरूरत है। जिनके पुरुष कमासुत हैं, जिनके घर में अन्न-वस्त्र का अभाव नहीं है, उनको भी खूब सफाई से रहने की सुविधा नहीं मिलती। ग्रामीण पुरुष अपना आराम खूब चाहते हैं, स्त्रियों के सुख-सुभीते का ध्यान उन्हें कम रहता है।

स्त्रियों के बीमार होने पर उनकी देख-रेख में भी ढील की जाती है। उनकी आवश्यकताओं की पूर्ति का भी विशेष ध्यान नहीं रखा जाता। अनेक स्त्रियाँ शुद्ध उन्मुक्त वायु न मिलने के कारण अनेक प्रकार के रोगों का शिकार हो जाती हैं। परिवार में उत्तम खाद्य पदार्थ भी पुरुषों के ही बाँटे पड़ता है, स्त्रियाँ न स्वयं अपने भोजन की पौष्टिकता पर ध्यान देती हैं और न पुरुष-वर्ग ही इसका खयाल रखता है। परिणाम इसका बड़ा भयंकर होता है, पर सामाजिक दुःखों के मूल कारणों पर किसी का ध्यान ही नहीं जाता। छोटी-से-छोटी बातों पर ध्यान न देने से बड़ी-से-बड़ी विघ्न-बाधाएँ और विपत्तियाँ उठ खड़ी होती हैं। छोटे-छोटे अभावों की उपेक्षा से व्यापक अभावों और संकटों की सृष्टि होती है।

यदि ग्रामीण स्त्रियों को तुलसीकृत रामायण पढ़ने और समझने की भी शिक्षा मिल जाय तो वे सामाजिक अशान्ति मिटाने में समर्थ हो सकती हैं। किन्तु भारतीय नारी-समाज को जगाने का बीड़ा ऐसी देवियों ने उठाया है जो आधुनिक शिक्षा से प्रभावित हैं। समाज-सुधार के कामों में लगी हुई शिक्षिता स्त्रियाँ ग्रामीण नारियों की वस्तुस्थिति से ठीक-ठीक परिचित नहीं हैं और दूर-ही-दूर रहकर परिचित हो भी नहीं सकतीं।

ग्रामीण नारियों की दुरवस्था के मुख्य कारणों की जाँच-पड़ताल और छानबीन करने के लिए कभी किसी संस्था ने भी उद्योग नहीं किया। कहीं किसी परिवार में ईर्ष्या-द्वेषवश कलह-कोलाहल का बोलबाला है, कहीं किसी घराने में कठोर एकतन्त्र शासन का घोर आतंक है, कहीं स्त्रियों के सुख-दुःख की निन्दनीय उपेक्षा हो रही है, कहीं क्रूर सास की सताई बेचारी बहू कराँह रही है, कहीं लम्पटों की विषाक्त दृष्टि से असहाय युवती विधवाएँ दावानल-त्रस्त मृगी-सी कातर हो रही हैं, कहीं इन्द्रीय लोलुप पुरुषों के पाशविक व्यवहार से सुशीला रमणियाँ घुल-घुलकर मौत की घड़ियाँ गिन रही हैं। ऐसी स्त्रियों के लिए सहानुभूति और सान्त्वना के दो शब्द भी दुर्लभ हैं।

ग्रामीण परिवारों में स्त्रियों की सत्ता और महत्ता समझाने वाले समझदार पुरुष बहुत ही कम हैं। इसलिए गाँवों में ऐसे आदर्श परिवार इने-गिने हैं जिनमें कोई स्त्री दुखिया नहीं है, अन्यथा प्रत्येक परिवार में किसी-न-किसी कारण कोई-न-कोई दुखिया अभागिनी अवश्य है। किसी का स्वास्थ्य चिन्ताजनक है, किसी को सन्तोषप्रद भोजन नहीं मिलता, किसी को चितचाही चीजें नसीब नहीं होतीं, किसी

के मनोरथ छूछे पड़े हैं, कोई नाना जटिल बन्धनों में जकड़ी हुई हैं, कोई सम्पन्न घराने में रहकर भी पैसे-कपड़े के लिए तरसती है, कोई घर-भर के व्यंग्यवाणों से दिन-रात घायल होती रहती है, कोई अहर्निश परिश्रम करते रहने पर भी प्रशंसा एवं सहानुभूति नहीं पाती, कोई बात-बात में दुतकारी-फटकारी जाती है, किसी का शारीरिक दुःख कोरा पाखंड समझा जाता है, किसी के मानसिक दुःख में ताने के तीर चुभाये जाते हैं, किसी की सहज ही कुटव्वस-मरम्मत होती है। समाज के हृदयहीन व्यवहार से कितनी ही ग्रमीण स्त्रियाँ कुढ़-कुढ़कर घिस-पिस जाती हैं। उनका रूप-यौवन टिकने नहीं पाता। उन्हें जीवन के सुखों का आभास भी नहीं मिल पाता। यह स्थिति सर्वथा असह्य है।

ग्रामीण स्त्रियों की हीन दशा का प्रभाव ग्रामीण बालक-बालिकाओं पर प्रत्यक्ष दीख पड़ता है। माताओं के अनुरूप ही सन्तानों का होना अनिवार्य है। जब माताओं में आलस्य और गन्दगी है, तब भला सन्तान में क्यों न हो? जब तक माताएँ स्वयं स्वच्छता के नियम और सामाजिक शिष्टाचार न जानेंगी, तब तक उनकी सन्तानें कैसे जान सकती हैं। माता की गोद ही सबसे अच्छी पाठशाला है। माता के स्नेह से सिक्त घर ही सबसे बड़ा विश्वविद्यालय है।

देहात में आजकल कुछ सुशिक्षित जनों की संख्या धीरे-धीरे बढ़ रही है। पर उनमें भी भारतीय सभ्यता के अनुकूल आचार-विचार का अभाव स्पष्ट झलकता है। इसका मुख्य कारण यही है कि स्कूल-कॉलेजों में तो ग्रामीण समाज में खपने योग्य शिक्षा मिलती ही नहीं, बचपन में माता द्वारा भी यथोचित सीख नहीं मिल पाती। इसलिए ग्रामीण समाज में सांस्कृतिक विकास नहीं आने पाता।

ग्रामीण स्त्रियों की अधिकांश बुराइयाँ और पीड़ाएँ तथा असुविधाएँ उन्हीं की अज्ञता के कारण उत्पन्न हुई हैं। जब तक समुचित शिक्षादान से उनका मोहान्धकार दूर नहीं किया जायगा, तब तक उनकी दशा सुधर नहीं सकती। किन्तु उन्हें ज्ञान का प्रकाश कौन देगा? अखबारों की उन तक पहुँच नहीं। जोशीले व्याख्यान देने वाली महिलाएँ उनके बीच जाने का कष्ट झेल नहीं सकतीं। तब फिर उनका उद्धारक भगवान् ही है।

ग्रामीण स्त्रियों की हेय दशा हमारी राष्ट्रीय उन्नति में बाधक है। गाँवों में रहने वाले और गाँवों से आर्थिक लाभ का सम्बन्ध रखनेवाले धनाढ्य व्यक्तियों को इधर नजर फेरनी होगी। गाँवों में अच्छे-अच्छे कुँओं और तालाबों, शौचालयों और स्नानागारों, कन्या-विद्यालयों और नारी-चिकित्सालयों, प्रसूतिगृहों या मातृ-मन्दिरों की बड़ी आवश्यकता है। इन अभावों की पूर्ति चाहे कोई भी करे, वही सच्चा देशहितैषी होगा।

ग्रामीण स्त्रियों की स्थिति यदि सन्तोषजनक हो जायगी तो देहात की जनता का जीवन भी परिष्कृत और सुखमय हो जायगा। जब तक मातृ-जाति अधोगति में पड़ी रहेगी, पुरुष-समाज सजग होकर भी उठने का बल न पा सकेगा। केवल नगरों की स्त्रियों में ही जागृति फैलाने से देशोन्नति की समस्या हल न होगी।

नारी-समाज के अभ्युदय के लिए जो संस्थाएँ यत्नशील हैं, वे गाँवों की ओर कदम बढ़ाएँ। भारतीय सभ्यता और संस्कृति से अनुराग रखनेवाली सुशिक्षिता महिलाओं के कुछ ऐसे संगठित दल तैयार हों जो निरन्तर गाँवों में ही घूमते फिरें। ग्रामीण स्त्रियों को वे स्वच्छता के आचरण, शिशु-पालन-प्रणाली तथा स्वास्थ्यरक्षा-विधान सिखाएँ।

गाँवों में जो दरिद्रता-दलित नारी-वर्ग है, वह भी यदि आलसी और मन्दोत्साह न रहकर कर्मठ और उद्योगशील हो जाय, तो कुछ दिनों में दशा पलट सकती है। सम्पन्न घरों की स्त्रियों के शुष्क जीवन में भी कला और सौन्दर्य का समावेश तभी होगा जब उन्हें अपनी ही सजग बहनों से मधुर उपदेश मिलेंगे।

– 'आर्यमहिला' (काशी), विक्रम सं. 1984 (सन् 1927 ई)

आलिंगन

आलिंगन, स्नेहालिंगन, गाढ़ालिंगन, दृढ़ालिंगन, प्रेमालिंगन, स्वप्नालिंगन, हृदयालिंगन, नयनालिंगन, अधरालिंगन, कपोलालिंगन, करतलालिंगन, भुजालिंगन, अंकालिंगन, भावालिंगन, विचारालिंगन आदि अनेक आकार-प्रकार के आलिंगन हैं। आलिंगनों का क्या ठिकाना? आलिंगनों ने ही तो मानव-जन्म को सार्थक बनाया है। जन्म से ही देखिए, पलने का सुकोमल और सुमधुर आलिंगन, माता का मातृ-ममत्वपूर्ण आलिंगन, लँगोटिया यारों का आलिंगन, क्रीड़ाभूमि आँगन का आलिंगन, कोमल कपोलों की धूलि पोंछनेवाले माता के अँचल का आलिंगन, सहपाठियों का सरलालिंगन, लावण्यवती ललना का ललित लालसालिंगन, प्रसन्नानना-पत्नी की गोद में किलकारियाँ भरकर मुसकुराते हुए 'तोतले तोते' का आलिंगन, दफ्तर जाते समय मिठाई के पैसे माँगनेवाले बच्चों का कोमलालिंगन, ऑफिसों से वापस आने पर मिठाई पाने की आशा रखनेवाले मगन-मन बालकों का हठालिंगन, अभिन्न-हृदय मित्रों का पुलक-प्रफुल्लित आलिंगन, शादियों में सहृदय समधियों का आलिंगन, परदेशी पति के प्रयाण-काल में प्रणयिनी का प्रेम-परिरम्भण, मिलन-मन्दिर में मन्मथनदी मृगनयनी का मनोन्मादी आलिंगन, बिछुड़े हुए उत्कंठित हृदयों का हौसले से भरा आलिंगन, मृत्युकाल में बन्धु-बान्धवों का आलिंगन, कफन का आलिंगन, चिताग्नि-ज्वाला का आलिंगन, श्मशान के भस्म-कणों का आलिंगन[1], भागीरथी की शान्ति विधायिनी तरंगों का आलिंगन, अपने किये हुए पुण्य-पापों के फल का आलिंगन, आत्मा और परमात्मा का आलिंगन आदि आद्यन्त आलिंगन ही आलिंगन तो हैं। मानव-जीवन आलिंगनमय है, सारा संसार आलिंगनमय है।

योगियों की चिन्ता परब्रह्म के आलिंगन का सुखानुभव करती है। कवियों की कल्पना लोकोत्तरानन्द का आलिंगन करती है। चतुर चित्रकार का चित्त मौन सजीवता का आलिंगन करता है। देशभक्त का हृदय राजनीति का आलिंगन करता

---

1. क्यों न तुझसे लिपटकर सोएँ ऐ कब्र!
   मैंने भी तो पाया है तुझे जान देकर!

है। रणधीर वीर हँसते-हँसते मृत्यु का आलिंगन करता है। स्वदेशाभिमानी मनस्वी आपत्तियों का आलिंगन करता है। संन्यासी 'सोऽहमस्मि' की अखंड वृत्ति. का आलिंगन करता है। पुण्यात्मा पुरुष कीर्ति का आलिंगन करता है। अपव्ययी दरिद्रता का आलिंगन करता है। वाणिज्य-व्यस्त व्यक्ति लक्ष्मी का आलिंगन करता है। परोपकार-परायण पुरुष दया का, तपस्वी क्षमा का, उद्योगी सफलता का, मनोयोगी विद्या का, साहसी सिद्धि का और ब्रह्मचर्य व्रती तेजस्विता का आलिंगन करता है। किन्तु, प्रेम विश्व-ब्रह्मांड का आलिंगन करता है। प्रेम के लिए सब कुछ आलिंग्य है—ऐसी कोई वस्तु नहीं, जो प्रेम से आलिंगित न हो सके।

'आलिंगन' कितना सुन्दर शब्द है? कैसा मधुर-भावद्योतक है? केवल सुन्दर या मधुर ही नहीं, व्यापक और प्रभावशाली भी है। पौराणिक कथाओं में भी बड़े मधुर-मधुर आलिंगन पाये जाते हैं। यदि उन आलिंगनों को चित्त-भिति पर अंकित कर लिया जाय, तो यह आलिंगनमय संसार सचमुच स्वर्ग-सहोदर बन जाय। कहिए न, ऋष्यमूक पर सती-सीमंतिनी सीता के अंचलखंड[1] का आलिंगन वियोग-विह्वल भगवान् रामचन्द्र के लिए कितना शान्ति-प्रद था? रण-कर्कश कुम्भकर्ण के लिए, रण-यात्रा के समय, रावण का आलिंगन[2] कितना सन्तोषदायक था? संजीवनी बूटी लाने वाले हनुमान का आलिंगन[3] बन्धु वियोग-विह्वल रामचन्द्र के लिए कितना आनन्दवर्द्धक था? फिर, झटपट जी उठने वाले लखन-लाल[4] के आलिंगन का तो कहना ही क्या है? क्षण-मात्र के अन्दर होने वाले इन दोनों आलिंगनों का आलिंगन-संगम—कितना माधुर्यमय है? सीतासन्देशवाही पवनपुत्र का आलिंगन[5] सीता-चिन्तापरायण रामचन्द्र के लिए कैसा प्राण-दाता हुआ था? दूतों द्वारा प्राप्त जनकजी के विजय-संवाद-सूचक निमन्त्रण-पत्र को अयोध्या में कौसल्यादि माताओं ने, कितनी बार, कितनी प्रसन्नता से, आलिंगित[6] किया था। फिर जनकपुर के जनवासे में प्राणाधिक प्रिय पुत्र का आलिंगन[7] अवधेश के लिए कितना आह्लादजनक हुआ था। पतितपावन रामचन्द्र के सखा निषाद-राज के लिए भ्रातृ-भक्त भरत का आलिंगन[8] कैसा तृप्तिकर हुआ था। इन्हीं अछूत—

---

1. माँगा राम तुरत तेइ दीन्हा, पट उर लाइ सोच अति कीन्हा।
2. अब भरि अंक भेंटु मोहि भाई, लोचन सुफल करउँ मैं जाई।
3. हरषि राम भेंटेउ हनुमाना, अति कृतग्य प्रभु परम सुजाना।
4. हृदय लाइ भेंटेउ प्रभु भ्राता, हरषे सकल भालु कपि ब्राता।
5. सुनत कृपानिधि मन अति भाए, पुनि हनुमान हरषि हिय लाए।
   कपि उठाइ प्रभु हृदय लगावा, कर गहि परम निकट बैठावा।
6. लेंहि परस्पर अति प्रिय पाती, हृदय लगाइ जुड़ावहिं छाती।
7. सुत हिय लाइ दुसह दुख मेटे, मृतक सरीर प्रान जनु भेंटे।
8. भेंटत भरत ताहि अति प्रीती, लोग सिहाहिं प्रेम कै रीती।
   तेहि भरि अंक राम लघु भ्राता; मिलत पुलक परिपूरित गाता।

उद्धारक राम और भरत का आलिंगन[1] चित्रकूट में चलकर देखिए। वहाँ तो आलिंगन का अगाध समुद्र ही उमड़ा हुआ दिखलायी पड़ेगा। दो अधीर एवं अतृप्त भ्रातृ-हृदयों का योगपूर्ण आलिंगन[2] देखकर चित्रकूट ने भी कुशांकुरों द्वारा अपना रोमांचित होना प्रकट करके निर्झरों के रूप में प्रेमाश्रु की धारा बहायी थी।[3] जब पाषाण-मय चित्रकूट का दिल पिघल गया, तब भला लंका से लौटे हुए रामचन्द्र को भी अधीर बनानेवाला वह अलौकिक 'भरत-मिलाप' वानरी सेना के मुखियों को क्यों न बेसुध बनाता? यद्यपि वे धन्य थे, तथापि रामचन्द्र के बार-बार आलिंगनों ने उन्हें भी तो पारस[4] बना दिया था।

रामायण में आलिंगनों की बाढ़-सी आ गयी है। उस आकूल-प्लाविनी बाढ़ का प्रशस्त-प्रवाह-क्षेत्र मेरा कोई दूसरा ही लेख बनेगा। मैं उद्धरणों की बाढ़ में इस लेख को डूबने देना नहीं चाहता। खैर, रामायण तो आप देख ही चुके। अब जरा महाभारत भी देखिए। महाभारत में भी एक-से-एक अपूर्व आलिंगन हैं। सुभद्रा और अर्जुन का आलिंगन कैसा प्रेम-पीयूष-परिपूर्ण है? भीम की लोहमूर्ति का आलिंगन धृतराष्ट्र के लिए कैसा हीतल-शीतल-कारक है? फिर, मेनका और विश्वामित्र का, शकुन्तला और दुष्यन्त का! मत्स्योदरी और पराशर का तथा माद्री और पांडु का आलिंगन क्या कुछ कम जबरदस्त आलिंगन है? किन्तु, हाँ, इनसे भी बड़े-चढ़े आलिंगन मौजूद हैं—जैसे द्रोणाचार्य अर्जुन का हस्तलाघव देखकर उन्हें गले से लगा लेते हैं और माथा सूँघकर आशीर्वाद देते हैं। अपने परम प्रिय भाई के सुपुत्र श्रीकृष्ण को देखकर कुन्ती फूले अंग नहीं समाती, और ललक कर, अद्भुत स्नेह की मूर्ति बनकर, श्रीकृष्ण को कलेजे से लगा लेती है। परन्तु सबसे बढ़कर आलिंगन, महाभारत में, एक ही है। नहीं, भारतवर्ष के इतिहास में वह एक चिरस्मरणीय और समादरणीय आलिंगन है! वह

---

1. रामस्तमाकृष्य सुदीर्घवाहुर्दोर्भ्याम् परिष्वज्य सिषिञ्च नेत्रजैः।
   जलैरथांकोपरि सन्यवेशयत्पुनः पुनः संपरिषरवजे विभुः।।
   — अध्यात्मरामायण (अयोध्याकांड 9/17)

2. बरबस लिये उठाय उर लाए कृपानिधान।
   भरत-राम की मिलनि लखि बिसरा सबहिं अपान।

3. सानुज मिलि पल महँ सब काहू, कीन्ह दूरि दुख दारुन दाहू।
   परे भूमि नहिं उठत उठाए; बल करि कृपासिन्धु उर लाए।
   राजीव लोचन स्रवत जल तन ललित पुलकावलि बनी;
   अति प्रेम हृदय लगाइ अनुजहिं मिले प्रभु त्रिभुवन-धनी।
   प्रभु मिलत अनुजहिं सोह, मो पहिं जात नहिं उपमा कहीं;
   जनु प्रेम अरू सिंगार तनु धरि मिलत बर सुखमा लही।

4. पारस मों अरू सन्त मों, बड़ो अन्तरो जान।
   वह लोहा कंचन करे, करें ये आपु समान।।

है—उत्तरा और अभिमन्यु का आलिंगन। वही है ऐसे हृदयों का आलिंगन, जिनका चित्र अंकित करना साहित्य की भाषा के लिए असम्भव है। अहा! रणभेरी बज चुकी है। शत्रु के सैन्य संगठन का संवाद सुनकर धर्मराज करतल पर कपोल धरे बैठे हैं। शक्ति की परीक्षा हो रही है। अपना नम्बर आते ही एक षोडशवर्षीय नवयुवक उठकर धर्मराज की चकित आँखों को अपनी ओर खींच लेता है। और, घनघोर घोष के साथ, सूखती हुई खेती पर उमड़-घुमड़ कर जीवनदाता की तरह बरस जाता है। धर्मराज उसके कवच में न अँटनेवाले शरीर को छाती से लगाकर निहाल हो जाते हैं। (भगवन्! क्या वैसा आलिंगन अब किसी भारतीय नवयुवक को नसीब न होगा?) यह रण-रस-रसिक नवयुवक पहले वीर-भगिनी, वीर-पत्नी और वीर-माता सुभद्रा के पास जाता है, और उसकी फूली हुई छाती से लगकर विदा होता है। कुंती के कारुणिक स्नेह से सने हुए आलिंगन उसे कातर बना देते हैं, और फिर किसी प्रेममयी बिजली की कोमल गल-बहियों से आलिंगित होकर वह अपना रणरोषपूर्ण घन-घोष भूल जाता है—जैसे अरविन्द-मकरन्द पीकर मलिन्द गुंजन-ध्वनि भूल जाता है। कितना प्राणोन्मादी आलिंगन है! कैसा आबद्ध आलिंगन है? कितना आनन्द-सम्मोहित आलिंगन है? कैसा अगाध शिथिल आलिंगन है!

इस प्रकार, यदि सूक्ष्म विचार-दृष्टि से देखिए तो यह संसार आलिंगनों का अखाड़ा है। मेघ और बिजली का आलिंगन, कमल और भ्रमर का आलिंगन, वृक्ष और लता का आलिंगन, शैल-शृंग और नीलाम्बर का आलिंगन, नदी और समुद्र का आलिंगन, मलयाचल और मारुत का आलिंगन, चंदन और भुजंग का आलिंगन, विश्वास और श्रद्धा का आलिंगन, आत्मत्याग और सेवा का आलिंगन, ज्ञान और मुक्ति का आलिंगन, अभ्युदय और एकता का आलिंगन, असहयोग और कांग्रेस का आलिंगन—कहाँ तक कहूँ? आलिंगन का अड्डा कहाँ नहीं है? समुद्र में बड़े-बड़े जहाज उमंग-भरी तरंगों को छाती से लगाते रहते हैं, वन में मृग और मृगी अर्द्धोन्मीलित लोचनों से आलिंगन-जनित पुलक का अनुभव करते रहते हैं, संसार में घटनाओं का आलिंगन होता ही रहता है। विधाता ने आलिंगन को ही मानो संसार का आलम्बन बनाया है। पंच-तत्वों का आलिंगन ही तो संसार का अवलम्बन है?

सात प्रकार की बहिर्रतियों में एक आलिंगन भी माना गया है—

"आलिंगन, चुम्बन, परस, मर्दन, नख-रद-दान,
अधर-पान सो जानिए बहिरति सात सुजान।"

—केशवदास

आलिंगन को सबसे प्रथम स्थान मिला है; क्योंकि आलिंगी के लिए शेष छः विशेष सुलभ हैं!

मैं इस लेख के आरम्भ में अनेक आकार-प्रकार के आलिंगनों के नाम ले चुका हूँ। स्नेहालिंगन[1], गाढ़ालिंगन[2], दृढ़ालिंगन[3] और प्रेमालिंगन[4] का दृश्य आप देख ही चुके। अब स्वप्नालिंगन भी देख लीजिए। 'द्विजदेवजी' कहते हैं—

"सोवत आजु सखी सपने 'द्विजदेवजू' आनि मिले बनमाली;
ज्योंही उठी मिलिबे कहँ धाय, सो हाय! भुजान भुजान पै घाली।
बोलि उठे ये पपीगन तौ लगि 'पीउ कहाँ?' कहि कूर कुचाली;
संपति-सी सपने की भई मिलिबों ब्रजराज को आज को आली।"

किसी अन्य कवि का कथन है—

"व्याकुल काम सतावत मोहि, पिया बिन नीक न लागत कोई;
प्रीतम से सपने भइ भेंट, भली बिधि सो लपटाय कै सोई।
नैन उधारि पसारिकै देखौं, तो चौंकि परी कतहूँ नहिं कोई;
एरी सखी! दुख कासों कहों? मुसकाय हँसी, हँसि कै फिरि रोई।"

---

1. कौसल्यादि मातु सब धाईं, निरखि बच्छ जनु धेनु लनाईं।
जनु धेनु बालक बच्छ तजि गृह चरन बन परबस गईं;
दिन-अंत पुर-रुख स्रवत थन, हुंकार करि धावत भई।
अति प्रेम प्रभु सब मातु भेंटी, वचन मृदु बहु बिधि कहे;
यह विषम बिपति बियोग भव, तिन्ह हरष सुख अगनित लहे।

2. ननाम शिरसा भूमौ गुहोऽहमिति चाब्रवीत्।
शीघ्रमुत्थाप्य भरतौ गाढमालिंग्य सादरम्।। —अध्यात्मरामायण (अयो.)

3. आजु मिले बहुते दिन भावते भेंटत भेंट कछू मुख भाखौ;
ये भुज-भूषन मो भुज बाँधि, भुजा भरिकै अधरा रस चाखौ।
दीजिए मोहिं ओढ़ाय जरी-पट, कीजिए जू जिय जो अभिलाखौ;
'देव' हमैं-तुम्हैं अन्तर पारत, हार उतारि इतै धरि राखौ।

4. दोऊ दुहूँ पहिरावत चूनरि, दोऊ दुहूँ सिर बाँधत पागैं;
दोऊ दुहूँ के सिंगारत अंग, गरे लगि दोऊ दुहूँ अनुरागैं।
'संभु' सनेह समाय रहे, रस ख्यालन में सिगरी निसि जागैं;
दोऊ दुहूँन सो मान करै, पुनि दोऊ दुहूँन मनावन लागैं।

अब हृदयालिंगन[1] की परिभाषा करने की आवश्यकता नहीं रह गयी; क्योंकि वह विशेष स्वाभाविक है। नयनालिंगन[2] को देखिए; कितना सुन्दर दृश्य है–

राधा हरि मुख रुख लखैं, हरि राधा की ओर;
दोऊ आनन इन्दु भे, चारो नयन चकोर।

बस इसी दोहे के वजन पर अधरालिंगन[3], कपोलालिंगन[4], करतलालिंगन[5], भुजालिंगन[6] (गलबहियाँ), अंकालिंगन[7] आदि समझ जाइए।

अब रह गये भावालिंगन और विचारालिंगन। भावालिंगन का तात्पर्य तो आप तभी समझेंगे जब शेक्सपियर और कालिदास तथा शेख सादी और तुलसीदास की कविताओं को तुलनात्मक दृष्टि से पढ़ेंगे। उनको पढ़ने से यह स्पष्ट दिखलाई पड़ेगा

---

1. अपूर्वो विद्यते वह्निः कामिन्याः स्तनमण्डले;
दूराद्धि दह्यते गात्रं हृदि लग्नस्तु शीतलः। — शृंगार-तिलक
"दोऊ चोर मिहींचनी खेल न खेलि अघात;
दूरत हिय लपटाइ के, छुवत हिये लपटात।

2. "लगालगी लोयन करैं, नाहक मन बँधि जाहिं।" — बिहारी

3. चुम्बन

4. आलिंगन-काल में कपोलों का संघर्ष।

5. Shake hands. (हाथ मिलाना)

6. "मेलि गलबाहीं केलि कीन्हीं चितचाहीं;
यह हाँ ते भली नाहीं, सो कहाँते सीखि आयी हो? — दूलह
मै मिसहै सोयौ समुझि, मुँह चूम्यौ ढिग जाय
'हस्यौं, खिस्यानी, गल गह्यौ, रही गरे लिपटाय। — बिहारी
"भुज में कसी-सी सिंधु गंग ज्यों धँसी-सी,
जाके सी-सी करिबे में सुधा-सीसी-सी ढरकि जात।
फन्द में फँसी-सी भरि भुज में कसी-सी,
जाके सी-सी करिबे में सुधा-सीसी सी ढरकि जात।"

7. "अंक में बीति गयी रतियाँ, पै
तऊ छतियाँ तिय छोड़ि न पावति।"
पुनः–
'बैठि परजंक पै निसंक ह्वैके अंक भरौं
करौंगी अधर-पान, मैन-मत्त मिलियो।" —प्रबीनराय
"बावरी जो पै कलंक लग्यो तौ
निसंक ह्वै क्यों नहीं अंक लगावति।"

कि दो दूरस्थ देशों के भिन्न-भिन्न भाषा और काल के कवियों के भाव किस खूबी से परम्परालिंगित हुए हैं। इसी प्रकार बुद्धदेव, मुहम्मद, ईसा और गांधी के विचारों का आलिंगन भी समझ लीजिए। दो विशाल एवं विशुद्ध हृदयों के भावों और विचारों का पारस्परिक आलिंगन वास्तव में गंगा-यमुना-सरस्वती के पवित्र आलिंगन की तरह माहात्म्य-मय है। अब लगे-हाथों दो महत्त्वपूर्ण घटनाओं का आलिंगन भी देख लीजिए—'एक ही अवस्था में, एक ही तरह के मामले में, लोकमान्य और महात्माजी, एक ही अवधि (छह वर्ष) के लिए दंडित हुए।' घटनाओं के ऐसे-ऐसे आलिंगन नित्य ही संसार में होते रहते हैं, जिन्हें देखकर भी हम लोग नहीं देखते; किन्तु उक्त 'घटनालिंगन' तो भारतीय स्वतन्त्रता-संग्राम के इतिहास में ऐसा महत्त्वपूर्ण है कि स्वर्णवर्णांकित होकर रहेगा।

विरह की दशा में आलिंगनाभिलाष की विशेष वृद्धि होती है। विरहियों की आलिंगन-लालसा पर कवियों की अनेक अद्भुत उक्तियाँ हैं। उन्हें उद्धृत करने के लिए यहाँ स्थान नहीं है। महाकवि के मेघदूत का एक श्लोक है—

भित्वा सद्यः किसलयपुटान्देवदारुद्रुमाणां।
ये तत्क्षीरस्रु तिसुरभयो दक्षिणेन प्रवृत्ताः।
आलिंग्यते गुणवति मया ते तुषाराद्रिवाताः
पूर्व स्पृष्टं यदि किल भवेदंगमेभिस्तवेति।[1]

फिर हनुमन्नाटक में सीता-वियोगी भगवान् रामचन्द्रजी का वचन है—

हारो नारोपितः कण्ठे मया विश्लेषभीरुणा।
इदानीमन्तरे जाताः पर्वताः सरितो द्रुमाः।[2]

विरही यक्ष और वियोग-व्यथित श्री रामचन्द्रजी की उक्तियाँ आप सुन ही चुके। अब विरहविह्वला रमणियों की आलिंगनाकांक्षा के सम्बन्ध में महाकवि बिहारी लाल की कुछ उक्तियाँ भी सुन लीजिए—

एक आलिंगनाभिलाषिणी विरहिणी अपनी फड़कती हुई वाम भुजा से कहती है—

"बाम बाहु फरकत मिलैं जो हरि जीवन मूरि,
तो तोही सों भेटिहौं राखि दाहिनी दूरि।" — बिहारी

---

1. प्यारी! देवदारू वृक्षों के नये कोमल पल्लवों को भेदती हुई और उनके दूध की सुगन्ध से सिक्त दक्षिणी वायु जब आती है, तब मैं यही समझा कर उसका आलिंगन कर लेता हूँ कि वह हिमाचल से आते समय तेरी देह से लगकर आयी होगी।
2. हा! सीते! हम आलिंगनदान के समय, अपने और तुम्हारे हृदय में बाल-भर का अन्तर भी न सह सकने के भय से, तुम्हारे गले में पुष्प-हार नहीं पहनाते थे। किन्तु इस समय तो हमारे और तुम्हारे बीच में अनेक नदी, पर्वत और वृक्ष हो गये हैं।

एक ही विरहिणी अपने प्राणवल्लभ के प्रेमपत्र का किस प्रकार आलिंगन करती है, देखिए—

"कर लै चूमि चढ़ाय सिर, उर लगाय भुज भेंटि,
लहि पाती पिय की तिया, वाँचति धरति समेटि
रँगराती राते हिये, प्रीतम लिखी बनाय
पाती काती बिरह की, छाती रही लगाय।" — बिहारी

विरहिणी के लिए प्राणेश्वर की प्रत्येक वस्तु अत्यन्त प्रिय होती है। वह प्रत्येक पदार्थ में प्राणेश्वर की प्रतिमा देखती है। वह अपने पति की किसी चीज को भी बड़े प्यार से गले लगाती है। यथा—

भेंटत वनत न भावतो, चित तरसत अति प्यार
धरति लगाय उगाय उर, भूषण बसन हथ्यार। —बिहारी

अब विरहानल-दग्ध दम्पती का, कुच-कंचुकी के समान गाढ़ालिंगन देखिए—

बिछुरे जिये सकोच यह, बोलत बनै न बैन;
दोऊ दौरि लगे हिये, किये निचौहैं नैन
ज्यों-ज्यों पावक लपट-सी तिय हिय सों लपटाति
त्यों-त्यों छुही गुलाब की छतियाँ अति सियराति। — बिहारी

इसी प्रकार संस्कृत, हिन्दी और उर्दू के कवियों ने इस विषय पर बड़ी-बड़ी चुटीली उक्तियाँ कही हैं। यदि तीनों भाषाओं का कोई अच्छा विद्वान् और अनुभवी अधिकारी इस विषय पर लेखनी-संचालन करे, तो एक पोथा तैयार हो जा सकता है। किन्तु ऐसे-ऐसे सरस साहित्यिक विषयों की ओर अब कोई ध्यान ही नहीं देता। क्योंकि अधिकांश सज्जन 'चुम्बनालिंगन' शब्द को ही 'अश्लील' मानते हैं। कितने लोग कह उठते हैं कि 'चुम्बनालिंगन' की चर्चा श्रृंगार रस के साथ शोभा देती है। श्रृंगार रस (आदि रस) से आजकल के बहुसंख्यक हिन्दी-प्रेमी घृणा करते हैं। यहाँ तक कि तत्परिणाम-स्वरूप ब्रज-भाषा को श्रृंगार-रस-प्रचारिणी भाषा समझकर भूलते जाते हैं। किन्तु सूक्ष्मदर्शी के लिए कुछ भी अश्लील नहीं है, और सब कुछ अश्लील ही है।

—'माधुरी' (लखनऊ), वर्ष 1, खंड 1, सं. 5
मार्गशीर्ष, 299 तुलसी-संवत्, सन् 1922 ई.

धैर्य्य

"आपत्समुद्धरणधीरधियः परेषां
जाता महत्यपि कुले न भवन्ति सर्वे
विन्ध्याटवीषु विरलाः खलु पादपास्ते
ये दन्तिदन्तमुसलोल्लिखनं सहन्ते (॥ १॥")

धैर्य्य ही एक ऐसा उपास्य देव है जिसके सामने प्रत्येक कर्मयोगी को सिर झुकाना पड़ता है। जिसको संसाररूपी कार्यक्षेत्र में वीर बनकर सुयश-रूपी फल की इच्छा हो उसे अवश्य धैर्य का अभ्यास करना चाहिए। धैर्य वह गुण है जिसके बल से मनुष्य पहाड़-सी आफत को भी फूँककर उड़ा देता है और नाना प्रकार के उद्दंड उपद्रवों से भी ह्रासित नहीं होता। कबीरदास की वाणी है—

पहिले दही जमाइए पीछे दुहिए गाय।
बछवा वाके पेट में गोरस हाट बिकाय।।
तन कौ दही जमाइयै मन कौ दुहिए गाय।
धीरज बछवा पेट में कीरति हाट बिकाय।।

बिना धैर्यरूपी धुरे के जीवन-रथ इस जगत-पथ पर कभी सुख से नहीं चल सकता। सभी विपत्तियाँ धैर्य-देव के ही पदतल पर दीन होकर लोटती रहती हैं। जिन्होंने धैर्य-धन प्राप्त किया है वे जो कुछ चाहें, प्राप्त कर सकते हैं। जो नौका मन्द वायु के झकोरे से भी डगमगा जाती है वह न बोझ ढो सकती है और न तूफान के बाद उसकी सूरत नजर आ सकती है। पर जो नौका भारमय होने पर भी पतवार तानकर दृढ़ रूप से सनसनाती निकली जाती है, शायद, वही ईश्वर की सहज दयालुता से, अपने लक्ष्य-स्थान पर बेखटके जा पहुँचती है। विद्वानों ने कहा है कि अपने लक्ष्यमार्ग पर उस चट्टान के समान पड़े रहिए जो बड़ी-से-बड़ी आँधी के हिलाने से भी नहीं हिलती। एक क्षण का धैर्य-धारण शायद कई वर्षों तक सुख देता रहता है। धैर्यरूपी वृक्ष काँटों से भरा है, लेकिन इसके फल बड़े मीठे होते हैं।

यदि हम धैर्य को विपत्तिरूपी विशिष-कराल से बचाने वाला कवच, विपत्ति-वृद्धता का सहायक लकुट, विपत्ति-श्रम से थके हुए का उपधान, शोकसागर का जहाज और

सुखरूपी महल का सुदृढ़ स्तम्भ कहें तो शायद कुछ भी अत्युक्ति नहीं समझी जायगी। ऊँचे धौरहरे पर चढ़नेवाले को जैसे नीचे की चीजें अजहद छोटी दीख पड़ती हैं वैसे ही धैर्यरूपी बुलन्द धौरहरे पर चढ़ने से संसार भर में विचरती हुई सब विपत्तियाँ–चाहे पहाड़ सी क्यों न हों–राई और लाई सी दीख पड़ती हैं।

देखिए, भर्त्तृहरिजी कहते हैं–"सिन्धुमंथन के समय रत्नसमुदाय निकलने से भी देवता सन्तुष्ट नहीं हुए और न भीषण विषोद्गार ही से उनकी दृढ़ कार्य-प्रवृत्ति में कुछ त्रुटि पहुँचने पायी। आखिर बिना अमृत निकाले उन लोगों ने दम नहीं मारा, सो ठीक ही था; क्योंकि बिना वांछित फल प्राप्त किये धीर पुरुष अपनी टेक नहीं छोड़ सकते।"

पुनः उन्हीं का कथन है–"जो जन नीच हैं वे विघ्न भय से कार्यारम्भ ही नहीं करते, मध्यम जन कार्यारम्भ के बाद, विघ्न को देखते ही, कार्य को छोड़ बैठते हैं; पर उत्तम जन बार-बार विघ्न होने से भी अपनी चेष्टा का परित्याग नहीं करते।"

पुनरपि–"नीतिज्ञ लोग चाहे भला कहें या बुरा, लक्ष्मी रहे या चली जाय–जैसी उसकी इच्छा; आज ही मरें या दस-बीस साल बाद मरें; पर धीर पुरुष सत्पथ से कभी विचलित नहीं होते।"

मनुजी ने धर्म के दस लक्षण गिनाते हुए सर्वप्रथम धैर्य को ही गिनाया है। मन से चंचलता को बलात्कारपूर्वक खदेड़िए और सुस्थिरता को आसन दीजिए; क्योंकि मनुष्य का मन स्वाभाविक ही चांचल्ययुक्त है–जैसे सोनार और बनिये की तराजू। पर धैर्य के बराबर भार पड़ने से चित्त अवश्य ही स्थिरता प्राप्त करने का अभ्यास कर लेगा। कहा गया है कि सज्जनों के हृदय विपत्ति में और सम्पत्ति में क्रमशः 'वज्रादपि कठोराणि, मृदूनि कुसुमादपि' होते हैं। यथा–

संपत्सु महतां चित्तं भवत्युत्पलकोमलम्।
आपत्सु च महाशैलशिलासंघातकर्कशम्।।

मुख एक बड़ी ही नाजुक चीज़ है। विपत्तियों के भय से वह धैर्य की शरण में चला जाता है। आप चाहें तो धैर्य की पूजा करके फिर उसे ले सकते हैं। अहा! श्रीदशरथजी महाराज का प्रिय प्राण भी जब धैर्यधाम से निकल भागा, तब कहीं सुखाश्रय-ग्रहण नहीं कर सका। पाठकगण! क्या आप लोगों ने कभी डूबकर यह विचार किया है कि श्रीसीतादेवी लंकागढ़ में अशोकवृक्ष-तले रहती थीं या धैर्य-वृक्ष-तले? भला कहिए तो पांडवों ने किसके सहारे से दो-दो बार राजपद से च्युत होकर बारह-बारह वर्ष तक वनवास के असह्य क्लेशों को सहन किया था।

महाभारत में तालध्वज और मयूरध्वज की जगत्प्रसिद्ध कथा देखिए। विस्तार-भय से नहीं लिख सके। उसमें बेशक धैर्य की अपरिमेय महिमा झलकती है। देखिए, श्रीगोसाईंजी ने–'प्रसन्नतां या न गताऽभिषेकतः तथा न मम्लौ वनवासदुःखतः' इस

अमूल्य पद को लिखकर श्रीरामचन्द्रजी के धैर्यधुरन्धरत्व का कैसा दृढ़ परिचय दिया है। पुनः जगद्वन्द्या कौसल्या महारानी की वाणी सुनिए जिसे सुनकर 'धीरज हूँ कर धीरज भागा'–

नाथ! समुझि मन करिय बिचारू, राम वियोग पयोधि अपारू।
करनधार तुम अवधि जहाजू, चढ़ेउ सकल प्रिय बनिक समाजू।
'धीरज' धरिय तो पाइय पारू, नाहिं त बूड़हिं सब परिवारू।
जनम मरन सब दुख सुख भोगा, हानि लाभ प्रिय मिलन बियोगा।
काल कर्मबस होंहिं गुसाईं! बरबस रात दिवस की नाईं।
सुख हर्षहिं, दुख जड़ बिलखाहीं, दोउ सम 'धीर' धरहिं मन माहीं।

एक विद्वान् का अत्युत्तम कथन है कि मस्त हस्ती के पकड़नेवाले को हम कभी वीर नहीं कह सकते–हम उसी को वीर कहेंगे जो काम एवं क्रोध की आँधी में वृक्ष-स्थाणु-सा तनिक भी न डिगे, बल्कि धीरतापूर्वक डटा रहे। असली धैर्यवान की पहचान में यह निम्नोद्धृत श्लोक तावीज में मढ़ लीजिए–

कान्ताकटाक्षविशिषा न लुनन्ति यस्य चित्तं न दहति कोपकृशानुतापः।
कर्षन्ति भूरि विषयांश्च न लोभपाशा लोकत्रयं जयति कृत्स्नमिदं स धीरः।।

कृपया अधोलिखित 'दत्त'-कवि-कृत कवित्त दत्तचित्त होकर हृदयगंम करते रहिए–

'कैसे काज ह्वैहैं? हाय! बात सब बूड़ि जैहैं, कादरता ऐसी कबौं भूलि हूँ न करिए।
करि कै विवेक सुसाज निज जी में, पचि रचि कै उपाय निज व्याकुलाई हरिए।
हारिये न हिम्मत, सुकीजै कोटि किम्मत को, 'दत्त' कहे काहू के न जाय पाँव परिए।
ईश्वर को याद कै, जनैये पुरुषारथ को आपति में पति राखि 'धीरज' को धरिए।'

–मासिक 'मनोरंजन' (आरा), वर्ष 1, अंक 12, अक्टूबर 1913 ई.

सन्तोष

पुरुषार्थ, श्रमशीलता एवं सदुद्योग द्वारा सद्धर्मयुक्त जो कुछ उपार्जन हो सके उसी को ईश्वरदत्त समझ, सहर्ष स्वीकार कर, सुखी रहना ही सन्तोष की सहज परिभाषा है।

सन्तोष वह गुण है जो मनुष्य की सब अभिलाषाओं को भली-भाँति पूरा करता है। संसार में सब लोग सुख की आकांक्षा से नाना प्रयत्न करते हैं; पर जितनी ही सुख की प्राप्ति होती है उतनी ही सुख की चाह अधिक बढ़ जाती है। विष्णुपुराण में लिखा है कि–

न जातु कामः कामानामुपभोगेन शाम्यति।
हविषा कृष्णवर्त्मेव भूय एवाभिवर्द्धते।।

अर्थात्–"मनुष्य की अभिलाषा सुखभोग करते ही रहने से न्यूनता को प्राप्त नहीं होती, बल्कि घृताहुति पाकर धधकनेवाली अग्नि के सदृश बढ़ती ही जाती है!" क्योंकि ऐसा कहा हुआ है कि–

भोगेच्छा नोपभोगेन भोगिनां जातु शाम्यति।
लवणेनान्तरालेन तृष्णा प्रत्युत जायते।।

अर्थात्–"भोगियों की भोग-इच्छा कभी भोग करने से पूरी नहीं होती। जैसे खाते समय नमकीन चीजें बीच-बीच में खाते जाने से खाने की चाट बढ़ती जाती है।"

एक विद्वान क्या ही बढ़िया उक्ति कह गये हैं कि "जो मनुष्य असन्तोषी होते हैं उन्हें यदि धन में डुबो दिया जाय तो भी उन्हें पूर्ण तृप्ति नहीं हो सकती; जैसे आकंठ जलमग्न होने पर भी कुक्कुर जल को जीभ से चाटता ही रहता है।"

बिना सन्तोष के इस शुद्ध अन्तरात्मा की तुष्टि-पुष्टि कदापि स्वप्न में भी नहीं होती। एक कवि ने क्या ही यथार्थ बात कही है कि जो धन के समुद्र में तैरता है वह अवश्यमेव अश्रु के समुद्र में डूबता है। क्या लक्ष्मी अत्यन्त प्रसन्न होकर सन्तोष से बढ़कर कोई अमूल्य धन दे सकती है? सन्तोष ही सात्विक सुख को देनेवाला है। बिना सन्तोष के मनुष्य के क्षुद्र मस्तिष्क में शान्तिशीलता नहीं आ सकती और बिना शान्तचित्त हुए लौकिक आनन्द एवं सच्चिदानन्द परमेश्वर की प्राप्ति नहीं हो सकती। श्रीकृष्ण भगवान् ने श्रीमद्भगवद्गीता में स्पष्ट कह दिया है कि 'अशांतस्य

कुतः सुखम्?' अनुभवी महात्मा गोसाईंजी ने कहा है कि—

'कोउ बिस्राम कि पाव? तात सहज सन्तोष बिनु।
चलै कि जल बिनु नाव? कोटि जतन पचि रचि मरे।।'

इस संसाररूपी अपार सागर में मानव-जीवनरूपी जहाज का कैवर्त सन्तोष ही है और प्रमोद-पोत की पतवार भी वास्तव में सन्तोष ही है। सन्तोष ही के बिना इस जीवात्मा को बारम्बार आवागमन के दुसह दुःख से पीड़ित होना पड़ता है; परन्तु निष्काम होकर तपस्वी लोग मोक्षपद को पाते हैं। यथा—

'तोष मोष का बीज'

सन्तोष-आशुतोष (शिव) के पास काम (मदन एवं कामना) जाते ही भस्म हो जाता है; इसलिए सन्तोष का आश्रय ग्रहण करना चाहिए; क्योंकि सन्तोष-कोष के जो अध्यक्ष हैं उनके लिए इन्द्र-पद भी तुच्छ है। यथा—'निस्पृहस्य तृणं जगत्।'

पारस के स्पर्श से केवल लोहा सुवर्ण हो जाता है; परन्तु सन्तोषरूपी अनुपम एवं अद्भुत पारस के स्पर्श से सब वस्तुएँ कांचन से भी बहुमूल्य हो जाती हैं। सृष्टि भर में यही एक अद्वितीय कोष है जिसे पाकर मनुष्य सर्वथा अयाची हो जाता है अर्थात् कुछ भी अधिक पाने के लिए हाय-हाय नहीं करता।

भाषा-रामायण में विजय-रथ वर्णन करते हुए गोसाईंजी ने सन्तोष को कृपाण निरूपण किया है अर्थात् सन्तोषरूपी चन्द्रहास से लोभ-महीपालरूपी प्रबल शत्रु का वध करके सुख-सिंहासनारूढ़ होना ही इस निस्सार संसार में विजय पाना है। थोड़े ही धन से सन्तोष करनेवाले पुरुषों को अधिकाधिक धन-प्राप्ति होती जाती है। जैसे मनुष्य भोजन के लिए बैठता है तो प्रथम पत्तल आगे पड़ती है। जो लोग पत्तल को (केवल पत्ता जानकर अधीर हो) छोड़कर उठ जाते हैं वे सर्वस्व से हाथ धो बैठते हैं; पर जो सन्तोष के सहारे बैठे ही रह जाते हैं वे अवश्य ही मोदक भी आगे देख लेते हैं। अहा! जब पत्ते पर सन्तोष करके मनुष्य स्वादिष्ट व्यंजनों तथा पक्व मिष्ठान्नों का भागी हो जाता है, तब भला एक पैसे पर, एक सेर सत्तू-शाक पर सन्तुष्ट होकर, ईश्वर पर भरोसा किये हुए, सदुद्यम द्वारा यदि अतुल सम्पत्ति को प्राप्त कर लेवे, तो इसमें सन्देह क्या है?

एक विद्वान की सुसम्मति है कि "जो मनुष्य सन्तोष को अपना परम धन समझता है और अपने दुःख की निन्दा परमेश्वर से अथवा और किसी से नहीं करता और सन्तोष के प्रकाश से तृष्णा-तम का विनाश कर जीवात्मा को प्रकाशित करता है, वही पुरुष वास्तव में उस परमपिता का कृपापात्र बनता है।"

सन्तोष ही सुख का सहवासी है, सन्तोष ही सुख का कारण है, सन्तोष ही ईश की सत्ता है और सकल सम्पदा तथा सुखों से सन्तोष ही में विशेष महत्ता है। सन्तोष ही के बिना मनुष्य को ईर्ष्या-द्वेष के विकट चक्र में पड़कर नाना कष्ट सहने पड़ते

हैं। जिसे सन्तोष से भेंट नहीं, वह दूसरों की सम्पत्ति और उच्च पदवी देख-देखकर अशान्तचित्त हो कुढ़ता रहता है और जो सन्तोषी है वह दूसरों की भलाई चाहता और दूसरों की उन्नति देख-देखकर सदा प्रसन्न रहता है और अपनी दशा सुधारने के लिए चेष्टा करता और मन बढ़ाये रहता है। सन्तोष का यह अर्थ कभी नहीं जानना चाहिए कि हाथ-पाँव तोड़-मोड़कर बैठे रहना और जो भाग्यवश मिले उसी से तुष्ट हो जाना; क्योंकि यह आलसी, मूर्ख और निरुद्यम पुरुषों का काम है। धर्म द्वारा यथाशक्ति भली-भाँति उद्योग करने से जो कुछ प्राप्त हो जाय उसी पर सन्तोष करके सुखी रहना और उद्यम के लिए अपना साहस और उत्साह बढ़ाये रखना चाहिए; तथा अधिक के लिए हाय-हाय करना अथवा सिर धुनना उचित नहीं है; क्योंकि जो मेरा अपना होगा वह दूसरों के पास कदापि नहीं जायगा और यदि मेरा नहीं होगा तो दूसरे के पास तो है ही।

एक विद्वद्वर-शिरोमणि का अनूठा वचन ऐसा है कि "मनुष्य के हृदय के भीतर एक शतदल है। वह ईश्वररूपी सूर्य को देखकर विकसित होता है, अन्यथा नहीं, उसमें सन्तोष ही मधुर मकरन्द है जिससे इस जीवात्मारूपी भ्रमर की तुष्टि-पुष्टि होती है। जैसे सब नदियाँ समुद्र की ओर दौड़ती चली जाती हैं उसी तरह सन्तोषी पुरुषों के पास, जो रत्नाकर-सदृश हैं, सकल सद्गुण और ऋद्धि-सिद्धिरूपिणी नदियाँ दौड़कर जाती हैं।"

अल्पधनयुक्त होने पर भी सन्तोषी पुरुष, परोपकारादि धर्म्माचरण का अभ्यास रखते हैं; पर लोभी धनिकों से कुछ भी नहीं सपरता, वे केवल भारवाही गर्दभ के समान हैं। सन्तोषरूपी तपस्या को धारण करके मुनिजन निर्जन वन में रहकर भी विशाल अट्टालिका एवं सुखद उद्यानों के भोगविलास से नाक सिकोड़ते हैं; भस्म एवं रुद्राक्ष-तुलसी-माला पर सन्तोष करके कनक-मणिरत्नों को तुच्छ तृणवत् समझते हैं एवं वन्य फल-फूल-कन्दों से तुष्ट होकर नाना स्निग्ध स्वादिष्ट भोगों का निरादर करते हैं। सन्तोषरूपी मुक्तादल को शिरोधार्य कर जंगली हाथी वन्य-जात शुष्क शष्प भोजन करके बलिष्ठ होते हैं। पुनः सन्तोष रूपी मणि को ही धारण कर सर्पगण केवल वायुमात्र ही के आधार पर जीवन अतिवाहित करते हैं। जिधर देखिए उधर सन्तोष ही सुख का संगी है। एक विद्वान् ने कहा है कि "ईश्वर के निकट सन्तोषरूपी मणिदीप प्रज्वलित हो रहा है। उसके द्वार पर पर्दा नहीं है—कहीं कुछ ओट-चोट नहीं है। अपने मुख पर से तृष्णा का घूँघट उठाओ और अपने सामने उसको (ईश्वर को) देख लो। अपने हृदय-सम्पुट में सन्तोषरूपी रत्न को यत्न से रखकर जौहरी बनो तब बेधड़क उस महाराजा के पास पहुँच जाओगे और हृदय खोलकर दिखाने से वह बहुत प्रसन्न होगा और वही उस रत्न का मोल जानता है। यदि तुम्हारा हृदय-सम्पुट सन्तोष-रत्न से शून्य है तो उसके द्वारपालों से धक्का खाओगे, यदि कष्टवश पहुँचोगे भी तो लज्जित और निन्दित होओगे।"

राजा को नीति द्वारा धनोपार्जन करने में और विद्यार्थी को विद्येपार्जन करने में सन्तोषी होकर बैठ जाना यथार्थ नहीं है। विद्यार्थी को उचित है कि सदा नूतन विद्या को लूटने के लिए लालायित रहे और विद्या को प्राप्त करने में कभी स्वप्न में भी सन्तुष्ट न हो। राजा भी प्रजा-पालन करते हुए सदा धर्म द्वारा राज्यश्री की वृद्धि करे; पर उसी में उद्विग्न रहकर सात्विक सुख को गाँठ से न छोड़े। दूरदर्शी कवियों ने कहा है—

इच्छति शती सहस्रं ससहस्रः कोटिमीहते कर्तृं
कोटियुतोऽपि नृपत्वं नृपोऽपि बत चक्रवर्त्तित्वम्।
चक्रधरोपि सुरत्वं सुरोऽपि सुरराजमीहते कर्त्तुम्।
सुरराजोप्यूर्ध्वगतिं तथापि न निवर्त्तते तृष्णा।

सवैया

जो दस बीस पचास भई सत होइ हजारन लाख मँगैगी।
कोटि अरब्ब खरब्ब असंख्य पृथीपति होन की चाह जगैगी।
स्वर्ग पताल को राज करौं तृस्ना अधिकी अति आग लगैगी।
'सुन्दर' एक सन्तोष बिना सठ तेरी तो भूख कबौं न भगैगी।

कहते हैं, किसी लोभी मनुष्य ने एक हंस पाला था। वह हंस नित्यप्रति एक अनमोल मोती उत्पन्न करता था। एक दिन उस दुष्ट लोभी ने विचार किया कि इस प्रकार एक-एक करके मोती पाने से हम धीरे-धीरे व्यय कर देंगे और द्रव्यसंचय न हो सकेगा; अच्छा होगा कि इसका वध करके एक ही बार मुक्ताभंडार लूट लूँ और शीघ्र ही धनी हो जाऊँ। बस, झट उसने उस हंस का हृदय फाड़ डाला। पर हा! हन्त!! उस असन्तोषी दुष्ट को नित्यप्रति मिलनेवाला एक मोती भी हाथ न लगा और उस कुबेरोपम हंस से भी हाथ धो बैठा। एक कवीश्वर ने कैसा अनुपम भाव दरसाया है—

गन्धाढ्यां नवमल्लिकां मधुकरस्त्यक्त्वा गतो यूथिकां
दैवात्ताञ्च विहाय चम्पकवनं पश्चात्सरोजं गतः।
बद्धस्तत्र निशाकरेण सहसा क्रन्दत्यसौ मूढधीः
सन्तोषेण बिना पराभवपदं प्राप्नोति मूढो जनः।।

अर्थात्—एक मन्दबुद्धि भ्रमर सौरभान्वित एवम् नवविकसित चमेली के फूल को छोड़कर जूही पर गया तथापि तृप्त नहीं हुआ; उसे छोड़कर चम्पकारण्य में गया तब भी तृप्त नहीं हुआ; पुनः कमल-वन में गया। वहाँ दैवयोग से चन्द्रोदय के कारण कमल का मुख बन्द हो गया और वह आसन्न विपत्ति को जानकर विलाप करने लगा। सच है, सन्तोष के बिना मूर्ख जन गाढ़े संकट में पड़कर दुख पाते हैं!!!

उसी कमलबद्ध भ्रमर पर एक कविवर यों बुद्धि लड़ाते हैं—

रात्रिर्गमिष्यति भविष्यति सुप्रभातं
भास्वानुदेष्यति हसिष्यति पंकजश्रीः।
इत्थं विचिन्तयति कोषगते द्विरेफे
हा! हन्त! हन्त!!! नलिनी गज उज्जहार।।

वह भ्रमर अब सोचने लगा—"रात्रि बीत जायगी, सुभग प्रभात आवेगा, सूर्योदय होगा, तदुपरान्त वनज-वन विकसित होगा (तब हम बाहर विहार करेंगे)। वह कमल के भीतर ही ऐसा विचारता था। तब तक एक हस्ती ने मृणाल का मूलोत्पाटन कर दिया।" हा! उसके सब मनोरथों पर पानी फिर गया। भावार्थ इसका यह है कि जब मनुष्य बालक रहता है तो यही चाहता है कि तारुण्य का सुस्वाद चखें, जब तरुण हुआ तो तरुणी रमणी की इच्छा हुई, जब विवाह हुआ तो पुत्र की इच्छा। पुत्र हुआ तो पुत्रवधू देखने की इच्छा और फिर पुत्र को दुलारने पढ़ाने-लिखाने की इच्छा; तदुपरान्त पौत्र-मुख-चुम्बन करने की अभिलाषा उपजी, तब धन बटोरने का विचार, अर्थात् इसी तरह क्रमशः तृष्णा का सत्वर स्रोत हृदय को झकझोरता रहता है, पर अन्तकाल कुछ सिद्ध नहीं होता, शीश पर काल नाचता रहता है, समय पाकर अपना कवल बना लेता है। इसी विषय पर हमें एक कवि की उक्ति अचानक स्मरण हो आयी। यथा—

उच्चैरेष तरुः फलञ्च विपुलं दृष्ट्वै हृष्टः शुकः।
पक्वं शालिवनं विहाय जडधीस्तन्नारिकेलं गतः।
तत्रारुह्य बुभुक्षितेन मनसा यत्नः कृतो भेदने
आशा तस्य न केवलं विगलिता चंचुर्गता चूर्णताम्।।

भावार्थ यह है कि "एक शुक किसी फलान्वित उच्च वृक्ष को देखकर सहर्ष पके हुए धान के खेत छोड़कर, उस नारियल के वृक्ष पर गया। वहाँ जाकर फल खाने की इच्छा से फल को ठोर से फोड़ने के लिए प्रयत्न करने लगा; पर हाय! उसकी आशा ही नष्ट नहीं हुई इतने में उसकी चोंच भी चूर-चूर हो गयी।" इसी तरह जो पुरुष अपने जीवन को सुखमय व्यतीत करने के योग्य सामग्री पाकर भी कामना-कल्लोल में बह जाता है, वह अवश्यमेव शोक-सागर के अतल गर्भ में डूब जाता है।

भोजराज के शासनकालीन माघ नामक कवि का यथार्थ कथन है कि—

दारिद्र्यानलसंतापः शांतः सन्तोषवारिणा।
याचकाशांविघातान्तर्दाहः केनोपशाम्यति।।

अर्थात्—'दरिद्रता की अग्नि से उत्पन्न हुआ ताप, सन्तोष रूपी जल से शान्त हो जाता है। परन्तु याचकों की आशा भंग होने से आन्तरिक दाह किसी भाँति से शीतल नहीं होता है।"

प्रिय पाठकगण! अपने मनोरथ के चंग को (जो आकाश पर चढ़ गया है!) नीचे खींचिए और आशा-तृष्णा की तीव्र आँधी से इस देहद्रुम को बचाइए तथा सन्तोष-रूपी सुधा-धारा से तनु-तरु-मूल का सिंचन कीजिए।

–मासिक 'मनोरंजन' (आरा), भाग 1, संख्या 3-4, जनवरी-फरवरी, 1913 ई.

परोपकार

परोपकाराय फलन्ति वृक्षाः
परोपकाराय वहन्ति नद्यः।
परोपकाराय दुहन्ति गावः
परोपकारार्थमिदं शरीरम्।। —(पंचतन्त्र)

प्राणपण से बद्धपरिकर होकर यथाशक्ति दूसरों की भलाई करना और साथ-ही-साथ स्वार्थशून्यता को धारण किये रहना ही परोपकार की सरल परिभाषा है। परोपकार ही सब धर्मशास्त्रों का सार, निखिल पुण्यकर्मों में सर्वोत्कृष्ट और लौकिक तथा पारलौकिक उन्नति एवं आनन्द का बीज है। यदि इस तुच्छातितुच्छ मानव-जन्म को साफल्य प्रदान करनेवाला कोई उपास्यदेव है तो वह परोपकार ही है।

इसी व्रत को धारण कर श्रीकृष्ण भगवान् ने गिरि-गोवर्द्धन को नख पर उठा लिया था, द्रोणाचार्य्य-कर्णादि महावीरों ने कुरुक्षेत्र के भयानक रणांगन में अपने प्राण तक त्याग दिये थे। इसी परोपकार का साधन करते-करते जटायु ने सीता को हरकर ले जाते समय लंकापति दुर्द्धर्ष रावण के साथ घोर युद्ध करते हुए अपनी जान दे डाली थी। इसीलिए मर्यादापुरुषोत्तम भगवान् रामचन्द्र ने राज्य को तिलांजलि दे, वन-वन में अटन कर, प्राणाधिका प्रिया सीता का दुःसह विरह सहकर, रावणादि घोर राक्षसों की अत्याचाराग्नि से धधकती हुई वसुधा को शान्त किया था। पुनः परोपकार-व्रत में ही लीन होकर कामदेव ने अपने शरीर को त्याग दिया था और साथ ही यह अनुपम तथा अनुकरणीय उपदेश भी कह छोड़ा था कि—

परहित लागि तजहिं जे देही
सन्तत सन्त प्रसंसत तेही।

इसी प्रकार आप पृथ्वी के अनन्त इतिहास-पुराणों के पन्ने उलटते हुए चले जाइए—उन्हीं का नाम इतिहास में चमकता हुआ पावेंगे, जिन्होंने अपने स्वार्थ की चिन्ता में यह दुर्लभ नरजन्म न गँवाकर परोपकार में अपना मन लगाया था। अच्छा, यह भी जाने दीजिए, प्राकृतिक उपकारों की ही ओर लक्ष्य कीजिए—परमात्मा के सिरजे हुए इस जगत् भर के पदार्थ अकातर भाव से एवं निःस्वार्थ रूप से निरन्तर

हमारी सेवा और रक्षा में दत्तचित्त हैं। इससे क्या प्रत्यक्ष होता है? क्या यह बात स्पष्ट ही नहीं झलकती कि उस विश्व-नियन्ता की यही इच्छा है कि उसकी सृष्टि का प्रत्येक सजीव या निर्जीव पदार्थ परोपकार करे। ऐसा नहीं होता तो पुण्य-सलिला सरिता सुरसरि पर्वत-पति हिमालय के उत्तुंग शिखर पर जन्म लेकर भी क्यों क्षुद्र नदियों से जा मिलती और नाना नगरों में भ्रमण करती, कितने अग्निबोटों और बड़ी-बड़ी नावों को अपनी पीठ पर लाद-लादकर दूर-दूर तक पहुँचाया करती? ये वृक्ष ही क्यों वर्षा, धूप और गर्मी सहते हुए छायाप्रार्थी मनुष्यों को विश्राम देते और अन्त में उन्हीं के काम के लिए अपना सारा तन कटवा डालते? क्यों वे दोनों वेला स्वार्थी मानव-कुल की भोज्यसामग्री प्रस्तुत करने के लिए अपनी देह आग में फुँकवाकर कोयला बन जाते? यह मान्या पृथिवी-माता ही काहे को हल से जोती जाती और अशेष कष्ट सहती हुई भी जीवों को भोजन और मनोरंजन की सामग्रियाँ दिया करती?

सुधा-वर्षी भगवान् चन्द्रदेव की ओर आँख पसार कर देखो। निरन्तर किसके कल्याण के लिए वे अपनी उज्ज्वल किरणों को फैलाकर औषधियों में संजीवनी-शक्ति भरा करते हैं? क्या उनका यह कार्य एकमात्र परोपकार के लिए नहीं है? इसी प्रकार सूर्य भगवान्, जो अपने सहस्र करों का विस्तार कर अखिल संसार के तम को दूर करते हैं, और अयाचित भाव से उष्णता का उत्ताप दूर करनेवाले पवनदेव के उपकारों को ध्यान में ले आइए—क्या वे इस निखिल ब्रह्मांड को उपकृत कर यही शिक्षा सब सांसारिक जीवों को नहीं दे रहे हैं कि जिस दयासागर परमेश्वर ने हम लोगों की रचना की है उसका एकमात्र उद्देश्य है कि उसकी सृष्टि का प्रत्येक सजीव-निर्जीव पदार्थ एक दूसरे की सहायता करे?

इसलिए जो पुरुष परोपकार का अवलम्बन नहीं करते उन्हें कोई अधिकार प्राप्त नहीं है कि इन प्राकृतिक लाभों का वे उपभोग करें—यदि वे स्वयं किसी जीव की भलाई में श्रद्धावान और उद्योगशील नहीं हैं। इसलिए जो पुरुष स्वार्थत्यागी होता हुआ परमार्थ-साधन में तत्पर होता है वही परमात्मा के बतलाए हुए मार्ग का सच्चा पथिक है और इसी से उसे ही सत्पुरुष कहा जा सकता है। एक परोपकार-व्रत का व्रती नाना दुर्लभ सद्गुणों का स्वामी शीघ्र बन जाता है।

कितने ही 'श्रद्धासम्बलरहित' जन कहा करते हैं कि हम तो स्वयं धनहीन हैं, क्या दूसरों की भलाई करेंगे? लेकिन उन्हें यह जान रखना चाहिए कि केवल धन से परोपकार नहीं होता। विद्वान् अपनी विद्या का फल दूसरों को चखाकर और बुद्धिमान अपनी बुद्धि के प्रभाव से दूसरों का उपकार कर सकता है। कितने धनवान हैं जो दीन-दुःखी-दरिद्रों को भोजनाच्छादन द्वारा सहायता पहुँचाते हैं? हमने तो कितनों को कार्पण्यवश द्वार पर आये हुए भिक्षुक को बूढ़े वानर की-सी डरावनी घुड़की देते हुए अर्द्धचन्द्र दिलवा देते देखा है। ऐसे ही वैशाखनन्दनों के लिए एक दोहा मिल गया—

'रहिमन वे नर मर चुके, जो कहुँ माँगन जाहिं।
उनते पहिले वे मरे, जिन्ह मुख निकसत नाहिं।।'

हम तो परोपकारशून्य मनुष्यों को तृण से भी गया-बीता समझते हैं; क्योंकि मृदुल शस्य भी पशुओं का पेट भरता, कृषकों और गाय चरानेवालों को शय्या का सुख देता, कीट-पतंगों को अपने सहारे पर जीवित रखता और निरवलम्ब डूबते हुए मनुष्यों का सहारा होता है। देखिए कवि ने क्या ही अच्छा कहा है—

'परोपकारशून्यस्य धिङ् मनुष्यस्य जीवितम्।
जीवन्ति पशवो येषां चर्माप्युपकरिष्यति।।
यस्मिन्र् जीवति जीवन्ति बहवः स तु जीवतु।
काकोऽपि किं न कुरुते चंच वा स्वोदरपूरणम्।।
जीविते यस्य जीवन्ति विप्राः मित्राणि बान्धवाः।
सफलं जीवितं तस्य आत्मार्थे को न जीवति?'

इसका मतलब यह है कि अनुपकारी पुरुष को धिक्कार है! उसकी अपेक्षा तो पशुओं के जीने से औरों का अधिक लाभ है। कारण, वे जीवन-भर तो यथासामर्थ्य टहल बजा लाते ही हैं, मरने के बाद भी उनकी हड्डी और चाम से कितनी ही उपयोगी वस्तुएँ बनती हैं। जिसके आश्रय से बहुतेरे जीते-खाते हैं उसी का जीना जीना है, नहीं तो कुत्ते और कौए भी अपना पेट पाल लेते हैं। अपना उदर भरने की धुन में मरते रहना कभी मनुष्यत्व नहीं कहा जा सकता। परोपकारी पुरुष की सम्पत्ति कभी घटती नहीं, बढ़ती ही जाती है, वह दिन-दिन लहलहाती जाती है; उसकी कीर्ति का भी दिन-दिन विकास होता जाता है। कृपण और खलगण अल्प समृद्धि पाकर भी अकड़ते फिरते हैं और परोपकारी पुरुष लक्षाधिपति होकर भी अपने औदार्य्य के सामने उसे तृणवत् समझकर अहंकार नहीं रखते, वे समुद्रवत् अशेष कोश पाकर भी ऊँचे नहीं चलते, नव जलधर-सदृश नम्र हो जाते हैं और फलभारनम्र विटप की समानता को प्राप्त होते हैं। जैसे बिना याचना किये मेघ सृष्टि-मात्र को जीवन प्रदान करता है, चन्द्रमा जिस प्रकार बिना प्रार्थना किये ही निष्काम भाव से कुमुदकुल को विकसित करता है—चकोरों को आनन्द के समुद्र में डुबो देता है—समुद्र को प्रेमानन्द से झकोरता है और भूतमात्र पर आनन्दामृत की सुवृष्टि करता है; उसी प्रकार परोपकारी पुरुष भी सर्वसाधारण का उपकार करते हैं और जीवमात्र को सुख देने का उपाय सोचते-विचारते हैं। उनका हृदय नवनीत के सदृश कोमल होता है। भेद इतना ही है कि वह अपने परिताप से पिघलता है और परोपकारी का कलेजा दूसरे के दुःख से दुखी होता है। परोपकारी पुरुष के पुण्य की थाह नहीं है; उसकी कीर्ति चिरस्थायिनी और उसका महत्त्व अवर्णनीय है। देखिए, गोस्वामी तुलसीदास जी कहते हैं—

सन्तन मिली निर्णय कियो मथि पुरान स्रुतिसार।
तुलसी सन्तन की मता, जुग-जुग पर-उपकार।।
परहित सरिस धर्म नहिं भाई, परपीड़ा सम नहिं अधमाई।

कविवर भर्त्तृहरि महाराज भी कहते हैं–

श्रोत्रं श्रुतेनैव कुंडलेन, दानेन पाणिर्नतु कंकणेन।
विभाति काया करुणापराणां परोपकारैर्नतु चन्दनेन।।

अर्थात्–'कान कुंडल पहनने से नहीं सोहते, बल्कि शास्त्र-श्रवण करने से; कंकण से कर शोभित नहीं होते, प्रत्युत दान देने से; और करुण हृदयवालों की काया चन्दन से नहीं, वरन परोपकार से ही शोभती है।

इसलिए हे प्रिय पाठको! आप लोग इस सिद्धान्त को स्थिर समझकर इस निस्सार शरीर को परोपकार-यज्ञ में बलिदान कीजिए; अपने दुखी परिजन, कुटुम्ब, देश और देश-भाइयों को सुखी बनाने की चेष्टा कीजिए। भारत के अभ्युदय का एकमात्र द्वार मातृभाषा को ही समझ हिन्दीसेवा में आज ही से कमर कस तैयार हो जाइए और अपने काँचरूपी जीवन को हीरा बना डालिए। इसमें कोई सन्देह नहीं कि भारत का उपकार करने की चेष्टा में, मातृभाषा हिन्दी की समधिक समुन्नति के साधन में, कभी आपको मृदु शय्या छोड़ कठिन परिश्रम करना पड़ेगा, षट्रस भोजन त्यागकर सादी रोटी-दाल पर गुजर करनी होगी, खस, निवारी और गुलाब की टट्टियों से आते हुए शीतल मन्द-सुगन्ध समीरण को छोड़कर कभी-कभी धूप में दौड़ना पड़ेगा, ग्रीष्मकाल की रातों में बैठकर विचार के मैदान में मस्तिष्क को चक्कर खिलाना पड़ेगा, और सदैव यही चिन्ता करनी होगी कि किस प्रकार भारत, भारतीय भाषा और भारतीय भाइयों का उपकार होगा। तभी यह देश उन्नति-शैल के उत्तुंग शिखर पर आसीन होगा और सौभाग्य-सूर्य उदित होगा। इस काम में आपको कितनी ही बार कितने लोगों के आक्षेप-प्रक्षेप और कोप में पड़ना होगा; कितने ही समय तो जिनके हित के लिए आप अपना अमूल्य समय, धन एवं जीवन तक खर्च करने को तैयार हों, वे ही आपको जली-कटी सुनावेंगे और भलाई करते बुराई करेंगे; पर देखिए, इनकी ओर ध्यान देने ही से आपको कर्तव्यच्युत होना पड़ेगा; क्योंकि परोपकारी पुरुष को औरों के व्यवहार भूल जाने पड़ते हैं। 'मंद करत जो करै भलाई, उमा सन्त की इहै बड़ाई'–परोपकारी की पूरी पहचान यही है।

तुलसी सन्त सुअम्ब तरू, फुलहिं फलहिं परहेत।
इतने सब पाहन हनैं, उतते वे फल देत।।

–मासिक 'मनोरंजन' (आरा), वर्ष 1, संख्या 1, नवम्बर 1912 ई.

औदार्य्य

> Let there be many windows to your soul
> That all the glory of the universe
> May beautify it. —*Poems of Passions*

औदार्य्य (उदारता) मानव-हृदय का वह सर्वश्रेष्ठ गुण है जो मनुष्यत्व को देवत्व में परिणत कर देता है। विचक्षण पुरुषों ने अनन्त विश्वप्रेम को ही औदार्य्य की संज्ञा से अभिहित किया है, जैसा कि इस जनश्रूत वाक्य से प्रकट है–

'उदारचरितानां तु वसुधैव कुटुम्बकम्।'

'वसुधैव कुटुम्बकम्' में जो उदात्त भाव है, उसकी आवृत्ति भारतीय साहित्य में सैकड़ों स्थानों में हुई है। आर्य्य-साहित्य में जितने अपूर्व आदर्श मिलते हैं उन सबके चारु चरित्र विश्व-प्रेम के उद्दाम उछ्वास से आकंठ परिपूर्ण हैं। आप जिस-किसी भारतीय आदर्श को लीजिए–प्राचीन अथवा अर्वाचीन–सबके चरित्र में आद्यन्त चूड़ान्त औदार्य्य का ज्वलन्त उदाहरण मौजूद है। राम, कृष्ण, शिवि, दधीचि, रन्तिदेव, रघु, भीष्म, युधिष्ठिर, भोजराज आदि–चाहे जिस भारतीय आदर्श को देखिए, वह औदार्य्य का अवतार ही है। गगनाकार निस्सीम हृदयवाले ये देव-ऋषिकल्प महापुरुष ही नहीं, महामहिम भारतीय महिलाएँ भी औदार्य्य की स्वर्ण-प्रतिमाएँ ही थीं। आर्य्य-ललनाललाम सीता, महिलामौलिमणि सावित्री, राजमहिषी कौसल्या, वीरमाता सुमित्रा, कुन्ती, द्रौपदी, धात्री पन्ना आदि के पुण्य-चरित्रों का पाठ कीजिए, आपको फिर स्पष्ट यह बात मालूम हो जायगी कि उनके निष्कलंक चरित्र-चन्द्र में औदार्य्य अमृत बनकर बसा हुआ है।

आप तो जानते हैं कि जिस समय भारतमुखोज्ज्वलकारी महात्मा विवेकानन्द अमेरिका की एक महती सभा में उपस्थित नर-नारी-वृन्द को 'प्यारी बहनो और भाइयो' सम्बोधित कर पुकार उठे, उस समय भारतीय औदार्य्य की महिमा देखकर संसार के स्वदेशाभिमानियों के ललाट में सिकुड़न पड़ गयी थी। वे केवल दाँतों अँगुली दबाकर ही नहीं रह गये, प्रत्युत स्वामीजी का लोहा मान गये। मनीषिमंडली को

चकित और मुग्ध करनेवाला वह उदार सम्बोधन क्या था? वही था औदार्य्य का असली सौन्दर्य! वही था औदार्य्य का प्रकृत माधुर्य्य! वही था औदार्य्य का अतल गाम्भीर्य्य! वही था भारतीय महत्ता की इयत्ता। वही सम्बोधन आधुनिक संसार का उद्‌बोधन-मन्त्र होने योग्य है। वही सम्बोधन—बहनों और भाइयो—विश्वप्रेम-रत्न का जालीदार सम्पुट है। वही रत्न की ज्योति—भीतर और बाहर—एक-सी, जगमगाती रहती है। उस दिव्य 'मणिदीप' को 'जीह देहरी द्वार' पर रखिए—'तुलसी भीतर बाहरो जो चाहसि उजियार'—हृदय का मोहान्धकार मिट जायगा।—

दलन मोह तम हंस प्रकासू।
बड़े भाग उर आवहिं जासू॥
उघरहिं बिमल बिलोचन ही के।
मिटहिं दोष दुख भव रजनी के॥

औदार्य्य का किंचित संकुचित अर्थ 'दानशीलता' में भी है। किन्तु केवल दानशीलता से ही विश्वप्रेम का भाव-भरण नहीं होता। दानशील 'उदार' अवश्य होता है; पर 'उदार' केवल दानशील ही नहीं होता। दानशील की वदान्यता, सम्भव है, किसी देश-विदेश या किसी खास समाज या जाति की सीमा में परिमित हो; पर उदार का उत्सर्ग तो विश्वकल्याण के निमित्त ही होता है। उसके दया-दाक्षिण्य का द्वार दुनिया भर के लिए खुला रहता है। जगजीवनदाता जलद के लिए ऊसर और उर्वर तथा स्वदेश और विदेश क्या! कहा भी है कि 'ज्योत्स्नों नोऽपसंहरते चन्द्रश्चांडालवेश्मनः।'

हाँ, किन्तु दानशीलता औदार्य्य का एक अनिवार्य अंग अवश्य है। नीतिकारों का कहना है—

कियती पंचसहस्री कियती लक्षापि कोटिरपि कियती।
औदार्य्योन्नतमनसां रत्नवती वसुमती कियती।।'

जो उदार हैं उनके लिए दानशीलता की पराकाष्ठा पर्यन्त पहुँचना बाएँ हाथ का खेल है। धन-नाश की चिन्ता तो उनकी छाया भी नहीं छूती। वे तो विश्वहितैषणा की प्रेरणा से सानन्द आत्मोत्सर्ग तक कर डालते हैं। देखिए—

'कर्णस्त्वचं शिविर्मासं जीवं जीमूतवाहनः।
ददौ दधीचिरस्थीनी नास्त्यदेयं महात्मनाम्।।'

जिसके लिए कुछ भी अदेय नहीं, उसी की दानशीलता चरम सीमा को भी पार कर जाती है। वह अवस्था मनुष्य को देवत्व की ओर ले जाती है। तभी तो कहा गया है कि मनुष्यों में—

शतेषु जायते शूरः सहस्रेषु च पण्डितः।
वक्ता दशसहस्रेषु दाता भवति वा न वा।

जब लाख में कोई एक दाता होता है तब उदार की तो बात ही निराली है। उदार

की दानशीलता का द्वार चराचर-मात्र के लिए उन्मुक्त रहा है। परमहंस-शिरोमणि गोस्वामी तुलसीदासजी ने पम्पासर के वर्णन में लिखा है—

सन्त-हृदय जस निर्गल वारी।
बाँधे घाट मनोहर चारी।।
जहँ तहँ पियहिं विविध मृग नीरा।
जिमि उदार गृह जाचक भीरा।।

उक्त चौपाइयों का अर्थ देखने में तो बड़ा सहज है, पर समझने में बड़ा गूढ़ है। पम्पासर बिना भेदभाव के सभी जन्तुओं, पक्षियों, वनस्पतियों, पथिकों, ऋषि-मुनियों और अन्य जीवों की सेवा करता था। उसके तीर के वृक्ष शाखारूपी हाथ हिलाकर दूर-दूर से पथिकों और पक्षियों को बुलाते थे, श्रान्त पथिकों को अपनी शीतल छाया में आश्रय देते थे, अपनी डालियों पर बैठे हुए कलकूजनकारी सुन्दर पक्षियों की मीठी-मीठी बोली से स्वागत करते थे और कलहंसों की ध्वनि तथा भ्रमरों के गुंजार से पम्पासर भी उनका आतिथ्य—सत्कार—करता था। जड़ होते हुए भी पम्पासर यह बतलाता था कि उदारतापूर्वक अभ्यागतों का स्वागत करना ही सर्वोत्तम गार्हस्थ्य-धर्म है। पम्पासर की उदारता का चित्र अंकित करके गोस्वामीजी ने भी यही बतलाया है कि औदार्य्य ही ऐश्वर्य की शोभा है। बिना औदार्य्य के ऐश्वर्य्य—'लवन बिना बहु ब्यंजन जैसे'—निष्प्रयोजन है। जड़ प्रकृति अपने प्रत्येक ऐश्वर्य्य को, भेद-भाव विहीन होकर, विश्वहितेषणा की प्रेरणा से, मुक्तहस्त हो, वितरण करके औदार्य्य की महिमा प्रकट कर रही है और प्राणियों को इस बात की शिक्षा दे रही है कि औदार्य ही ऐश्वर्य्य को स्थायी बनाता है तथा जिस ऐश्वर्य्यशाली में औदार्य्य नहीं है, वह स्वार्थान्ध है। सज्जन-हृदय-रूपी पम्पासर में भी चार घाट बँधे हैं—दया, क्षमा, धैर्य्य और शान्ति। जिस प्रकार पम्पासर का कोई घाट किसी जीव-विशेष के लिए ही नहीं था, वैसे ही उदार सज्जनों का हृदय भी किसी व्यक्ति-विशेष, जाति-विशेष, समाज-विशेष अथवा देश-विशेष के लिए ही अपने गुणों का प्रसाद नहीं वितरण करता; उसके लिए सारी वसुन्धरा अपनी ही जागीर है, समस्त ब्रह्मांड के जीवमात्र अपने ही सगे-सम्बन्धी हैं। उसके लिए अपने-पराये का भाव बन्ध्यापुत्र हो जाता है।

ऐसे उदार पुरुष भूमंडल के अलंकार होते हैं। विरला की भूखंड ऐसे उदाराशय सज्जनों से अलंकृत होकर धन्य होता है। भारतवर्ष की पुण्यभूमि ऐसे-ऐसे उदारचेता पुरुष-सत्तमों से सदैव अलंकृत, अतएव धन्य हो चुकी है। भारत में ही 'आत्मवत्सर्वभूतेषु' का उदार-भाव सबसे पहले जाग्रत हुआ था। भारत में ही 'मैं अरु मोर तोर तैं माया' का सिद्धान्त माना जाता है। भारत में ही विश्वसेवा और विश्वप्रेम की भव्य भावना अंकुरित, पल्लवित, पुष्पित और फलद होती आयी है। भारत में ही अहिंसा-भाव और निस्स्वार्थ जगद्धितैषणा की विजय-शंखध्वनि से दिग्दिगन्त परिव्याप्त हुआ है। भारत

के सिवा औदार्य्य का ऐसा सरस एवं उर्वर विकास-क्षेत्र कहाँ मिलेगा? भारत के सिवा औदार्य्य के नाम पर आत्मोत्सर्ग करनेवाला देश कहाँ मिलेगा? भारत के सिवा सर्वस्व त्यागकर, यन्त्रणाएँ सहकर, भूखों मरकर, औदार्य्य-व्रत पालनेवाला देश क्या भूमंडल में दूसरा भी कोई है।

आज भारत में असन्तोष की अग्नि धधक रही है। आसमुद्र-हिमालय अशान्ति का राज्य फैला हुआ है। विदेशी-शक्तियों और भावों से एक विकट पवित्र युद्ध ठन गया है, और विदेशी शासन के प्रति घोर घृणा का भाव चारों ओर फैल रहा है। पर, तो भी प्रत्येक विदेशी स्त्री-पुरुष भारतीयों के भ्रातृ-भाव का प्रशस्त परिचय पा रहा है, प्रत्येक विदेशी ललना–भाइयों के बीच में प्यारी भगिनी की तरह–स्वच्छन्द विचरण कर रही है, प्रत्येक विदेशी पुरुष भ्रातृत्व के पवित्र वायुमंडल में सानन्द विचरण कर रहा है। यदि ऐसा भीषण क्रान्ति-युग किसी दूसरे देश में उत्पन्न हुआ होता तो लोगों के प्राण निश्चय ही संकटापन्न होते। किन्तु भारत की यही अद्वितीय विशेषता है। कृतघ्न को भी आश्रय देना, अपकारी को भी प्यार करना, अहितैषी पर भी दया करना और शत्रु को भी क्षमा प्रदान करना–भारत की भूलोकदुर्लभ विशेषता है। इसी विशेषता ने आज सैकड़ों वर्षों से भारत को 'गजभुक्तपित्थवत्' बना डाला है; पर इतने पर भी–मर-मिट जाने पर भी–भारत का औदार्य्यव्रत अखंड है और अखंड बना रहेगा। अपने-आप भूखों मरकर भी दूसरे को आप्यायित करना, अपने शरीर के मांस और रक्त से भी दूसरे का उपकार करना, अपनी हड्डी तक देकर दूसरे का कल्याण करना और सकल संसार के मंगल के लिए अपने सर्वस्व की उपेक्षा करना ही जिस देश की सभ्यता का प्राण है, वह देश–वह धर्मप्राण भारत–वह रन्तिदेव, शिवि, दधीचि, रघु और राम की जन्मभूमि–धन्य है, अनन्य है!

केवल भारत के साहित्य में ही औदार्य्य के आदर्श प्राप्य हैं, सो बात नहीं है। भारत-निवासियों के प्रतिदिन के जीवन पर औदार्य्य का गाढ़ा रंग चढ़ा हुआ है। भारत में गृहस्थ का सर्वोत्तम धर्म है अभ्यागत स्वागत। गृही के लिए अतिथि ही भगवान् के समान पूज्य है। आतिथ्य ही गृहस्थ का शास्त्रोक्त कर्तव्य है। तब भला कौन कह सकता है कि आतिथ्य का सविधि सम्पादन किये बिना औदार्य्य की सार्थकता सम्भव है? कौन नहीं जानता कि भारतीयों के लिए नवागन्तुक प्राणाधिक प्रिय है? किसे नहीं मालूम कि अतिथि की आवभगत करने में ही भारतीयों की उदारता की मर्य्यादा है? चाहे वह आगन्तुक शत्रु हो या मित्र, भेदी हो या पथिक, देशी हो या विदेशी, क्रूर हो या कृतघाती–कुछ भी हो, किसी अनिष्ट कामना से ही आश्रय क्यों न ग्रहण करता हो; पर अतिथि का–नारायण के रूप में आया जानकर–सत्कार करना ही भारतीय गृहस्थ का वेदविहित एवं नीतिकथित तथा शास्त्रसम्मत सिद्धान्त है और

यह सत्य-सन्ध के अमोघ प्रण की तरह अटल सिद्धान्त है। किसी कहनेवाले ने क्या खूब कहा है–

'तुलसी यहि जग आइके, सब सों मिलिए धाय।
ना जाने केहि भेष में, नारायन मिलि जाय।।'

इतना ही नहीं, भारत का विश्वबन्धुत्व संसार के असंख्य हृदयों को पवित्र कर चुका है–आज भी पवित्र कर रहा है। कौन कह सकता है कि थियोसोफिकल सुसाइटी का विश्वप्रेम (Universal Brotherhood) वाला सिद्धान्त भारतीय नहीं–विदेशी है? कौन कह सकता है कि, श्री रामकृष्ण मिशन ने इस वैज्ञानिक युग में भी आध्यात्मिकता के अनन्त संगीत से विदेशियों को मुग्ध करके विश्वप्रेम का अमर मन्त्र नहीं पढ़ाया? कौन नहीं मानता कि महात्माजी के अहिंसात्मक भावों ने पाश्चात्य जगत् के प्रकांड मस्तिष्कों पर प्राच्य सभ्यता के गौरव का सिक्का जमा दिया है?

जिस प्रकार सत्संग का अभ्यास करने से ज्ञान की अभिवृद्धि होती है, उसी प्रकार प्रेम और सेवा द्वारा क्रमशः औदार्य्य से हृदय अलंकृत हो जाता है।

–मासिक 'समन्वय' (कलकत्ता), वर्ष 2, अंक 3, चैत्र 1979 वि.

प्रेम और सेवा

'प्रेम और सेवा' से ही हृदय में औदार्य का उदय होता है। अतएव, यह प्रत्यक्ष प्रकट होता है कि प्रेम और सेवा का सम्मिलित भाव ही विश्वप्रेम है। विश्वप्रेम के क्रमिक विकास पर ध्यान देने से 'प्रेम और सेवा' का वास्तविक तत्त्व समझ में आ जायगा।

एकाएक कोई विश्वप्रेमी नहीं होता। नदी के मूल से आप उसके मुहाने की ओर जाइए। आपको मालूम होगा कि ज्यों-ज्यों आगे बढ़ती गयी है, त्यों-त्यों उसका प्रवाह-क्षेत्र प्रशस्त होता गया है, और अन्त में वह अनन्त सागर में मिलकर अनन्त हो गयी है। उसी प्रकार—'यथा नदीनां बहवोऽम्बुवेगाः समुद्रमेवाभिमुखा द्रवन्ति'—और—'सर्वदेवनमस्कारः केशवं प्रति गच्छति' आदि के अनुसार मनुष्य भी अपने प्रेमकेन्द्र का विस्तार करते-करते अन्त में उसी छोर को छू लेता है, जहाँ पहुँचकर 'यत्परो नास्ति' आनन्द में निमग्न हो जाने के कारण, वह आगे का पता नहीं पाता। आज तक उस छोर की तलाश में जितनी किश्तियाँ गयीं; कभी लौट कर नहीं आयीं। इसलिए उसकी महत्ता की इयत्ता कहीं नहीं जा सकती। यही विश्वप्रेम की 'अखंड समाधि' है। यही विश्वप्रेम का कैवल्य परमपद है। यही विश्वप्रेम की जीवनमुक्ति है। यही विश्वप्रेम की आत्म-विस्मृति है।

जैसे समुद्र की ओर जाने वाली नदी कठोरतर पर्वत की शिलाओं, अगम्य मरुस्थलों, बीहड़ जंगलों और जनशून्य प्रान्तरों को चीरती-फाड़ती अपने अन्तिम लक्ष्य तक पहुँच जाती है, वैसे ही मनुष्य भी संसार के अभेद्य स्नेह-जालों, अच्छेद्य प्रणय-बन्धनों, अटूट प्रीति-तन्तुओं और अखंड प्रेम-शृंखलाओं को तोड़ता-फोड़ता हुआ, अप्रतिहत गति से अपने चरम लक्ष्य तक पहुँच जाता है। एकबारगी कोई गगनारोही अट्टालिका पर नहीं चढ़ सकता। घनघोर झाड़खंडों और घाटियों को पार किये बिना कोई शैलशिखर पर आरूढ़ नहीं हो सकता। कठिनाइयों का दमन किये बिना कोई अभीष्ट-सिद्धि नहीं पा सकता। राक्षसों को परास्त किये बिना कोई सुरलोक के सिंहासन पर बैठ नहीं सकता। इन्द्रियों का निग्रह किये बिना मन की निरंकुशता पर कोई विजयी नहीं हो सकता।

लोग कहते हैं कि 'ढाई अच्छर प्रेम के पढ़े सो पंडित होय'—किन्तु वह कौन

सा ढाई अक्षर का प्रेम है जिसे पढ़कर मनुष्य पंडित हो सकता है? पंडित भी कैसा? जरा पंडित की परिभाषा सुनिए—

'मातृवत् परदारेषु परद्रव्येषु लोष्ठवत्।
आत्मवत् सर्वभूतेषु यः पश्यति स पंडितः।।'

यही है पंडित की परिभाषा! तो फिर ऐसा पंडित बनने के लिए क्या ढाई अक्षर के प्रेम का पाठ भी पढ़ना पड़ेगा? हाँ, जरूर पढ़ना पड़ेगा। अच्छा तो पंडित की परिभाषा के साथ-साथ उस ढाई अक्षर वाले प्रेम की परिभाषा भी सुन लीजिए। प्रेमी कवि भारतेन्दु हरिश्चन्द्र ने कहा है—

'जाको लहि कछु लहन की, चाह न हिय में होइ।
जयति जगत पावन करन, प्रेम बरन यह दोइ।।'

यह लीजिए। ढाई से दो हो गये! सम्भव है, आगे चलकर केवल 'र' और 'म' ही रह जायँ, जिनके विषय में प्रेममूर्ति तुलसीदास ने लिखा है—

'एक छत्र इक मुकुटमनि, सब बरनन पर जोउ'

फिर यह भी सम्भव है कि सिद्धार्थ-कुमार की तरह छत्र और मुकुट-मणि फेंककर, किसी तेजस्विनी शोभा के साथ, वह अनन्त की ओर चला जाय! क्योंकि उधर ही उसका अक्षय एवं अजेय दुर्ग है जिसमें निरन्तर शंख-ध्वनि होती रहती है—ओम्!!!

खैर, भारतेन्दु की किरणों की ओर देखिए। वे प्रसादिनी और आह्लादिनी हैं। उन आलोकमय अक्षरों से क्या ध्वनि निकलती है? यही न कि 'जिसे पाकर फिर कुछ पाने की इच्छा न रह जाय—वही है 'प्रेम' ?' तो क्या एक ही बच्चे से प्रेम करके माता-पिता सन्तुष्ट हो जाते हैं? क्या एक ही सन्तान का लाड़-प्यार करके पिता तृप्त हो जाता है? क्या मातृभक्ति में डूबकर लड़का अपने कौतुकी सखाओं को भूल जाता है? क्या पितृभक्त युवक इस संसार में फिर किसी में श्रद्धा रखना नहीं चाहता? क्या गुरुभक्त विद्यार्थी के हृदय-तल की भक्ति-गंगा में गुरुचरणों का घाट नहीं बँध जाता? क्या सर्वगुणागरी नागरी पत्नी को पाकर पति के हृदय से सन्तति-वृद्धि की लालसा तिरोहित हो जाती है? क्या सर्वांगसुन्दर पति पाकर और मधुर दाम्पत्य-प्रेम में तन्मय होकर पत्नी, आप्तकाम हो, अपने हृदय से वात्सल्य-भाव को दूर कर देती है? धनकुबेर क्या लोभ से रहित हो जाता है? सम्राट् क्या चक्रवर्तित्व के बाद और कुछ नहीं चाहता? साधक क्या सिद्धि पाकर निष्काम हो जाता है? तपस्वी क्या वरदान पाकर सदा के लिए अयाची हो जाता है?

यदि 'हाँ', तो वे प्रेम-रत्न के पक्के पारखी हैं और वे वस्तुतः 'प्रेम-कल्पद्रुम' की छाया में पहुँचकर अविरल शान्ति पा चुके हैं! यदि 'नहीं'—और यह 'नहीं' सर्वथा सम्भव है—तो वे उसी नदी की तरह भूलोक में भटकते फिरनेवाले हैं जो अपने प्राणवल्लभ रत्नाकर की तलाश में रेगिस्तानों और पहाड़ों तथा जंगलों की खाक छानती

फिरती है। बिना खाक छाने ख्वाहिश पूरी भी नहीं होती। जो अपनी लगन का धुनी नहीं है वह धूनी रमाकर कुछ नहीं पा सकता। जो अपनी प्यारी वस्तु को पाकर निहाल हो जाता है वही सच्चा प्रेमी है, बशर्ते वहीं उसकी इच्छाओं की इतिश्री हो जाय। किन्तु यह मानव-प्रकृति के परे की बात है; क्योंकि यहाँ तो ''दिन अति लाभ लोभ अधिकाई'' वाली कहावत चरितार्थ है। इसलिए, सूक्ष्म दृष्टि से देखने पर सांसारिक प्रेम केवल कामनाओं का पुंज है, वासनाओं की वाटिका है, मनोरथों का हवाई महल है, अभिलाषाओं का तांडव नृत्य है और लालसाओं का भीषण हाहाकार है। तभी तो किसी मस्त प्रेमी ने कहा है–

'लगन मैं कासों राम लगाऊँ? कोई दिलदार न पाऊँ!'

इससे स्पष्ट विदित होता है कि संसार में जितना कुछ प्रेम देख पड़ता है वह अन्ततोगत्वा निराशाजनक है। यदि सांसारिक प्रेम का फल नैराश्यपूर्ण न होता, तो यह संसार स्वर्ग से कुछ अधिक सुन्दर होता। किन्तु आगे चलकर मैं बतलाऊँगा कि यह संसार भी किस प्रकार स्वर्ग बनाया जा सकता है। अस्तु।

यदि यह संसार असली प्रेम की प्राप्ति के मार्ग में घातक बटमार न होता तो 'प्रेम' जैसे शुद्ध, शुभ, सुन्दर, सरस, सुकोमल, सुरुचिकर और सुख-सौभाग्य शान्तिमय पदार्थ को कवि-समाज इस तरह दुर्लभ न बतलाता। यथा–

'चढ़िबो प्रेम तुरंग पै, चलिबो पावक माँहिं।
प्रेमपंथ अति कठिन है, सब कोउ निबहत नाहिं।।
प्रेम मिलन अति कठिन है, जैसे लम्ब खजूर।
चढ़े तो चाखे प्रेमरस, गिरे तो चकनाचूर।।'

'अति खीन मृनाल के तारहुँ ते तेहि ऊपर पाँव दै आवनो है।
सुई बेह लौं बेह सकी न तहाँ परतीति को टाँड़ों लदावनो है।
कवि 'बोधा' अनी धनी नेजहुँ ते चढ़ि ता पै न चित्त डरावनो है।
यह प्रेम को पंथ कराल महा तरवारि की धार पै धावनो है।।'

गोस्वामी तुलसीदास ने भी अपनी रामायण के बालकांड के मुखबन्ध में एक पवित्र 'प्रेमपुष्करिणी' की सृष्टि की है। बानगी देखिए–

'सुमति भूमिथल हृदय अगाधू। बेद पुरान उदधि घन साधू।।
बरखहिं बारि सुजस बर बारी। मधुर मनोहर मंगलकारी।।
लीला सगुन जो कहहिं बखानी। सोइ स्वच्छता करइ मल हानी।।
प्रेम भगति जो बरनि न जाई। सोइ मधुरता सीतलताई।।'

इतना कहकर प्रेम-सरोवर की दुर्गमता के विषय में स्पष्ट कहते हैं–

'अति खल जे विषयी बक कागा। यहि सर निकट न जाहिं अभागा।
आवत यहि सर अति कठिनाई। रामकृपा बिनु आइ न जाई।।'
'जे श्रद्धा सम्बल रहित, नहिं संतन कर साथ।।

तिन कहँ मानस अगम अति, जिनहिं न प्रिय रघुनाथ।।
जो करि कष्ट जाइ पुनि कोई। जातहिं नींद जुड़ाई होई।।
जड़ता जाड़ विषम उर लागा। गयउ न मज्जन पाव अभागा।।
सकल बिघ्न ब्यापहिं नहिं तेही। राम सुकृपा बिलोकहिं जेही।।
जे नहाइ चह इहि सर भाई। सो सतसंग* करइ मन लाई।।'

देखा आपने? गुसाईंजी ने भी प्रेम-सरोवर का मार्ग कितना दुर्गम बतलाया है जिसमें ऐसे दुर्गम मार्ग को तय करने की शक्ति नहीं है, वह वास्तविक आनन्ददायक प्रेम को कैसे पा सकता है? एक विद्वान् ने बहुत सच कहा है कि 'मैं प्रेम को साक्षात् शिव-रूप जानता हूँ; क्योंकि काम उसके सामने होते ही जल जाता है।' फिर एक जगह कहा है कि 'जब तक हम अपने दुश्मन को घर से नहीं निकालते—हमारा दोस्त घर में नहीं आ सकता।' इसी प्रकार गुसाईंजी ने भी कहा है—

'जहाँ राम तहँ काम नहिं, जहाँ काम नहिं राम।
तुलसी कबहूँ होत नहिं रवि रजनी इक ठाम।।'

इससे यही सिद्ध होता है कि संसार में जो कुछ 'प्रेम' के नाम से प्रसिद्ध है, वह प्रकृत प्रेम कहा जाने योग्य नहीं है। जब तक हृदय की वासना की बू नहीं जाती तब तक, 'प्रेम' प्रत्यक्ष नहीं होता। प्रेम जब अपने असली रूप में प्रत्यक्ष होता है, तब वह इस तरह आँखों में बस जाता है कि अखिल ब्रह्मांड प्रेममय दृष्टिगोचर होने लगता है। उसी अवस्था में पहुँचकर एक पहुँचे हुए महात्मा ने कहा है—

'सियाराममय सब जग जानी। करौं प्रनाम जोरि जुग पानी।।'

यही विश्वप्रेम का बीजमन्त्र है। यही विश्वप्रेम-संगीत की टेक है। यही विश्वप्रेम की पराकाष्ठा है। इसी की उपलब्धि हो जाने पर 'सेवा' करने में सफलता होती है, अन्यथा लोक सेवा का व्रत नहीं मिलता। भगवान् रामचन्द्र ने 'अनन्य सेवक' और 'विश्वप्रेमी' को पर्यायवाचक बतलाया है। यथा—

'सो अनन्य जाकी असि मति न टरैं हनुमन्त।
मैं सेवक सचराचर रूपरासि भगवन्त।'

इसीलिए भर्तृहरि ने कहा है—

'सेवाधर्मः परमगहनो योगिनामप्यगम्यः।'

फिर गुसाईंजी ने भी कहा है—

'हरगिरि ते गुरु सेवक धरमू'

अतः मैं यहाँ यह बतलाना चाहता हूँ कि यह भीषण कारागार-तुल्य संसार किस प्रकार रमणीय नन्दनकानन बनाया जा सकता है। यदि सच पूछिये तो यह संसार

---

*मैं अपने 'औदार्य्य' नामक लेख के अन्त में लिख चुका हूँ कि 'सत्संग से ज्ञान की वृद्धि होती है'। निर्मल ज्ञान प्राप्त होने पर असली और नकली प्रेम की पहचान हो जाती है।—ले.

ही उस स्वर्गीय प्रेम का महाविद्यालय है और परिवार उसका प्राथमिक शिक्षास्थल है। इस महाविद्यालय का छात्र रहकर भी जो अनैसर्गिक प्रेम की उपासना करता है वह निश्चय ही सफलकाम होता है। जो प्रेम के प्राथमिक शिक्षास्थल से उत्तीर्ण होकर महाविद्यालय में जाता है, उसके लिये गुसाईंजी ने चेतावनी दी है–

'कर ते कर्म करै विधि नाना। मन राखे जहँ कृपानिधाना।।'

यही सांसारिक प्रेमियों की उन्नति का मूलमन्त्र है। यही उनके जीवन-संग्राम की विजय-पताका है। यही उनका परम-प्रवीण पथप्रदर्शक है।

एक महात्मा का वचन है कि 'जो कोई अपनी आँखों के सामने रहनेवाले सगे भाई को प्यार नहीं करता वह उस अदृश्य अगोचर परमात्मा को कभी प्यार नहीं कर सकता।' इस न्याय से सांसारिक प्रेम आदरणीय और अमूल्य प्रमाणित होता है। अनुभव भी यही कहता है कि ज्ञानगरिमायुक्त सांसारिक प्रेम क्रमशः बढ़ते-बढ़ते विश्वप्रेम में परिणत हो जाता है। अपने बच्चे को प्यार करते-करते जब मनुष्य अपने परिवार के दूसरे बच्चों को भी उतना ही और वैसा ही प्यार करने लगता है, तब उसके प्रेम का संकुचित क्षेत्र विस्तृत हो जाता है। धीरे-धीरे वह अपने पड़ोसियों के बच्चों को, फिर गाँव-भर के बच्चों को, और इसी तरह जहाँ-कहीं जाता है वहीं के लड़कों को अपने ही लड़के के समान समझने लगता है। कहने का तात्पर्य यह कि परिवार से पड़ोस, पड़ोस से गाँव, गाँव से तहसील (परगना), तहसील से जिला, जिले से प्रान्त, प्रान्त से देश और देश से विदेश तथा संसार भर में प्रेम क्रमशः फैलता है; व्यष्टि के समष्टि की ओर दौड़ता है; एक से अनेक की ओर जाता है। उसे ही विश्वप्रेम का विकास कहते हैं और वही क्रमिक विकास संसार को धीरे-धीरे ऊँचा उठाता जाता है–अन्त में उसकी पूर्णता से संसार साक्षात् स्वर्ग-सा प्रतिभात होने लगता है। अनन्त सांसारिक प्रेम-सोपानों को पार कर मनुष्य प्रेम-साकेत की गगनभेदिनी अट्टालिका पर पहुँच जाता है–जैसे सच्चा पारखी जब मणि की तलाश में निकलता है तब कंकड़ों को हाथ में उठा-उठाकर ध्यानपूर्वक देखते हुए आगे बढ़ता जाता है; पर असली पत्थर पाते ही तिरस्कृत कंकड़ों के साथ-साथ अपने को भी भूल जाता है। प्रेम-साकेत के प्रासाद-शिखर पर आरूढ़ होते ही सांसारिक प्रेम क्षुद्र और तुच्छ मालूम होने लगता है–जैसे ऊँचे धौरहरे पर चढ़ने से नीचे के आदमी भेड़-बकरी-से जान पड़ते हैं। उसी सर्वोच्च प्रेम को, तुलसीदास ने, प्रेम-रूपी-धारी सांसारिक प्रलोभन का महाजाल तोड़कर, प्राप्त किया था। उस सर्वोत्कृट प्रेम ने भेदबुद्धि का काला पर्दा हटा दिया। इतने में भीतर से आवाज आयी–

'सियाराममय सब जग जानी, करौं प्रनाम जोरि जुग पानी।'

–मासिक 'समन्वय' (कलकत्ता), वर्ष 2, अंक 8, भाद्रपद 1980 वि.

सेवा

दो अक्षरों के इस शब्द में गजब का जादू भरा हुआ है। किन्तु यह जादू उन पर नहीं चलता जिनके हृदय में स्वार्थ के ज्वालामुखी का भीषण प्रस्फोट होने से, मानवोचित गुणों की बस्ती बरबाद हो गयी है। यह जादू उसी पर कारगर होता है जिसके हृदय में कलकल-निनादिनी करुणा-कल्लोलिनी प्रवाहित होकर भाव-राज्य की भूमि को शस्यश्यामला सुजला-सुफला बनाती है।

'सेवा' का उच्चारण मात्र ही हृदय को शीतल और शुद्ध बना देता है। किन्तु उस हृदय को नहीं, जो मनुष्यत्व के पवित्र आदर्श का ज्ञान नहीं रखता; बल्कि उस हृदय को, जो आत्मगौरव के भाव से मंडित और विराट-विश्व-रूप की आराधना के लिए उत्सुक रहता है। जिस समय शान्त, सुशीतल हृदय-तल में 'सेवा'-रूपिणी 'वीणा' का मधुर झंकार गूँज उठता है और श्वास-वायु के साथ वदन-विवर से बहिर्गत होता है, उस समय इस काया-कानन-कुंज में विश्राम करनेवाली इन्द्रिय-मृगियाँ मुग्ध होकर अपना अस्तित्व भूल जाती हैं।

लोग कहते हैं, 'सेवा' दो प्रकार की होती है—एक वह जो अर्थलाभ के लोभ अथवा प्रत्याशा से की जाती है और दूसरी वह जो बिना किसी तरह की स्वार्थसिद्धि की प्रेरणा से ही की जाती है। पहली तरह की सेवा का नाम नौकरी-चाकरी, ताबेदारी या गुलामी है और दूसरी तरह की सेवा का नाम है लोकोपकार, देशभक्ति अथवा विश्वसेवा। चाहे जो हो, 'सेवा' शब्द की पवित्रता और उसके उदात्त भाव पर जब सौम्य सहृदयता विचार करती है तब अनायास यही जँचता है कि 'नौकरी-चाकरी' और 'ताबेदारी' तथा 'गुलामी'—जैसे शब्दों को 'सेवा' का पर्यायवाची कहना 'सब धान बाईस पसेरी' करना और 'हीरा' तथा 'सिल' को एक ही पत्थर करार देना है। जमीन की आसमान से क्या निस्बत?

हाँ, जिस सेवा के उपलक्ष में किसी तरह का नियमित पारिश्रमिक (निश्चित वेतन) नहीं लिया जाता अथवा जिसकी कोई अवधि निश्चित या किसी तरह की वक्त की पाबन्दी नहीं रहती, बल्कि किसी प्रकार के सम्मानपुरःसर-प्रदत्त पुरस्कार की कामना रहती है, वह सेवा निकृष्ट होने पर भी 'चाकरी' या 'गुलामी' के नाम

से नहीं पुकारी जा सकती। किन्तु, यदि कहना चाहें तो, उसे तामस-सेवा कह सकते हैं। राजस सेवा वह है जो केवल निष्कलंक यश-मात्र प्राप्त करने की लालसा से की जाती है। और, सात्विक सेवा तो वह है जिसके मूल में यश, पुण्य या मोक्ष की अभीष्ट-सिद्धि की गन्ध तक न हो, हो केवल निष्काम कर्तव्यपालन का अविचल भाव। इसी तरह की सेवा करने का जिसे सौभाग्य प्राप्त होता है वह जीवन्मुक्त हो जाता है, अपना अस्तित्व भूल जाता है—उसे दूसरों के अस्तित्व में अभिन्न भाव से मिश्रित कर देता है—उसे दूसरों के लिए उत्सर्ग कर देता है, मिटा देता है। अगर कहें तो ऐसे ही सेवक को आदर्श तपस्वी कह सकते हैं।

जो सेवा का प्रतिदान नहीं दे सकता वही 'सेवा' से वास्तविक सुखी होता है। वही सेवा का पात्र भी है। उसी की अन्तरात्मा रोम-रोम से सेवक को असीसती है। वही सेवक को कृतकृत्य करता है। किन्तु जो सेवा का प्रतिफल देने में समर्थ है वह सेवा का मूल्य अथवा महत्त्व नहीं जानता। वह क्षणिक आनन्द के सिवा स्थायी तृप्ति नहीं पा सकता, दूसरों की निःस्वार्थ सेवा करने का शुद्ध भाव उसके हृदय को पवित्र नहीं कर सकता।

जो सात्विक सेवा करता है वही विश्वप्रेमी कहलाता है। उसके लिए ऊँच और नीच तथा स्वदेश और विदेश बराबर हो जाते हैं। वह समस्त भेदभाव भूलकर यथाशक्ति प्राणिमात्र की सेवा करता है। जिसे जितनी सेवा की आवश्यकता होती है, वह उसको उतनी ही सेवा पहुँचाने का प्रयत्न करता है। राजा से रंक और सिंह से चींटी तक, अपनी-अपनी आवश्यकता के अनुसार, उसकी सेवा का लाभ उठाते हैं। राजा या प्रजा से उसको कोई प्रयोजन नहीं। जिस-किसी को सच्ची सेवा की आवश्यकता होती है, उसी के लिए उसको सेवा सुलभ रहती है।

सच्ची सेवा की वास्तविक आवश्यकता उसे ही होती है जो सेवा का प्रतिदान देने में असमर्थ है। जो सेवा को खरीदना चाहता है उसे स्वप्न में भी सच्ची सेवा नहीं मिलती। विश्व का ऐश्वर्य भी सात्विक सेवा को खरीद नहीं सकता। वह अमूल्य है—किन्तु प्राणिमात्र के लिए वैसे ही सुलभ है जैसे सूरज-चाँद की रोशनी, गंगा की निर्मल धारा तथा वृक्ष की शीतल छाया। जिस प्रकार प्रकृतिदेवी के इन ऐश्वर्यों से, अपनी-अपनी आवश्यकता के अनुसार, सभी श्रेणी के प्राणी लाभ उठाते हैं, उसी प्रकार सात्विक सेवा से भी। माघ-पूस का घाम जितना गरीबों को अच्छा लगता है, उतना अमीरों को नहीं। जेठ की दुपहरी में पेड़ की छाया जितना गरीबों को सुख देती है, उतना धनवानों को नहीं। चाँदनी रात, गरीबों के लिए, दीपक की आवश्यकता दूर करके, जितनी सुखदायिनी बनती है, अमीरों के लिए उतनी सुखदायिनी नहीं होती—विलासवासनावर्द्धिनी भले ही हो। गंगा पापियों को जिस तरह गले लगाती है, गरीबों की जैसे प्यास बुझाती है, वैसे बर्फ और शरबत पीने वाले अमीरों की नहीं।

जिसे आवश्यकता होती है—अभाव होता है—वही सच्ची सेवा का मूल्य जानता है। प्राणियों की आवश्यकताएँ दूर करने में जो जितना ही समर्थ है, वह उतना ही श्रेष्ठ-सेवा-धर्म-परायण है। जिसकी आवश्यकता मूल्य दे सकती है, उसकी आवश्यकता का नाम अभाव नहीं है। असली अभाव वह है जो अपनी पूर्ति के लिए कुछ भी न दे सके। ऐसे ही अभावों की पूर्ति सत्सेवा-परायणों द्वारा होती है।

भगवान् श्रीकृष्ण ने युधिष्ठिर से कहा है—

'दरिद्रान् भर कौन्तेय मा प्रयच्छेश्वरे धनम्।
व्याधितस्यौषधं पथ्यं नीरजस्य किमौषधैः।।'

अतः जिसे अन्न का अभाव हो उसे अन्न देना, जिसे वस्त्र का अभाव हो उसे वस्त्र देना, जिसे जल का अभाव हो उसे जल पिलाना, जिसे ज्ञान का अभाव हो उसे ज्ञान देना, जिसे द्रव्य या औषधि या शक्ति या किसी तरह की सुख-शान्ति-विधायिनी सामग्री की आवश्यकता हो उसे उन आवश्यकताओं से मुक्त करना ही सत्सेवा का सदुद्देश्य है। ऐसे ही सत्सेवापरायणों के लिए कवि ने कहा है—

'आर्त्तत्राण-परायण में नारायण में क्या अन्तर है?'

'रहीम' ने भी कहा है—

'दीन सबनि को लखत हैं, दीनहिं लखै न कोय।
जो रहीम दीनहिं लखै, दीनबन्धु सम होय।'

सच पूछिये तो अभाव-पीड़ित प्राणियों की पूजा ही नारायण की सच्ची पूजा है। जो लोग एक देवमूर्ति को पंचगव्य से स्नान कराते हैं, विविध व्यंजन और सुमिष्ठ पक्वान्न के भोग लगाते हैं, वे नारायण को सन्तुष्ट नहीं कर सकते। जो विश्वब्रह्मांड का अधिनायक और परिपालक है, जो चराचरमात्र का जीवनदाता और प्राणियों का अन्नदाता है, वह तो केवल श्रद्धा-भक्ति का भूखा है, उसे छप्पन प्रकार के भोग नहीं चाहिए, उसे चमकीले-भड़कीले वस्त्रों की आवश्यकता नहीं, उसे हीरा-जवाहिरों की कमी नहीं, उसे संगमर्मर के महल में रहना अभीष्ट नहीं। उसके तो करोड़ों कुबेर किंकर हैं। वह तो केवल प्रेम के एक फूल से ही प्रसन्न होता है। वह एक बूँद प्रेमाश्रु से ही तृप्त हो जाता है। वह संगमर्मर के मन्दिर में नहीं—विश्वास के मन्दिर में रहता है; रत्नजटित सिंहासन पर नहीं—प्रेम के सिंहासन पर विराजता है, घृत-कर्पूर की आरती नहीं—श्रद्धाभक्ति की आरती से परितुष्ट होता है।

किन्तु उस जगदाधार परमात्मा के प्रति 'सच्चाई के साथ प्रेम' और विश्वास तथा श्रद्धा-भक्ति प्रकट करने का केवल एक ही मार्ग है—निष्काम लोक सेवा। लोक-सेवा से मतलब दुखियों की सेवा से है। पीड़ित प्राणियों के सिवा पवित्र सेवा का अधिकारी दूसरा नहीं। असहायों और गरीबों की सेवा ही वास्तविक सात्विक सेवा है। समर्थों और समृद्धों की सेवा का नाम दासत्व है—सेवा नहीं। असहाय और दीन-जन ही

ईश्वर के भरोसे पर जीते हैं, ईश्वर को याद करते हैं और ईश्वर का गुणगान गाते हैं, क्योंकि यह स्वाभाविक है—

'दुख में सुमिरन सब करै, सुख में करै न कोय।
जो सुख में सुमिरन करै, दुख काहे को होय।।'

जिनके हृदय सांसारिक ऐश्वर्य की लहरों में डूबे हुए हैं उनके मन में कभी ईश्वर का वैसा ध्यान नहीं बँधता जैसे एक अनाथ दरिद्र के। सावन-भादो की उमड़ी हुई नदी के जल में सूर्य का प्रतिबिम्ब नहीं देख पड़ता। किन्तु शरत् की कृश-कल्लोलिनी के दर्पणोज्ज्वल जल में वह प्रत्यक्ष ही देखा जाता है। इसीलिए दीन और अनाथ की अश्रु धारा में ईश्वर का जैसा दिव्य रूप प्रतिबिम्बित होता है वैसा और कहीं नहीं।

जो लोग विविध भाँति के पदार्थों का भोग लगाकर भगवान को प्रसन्न करना चाहते हैं। वे भगवान को भुक्खड़ समझते हैं। जबकि भगवान के भरोसे रहनेवाले लाखों गरीब, भूखों मर रहे हैं, तब क्या भगवान मौज से चकाचक माल चाभ सकते हैं? जबकि भगवान की दया की आशा लगाये रखनेवाले लाखों गरीब बिना ओढ़ने-बिछौने के जाड़े की रात में ठिठुर रहे हैं, तब क्या भगवान कभी मखमली सेज पर शयन कर सकते हैं? जबकि टूटी-फूटी फूस की राम-मँड़ैया में शीत और वर्षा के असह्य कष्टों को राम-राम कहते सह लेने वाले गरीब किसी तरह दिन काट रहे हैं, तब क्या दयासागर दीनबन्धु भगवान संगमर्मर के मन्दिर में रत्नजटित सिंहासन पर आराम से बैठ सकते हैं? हरगिज नहीं। उन्हें फिर भगवान कहेगा कौन?

भगवान जिसका नाम है वह आडम्बर से प्रसन्न नहीं होता। वह तो सिर्फ सरलता और भावुकता देखता है। मर्यादापुरुषोत्तम भगवान रामचन्द्र को शबरी के झूठे बेर और लीलाललाम भगवान श्रीकृष्णचन्द्र को सुदामा के तंडुल जितने प्यारे और स्वादिष्ट लगे थे, क्या उतने रुचिकर भोजन उन्हें कहीं और भी मिले? भगवान रामचन्द्र जितनी ललक के साथ निषादराज से मिले, उतनी उत्कंठा से कभी किसी राजा के साथ भी नहीं मिले। भगवान कृष्णचन्द्र ने कौरवों का राजसी भोज छोड़कर बेचारे विदुर के घर बासी अलोना साग बड़ी रुचि के साथ खाया था। यदि दरिद्रों से उन्हें प्रेम न होता, तो उन्हें दिव्य अवतार कहता ही कौन?

दरिद्रों को गले लगाना और दरिद्रों को ही सन्तुष्ट करना ईश्वर की प्रसन्नता का सबसे बड़ा साधन है। जो लँगड़े, लूले, अन्धे, अपाहिज, कोढ़ी, कंगाल और अनाथ हैं, उन्हीं के दुख से दुखी और उन्हीं के सुख से सुखी होने वाले मनुष्य वास्तविक ईश्वरभक्त है। जो मैले-कुचैले चिथड़े लपेटे हुए क्षुधा-पीड़ित कंगाल को देखकर घृणा करते हैं, जो अछूत और अपूत समझकर बेचारे गरीब से अलग रहते हैं, वे चारों धाम की यात्रा करके भी महापापी हैं और लक्ष लक्ष मंत्रों को जप करके भी घोर अघी हैं। जो बरसाती नदी की तरह उमड़ी हुई अनाथों की अश्रुधारा में प्रवाहित होते रहते

हैं, जो असमर्थों और निस्सहायों के छलछलाते हुए आँसू पोंछने के लिए अपने हृदय का स्नेहांचल आगे बढ़ाते हैं, जो पीड़ितों और दीनों की कातर दृष्टि पर करुणामृत की वृष्टि करते हैं, वही परमपिता के सच्चे पुत्र और परमात्मा के अनन्य उपासक हैं। वही मानवजाति की आदर्श-सभ्यता की सबसे अच्छी उपज हैं।

उत्तप्त ग्रीष्म का मध्याह्न है। प्रचंड धूप से पृथ्वी गरम तवे की तरह तप रही है। एक भूखा-प्यासा किसान सिर पर बोझ लेकर दौड़ा चला आता है। उसका शरीर पसीने-पसीने हो रहा है। एक सघन वृक्ष की छाया में पहुँचने पर उसे एक ऐसे सहायक की आवश्यकता पड़ जाती है जो उसका बोझ उतार दे। उस समय, यदि हम उस आतप-क्लान्त मनुष्य की आवश्यकता पूरी कर सके—हमारी सेवा उसे घड़ी भर विश्राम करने योग्य बना सकी—पास ही के जलाशय से जल लाकर हम उसके शुष्क कंठ को सींच सके—मीठी-मीठी बातों से उसकी श्रान्ति दूर करके शान्ति प्रदान कर सके—तो फिर हमारे लिए और कौन सा तीर्थ-व्रत बाकी रहा?

एक बूढ़ी बेकस बेवा औरत किसी तरह अड़ोस-पड़ोस के दो-चार घरों में घूमकर टुकड़े माँग लाती है। फटे चिथड़े में सैकड़ों गिरह लगाकर अपनी लज्जा ढँकती है। अपने स्वर्गीय पति और पुत्रादि की याद करके अपने वर्तमान पर अतीत स्मृति का असह्य भार लादती है। जब सामने कोई मिल जाता है तब जस्ते का फूटा हुआ कटोरा उसके आगे बढ़ाकर दाँत दिखाती हुई कातर-दृष्टि से दया की भीख माँगती है। यदि किसी दिन हमें उसकी ऐसी सेवा या सहायता करने का सुवअसर मिल जाय कि वह गद्गद कंठ से, रोम-रोम से, असीसने लगे तो यह मालूम हो जायगा कि जो वस्तु प्रभुवर के पदपद्मों में सादर सविनय समर्पित की गयी थी, उसकी पहुँच तार द्वारा प्राप्त हो गयी।

एक असहाय रोगी फटी चटाई पर व्यथा से छटपटा रहा है। उसके छोटे-छोटे बच्चे भूख से व्याकुल हैं। उसके घर में अन्न का एक दाना भी नहीं। दवा के लिए पैसे नहीं। चलने की शक्ति नहीं। कोई अस्पताल से भी दवा लाने वाला नहीं। पानी पीने और पंखा झलने का काम आप ही कर लेता है। जब किसी हमदर्द का हाथ उसके सिर पर पड़ता है तो करुणा-कातर दृष्टि से ऊपर की ओर देखकर लम्बी साँस खींचता है। उसकी सेवा-शुश्रूषा में यदि हम कृतकार्य हुए, तो क्या यह चरितार्थ नहीं हुआ?

'जप माला छापा तिलक, सरै न एकौ काम।
का नाचे काँचे वृथा, साँचे राँचे राम।।'

वास्तव में, जहाँ तृषित की तृष्णा और क्षुधित की उदर-ज्वाला शान्त होती है, जहाँ अनाथ सनाथ और दरिद्र तृप्त होता है, जहाँ पीड़ित आश्रय और असहाय अवलम्ब पाता है, जहाँ दलित आलिंगित होता और पतित उद्धार पाता है

वहीं—केवल वहीं—तीर्थ-राज है, यज्ञशाला है, पुण्यक्षेत्र है, स्वर्गभूमि है। विपद्ग्रस्त, भयत्रस्त जहाँ शरण पाता है, शरणागतवत्सल भगवान वहीं रहते हैं। जहाँ असहाय के आँसू दया के दरिया में मिलकर शान्ति-सागर की ओर प्रवाहित होते हैं, दयासागर भगवान वहीं रहते हैं। जहाँ अछूतों को गले लगानेवाले उदार-चरित नर-देव स्नेह की नर्मदा बहाते हैं, प्रतितपावन परमेश्वर का वहीं परमधाम है।

इसीलिए, संसार में सेवाधर्म—सेवावृत्ति नहीं—सर्वश्रेष्ठ धर्म है। जो बाढ़ और दुर्भिक्ष में पीड़ितों के पास पहुँचकर श्रद्धा, उत्साह और स्वेच्छा से उनकी सत्सेवा में प्रवृत्त होता है, उस एक ही धन्यजन्मा स्वयंसेवक पर परदे की आड़ में घंटा हिलाकर राग-भोग में तुलसी दल छोड़ने वाले कोटि-कोटि मनुष्य न्योछावर कर देने योग्य हैं। अविद्या और दरिद्रता के दारुण दुःख से व्यथित होकर शान्त नभोमंडल को हाहाकारमय बनाने वाले किसानों को अपनी दयार्द्र आँखों से सुखी देखने के लिए जो अपनी हस्ती तक मिटा देने को तैयार है उसके पवित्र पद-प्रान्त पर कोटि-कोटि मठाधीश और धर्माचार्य उत्सर्ग कर देने योग्य हैं। दलित प्राणियों के त्राण के लिए अपने प्राणों को तुच्छ समझने वाले ऐसे ही निरीह सेवकों की—परमात्मा के प्यारे सपूतों की—भूमंडल के अलंकारों की—इस समय भारतवर्ष में परम आवश्यकता है। ईश्वर करें, ऐसे नौनिहालों से भारत-माता निहाल होती रहे। एवमस्तु।

—मासिक 'समन्वय' (कलकत्ता), वर्ष 2, अंक 12, पौष 1980 वि.

सत्संगति

चन्दनं शीतलं लोके चन्दनादपि चन्द्रमाः।
चन्द्रचन्दनयोर्मध्ये शीतला साधुसंगतिः।।

संसार में सत्संगति की बड़ी महिमा है। सत्संगति से ही संसार में ऐसे-ऐसे महापुरुष उत्पन्न हुए हैं, जिनके विषय में पहले कभी कोई उच्च धारणा या कल्पना भी नहीं कर सकता था। पहले स्वामी विवेकानन्द को ही लीजिए। वे पहले घोर नास्तिक और तार्किक थे। किन्तु परमहंस श्री रामकृष्ण के सत्संग से उनके हृदय में ईश्वर-प्रेम की ऐसी अखंड ज्योति जगमगा उठी कि उनके हृदय का मोहान्धकार आनन्-फानन् दूर हो गया। सत्संग का केवल यही भाव नहीं है कि सन्तों के पास रहकर उनसे ज्ञान सीखा जाय; सन्त-महात्माओं के बनाये हुए ग्रन्थों के पढ़ने और उनके शुभ विचारों तथा सिद्धान्तों के मनन करते रहने से भी सत्संगति का फल प्राप्त होता है। आज स्वामी विवेकानन्द इस धराधाम पर नहीं हैं; पर उनके विचार आज भी संसार के असंख्य मनुष्यों के हृदय में जागृति का सन्देश और स्वर्गीय उपदेश भर रहे हैं। गोस्वामी तुलसीदास की रामायण पढ़कर आज तक कोटि-कोटि मनुष्य भवसागर से उद्धार पा चुके; पर क्या किसी ने गुसाईंजी का सशरीर सहवास प्राप्त किया था? नहीं केवल उनके अक्षय यशःशरीर के सहवास—रामायणपाठ—से ही न जाने कितने जीवों के दोनों लोक सुधर गये। महात्मा गाँधी प्रत्येक भारतवासी के पास तक नहीं पहुँच पाते; पर उनके आदेशों और उपदेशों से न जाने कितनी आत्माएँ शुद्ध हो गयीं। संसार के जिन बड़े-बड़े लोगों ने महात्माजी को जगद्वरेण्य महापुरुष स्वीकार किया है, उनमें महात्माजी के विचारों और सिद्धान्तों से लाभान्वित होनेवाले तो सभी हैं; पर कितने ऐसे हैं जिन्होंने महात्मा जी का साक्षात्कार या सहवास प्राप्त किया है? तपस्वी अरविन्द का सहवास तो किसी के लिए सुलभ नहीं है; पर उनके विचारों के सत्संग से न जाने कितनों के हृदय पवित्र होते रहते हैं। कवीन्द्र रवीन्द्र की अनूठी कल्पनाओं के कलकल प्रवाह में संसार की असंख्य आत्माएँ अवगाहन करती हैं, उनकी गीतांजलि के पारिजात पुष्प का सत्संग प्राप्त कर भाव जगत के करोड़ों मधुप-प्राणी तृप्त होते हैं; पर ऐसों की संख्या उँगलियों पर गिनी जाने योग्य है, जिन्होंने

शान्ति-निकेतन के श्रद्धा-कुंज में उस कमनीय कविता-मूर्ति के साथ बैठकर कुछ दिन भी सत्संग किया हो। तात्पर्य यह कि सन्त-महात्माओं की सेवा में अहर्निश उपस्थित रहकर, उनके सत्संग से जितना लाभ उठाया जा सकता है, उससे कहीं अधिक लाभ उनके विचारों के अनुशीलन और सिद्धान्तों के परिपालन से हो सकता है। महात्मा गाँधी के दर्शन और चरण-स्पर्श करनेवाले लाखों लोग उतने लाभान्वित नहीं हुए, जितने सिर्फ इने-गिने कुछ ही लोग उनके आदर्शों का पालन करते हुए। किसी सन्त महात्मा के संग से हम तब तक कुछ लाभ नहीं उठा सकते, जब तक हम उनके विचारों को हृदयंगम करके उनके अनुसार आचरण करने न लग जायँ। साधु पुरुषों की सेवा में निरन्तर उपस्थित रहते हुए भी यदि हम अवसर पाते ही लुक-छिपकर अपनी दुर्वासनाओं की उत्तेजना शान्त करने में प्रवृत्त हो जायँ, तो वस्तुतः साधु-संगति निर्जल मेघमाला की तरह निष्फल है।

मनुष्य स्वभावतः मिलनसार होता है। वह संगी-साथी के बिना नहीं रह सकता। प्रत्येक मनुष्य किसी-न-किसी के संग का अभिलाषी अवश्य होता है। एकान्त-प्रिय मनुष्य इस संसार में विरल हैं। योगी, त्यागी या संन्यासी केवल अपने ध्येय के संग रमण करते हैं। उन्हें और किसी का साथ पसन्द नहीं। केवल ब्रह्म उनका चिरसंगी है। किन्तु सभी मनुष्य ऐसे नहीं हो सकते। सर्वसाधारण के लिए ब्रह्म को या किसी एक ध्येय को अपना चिर-सहचर बनाना असम्भव है। साधारण जन तो अपने पास-पड़ोस और मेल-जोल के मनुष्यों से ही हिल-मिलकर सहवास-सुख प्राप्त करते हैं। उसी सहवास-सुख की प्राप्ति में विवेक-बुद्धि भी रहनी चाहिए। विवेक-बुद्धि के अभाव से मनुष्य कुसंगति में पड़कर भ्रष्ट हो जाता है। कुसंग के कारण कितने बड़े-बड़े घराने खाक में मिल गये हैं। कुसंग से मनुष्य अनेक दोषों की खान बन जाता है और सुसंग से मनुष्य के हृदय में अनेक गुणों का विकास होने लगता है। सत्संग के प्रभाव से नारकी जीव भी सदाचारी और सहृदय हो जाते हैं; और कुसंगत के फन्दे में फँसकर बड़े-बड़े सच्चरित्र भी पथ-भ्रष्ट होकर अपने ही हाथों दोनों लोक बिगाड़ डालते हैं। अपनी वास्तविक भलाई चाहनेवाले मनुष्य के लिए एकान्तवास उस संगति से कहीं अच्छा है, जिसकी बदौलत वह मनुष्यत्व की श्रेणी से नीचे खिसकता चला जाता है। कहीं अकेले में चुपचाप बैठकर सद्ग्रन्थ पाठ, भगवद्-भजन अथवा हरि कीर्तन करना ही अच्छा है; पर सत्संग के अभाव में, केवल मिलनसारी की खुजली मिटाने के लिए, कुसंग के जाल में फँसना अच्छा नहीं। हमारे देश के असंख्य होनहार नवयुवक कुसंग में पड़कर अपना अमूल्य जीवन नष्ट कर देते हैं। वे वस्तुतः विवेक-बुद्धि-विहीन नहीं होते; पर कुसंग से उनकी दुष्प्रवृत्ति इतनी कठोर हो जाती है कि उनकी कोमल प्रकृति उस कर्कशा प्रवृत्ति पर विजय नहीं पा सकती। स्कूलों और कॉलेजों के मृदुल-मति बालक छात्र, जो देश के भावी आशा-कुसुम हैं,

कुसंग के कड़वे फल चख रहे हैं, और तारीफ यह कि उनके माता-पिता कुसंग के कारण उनके हृदय में पनपनेवाली बुराइयों के नतीजे आँख पसारे देख रहे हैं; फिर भी कोई चारा नहीं। स्कूलों और कॉलेजों के सभी लड़के दुष्ट नहीं होते, अधिकांश सुशील भी होते हैं। और दो-चार-दस दुष्ट समस्त सुशील-समुदाय को विचलित भी नहीं कर सकते। वास्तव में लड़के खराब हो रहे हैं भ्रष्ट साहित्य के पाठ और दूषित शिक्षा-प्रणाली से। एक दुष्ट मनुष्य की संगति से जितनी क्षति हो सकती है, उससे कहीं अधिक हानि एक गन्दी किताब के पढ़ने से होती है। हमारे देश में बहुत कम ऐसे बालक या नवयुवक हैं, जिनके हाथों में तुलसी, कबीर, रामतीर्थ, विवेकानन्द, समर्थराम, रामकृष्ण, गुरुगोविन्द, तिलक, दयानन्द, गाँधी या अरविन्द शोभा पाते हों। अधिकांश ऐसे ही हैं, जो नितान्त उद्देश्य-उपदेश-शून्य उपन्यासों के संग में ही दिन बिताते हैं। यहाँ तक कि उनके पाठ्यग्रन्थ भी उनकी कुप्रवृत्तियों के भड़काने में काफी सहायक होते हैं। परिणाम यह होता है कि प्राप्तवयस्क अथवा उच्च शिक्षा-प्राप्त होने पर भी वे कुवासनाओं के शिकार बने ही रह जाते हैं। अतएव शिक्षा का लाभ तो हवा हो जाता है; पर उनकी जिन्दगी की ठूँठी डाल में एक जहरीला फल लटकता रहता है। ऐसी भीषण परिस्थिति में अब आवश्यकता इस बात की है कि देश के बालक और नवयुवक ऐसे आदर्श ग्रन्थों के सत्संग में अपनी चित्तवृत्ति नियुक्त करें, जिनसे उनका वस्तुतः कल्याण होना सम्भव है। संसार में सद्ग्रन्थ से श्रेष्ठ कोई संगी नहीं। सद्ग्रन्थों के सत्संग से मनुष्य सब कुछ पा सकता है। सद्ग्रन्थ-सत्संग ही कामधेनु है कल्पद्रुम है, चिन्तामणि है। संसार में यदि कोई मनुष्य अपना जीवन उन्नत और आदर्श तथा धर्मनिष्ठ और यशस्वी बनाना चाहे तो उसे सद्ग्रन्थों से सदैव संसर्ग रखना चाहिए। एक मनुष्य एक ही स्थान के एक महात्मा के पास बैठकर सत्संग या हरि-चर्चा कर सकता है; परन्तु सद्ग्रन्थ-सत्संगी तो एक ही स्थान में बैठकर संसार-भर के महात्माओं के हृदय टटोल लेता है।

किन्तु इतना सब-कुछ होने पर भी सत्संग बड़े सौभाग्य से प्राप्त होता है, चाहे वह किसी सन्त का हो या किसी ग्रन्थ का। सन्तों से वसुन्धरा की गोद खाली नहीं है और सरस्वती के भंडार में ग्रन्थों का भी बाहुल्य है; पर अभागे लिए दोनों ही दुर्लभ हैं। पुराकृत पुण्य के प्रताप से जब ईश्वर की असीम कृपा होती है, तब सत्संग सुलभ होता है। फिर उसके सुलभ हो जाने पर कुछ भी दुर्लभ नहीं रहने पाता। एक कवि ने सच कहा है–

'सुकृत-प्रसंग सों सुसंग जब पावे जीद, अपर विषय को रंग वाके मन भावै ना।
जितने उमंग हैं हिये के सब भंग होत, राग द्वेष मद की तरंग उठै पावै ना।।
कर धनु सर कटि सोहत निखंग जाके, धरे नित ध्यान तेहि नेकु बिसरावै ना।
ऐसे हरि आस्रित के संग रम्भा स्वर्गहू की, यदि रचै रंग पै अनंग अंग आवै ना।।'

महाकवि तुलसीदास ने अपनी रामायण में लिखा है–

'सठ सुधरहिं सतसंगति पाई, पारस परसि कुधातु सुहाई।'

किन्तु एक कवि ने पारस से सन्तों की तुलना करना अच्छा नहीं समझा; क्योंकि उसकी समझ में पारस से सन्त का गुण अधिक विशेषतापूर्ण है। यथा–

'पारस मों अरु संत मों, बड़ो अंतरो जान।
वह लोहा कञ्चन करे, करें ये आपु समान।।'

भावार्थ यह कि–पारस लोहे को सिर्फ सोना बना देता है, पारस नहीं बनाता। किन्तु सन्तजन आत्मवत् कर देते हैं–पारस बना देते हैं। जिसके स्पर्श से और-और लोग भी सुधर सकें–ऐसा नहीं कि सुधरने का सिलसिला एक ही जगह समाप्त हो जाय।

ऐसे ही सन्तों की संगति को भगवान् ने अपनी नवधा भक्ति में सर्वप्रथम स्थान दिया है। शबरी से श्री रामचन्द्रजी कहते हैं–

'प्रथम भगति सन्तन कर संगा।'

इसलिए गुसाईं जी ने लंकिनी के मुख से हनुमानजी के सामने कहवाया है–

'तात स्वर्ग अपवर्ग-सुख, धरिय तुला एक अंग।
तूल न ताहि सकल मिलि, जो सुख लव सतसंग।।'

वास्तव में सत्संग-जनित सुख से बढ़कर संसार में और कोई सुख नहीं। सत्संग का सुख प्राचीन भारतनिवासी ही जानते थे। उनकी एक सत्संग-गोष्ठी हुआ करती थी जिसमें पास-पड़ोस के लोग सम्मिलित होकर गोविन्द-गुणगान अथवा हरि-संकीर्तन किया करते थे। अब यह प्रथा लुप्त होती जा रही है। पारम्परिक ईर्ष्या-द्वेष बढ़ रहा है। ऐसी दशा में जो सत्संग के व्यसनी हों, ये केवल आदर्श ग्रन्थों के सत्संग से ही कृतार्थ होने का प्रयत्न करें, तो अच्छा। जो शिक्षित और सहृदय हैं, उन्हें अशिक्षितों के समाज में जाकर गीता, रामायण, भागवत, महाभारत आदि पर सदुपदेशपूर्ण सरल व्याख्यान सुनाना चाहिए; स्वामी विवेकानन्द और स्वामी रामतीर्थ के शुभ सन्देश सुनाने चाहिए, जिससे अविद्या के भीमान्धकार में भटकने वाले भाइयों के हृदय में भी अपने धर्म-ग्रन्थों के सत्संग की श्रद्धा उत्पन्न हो और उनके असली तत्त्वों को सुगमता से परखकर वे अपने अन्दर सोई हुई उस प्रचंड शक्ति को जगावें, जिसकी सहायता से भविष्य में उनका उद्धार होने वाला है।

–मासिक 'समन्वय' (कलकत्ता), वर्ष 4, अंक 3, चैत्र 1982 वि.

समय का सदुपयोग और मूल्य

ये ईश का दिया हुआ अति अनुपम धन है।
यही समय ही अहो तुम्हारा शुभ जीवन है।।
इसका खोना स्वयं स्वजीवन का खोना है।
खोकर इसको स्वल्प-आयु स्वयमपि होना है।।
तुच्छ कभी तुम नहीं एक पल को भी जानो।
पल-पल से ही बना हुआ जीवन को मानो।।
इसके सद्व्यय-रूप नीर-सिंचन के द्वारा।
हो सकता है सफल जन्म-तरु यहाँ तुम्हारा।। — सियाराम शरण

दयामय परमात्मा इतना उदार है कि उसने हम लोगों के काम की सभी चीजें बड़ी बहुलता से दी हैं। अन्न, जल, वायु, फल, फूल, सब-कुछ उसने काफी तौर से दिया है। पर वह कभी 'समय' बहुतायत से नहीं देता। दो क्षण, या दो दिन ही, एक साथ नहीं देता। जब पहला दिन देकर छीन लेता है, तब फिर दूसरा दिन देता है। परन्तु तीसरा दिन अपने ही अधिकार में रखता है। इसलिए कि हमलोगों को आगेवाले दिन के मिलने का कुछ निश्चय न रहे। जो आज के दिन का मूल्य समझता है, उसके लिए कल का दिन और भी बहुमूल्य हो जाता है। जिसकी दृष्टि में उपस्थित समय का कुछ मूल्य या महत्त्व नहीं है, उसके लिए कल या आनेवाले समय की महार्घता बहुत बढ़ जाती है। जो अपने आज का तिरस्कार करता है, उसका कल भी निष्फल हो जाता है। वर्तमान के सदुपयोग या आदर में ही भविष्य की सफलता निहित है।

समय का वेग अमोघ है, अबाधित है। वह निमिष-निमिष से शताब्दियाँ बनकर भूत को भयंकर, वर्तमान को सरस, और भविष्य को प्रकाशमय बनाता और दिन की समाधि रात में, रात की प्रभात में और महीनों की वर्ष में करता हुआ, अविश्रान्त भाव से, अनन्त पथ पर चला जाता है। समय का प्रवाह भूत को अपने अगाध उदर में डालकर वर्तमान को ही अपनी तरल तरंगों पर नचाता है। इसलिए जो वर्तमान को गले लगाता है, भविष्य उसी के दोनों हाथों में लड्डू देता है।

पाश्चात्य देशों के लोग समय का सदुपयोग करना जानते हैं। कारण, वे इसका मूल्य समझते हैं। हमारे देश के लोग समय का महत्त्व नहीं जानते। अगर कुछ लोग जानते भी हैं, तो बहुत कम। जिस दिन हम लोग समय का मूल्य समझने लग जायँगे, उस दिन हमारी उन्नति के मार्ग में रोड़े नजर ही न आवेंगे। समय का सदुपयोग करने और उसका मूल्य समझने में ही उन्नति का रहस्य छिपा हुआ है। समय का ही दूसरा नाम जीवन है। जो समय का मूल्य नहीं जानता, वह अपने जीवन का भी मूल्य नहीं समझता। जो समय का सदुपयोग करता है, वही जीवन-साफल्य प्राप्त करता है। जीवन की सार्थकता इसी में है कि एक क्षण भी व्यर्थ नष्ट न किया जाय। समय के सदुपयोग का सर्वोत्तम पथ भगवद्भजन ही बताया गया है। महात्माओं ने ईश्वरोपासना में समय बितानेवाले का ही जन्म सार्थक समझा है। ईश्वरोपासना का आशय केवल माला जपना ही न समझना चाहिए। लोक-सेवा, सत्साहित्य-सेवा, सत्संग, ज्ञानानुशीलन, परोपकार, जीव-दया, देशभक्ति आदि ईश्वरोपासना के ही भिन्न-भिन्न रूप हैं। संसार की गृहस्थी में रहकर भी सच्ची ईश्वरोपासना में समय बिताया जा सकता है। ईश्वर के कृपापात्र जीवमात्र का उपकार करके भी ईश्वर की उपासना की जाती है। जन-समुदाय की सेवा और सहायता करके भी ईश्वर की उपासना हो सकती है। शिक्षा और ज्ञान तथा सद्भाव और सद्विचार का प्रचार करने से भी ईश्वर की उपासना पूरी होती है। भक्तवर गोस्वामी तुलसीदासजी ने तो स्पष्ट कह दिया–

'कर ते कर्म करै विधि नाना, मन राखे जहँ कृपानिधाना।'

महात्मा कबीरदास जी ने लिखा है–

'ठाढ़े बैठे पड़े उताने, कह कबीर मैं उसी ठिकाने ॥'

भक्तकवि रसखान ने भी कहा है–

'रसखान गोबिंदहि यों भजिए, ज्यों नागरि के चित गागरि में।'

यदि इन भावों पर ध्यान दिया जाय, और इन्हें हृदयंगम किया जाय, तो मानव जीवन व्यर्थ नष्ट होने से बच सकता है। जीवन का एक क्षण भी नष्ट हो जाय, तो फिर उसकी पूर्ति नहीं होती। परिश्रम करके हम खोई हुई सम्पत्ति फिर प्राप्त कर सकते हैं, नष्ट हुआ स्वास्थ्य फिर संयम और व्यायाम से सुधार सकते हैं, भूली हुई विद्या अभ्यास द्वारा पुनः अर्जित कर सकते हैं, पर बीते हुए समय को कभी लौटा नहीं सकते। इसलिए समय के सदुपयोग का ऐसा महत्त्व है। इसीलिए महात्माओं ने बार-बार चेतावनी दी है कि समय को बेकार बरबाद न करके जीवन सार्थक कर लो, नहीं तो पछताना पड़ेगा।

गुसाईंजी ने विनय-पत्रिका में लिखा है–

'मन पछितैहसि अवसर बीते।
दुर्लभ देह पाइ हरिपद भजु करम बचन अरू ही ते।'

जीवन का सदुपयोग करने की चेतावनी तुलसीदासजी के कई भजनों में है। सूरदास जी ने भी यही कहा है–

'रे मन मूरख जनम गँवायो।
करि अभिमान विषय-रस राँच्यौ, स्याम सरन नहिं आयो।
कहा भयो अबके मन सोचे, पहिलें नाहिं कमायो।
कहत सूर भगवंत भजन बिनु, सिर धुनि धुनि पछितायो।'

गुसाईंजी की तरह सूरदास ने और भी अनेक भजनों में चिताया है कि जीवनकाल का सदुपयोग न करना स्वर्ण-सुयोग खोना है। सुवअसर पाकर चूकना है, दुर्लभ नर-जन्म गँवाना है। देखिए–

'आछो गात अकारथ गार्‌यौ
करि न प्रीति कमललोचन सों, जन्म जुआ ज्यों हार्‌यो।'

सूरदासजी पुनः कहते हैं–

'रे मन जनम अकारथ जात।
बिछुरे मिलन बहुरि कब ह्वैहैं ज्यों तरुवर के पात।
छिन इक माहिं कोटि जुग बीतत पीछे नरक की बात।
कहत सूर बिरथा यह देही अन्तर क्यों इतरात'

तुलसी और सूर ही की तरह कबीर, दादू, मलूक, मीरा और रैदास आदि महात्मा कवियों ने उपदेश दिये हैं। पद्माकर– जैसा रसिक कवि भी ऐसा कहे बिना न रह सका–

'स्वारथ हू न कियो परमारथ यों ही अकारथ बैस गँवाई।'

इसी प्रकार समय अथवा जीवन का मूल्य समझने वाले महात्माओं ने चिताया है कि यदि मानव-जन्म सफल करना हो, इस नर-देह को धन्य बनाना हो, तो समय का सदुपयोग करो, ईश्वर की दी हुई अमूल्य सम्पत्ति को फजूल बरबाद न करो, बड़े सौभाग्य से समय मिलता है, उसे ठुकराने से तुम भी गली के ठीकरें ही रह जाओगे।

गोस्वामी तुलसीदास ने अपने अमूल्य समय के नष्ट होने पर पश्चात्ताप करते हुए खेदपूर्वक कहा है–

'अब लौं नसानी अब ना नसैहौं,
रामकृपा भव-निसा सिरानी, जागे फिर ना डसैहौं।
परबस जानि हँस्यो इन इन्द्रिन निज बस है न हँसैहौं।
पायो नाम चारु चिन्तामनि उर कर ते न खसैहौं।।
स्याम रूप सुचि रुचिर कसौटी चित कंचनहि कसैहौं।
मन मधुकर पन करि तुलसी रघुपति पदकमल बसैहौं।'

अस्तु, यदि एक बार भी मनुष्य के हृदय में व्यर्थ समय नष्ट होने पर खेद या

ग्लानि उत्पन्न हो, एक बार भी मानव-जीवन की अमूल्यता न समझने की अज्ञानता पर पश्चात्ताप के आँसू उमड़ आवें, तो फिर यह जीवन सुधार-मार्ग पर दृढ़ हो जा सकता है। किन्तु ऐसा बड़े भाग्य से होता है। गफलत की नींद ईश्वर की कृपा से ही टूटती है। हमारे देश के लोग यदि अपने जीवन की सार्थकता के लिए उद्योग करने लगें, समय का सदुपयोग करते हुए दूसरों को समय का मूल्य सुझाने लगें, तो अनेक सभा-सुसाइटियों का काम चुटकियों में सिद्ध हो सकता है। किन्तु यहाँ तो आलस्य में ही सारा जीवन कट जाता है। एक कवि ने ठीक कहा है—

'आलस्यं यदि न भवेज्जगत्यनर्थे
को न स्याद् बहुधनो बहुश्रुतो वा।
आलस्यादियमवनिः ससागरान्ता।
सम्पूर्ण नरपशुभिश्च निर्धनैश्च।'

अर्थात्—यदि इस संसार में सारे अनर्थों की जड़ आलस्य न होता, तो कौन धनी और कौन विद्वान् न होता (अर्थात् आलसी न होने पर सभी धनी और विद्वान् ही होते); आलस्य के कारण ही यह समुद्र-पर्यन्त फैली हुई पृथ्वी निर्धनों और नर-पशुओं से परिपूर्ण है।

भर्तृहरि का यह वाक्य प्रसिद्ध ही है—

'आलस्यं हि मनुष्याणां शरीरस्थो महारिपुः।'

अर्थात् शरीर के अन्दर बैठा हुआ आलस्य ही मनुष्यों का सबसे बड़ा शत्रु है। वास्तव में यह बात ठीक जँचती है। आलसी के निष्प्रयोजन जीवन पर यह उर्दू का शेर खूब बैठता है—

'सुबह होती है शाम होती है, उम्र यों ही तमाम होती है।'

आलस्यवश हम लोग समय का सदुपयोग या सदुपभोग नहीं कर पाते। यदि आज के दिन हम सदुपयोग नहीं कर सके, तो क्या ठीक है कि आने वाले कल को हम भली-भाँति अपना सकेंगे; क्योंकि जब हमने सामने आयी हुई चीज खो दी, तो इसका क्या निश्चय है कि जो समय आगे आवेगा वह हमारे अनुकूल ही होगा और हम उससे मनमाना लाभ उठा सकेंगे। वर्तमान अलबता हमारा है, पर भविष्य तो किसी और का है। इसलिए, वर्तमान का हम सदुपयोग के पारस से क्यों न स्पर्श करावें?

समय का सदुपयोग करने और मूल्य समझने के लिए ही स्वामी शंकराचार्य ने अपनी 'चर्पट-पंजरिका' के श्रीगणेश में ही कहा है—

'दिनमपि रजनी सायं प्रातः
शिशिर-वसन्तो पुनरायातः।
कालः क्रीडति गच्छत्यायुः
तदपि न मुंचत्याशावायुः।।'

हमारी समझ में समय के सदुपयोग और दुरुपयोग के विषय में उर्दू का यह शेर बड़ा मानीदार और मौजूँ है—

'नफे की क्या खाक हो उम्मीद हमको बर्फ में।
देर बिकने में लगी तो गल के पानी हो गया।'

समय की दशा ठीक बर्फ की-सी समझिए। यदि हम उसका वास्तविक सदुपयोग न कर सके, तो हम ईश्वर की दी हुई एक अमूल्य सम्पत्ति के लाभ से वंचित रह गये। इसलिए हमें ऐसा अभ्यास करना चाहिए कि हमारे आलस्य या अज्ञान से समय का एक क्षण भी निरर्थक न जाय। पहले तो हमें नित्य-नैमित्तिक कर्म से ही आरम्भ करना चाहिए; क्योंकि संसार की सारी वस्तुओं से बढ़कर अमूल्य स्वास्थ्य है और उसकी रक्षा के लिए सबसे अमूल्य उपाय यह है कि सब काम समय पर किये जायँ। स्वास्थ्य अच्छा न रहने से जीवन निरानन्द हो जाता है। अतएव किसी प्रकार की साधना सफल नहीं होने पाती। महावीर नेपोलियन कहा करता था कि सदा समय का सदुपयोग करते रहने से ही सफलता-देवी हमेशा उसके साथ बनी रहती थीं। चाहे वज्र पड़े या कुछ भी हो वह अपने सारे काम ठीक समय पर ही करता था। बेंजामिन फ्रेंकलिन— जैसे जगत्प्रसिद्ध विद्वान् महापुरुष ने कहा है—'यदि तुम अपने जीवन को बहुत प्यारा समझते हो तो समय नष्ट न किया करो; क्योंकि समय के स्तम्भ पर ही तुम्हारी जिन्दगी की इमारत टिकी हुई है।' संसार में जितने भी महापुरुष हुए हैं, सबने आत्मानुभव से सीखकर यही बताया है कि समय का सदुपयोग किये बिना संसार में कोई मनुष्य विद्वान् या महापुरुष हो ही नहीं सकता।

अध्यात्म-रामायण में वसिष्ठजी ने प्रातःस्मरणीय भगवान् रामचन्द्र से कहा है—

'शीघ्रमुत्तिष्ठ भद्रं ते नियतं कार्यमाचर।
न कालमतिवर्त्तन्ते महान्तः स्वेषु कर्मसु।।'

अर्थात्—'तेरा कल्याण हो; शीघ्र उठ, नियत कार्य कर, बड़े लोग समय व्यर्थ नहीं बिताते।'

नित्य-नैमित्तिक कर्म निबाहने के विषय में गुसाईंजी भी कितना सुन्दर लिख गये हैं—

"उठे लषन निसि बिगत सुनि अरुनसिखा धुनि कान।
गुरु ते पहिले जगतपति जागे राम सुजान।।
सकल सौच करि जाइ नहाये, नित्य निवाहि मुनिहिं सिर नाये।"

अब पाठक स्वयं विचार करें कि इस देश के मनुष्य किस हद तक समय का सदुपयोग करते और उसका मूल्य समझते हैं, और यह भी विचार करें कि मनुष्य को कहाँ तक और क्यों समय का मूल्य समझना चाहिए तथा समय का सदुपयोग करके वह कहाँ तक अपना जीवन सफल कर सकता है। इस देश के लोग फजूल गपशप

और अनर्थमूलक झगड़े-फसाद में अपना प्रचुर समय नष्ट किया करते हैं। इस प्रकार उनका सारा जीवन ही निष्फल हो जाता है। यदि मनुष्य अपना प्रतिदिन का थोड़ा समय भी सत्संग, सद्ग्रन्थ पाठ, ईश-गुण-गान, हरि-संकीर्तन अथवा स्वदेश, स्वभाषा और स्वजाति की सेवा में खर्च करे, तो वह अपने जीवन की सार्थकता से उत्पन्न हुए आनन्द का रस कभी भूल नहीं सकता, वह फिर नीति-शास्त्र-विशारद महाकवि भर्तृहरि के इन वाक्यों को जबान पर नहीं ला सकता—

'तारुण्यं गतमेव निष्फलमहो शून्यालये दीपवत्'

अथवा

'मातुः केवलमेव यौवनवनच्छेदे कुठारा वयम्

एक अंगरेजी कवि ने समय की उपमा वेगवती नदी से की है। और, उसकी उपमा में बड़ा भारी तथ्य छिपा हुआ है। उसकी गूढ़ता और अर्थ-गौरव तो देखिए। वह कहता है—'वेगवती नदी जैसे अनन्त सागर में चुपके से जाकर मिल जाती है, वैसे ही समय भी अपना एक-एक पल चुपके से अनन्त कोष में संचित करता जाता है। नदी की धारा बह जाने के बाद फिर कभी नहीं लौटती; समय भी व्यतीत हो जाने पर फिर हाथ नहीं लगता! परन्तु इतनी समता होते हुए भी एक भेद बड़ा गहरा है। सो क्या? वह यह कि जिस प्रदेश या देश के बीच से होकर नदी बह निकलती है, उसकी भूमि सरस होती है—नदी के दोनों ओर की भूमि बहुत उपजाऊ और लहलही होती है। किन्तु समय का प्रवाह जिधर से बह निकलता है, उधर अपने पीछे केवल मरुस्थल ही छोड़ता जाता है।'

कवि की इस मार्मिक उक्ति में कितना गम्भीर तत्त्व छिपा हुआ है, यह सिर्फ सोचने की बात है। भाइयो, प्रत्येक भारत-निवासी के लिए यही सोचने का समय आया है। सब अगर रोज इतना ही सोचा करें कि समय का सदुपयोग करने से लाभ अवश्य होगा, तो बहुत-कुछ देशोपकार हो सकता है। किन्तु हमारे देश के अन्धकार-ग्रस्त मनुष्यों की दशा तो यहाँ तक गिरी हुई है कि अपने मतलब की बात भी नहीं समझते। देखिए, एक संस्कृत-भाषा का कवि कितनी सरल भाषा में कैसी मार्के की बात बतला रहा है—

"पुनः प्रभातं पुनरेव शर्वरी पुनः शशांकः पुनरुद्यते रविः।
कालस्य किं गच्छति याति यौवनं, तथापि लोकैः कथितं न बुद्ध यते।।"

कवि का आशय यह है कि जीवन की घड़ियाँ रात-दिन बीतती चली जाती हैं, फिर भी लोग चेतावनी नहीं मानते, बात नहीं समझते। यह बड़े आश्चर्य की बात है।

युधिष्ठिर ने यक्ष के इन प्रश्नों के उत्तर देते हुए महत्त्वपूर्ण बात कही थी—

"का वार्ता किमाश्चर्य्यम्?"

इनके उत्तर में धर्मराज कहते हैं–

"अस्मिन् महामोहमये कटाहे सूर्य्याग्निना रात्रिदिवेन्धनेन।
मासर्तुदर्वीपरिघट्टनेन भूतानि कालः पचतीति वार्त्ता (॥ १॥)
अहन्यहनि भूतानि गच्छन्ति यममन्दिरम्।
अपरे स्थातुमिच्छन्ति क्रिमाश्र्य्यमतः परम् (॥ २॥")

अर्थात्–'यह संसार महा अज्ञानमय कड़ाह है। सूर्य, अग्नि और दिन तथा रात ईन्धन हैं। मास कलछी है। उसी से मथकर काल (समय) सब प्राणियों को पका रहा है।'

पुनः–'प्रतिदिन लोग यमलोक सिधारते चले जाते हैं, पर दूसरे लोग, जो जीते बच जाते हैं, समझते हैं कि वे जीते ही रहेंगे। इससे बढ़कर अचम्भे की बात और क्या हो सकती है?'

अजातशत्रु पुण्यश्लोक धर्मराज की उक्त बातें बतलाते हैं कि जीवन कैसा क्षणिक और निस्सार है, तथा समय की कितनी बड़ी महिमा है और उसकी संसार में कितनी प्रबल सत्ता है। यदि हम ऐसे दुर्लभ पदार्थ का भी आदर न करें, तो हमारा अभाग्य ही है; क्योंकि चारों ओर से यही प्रमाणित होता है कि इस अल्पकालीन जीवन को जितना ही सत्कार्य में प्रवृत्त और सांसारिक विकारों से निवृत्त किया जायगा, यह उतना ही महत्त्वपूर्ण आदर्श और चरितार्थ होगा। अतएव, पाठक-प्रवर, स्मरण रखिए, समय का सदुपयोग करने और उसका मूल्य समझने की प्रवृत्ति तब तक दृढ़ न होगी, जब तक इस क्षणभंगुर जीवन का महत्त्व–ज्ञान और कुछ-कुछ परलोक का भय न हो। ऐसा ही समझ कर एक कवि की यह उक्ति ध्यान में रखिए–

नचाराधि राधाधवो माधवो वा न वा पूजि पुष्पादिभिश्चन्द्रचूडः।
परेषां धने धन्धने नीतकालो दयालो यमालोकने कः प्रकारः।।

–मासिक 'समन्वय' (कलकत्ता), वर्ष 4, अंक 4, चैत्र 1982 वि.

सचाई

सचाई एक प्रकार का मानसिक उत्कर्ष एवं पवित्र शुभ धर्म है। सब जातियों के धर्मग्रन्थों तथा हिन्दू-शास्त्रों में यह सिद्धान्त अविकल रूप से मिलता है कि 'सचाई' ही एक ऐसी अद्वितीय मंगमलयी वस्तु है जिसका अवलम्बन करने मात्र से मनुष्य लौकिक और पारलौकिक कल्याण तथा आनन्द का भागी बन सकता है। जो पुरुष इस स्वर्गीय वस्तु को अविचल रूप से धारण करता है, वह अवश्य ही ऐहिक तथा आध्यात्मिक उन्नति के साधन में पूर्ण रूप से सफलता प्राप्त करता है।

एक ढंग से सचाई मनुष्य के मस्तिष्क की स्थिरता, शान्तिशीलता तथा कोमलता जान पड़ती है। सचाई के सिवा इस क्षणभंगुर अक्षमाधम शरीर को पवित्र करनेवाली तथा मानवजन्म को साफल्य प्रदान करने वाली कोई वस्तु इस जगतीतल पर दृष्टिगोचर नहीं होती। शुद्ध सचाईरूपी स्वच्छ सरोवर में जब तक इस विषम भवताप तप्तात्मा को स्नान नहीं कराया जाता तब तक उसे शान्ति रूपी शीतलता प्राप्त नहीं होती।

सचाई मनुष्य के अभ्यन्तर की एक निर्मल पुण्य भावना है जो हमको दूसरों के साथ धूर्तता, छल, पाखंड, धोखा या जाल करने से रोकती है। वाह्य कर्त्तव्य के अतिरिक्त विशेषतः इसका अटल सम्बन्ध मानसिक वृत्ति से है। यह अन्तर-स्थित आत्मा से घनिष्ठ सम्बन्ध रखती है। जब तक सचाई में कुछ भी कच्चाई रह जायगी तब तक पूर्णतया उन्नति अथवा कल्याण होना असम्भव है। शुद्ध अभ्यन्तर से सचाई की विमल सोती (बारीक जलधार) जब निकलेगी तभी इस जीवात्मा का कल्याण-उपवन सींचा जाएगा। सचाई की भलाई अकथनीय है।

बिना सचाई के वह परम पिता जगदीश्वर प्रसन्न नहीं होता और सचाई देखते ही वह सच्चा परमेश्वर झट कृपामय दृष्टिपात करता है। फारसी में एक बड़े भारी विद्वान् का कथन है कि 'रास्ती मोजिबे रज़ाय खुदास्त' अर्थात् सच्चाई ईश्वर की प्रसन्नता का मूल कारण है। अँगरेज विद्वानों की भी यही सुसम्मति है—

Honesty is the best policy.

अर्थात्—सच्चाई एक सर्वोत्तम नीति है (जो मनुष्य को कुपन्थ से निवारण कर सुपन्थ में चलाती है)।

अँगरेजी की एक सूक्ति इस विषय में कैसी सुन्दर है—I prize honesty above riches. अर्थात् कुबेर की विभूति से भी सचाई का मूल्य अधिक है।

पुनः—

A clean mouth and honest hand,
Will take a man through any land.
सच्ची-सच्ची बोली, सच्चा-सच्चा काम।
जहाँ जहाँ चला जाय, तहाँ-तहाँ धाम।

The wretch that often has deceived–
Though truth he speaks is never believed.

अर्थात्—'जिस अभागे ने एक बार धूर्तता से किसी को धोखा दे दिया है, वह यदि पुनः सत्यवादी भी हो जाय तो भी किसी मनुष्य का विश्वास-भाजन नहीं हो सकता।' सब लोग यही कह उठेंगे कि—'सत्तर चूहे खाकर बिल्ली चली हज को।'

जैसे कोई मद्य बेचनेवाला कुछ दिनों के बाद दूध की हाँडी लिये फिरे तो कोई मनुष्य उसको दूधवाला कहकर नहीं पुकारेगा।

"What a tangled web we weave.
When first we practise to deceive."

अर्थात्—जब हमलोग पहले-पहल धूर्तता करते हैं तो कैसा उलझाया हुआ जालीदार जाल बुनते हैं, (जिसमें यह पवित्र आत्मा फँसकर अनेक प्रकार के कष्ट सहती है)।

एक अनुभवी पुरुष का वाक्य है कि जिसने हमको एक बार धोखा दिया, वह तो निस्सन्देह धिक्कार का पात्र है ही, परन्तु जब वही दूसरी बार हमीं को धोखा दे तो हमें कोटिशः धिक्कार है।

सचाई की सीधी बाट पकड़ने पर किसी प्रतापी महाराजा से भी भय नहीं है; क्योंकि यह साधारण कहावत है कि 'साँच को आँच क्या'? इसी तरह धर्म का मर्म जानने वाले ने कहा है—'न वारिणा शुद्ध्यति चान्तरात्मा।' यह भी प्रसिद्ध है कि 'सांचे राँचे राम'।

जैसे अग्नि में दाह कर, कसौटी पर कसकर, सुनार सोने की जाँच करता है, वैसे ही परमेश्वर भी विपत्तिरूपी अग्नि में धीर सज्जन पुरुष रूपी कंचन को तपा कर सचाई की कसौटी पर कसकर जाँच करते हैं।

धूर्त मनुष्य पर यदि आपत्ति आती है तो कोई ऋणदाता भी नहीं मिलता; क्योंकि उसकी धूर्तता से परिचित लोग जानते हैं कि उसको अन्त में टाट उलटना है और मिथ्याभियोग सम्पादन करके झगड़े पर कटिबद्ध होना है। किन्तु सच्चे पुरुष के ऊपर जब आपत्ति आ पड़ती है तब ईश्वर तो उसके प्रधान सहायक सर्वत्र सर्वदा

हैं ही, लौकिक जन भी तन-मन-धन से उसकी सहायता करने लग जाते हैं और ऋणदाता सेठ भी स्वयं उसको द्रव्य देने पर उद्यत हो जाते हैं; क्योंकि वह तो सच्चा पुरुष है, उसके लिए साक्षी अथवा पत्र-लेखन की आवश्यकता नहीं है।

An honest man's word is as good as his bond.

अर्थात्—'सच्चे पुरुष का वाक्य ही सहस्र साक्षी और स्वीकार-पत्र के तुल्य है।' वह तो सच्चाई पर अखिल ब्रह्मांड के ऐश्वर्य को न्योछावर कर देता है। सच्चाई के सामने स्वर्ग की सम्पदा भी तुच्छातितुच्छ समझकर तीन कौड़ी पर (नीलाम कर) बेच देता है।

जिस दिन सच्चा मनुष्य ऋण ग्रहण करता है, उसी दिन से उसके हृदय पट पर वह बात अमिट अक्षरों में अंकित हो जाती है। सचाई की पगड़ी सिर पर रखकर महान् पुरुष बेखटके सर्वत्र सानन्द सदा विचरते हैं और सत्सभा में, पंचायत में और अपने समाज में आदर पाते हैं।

An honest countenance is the best passport.

अर्थात् 'सच्चे मनुष्य की देवढ़ी कहीं नहीं लगती।' जब ईश्वर की देवढ़ी उसके लिए सदा खुली है तब दूसरे दरवान क्या रोंकेगे, क्योंकि सचाई की पगड़ी में बड़ी चमक-दमक और प्रतिष्ठा है; देखते ही सबके नेत्रों में चकाचौंध छा जाती है।

जिस देश में अथवा जिस नगर में या ग्राम में सच्चाई ने धूम मचाई है—उस जगह यह अवश्य ही लोचन-गोचर हो रहा है कि सकल वैभव-विलास उन्नति-सोपान द्वारा कल्याण के सर्वोच्च चूड़ान्त-शिखर पर क्रमशः चढ़े जा रहे हैं। किन्तु जहाँ धूर्तता का अटल साम्राज्य छा रहा है—वहाँ चारों ओर की सम्पदा-समृद्धि पर पानी फिर गया और सब कोई निहंग-लाडले से बन गये। ऐसे दृश्य दुर्लभ नहीं हैं।

यदि आप सर्वसाधारण जनों के विश्वासपात्र बनना और सर्वत्र आदर-मान पाना चाहते हैं तो श्रद्धापूर्वक सचाई की शरण लीजिए, जीविका मात्र के लिए धोखेबाजी मत कीजिए और किसी की आँख में मुट्ठी-भर धूल डालकर उसका गला मत घोंटिए।

याद रखो पाठको! टट्टी की ओट में शिकार खेलना सीखने से कौड़ी के तीन हो जाओगे। निष्पाप जीविका का आश्रय लेना भले पुरुषों का मुख्य कर्त्तव्य है। अनर्थोपार्जित जीविका शोक और शंका तथा आत्म-ग्लानि से भरपूर होती है। 'परद्रव्येषु लोष्ठवत्'—ऐसी उत्तम दृष्टि रखो; क्योंकि धूर्तता द्वारा प्राप्त धन सर्वनाशी होने के कारण सर्वथा त्याज्य है।

सच्चे मनुष्य का हृदय नारियल के समान समुज्ज्वल है और धूर्तों की ऐसी दशा है कि जैसे बेर फल की। धूर्त्त तृणाच्छादित कूप के समान, आपात-मनोहर होते हैं

और मेंहदी के पत्ते में जैसे लाली नहीं देख पड़ती वैसे ही उन लोगों की बात-बात में गुप्त घात है।

Look like the innocent flower.
But be the serpent under it." —(Macbeth)

भावार्थ–**मधु तिष्ठति जिह्वाग्रे हृदये हलाहलम्–**
'विषकुम्भं पयोमुखम्'–'विष-रस भरा कनक-घट जैसे'

किसी विद्वान् की सम्मति ऐसी है–"चोरी-जुआड़ी से मुख मोड़े हुए, धूर्तता तथा कपटादि कुत्सित पापों से मन तोड़े हुए, और सच्चाई से दिल जोड़े हुए, धर्मपरायण कृषकों की बलीवर्द-विशिष्ट पर्णशाला के सामने परवित्तापहारी अधर्मोपजीवी लक्षाधीश्वरों की अश्व-गजरथ-शोभिनी चित्तचमत्कारिणी प्रासाद-श्रेणी भी मलीन जान पड़ती है। भूखे धार्मिक कृषकों का कदली-पत्रस्थित निरुपकरण तंडुलकण-कवल, छलाच्छन्न दूषितकर्मा ऐश्वर्यशाली सेठ धनिकों के स्वर्णपत्रारूढ़ सौरभ परिपूर्ण सुस्निग्ध बहुव्यंजन की अपेक्षा सहस्र-गुण विशुद्ध और तृप्तिकर है। निस्सन्देह वह गृहस्थ-धर्मपत्नी धन्यवाद की पात्री है जो अपने पुत्र और कन्या का मुख-मंडल दारिद्र्यपीड़न से हिमानीसिक्त पद्मवत् म्लान देखकर नदी-सैकत-शय्या पर चिर-निद्रा में अभिभूत हो जायगी, पर सच्चाई के सिवा अपने बच्चों को धूर्त्तता की तुकबन्दी नहीं सिखाएगी।'

सच्चाई के बिना परस्पर-मित्रता, भ्रातृ-स्नेह और दाम्पत्य प्रेम कभी स्वप्न में भी स्थिर नहीं रह सकते। अतः इस पावन अन्तरात्मा को धूर्त्तता से छल-पाखंड से, दूषित न कर सच्चाई से भूषित करना चाहिए।

दुग्ध और जल में सच्ची मैत्री रहने से ही वे दोनों एक रंग के–एक भाव के–हो जाते हैं और कपट-खटाई पड़ते ही दोनों विलग हो जाते हैं। जैसे शंकर जी से सती ने ऐसा कपट किया था कि उसके बदले उनको बहुत कष्ट सहना पड़ा।

धूर्त्तता से यद्यपि पहले सुख मिलता है, पर वह सुख 'चार दिन की चाँदनी फिर अँधेरी रात' है। वह ऐसी चंचला है जो झट अपने चांचल्य की छटा दर्शाकर विलुप्त हो जायगी। अन्त में मारे-मारे फिरना पड़ेगा और दुख झेलते-झेलते छक्के छूट जायँगे। विचारकर देखिए कि सच्चाई का पारितोषिक कैसा है और धूर्त्तता से क्या-क्या लाभ-हानियाँ होती हैं। दिग्दर्शन-मात्र एक दृष्टान्त केवल लेखपुष्टि के वास्ते दर्शाया जाता है–

एक बढ़ई किसी नदी के तीर पर लकड़ी काट रहा था। अकस्मात् उसकी कुल्हाड़ी नदी के गम्भीर जल में गिर पड़ी। वह बेचारा निरुद्यम होकर महा विलाप करने लगा। नदी की अधिष्ठात्री देवी एक स्वर्ण कुठार लेकर निकली और उसे देने लगी। वह बोला–'नहीं-नहीं, यह हमारी कुल्हाड़ी नहीं है।' तब वह एक चाँदी की

कुल्हाड़ी ले आयी। तब भी उस सच्चे बढ़ई ने अस्वीकार किया। तदुपरान्त वही लोहे की असली कुल्हाड़ी जब वह ले आयी, तब वह हर्षितचित्त से लेने को दौड़ा। ऐसी गाढ़ी दृढ़ सचाई देख देवी ने उसकी कुल्हाड़ी दे दी और पारितोषिक रूप में सोने-चाँदी की दोनों कुल्हाड़ियाँ भी दे दीं।

यह देख एक धूर्त्तमना बढ़ई उसी तरह अपनी कुल्हाड़ी फेंक कर नदी-तट पर रोने लगा। वह देवी सोने-चाँदी की कुल्हाड़ी लेकर पूर्ववत् आयी और देने लगी। यह देख वह बूढ़ा लोभी बढ़ई हाथ पसारकर लेने दौड़ा। ऐसी सचाई की कच्चाई देख वह देवी झट जल में पैठ गयी। सोने-चाँदी की कुल्हाड़ी तो ऐसे बनावटी कच्चे ईमानदार को मिलना असम्भव था ही, उसकी अपनी लोहे की कुल्हाड़ी भी पानी में ही रह गयी।

सच्चाई से बढ़कर कोई अच्छा गुण संसार में नहीं है।

"राम झरोखे बैठकर सबका मुजरा लेय।
जैसी जिसकी चाकरी, वैसा ही भर देय।"

—मासिक 'लक्ष्मी' (गया), अप्रैल, सन् 1912 ई.

हित की बात

धर्म-संसार में युग-परिवर्तन का जब समय आता है तब वह जगन्नाटक-सूत्रधार परमेश्वर उसी समय के अनुकूल ज्ञान-सामग्री-सम्पन्न एक गुरुर्गरीयसी आत्मा संसार में प्रेरित करता है—जो बड़े-बड़े अपमानों को शान्त भाव से सहन कर लेता है; विश्व की निस्स्वार्थ सेवा करने में अपनी कीर्ति, बुद्धि, देह और सारी अवस्था का स्वाहा कर देता है; संसारियों के हितार्थ सभ्यता का प्रवाह समयानुकूल मोड़ देता है; शीतोष्ण, सुख-दुःख, निन्दा-स्तुति, मानापमान, प्रतिष्ठा और तिरस्कार, किसी की ओर कुछ ध्यान न देकर परोपकारार्थ अपने सर्वस्व की तिलांजलि दे देता है। वही संसार-विश्रुत महात्मा कहा जाता है। हमारे श्रद्धास्पद महर्षि स्वामी दयानन्द सरस्वती ऐसे ही व्यक्तियों की गणना के समय 'कनिष्ठिकाधिष्ठित' हो सकते हैं।

स्वामीजी के सिद्धान्त कैसे उज्ज्वल, उदार, उत्कृष्ट, परिमार्जित, स्वाभाविक, अकृत्रिम और नीतिपूर्ण हैं—इस बात का सहज ही सबकी समझ में, भली-भाँति आ जाना बड़ी टेढ़ी खीर है। उनके शुद्ध विचारों में कितनी राष्ट्रीयता भरी हुई है। उनकी बात-बात में कैसी प्रदीप्त प्रतिभा प्रस्फुटित होती है और उनका जीवन-रहस्य कैसा विलक्षण तथा निष्कलंक है—यह सब बातें उसी को सूझ पड़ेंगी जो एकान्त में बैठकर स्वदेश की आधुनिक दुरवस्था पर आठ-आठ आँसू बहाएगा।

आज दिन जितने आर्य भाई हैं उनमें सब नहीं तो कम-से-कम सैकड़े नब्बे के हिसाब से ऐसे हैं जो यही समझ बैठे हैं कि स्वामीजी ने केवल सनातन धर्म का ध्वंस करने के लिए ही भारतमाता की गोदी सुशोभित की थी। उनके लिए स्वामीजी केवल ईर्ष्या, द्वेष, कलह, फूट, वैर और विरोध, यही सब 'अमृत फल' संसार में छोड़ गये। उनसे स्वप्नावस्था में शायद कह भी गये थे कि खुल्लमखुल्ला मर्यादा पुरुषोत्तम भगवान रामचन्द्र और योगीश्वर भगवान कृष्णदेव को समय-समय पर जली-कटी सुनाते रहना; भगवान व्यासदेव ऐसे वेदविशारद को दम्भी और मिथ्यावादी कहकर पुकारना; वाल्मीकि ऐसे वृहत काव्यात्मक इतिहास-लेखक को लथाड़ते रहना; किसी की कुछ न सुनना, बस, अपनी ही धुन में मस्त रहना!

हाय री आर्यसन्तान! तूने अपने देश के एक उत्तमोत्तम आदर्श पुरुषपुंगव के

विशद-जीवन से कैसी गन्दी शिक्षा प्राप्त की! उनके विकसित जीवनोद्देश्य से कैसा निकृष्ट निष्कर्ष निकाला!! तूने अपने यहाँ के एक दिग्गज-धुरन्धर धर्मतत्त्ववेत्ता पर कैसा भद्दा कलंक आरोपित कर संसार-बीच नाम हँसाया!!!

पुनरपि, हमारे सनातनी भाइयों की संख्या भी कम नहीं है जो स्वामीजी को कट्टर विधर्मी, उपद्रवी, ज्ञानच्युत और केवल नाम कमानेवाला ही कहकर सन्तुष्ट हो जाते हैं। उनकी समझ में स्वामीजी का मुख्य उद्देश्य यही था कि देश में घर-घर में कलह और घोर अशान्ति का विस्तार हो, धर्म-कर्म का ह्रास हो और ब्राह्मणों की रोजी बन्द हो।

शाबाश सनातनी भाइयो! छिद्रान्वेषण और व्यर्थ दोषारोपण करने की अच्छी जिम्मेवारी तुम लोगों को मिल गयी है। तुम्हीं लोग प्रातःस्मरणीय भगवान गौतम बुद्ध को हिन्दू-धर्म का प्रबल शत्रु मानते हो! तुम्हीं लोग कबीरपंथी, दादूदयाली, नानकशाही आदि मतानुयायियों को व्यर्थ अपना जानी दुश्मन समझते हो! धर्म की सत्ता और महत्ता खूब समझे ही बिना आपस में लड़े पड़ते हो! प्यारे भाइयो! क्या तुम लोगों की मर्यादा इसी से बढ़ेगी? तुम लोगों के लिए क्या यही उपयुक्त है? क्या इसी में तुम लोगों की शोभा है? हा दैव! स्वधर्माभिमानी सनातनी भाइयों का हृदय ऐसा संकीर्ण? ऋषि-सन्तति का मानस ऐसे क्षुद्रादपिक्षुद्र भावों से भरपूर? उनके नैनों में ऐसी मोह की गाढ़ी रतौंधी? उनका अभ्यन्तर इस तरह कलुषित? उनके विचार ऐसे दूषित? भावनाएँ ऐसी पतित? विश्वास ऐसा भ्रष्ट? ऊपर चिकना और भीतर इतना मनोमालिन्य?

प्यारे आर्य्य और सनातनी भाइयो! कब तक तुम लोग दो नाम से पुकारे जाओगे? वैर-फूट के बीज को कब तक सींचते-उगाते रहोगे? स्वामीजी के उज्ज्वल उद्देश्यों का गूढ़ रहस्य कब तक समझते रह जाओगे? उनके सिद्धान्त-रत्नों को कब तक परखोगे?

तुम्हीं लोगों की सन्तोषजनक संख्या देखकर तो भारतमाता ने आशा की टकटकी बाँधी थी! किन्तु, दुर्दैव! बीच ही में ऐसी बेढंगी रार मची कि दिग्दिगन्त में विषाक्त द्वेष-धूम्र फैल गया! क्या तुम लोगों को कुछ बाहर की भी खबर है? कब तक कूपमंडूक बने रहोगे? अजी होश करो, देखो, स्वामीजी की घुड़की सुनकर मुसलमान भाई एकदम जाग पड़े हैं, वे तो अब अपनी कौम में जागृति फैला रहे हैं—

ऐ भाई मुसलमानो! तुम्हें कुछ भी खबर है।
तुम ख्वाब[1] में हो और जमाने[2] में सेहर[3] है।।
मीठी न कहो नींद को, यह नींद है कड़वी।
यह कन्द वह है जिसमें हलाहल का असर है।।

---
1. सपना। 2. युग, समय। 3. सुबह, सुप्रभात।

भाई भारतीयो! 'आर्य्य और हिन्दू', 'आर्य्य और सनातन'—इन शब्दों का बेकार झगड़ा छोड़ो। स्वामीजी के ज्वलन्त उद्देश्यों को समझो। प्रेमपूर्वक, सच्चे हृदय से, निष्कपट भाव से, आपस में गले मिलो। याद रखो, यदि वही हमारे स्वामीजी कहीं अमेरिका में जन्म लिये होते, इंगलैंड और जर्मनी में उत्पन्न होते अथवा अरब या फारस में पैदा हुए होते, तो आज दिन वहाँ उनका कितना ऊँचा सम्मान होता? उनकी अपरिमेय विद्वत्ता का लोहा कौन नहीं मानता? उनकी मेधाशक्ति कैसी बलीयसी समझी जाती? उनकी तेजस्विता और मनस्विता की कैसी समुचित प्रतिष्ठा होती? किन्तु, हा! हन्त!! मुझे आज तक क्या यह भी मालूम नहीं कि स्वदेश-संजात मनीषियों का किस तरह सम्मान किया जाता है? अपने देश के अन्दर उपजे हुए विद्वान्-विद्रुम का कितना मूल्य होता है।

प्यारे भाइयो! स्वामीजी का मुख्य उद्देश्य यह था कि समूचे भारत के हिन्दू और मुसलमान आर्य और अनार्य, अपने को भारतीय समझ, भारत में जन्म धारण करने का गौरव और गर्व ग्रहण करें, एकता के दृढ़ सूत्र में बद्ध होकर भेद-भाव को बिसारें, अविद्या का अन्धकार दूर कर तत्वज्ञान के सूर्योदय से अपने हृदय-शतदल को प्रफुल्ल करें, जाड्यान्धकार का विनाश कर यथार्थ ज्ञानरूपी चन्द्रमा की सुधा-सिंचित किरण-धाराओं को पीकर अमर होवें। अपरंच, सामाजिक कुरीतियों का विधिपूर्वक मूलोच्छेद हो जाय; भारत की कुप्रथाओं का पूर्णतया सम्मार्जन हो जाय; अत्याचार और व्यभिचार के मूल कारणों—बीजों का सर्वथा विनाश तथा अभाव हो जाय; ब्रह्मचर्य-व्रत के पालन करने के अभ्यास का सारे देश में प्रसार हो जाय; देश के अन्दर वीर, पराक्रमी, बलिष्ठ, धीमान्, प्रज्ञाचक्षु, प्रत्युत्पन्नमति और प्रतिभाशाली सन्तानें उत्पन्न हों, सभी भारतीय परिश्रम में व्यस्त रहें, कार्य्यदक्ष और उद्यमशील हों, दैव के भरोसे न रहें, आलस्य के पंजे में न फँसे, पर-भाग्योपजीवी बनने से बचें और कर्मनिष्ठ हों। अबल का अधिकार सबल न छीनें; दुर्बल को बलवान् न सतावें—इत्यादि।

हाय! ऐसे देशभक्त महर्षि के जाज्वल्यमान सिद्धान्तों से जो लोग अच्छी शिक्षा ग्रहण नहीं करते, उनसे भला क्या आशा की जा सकती है? सच्ची बात तो यह है कि अभी तक तो कितने हमारे आर्य्य और सनातनी भाई ऐसे हैं जो केवल पल्लवग्राही हैं, किन्तु व्यर्थ की धर्म-विडम्बना पसारे फिरते हैं। 'माँगते भीख—चुकाते गाँव का जमा!' स्वामीजी के सिद्धान्तों को तनिक भी समझते तक नहीं, पर आर्य बनकर फूले फिरते हैं और सनातनी बनकर समालोचना-दर-समालोचना करते फिरते हैं। कैसे अचरज की बात है!

स्वामीजी का जीवनोद्देश्य कैसा उच्चाशयपूर्ण था—यह निस्सन्देह अनुभवनीय और अनुकरणीय है। कहने के लिए तो लाखों की संख्या में सनातनी हिन्दू भाई ही हैं जो पुण्यश्लोक तापस-शिरोमणि गौतम बुद्ध को नास्तिक और वेद-विरोधी कहकर

पुकारते हैं और गीतामृतवर्षी कृष्णचन्द्र ऐसे योगिराज ज्ञान-निधान भगवान को इन्द्रियासक्त और भोगी-विलासी कहा करते हैं। तो इससे क्या वे वस्तुतः निन्दा कर्म करनेवाले थे। कौन मूर्खाधिराज उन्हें इस तरह का कलंक लगावेगा? आप लोगों ने सुना होगा कि न्यूटन जब स्वदेश में अपना विचार लेकर कार्यक्षेत्र में अवतीर्ण हुआ तो सभी लोग उसे उपेक्षा की दृष्टि से देखने लग गये, चारों ओर से उसे फटकार ही मिली, किन्तु करोड़ों विघ्न-बाधाओं का बड़ी बहादुरी और दिलेरी से सामना करते हुए भी वह अपने उद्देश्य पथ से विचलित नहीं हुआ और अन्तकाल उसे पूरी सफलता प्राप्त हुई। खैर, अभी लोगों की आँखों में पट्टी बँधी हुई है, मगर याद रहे, भाइयो! वह दिन अब दूर नहीं है जिस दिन स्वामीजी के उद्देश्यों को आबाल-वृद्ध नर-नारी समझ लेंगे और देश में सुशान्ति की तूती बोलने लगेगी।

यहाँ धर्म-संसार के भीतर जितने कार्यकर्ता हैं, उनमें उदारता का अभाव होने से धर्म पर बड़े जोर का धक्का पहुँच रहा है। सब लोग आपस के छिद्रान्वेषण में ही लगे पाये जाते हैं। धर्मोपदेशक झगड़े और बहस की गठरी लादे फिरते हैं। ज्ञानोपदेश और शान्ति-विस्तारिणी—प्रेम-प्रसारिणी शिक्षा का लेशमात्र भी उनके द्वारा देश में नहीं फैलता। हमारे सनातन धर्मावलम्बियों के ही घर में आज दिन भी—परम्परा की—कितनी ही घिनौनी कुरीतियों की—लकीर पिट रही है। भला उसका संशोधन क्यों नहीं किया जाता? खाली जबानी जमाखर्च से बेड़ा पार लगेगा? बकवाद करने से धर्म की मर्यादा बढ़ेगी? बहस और जबानदराजी करने से धर्म की नींव टिकाऊ हो सकेगी? हर्गिज नहीं।

प्यारे भाइयो! अच्छी चीज का भी दुष्प्रयोग—दुर्व्यवहार करने से उसकी सच्ची सत्ता की ज्योति मन्द पड़ जाती है। स्वामीजी के अक्षुण्ण सिद्धान्तों को यदि तुम मिल-जुलकर विचारोगे, उसको समयानुकूल ढर्रे पर चलाने की चेष्टा करोगे—तो सम्भव है कि वेदोक्त धर्म का शरीर इस तरह कलुषित न हो; अन्यथा भारी भय है कि स्वामीजी ऐसे नीतिविचक्षण पुरुषसिंह के उद्देश्यों का कहीं बेतरह दुष्प्रयोग हो गया, तो सन्देह नहीं कि धर्म-कर्म रसातल में चला जाय। सभी लोग उनके सिद्धान्तों के समझने का दावा करते हैं, पर वास्तविक रूप में सब लोग नहीं समझते हैं। स्वामीजी के ज्ञानसागर में जो ऊपर-ही-ऊपर तैरते हैं वे केवल फेन और तृण-काष्ठादि व्यर्थ पदार्थों के भागी होते हैं, किन्तु जो लोग भीतर पैठ कर डुबकी लगाकर ढूँढ़ते हैं वे अवश्य ही मूँगे-मोती पाते हैं।

सारं ततो ग्राह्यमपास्य फल्गुः
हंसैर्यथा क्षीरमिवाम्बुध्यात्।

तुच्छ वस्तु को त्याज्य समझो—सुष्ठु पदार्थ ग्रहण करो, यही महत्ता का चिह्न है।

मेरे प्यारे भाइयो! सोचो तो सही कि स्वामीजी-से पुरुषसत्तम के उपदेश-आदेश

को कहाँ तक आप लोगों ने पालन किया, किस तरह उनका सुप्रयोग किया? भला हाथ में आये हुए अनमोल रतन को काँच का टुकड़ा समझकर क्यों फेंकते हो? क्या दोष ही ढूँढ़ निकालने में सिद्धहस्त रहे, गुणावली की ओर दृष्टि भी नहीं फेरी? बस, सीख लो, जो दोषयुक्त रहता है वही दूसरे को दोषमय देखता है, परन्तु जिसका अन्तःकरण विमल और शुद्ध है उसके लिए अखिल ब्रह्मांड स्वच्छ दर्पण के सदृश है।

विचारो—देखो—घोर निद्राभिभूत भारतीय धर्मकेसरी के कान ऐंठकर स्वामीजी ने एक खूब कड़ी चपत नहीं जमाई होती तो आज दिन धर्म के अन्दर इतनी जागृति नहीं दीख पड़ती? तमावृत धर्म-संसार आलोकमय कैसे होता? यह तो कहिए कि भला आपने स्वयं कभी अकेले में बैठकर स्वामीजी के सिद्धान्तों को टटोला है? उनके जीवन-आकर से कितने रत्न खोद निकाले हैं आपने? या यों ही बकझक लगाये चलते हैं? स्वामीजी एकता का रद्दा जमा गये और आप उस पर कुदाल मार रहे हैं, झगड़े की नींव डालने के हेतु? ख्याल रखिए—'धर्मस्य तत्त्वं निहितं गुहायाम्'—'Religion lies in heart not in discussion'। गुप्त या प्रकट रीति से भारत के सभी धर्मावलम्बियों के हृदय में यह बात समा गयी है कि स्वामीजी अगर सब मुह्यमान धर्मानुयायियों को खूब अच्छी तरह लताड़ते नहीं, सब धर्मों के मवाद-भरे फोड़े में नश्तर पेश नहीं करते—सबकी नाक पर के फोड़े नहीं दुखाते, सबके अवनति-पथ को कंटक-संकुल नहीं कर डालते, तो आज दिन भारत के सभी धर्मानुयायी इस तरह कान नहीं खड़ा करते, सब धोती झाड़कर उठ खड़े नहीं होते! यह स्वामीजी का ही प्रताप है कि चारों ओर धर्मसभाएँ स्थापित हो रही हैं—हो चुकी हैं और आइन्दा भी होंगी; प्रत्येक वर्ष धर्म की वृद्धि और रक्षा के लिए अनेक चेष्टाएँ और चर्चाएँ की जाती हैं—महोपदेशक तोड़े ऐंठ रहे हैं। सभी लोग, धर्म किस चिड़िया का नाम है—यह समझने लग गये हैं। धार्मिक पत्र और पत्रिकाएँ चारों ओर दृष्टिगोचर हो रही हैं। सब लोग अपने-अपने धर्म की रखवाली करने के उपाय में संलग्न हो रहे हैं। भारतधर्म-महामंडल और ऋषिकुल ऐसी संस्थाएँ क्या कहीं सुनने में भी आतीं, अगर स्वामीजी की कृपा न होती तो? स्वामीजी की दूरदर्शिता यदि कृपा न करती तो हाथों-हाथ 'सनातनधर्म-पताका' कैसे फहराने पाती? स्वामीजी के मोटे सोटे की चोट न पड़ती तो सब लोग आलस्यभरी निद्रा-तन्द्रा क्योंकर त्यागते? धर्मभीरु लोग चौकन्ने ही नहीं होते। अस्तु! मोहान्धकार में बिल्लाते फिरते हुए धर्मभीरुओं को स्वामीजी ने वह वह गिन-गिनकर भीतरिए घुस्से लगाये हैं कि जब-जब पुरवैया बहेगी तब-तब वे उस चोट से व्यथित और तदुपरान्त सुखी होंगे।

प्यारे बन्धुओ! सोचो जरा, अगर तुम्हारी दृष्टि में विधवा-विवाह खटकता है तो बाल-विवाह—अनमिल जोड़ी का दुःखभारमय समुद्रहन—क्यों रुचता है? श्राद्ध-खंडन खटकता है तो उसके अन्दर होने वाले मर्मभेदी अन्याय और अनर्थ क्यों नहीं

खटकते? मूर्तिपूजा-खंडन से दुःख होता है तो 'देवानां-प्रिय' पंडों का उपद्रव और अत्याचार क्यों नहीं स्मरण हो आता? निरक्षर भट्टाचार्य, विलास-रत, मालपूआ चाभने-वाले, मसनद के बोझ, हट्टे-कट्टे साधु बाबा और देश-दुर्गति से अनभिज्ञ महन्तों के मचाये हुए उत्पात क्यों भूल जाते हैं? पंडे और बाबा लोगों द्वारा जो अनर्थ और अनाचार दिन-दूना रात-चौगुना फैल रहा है उनकी ओर ध्यान क्यों नहीं दौड़ता? देश के उन मुफ्तखोरों की ओर क्यों नजर नहीं फिरती? प्रयाग के मठाधीश... की कहानी—अभी हाल की ही बात है कि 'अभ्युदय' ने धज्जी उड़ायी है—क्यों नहीं याद पड़ती?

किसी का दिल दुखाना स्वामीजी का सिद्धान्त नहीं था। मगर न जाने क्यों? दुनिया की कुछ ऐसी अटपटी चाल ही है कि जिसमें जो दोष हो, यदि वह दोष उसे ही दिखलाकर सावधान होने की चेतावदी दे दी जाय तो उसे बहुत नागवार गुजरता है। धर्म-संसार की अगर स्वामीजी ने कड़ी समालोचना ही की, तो क्या बुरी बात की? समालोचना यदि सच्ची हो और दिल की सच्ची लगन से निकली हो तो तीखी होने पर भी वह हितकारिणी ही समझी जा सकती है। कड़ी समालोचना का असर बड़ा ही जबरदस्त हुआ करता है। जो मेरा ठीक-ठीक ऐब बतलावे, वही मेरा मित्र।

स्वामीजी से देशभक्त और समाज-सुधारक के ऊपर व्यर्थ जो आक्षेप मढ़े जाते हैं, वे सर्वथा निर्मूल होते हैं। जो गड़कर इस बात की जाँच-पड़ताल करेगा और पता लेगा उसी को इस बात की खबर होगी कि स्वामीजी का असल उद्देश्य क्या था।

जातीयता और राष्ट्रीयता—एकता और वीरता—ब्रह्मचर्य और मातृभाषानुरागिता—मितव्ययिता और पवित्र शान्ति—विचारशीलता और प्रखर बुद्धिमत्ता—सहृदयता और समप्राणता—गुणग्राहकता और स्वत्व-संरक्षण—अधिकारप्रियता और आध्यात्मिक स्वतन्त्रता—सहनशीलता और जितेन्द्रियता—आत्मनिग्रह और समदर्शिता—यही सब मुख्य तथा सुदृढ़ स्तम्भ हैं, जिन पर स्वामीजी के सिद्धान्त-भवन का निर्माण हुआ है।

प्रिय वाचकवृन्द! इन उपर्युक्त गुणों को एक-एक करके समझिए। इन पर विचार दौड़ाइए। माला ठकठकाकर इनका जप-अनुष्ठान कीजिए। स्वामीजी की देशहितैषिता का शुद्धादर्श सामने रख लीजिए। जीवन सार्थक बनाइए। देश का कल्याण कीजिए। मातृभाषा को राष्ट्रभाषा बनाने की चेष्टा करते जाइए। वीर्यरक्षा से शरीर पुष्ट कीजिए। ज्ञानार्जन और विद्याभ्यास से आत्मा की पुष्टि कीजिए। देश की दशा पर आँखों को उमड़ने दीजिए। भ्रम में पड़कर समय नष्ट न कीजिए। अबलाओं का हक मत छीनिए। नारी-जाति के साथ अन्याय का धन्धा मत खड़ा कीजिए। एक नियम संगठित करके समाज के शासक हो जाइए। बस, यही सब स्वामीजी के सर्वव्याधि-विनाशक अमृत-बूटी नामक नुस्खे हैं।

—मासिक 'भास्कर' (मेरठ), भाग 6, संख्या 5-6, विक्रम-संवत् 1973 (सन् 1916 ई.)

साहित्य

'साहित्य' बड़ा ही व्यापक अर्थ रखनेवाला एक महान् गौरवपूर्ण शब्द है। यह विश्वजनीन भाव का द्योतक है, विश्वबन्धुत्व का सन्देशवाहक है, देश और जाति के जीवन का रस है, समाज की आन्तरिक दशा का दिव्य दर्पण है, सभ्यता और संस्कृति का संरक्षक है। इसमें सहित का भाव है। अतएव, यह अपने में सब-कुछ समेटे हुए है, जो मानव-जाति के जीवन के लिए हितकर, सुखकर और श्रेयस्कर है। यह ईश्वर के विराट् रूप के समान विश्व की समस्त विभूतियों का आश्रय-स्थल है। दृश्यमान जगत् के समग्र वैभवों की निधि तो यह है ही, अदृश्य लोकों की सम्पदा का भी कुबेर यही है। लौकिक और अलौकिक, सब कुछ इसी के भंडार में है। इहलोक और परलोक इसके लिए हस्तामलकवत् है। जान पड़ता है, शब्दमय अनादि-अनन्त ब्रह्म का यह प्रतीक है। इसमें हम अखिल ब्रह्मांड का चित्र देख सकते हैं। प्रत्यक्ष और परोक्ष, कुछ भी, इससे परे नहीं जान पड़ता। ऐसा यह सर्वशक्तिसम्पन्न है!

किसी राष्ट्र या जाति में संजीवनी शक्ति भरनेवाला साहित्य ही है। इसलिए यह सर्वतोभावेन संरक्षणीय है। सब-कुछ खोकर भी यदि हम इसे बचाये रहेंगे, तो फिर इसी के द्वारा हम सब कुछ पा भी सकते हैं। इसे खोकर यदि बहुत-कुछ पा भी लेंगे, तो फिर इसे कभी पा न सकेंगे। कारण, यह हमारे पूर्वजों की कमाई है। किसी जाति के पूर्वजों का चिर-संचित ज्ञान-वैभव ही साहित्य है। अन्यान्य लौकिक वैभव नश्वर हैं। यह अविनाशी है। इसीलिए इसका जो पल्ला पकड़े रहेगा, वह भी अमर होगा।

भारत के हिन्दुओं की स्वतन्त्रता खो गयी, धन-सम्पत्ति लुट गयी, उनके विपुल ऐश्वर्य के गौरवमंडित स्मारक भी लुप्त हो गये; पर उन्होंने अपने साहित्य का बहुलांश बचा लिया। उसे भ्रष्ट या कलुषित या विनष्ट न होने दिया। जब ग्रन्थों पर आपत्ति देखी कि वे फाड़े और जलाये जा रहे हैं, तब मस्तिष्क और कंठ में धारण कर उन्हें वाणी का अमृत पिलाया। भला अपने पूर्वजों के उस ज्ञान-भंडार को हम भी क्यों न बचायें? हमारा यही धर्म और कर्त्तव्य है। हमारा वह साहित्य विश्व-साहित्य का मेरुदंड है। उसकी प्रखर किरणें भूमंडल में फैली हुई हैं। उसके खजाने की भी खुले-खजाने लूट-खसोट हुई है। फिर भी, उसकी रीढ़ नहीं टूटी। उसमें आज भी जो

कुछ है—अनोखा है, अनूठा है, अमूल्य है, अनिर्वचनीय है।

हमारी हिन्दी का साहित्य अभी शायद आधे से अधिक अप्रकाशित ही है। अनेक प्राचीन ग्रन्थ कहीं बेठनों में लिपटे पड़े हैं, कहीं कूप-मंडूकों के घर में दीमकों को दावत दे रहे हैं। उसी प्रकार, अनेक आधुनिक साहित्यकारों की कृतियाँ भी प्रकाशकों के अभाव से, अथवा हमारी अगुणज्ञता एवं असावधानता से, प्रकाश में नहीं आयी हैं। यदि हमारा सम्पूर्ण हिन्दी-साहित्य सांगोपांग प्रकाशित हो जाय, तो हिन्दी का रत्नागार देखते ही बने। कुछ लोग, हिन्दी-साहित्य की वास्तविक महत्ता से अपरिचित होने के कारण, इसे अधूरा और हेय समझते हैं। उन्हें जानना चाहिए कि ग्रन्थों का संख्याबाहुल्य ही किसी साहित्य की श्रेष्ठता का प्रमाण नहीं है। काँच के चमकीले टुकड़ों की राशि से दो-चार-दस जगमगाते अनमोल लाल कहीं अच्छे हैं। हिन्दी-साहित्य में आज भी, जब उसके अनेक महत्त्वपूर्ण ग्रन्थ अन्वेषकों और प्रकाशकों की प्रतीक्षा में पड़े बिलख रहे हैं, ऐसे-ऐसे देदीप्यमान ग्रन्थ-रत्न हैं, जिनकी तुलना के ग्रन्थ अन्य भाषाओं के साहित्य में प्रायः दुर्लभ हैं। जब कभी हिन्दी का सितारा चमकेगा, और ईश्वर की दया से वह दिन बहुत दूर नहीं है तब विस्मृति के अन्धकारपूर्ण गिरि-गह्वर से उसके बहुत-से ग्रन्थ— तपस्वी निकलेंगे। उस दिन संसार आँखें फाड़कर उन्हें देखेगा। हिन्दी-भाषा और हिन्दी-साहित्य के सुदिन अभी आ रहे हैं—वे क्षितिज के छोर पर चमक रहे हैं। दोनों की वर्त्तमान प्रगतिशीलता में आशा और उत्साह की किरणें झलक रही हैं। निश्चय ही दोनों के अभ्युदय में आपका हार्दिक सहयोग सर्वथा अपेक्षित है।

आप तो जानते हैं कि जितना साहित्य नगरों के छापाखानों ने अब तक प्रकाशित किया है, उतना ही क्यों, उससे भी अधिक आपके चारों ओर के गाँवों में भरा और बिखरा पड़ा है। स्पष्टतः यह संकेत ग्राम-गीतों की ओर है, जिनके अनेक भेद और रूप-रंग देहात में देख पड़ते हैं। उनमें देश की अधिकांश जनता के हृदय की अनुभूतियाँ भरी पड़ी हैं। उन्हीं में 'गाँवों के देश' भारत के सुख-दुःख की सच्ची अभिव्यक्ति है। उनके संग्रह का काम यदि थोड़ा-थोड़ा सभी हिन्दी-प्रेमी बाँट लें, तो एक-एक मुट्ठी चून से महाभोज हो सकता है। और, केवल ग्राम-गीत ही क्यों, गाँव-गँवई के गँवार गायकों द्वारा जो पद्यबद्ध वीर-गाथाएँ और प्रेम-गाथाएँ सानुप्रास गायी जाती हैं, वे भी कुछ कम ललित और मनोज्ञ नहीं हैं। ग्राम्यभाषा के भाव-व्यंजक एवं अर्थ-गर्भ शब्द, मुहावरे और कहावतें भी साहित्य की कुछ कम शोभा-वृद्धि न करेंगी। पर, इनकी ओर हमारा ध्यान जैसा चाहिए, वैसा नहीं है।

साहित्य के उत्कर्ष के लिए सभी साहित्यकारों और साहित्यानुरागियों का पारस्परिक सहयोग तथा सामूहिक प्रयत्न आवश्यक है। साहित्य की उन्नति के लिए हमें भोग-विलास के बदले विद्या-विलासी बनना होगा। अपने जीवन रथ को सुख

के पथ पर ले चलने वाली आवश्यकताओं में हमें साहित्य को भी सम्मिलित करना होगा। केवल अन्न की भूख और पानी की प्यास की तरह नहीं, बल्कि वासना की भूख और हृदय की प्यास की तरह जब हमें साहित्य की भूख-प्यास भी सताने लगेगी, तब कहीं हमें समझना होगा कि साहित्य अब हमारे रोम-रोम में रम चुका। सच मानिए, साहित्य के आन्तरिक सौन्दर्य का विधिवत् विश्लेषण करने में जो विचक्षण हैं, वे ब्रह्मानन्द-सहोदर सुख के उपभोक्ता हैं। साहित्य का रस सभी रसों से आला और निराला है। इसके द्वारा आप ईश्वर-भक्ति-जनित परमानन्द की अनुभूति उपलब्ध कर सकते हैं, सांसारिक सुखों के रसास्वादन में अलौकिक तल्लीनता पा सकते हैं, नाना प्रकार के लाभ-लोभ से बचकर अपने ही मानसिक आनन्द में मग्न रह सकते हैं, स्वाभिमानी और सन्तोष से जीवन में सच्ची शान्ति का अनुभव कर सकते हैं। साहित्य का रस जिसने पा लिया, उसके लिए भूतल ही स्वर्ग बन गया।

साहित्य का रस जिस रस में मिल जाता है, उसे अनुपम माधुर्य्य से परिपूर्ण कर देता है। और साहित्य के रस से हम वंचित हैं, तो प्रकृति की सुषमा में भी हमारे लिए कोई रस नहीं, संसार की किसी चीज की मिठास का असली स्वाद हमें सुलभ नहीं। कमनीय-कामिनी-कटाक्ष और उसकी मन्दस्मितयुक्त भ्रू-भंगिमा भी हमारे लिए नीरस है, यदि हम साहित्य-रसज्ञ नहीं हैं। शिशु की मन्द-मुस्कान में, मानिनी के मान में, कृषक-कन्या के गान में, रसलम्पट मधुप के मधुपान में, शरत्-पूर्णिमा के विमल-धवल हास विलास में, तरंगित यौवन के मदोच्छ्वास में, सुरभित सुमनों के विकास में, कहीं भी हमें रस का अभिनव आभास न मिलेगा, यदि हमारा हृदय साहित्य-रस-सिक्त नहीं है—यदि हमारा जीवन साहित्य के लालित्य के लिए लालायित नहीं है। साहित्य-सरिता में गहरा गोता लगाये बिना हम समुद्र, नदी, पर्वत, वन-उपवन, चन्द्र-सूर्य, नक्षत्र-मंडल, पशु-पक्षी आदि का आभ्यन्तरिक सौष्ठव नहीं देख सकते हैं। वृक्ष पर चढ़ी हुई लोनी लता को सभी देखते हैं, पर साहित्यिक की पैनी दृष्टि केवल लहलही लता ही नहीं देखती—कुछ और भी देखती है। कोयल की कूक सारी दुनिया सुनती है; पर साहित्यिक का सुनना कुछ और ही है। फूल को जितना साहित्यिक समझता है, उतना शायद भौंरा भी न समझता होगा।

साहित्य ही ने भगवान् को भी भक्तों के मानस-मन्दिर में प्रतिष्ठित किया है। वाल्मीकि, व्यास, कालिदास, भवभूति, सूर, तुलसी, मीरा, सब-के-सब साहित्य ही की सजीव प्रतिमा हैं। साहित्य ने ही उनके रूप में अवतीर्ण होकर धरातल को धन्य किया। परमात्मा ने अपने अपूर्व सृष्टि-कौशल का रहस्य समझाने के लिए ही साहित्य का सर्जन किया। उन्होंने साहित्य को अद्भुत शक्ति प्रदान की है। वह अतीत को वर्तमान बना सकता है। वह भविष्य का रहस्य-भेदन कर सकता है। वह काँच को कंचन कर सकता है। अदृश्य को भी दृश्यमान करना उसके बायें हाथ का

खेल है। उसकी दिव्य दृष्टि प्रज्ञाचक्षु संजय की दृष्टि से भी होड़ बद सकती है। वह आज भी सदियों पहले के युद्ध की विभीषिका से आपके कलेवर को कंटकित कर सकता है। उसके श्रीमुख से आप सुनना चाहें, तो राम का धनुष-टंकार सुन लें, पार्थ का गांडीव-घोष सुन लें, भीम के प्रचंड भुजदंडों का भीषण गर्जन सुन लें, मुरली-मनोहर की वंशी-ध्वनि सुन लें, हल्दी घाटी की तलवारों की झनकार सुन लें, शिवा और गुरुगोविन्द की प्रलय-ललकार सुन लें। उसके सामने रेडियो और ग्रामोफोन की क्या हस्ती है! ये निर्जीव यन्त्र भी उसी के प्रताप से सजीव बने हैं। वह मिट्टी छू दे तो सोना हो जाय—उकठे काठ को ठोक दे तो जल तरंग हो जाय। यदि वह न होता, तो हमारे जीवन-सर्वस्व राम और कृष्ण भी हमारे बीच न होते। उसी के बल पर हम मदान्ध साम्राज्यवादी को भी चुनौती देने का साहस रखते हैं। उसी की तेजस्विता हमारी निष्प्राण नसों में बिजली भरती है। उसी का अमर सन्देश हमें पराधीनता की कड़ियाँ तोड़ने के लिए उद्‌बुद्ध और कटिबद्ध करता है। उसी की उपासना से उत्पीड़ित देश का उद्धार होता है। उसी के शंखनाद से हमारी मोह-निद्रा भंग होगी। यदि वह हमारे जीवन-व्यापार में संग-संग न चलेगा, तो अपने पूर्वजों से हमारा नाता टूट जायगा—पतन की खाई से निकलने का सहारा जाता रहेगा। उसकी महत्ता की कोई इयत्ता नहीं। अतः उसी की आराधना में दत्तचित्त होना हमारा एकान्त कर्तव्य है।

—'माधुरी' (लखनऊ), तुलसी-संवत् 319, संवत् 1999 वि.; सन् 1942 ईसवी

साहित्य और विज्ञान

विद्वानों के मतानुसार विज्ञान भी साहित्य का ही एक प्रमुख अंग है। जब मानव-जाति के आदिम ज्ञानकोष 'वेद' भी साहित्य की सीमा में सन्निविष्ट हैं, तब दर्शन, विज्ञान, इतिहास, भूगोल, खगोल, गणित आदि का उसकी सीमा के अन्तर्गत होना स्वाभाविक है। आधुनिक युग में साहित्य की व्यापकता असन्दिग्ध एवं निर्विवाद रूप से सिद्ध है। साहित्य में सहित का भाव निहित है। अखिल विश्व की ज्ञान-सम्पदा उसमें सन्निहित है। चौंसठ कलाएँ भी उसी की परिधि में परिवेष्टित प्रतीत होती हैं। इस तरह साहित्य और विज्ञान में एक प्रकार से अंगांगी-भाव-सा झलकता है।

साधारणतः विज्ञान उस विद्या को कहते हैं, जो वस्तु-विशेष के मूल तत्त्वों और सूक्ष्म रहस्यों का यथार्थ एवं मार्मिक ज्ञान प्रदान कर उस ज्ञान को क्रमबद्ध और सुव्यवस्थित रखती है। इसी विद्या के द्वारा हम किसी विषय का विश्लेषणात्मक अनुशीलन करके उसके आन्तरिक अथवा वास्तविक तथ्य का उद्घाटन कर सकते हैं। दर्शन के सिवा विज्ञान के समान दूसरी कोई विद्या सूक्ष्मेक्षिका नहीं है। यदि दर्शन को हम साहित्य का नेत्र मानें, तो विज्ञान को दिव्यांजन-शलाका मान सकते हैं। सूक्ष्म दृष्टि से विचार करने पर यह प्रतीत होता है कि विज्ञान की सहायता के बिना साहित्य के अन्तःस्थल में प्रवाहित होते रहनेवाले अजस्र रस-स्रोत में हम अवगाहन नहीं कर सकते।

एक सरल उदाहरण मनोविज्ञान ही लीजिए। मनोविज्ञान की उपयोगिता कहीं भी उपेक्षित नहीं। साहित्य का हृदय जो काव्य है, वह तो मनोविज्ञान की ही सेज पर पौढ़ता है। रसों और अलंकारों की अति सूक्ष्म विवेचना-पद्धति पर गहरी दृष्टि डालने से यह बात स्पष्ट हो जायगी। नायिका-भेद तो अधिकतर मनोविज्ञान पर ही अवलम्बित है। इस युग में नायिका-भेद को हेय दृष्टि से देखना प्रगतिशीलता का लक्षण है; किन्तु नायिका-भेद तो भारतीय साहित्य की अमूल्य सम्पत्ति है। संस्कृत और हिन्दी के अतिरिक्त किसी साहित्य को यह सम्पत्ति वैसी प्रचुर और विशदता से सुलभ नहीं। मनोविज्ञान के विद्यार्थी की चित्त-कसौटी के लिए यह अपूर्व कंचन

है। इसके अतिरिक्त भी सूरदास के 'बाल-लीला-वर्णन' और 'भ्रमरगीत' में, तुलसीदास के 'रामचरितमानस' में, बिहारीलाल के 'सतसैया के दोहरे' में मनोविज्ञान का आश्रय लेने पर लोकोत्तरानन्द प्राप्त हो सकता है।

इतना ही नहीं, यदि हम बारीकी से सोचकर देखें, तो सहज ही ऐसा जान पड़ेगा कि दार्शनिक भी मनोविज्ञान से पीछा नहीं छुड़ा सकता। सभी विषयों के समीक्षक इसी के द्वारा मानव-हृदय की अनुभूतियों और प्रवृत्तियों का विश्लेषण करते हैं। इसके बिना मानव-स्वभाव का अध्ययन और मानव-प्रकृति का रहस्योद्घाटन कदाचित् सम्भव नहीं है। प्रत्येक कलाकार के लिए इसका ज्ञान अनिवार्य रूप से आवश्यक-सा प्रतीत होता है। शिक्षण-शास्त्री का तो यह प्रधान अस्त्र ही है। चाहे कोई साहित्यकार हो या चित्रकार, इसकी शरण गये बिना सफलता नहीं पा सकता। जब पशु-पक्षियों की मनोवृत्ति का भी यह अनुभव करा सकता है, तब मनुष्य की क्या कथा!

इसी प्रकार विज्ञान की अन्य शाखाओं की भी बड़ी महत्ता है। भाषा-विज्ञान का ऐसा महत्त्व है कि नीरस कहा जाने वाला व्याकरण भी उसके प्रभाव से नहीं बच सकता। चिकित्सक की चमत्कारपूर्ण सफलता भी शरीर-विज्ञान पर ही निर्भर है। रसायन-विज्ञान और वनस्पति-विज्ञान के बिना वैद्यराज साक्षात् यमराज-सहोदर ही होंगे। वैसे ही ज्योतिर्विज्ञान भी ज्योतिषी की आँखों का पटल खोलने वाला है। काम-विज्ञान के बिना हमारे देश के युवक-युवतियों की दशा प्रत्यक्ष है।

कहाँ तक कहा जाय, विज्ञान तो एक ऐसा सर्वग्राही विषय है कि संसार का कोई पदार्थ इसकी पकड़ से बचा नहीं दिखता। हमारी चर्म-चक्षुओं में यह विलक्षण शक्ति उत्पन्न कर देता है, हिये की आँखों में अमृतांजन लगा देता है। ऐसा कुछ जान पड़ता है कि जिसको आजकल लोग वैज्ञानिक शक्ति कहते हैं, उसी को हमारे अन्तर्द्रष्टा पूर्वजों ने प्राचीन ग्रन्थों में 'योगमाया' कहा है। 'योगमाया' ईश्वरीय शक्ति है। वैज्ञानिक शक्ति मानवीय नहीं है। उसमें स्थूल और सूक्ष्म का भेद भले ही हो; पर शक्ति तो कोई ऐसी नहीं, जिसमें ईश्वरीय सत्ता न हो। निश्चय ही यह विचारणीय विषय है कि हमारे पुराणों में जिस 'दिव्य दृष्टि' का उल्लेख है, उसमें क्या वैज्ञानिकता का लेशमात्र भी स्पर्श नहीं है?

हमारे पुराने ग्रन्थों में 'विज्ञान' शब्द का प्रयोग प्रायः 'तत्त्वदर्शन' के अर्थ में मिलता है। श्रीमद्भगवद्गीता के ज्ञान-विज्ञान-योग नामक सातवें अध्याय में, तथा अन्य स्थलों में भी, 'विज्ञान' का भावार्थ 'यथार्थ तत्त्वज्ञान' ही मिलता है। हिन्दी के सर्वश्रेष्ठ कवि गोस्वामी तुलसीदास ने 'मानस' और 'विनयपत्रिका' में अनेक बार 'विज्ञान' और 'विज्ञानी' शब्दों का व्यवहार क्रमशः 'अन्तर्दर्शन', 'ब्रह्मज्ञान', 'सृष्टि-मर्मज्ञ', 'तत्त्वद्रष्टा' के अर्थ में किया है। यथा, उत्तरकांड के 'ज्ञानदीपक' में—

यहि बिधि लेसै दीप, तेजरासि बिग्यानमय।
जातहिं जासु समीप, जरहिं मदादिक सलभ सब।।

फिर वहीं पर—

तब बिग्यान-निरूपिनी बुद्धि बिसद घृत पाइ।
चित्त दिया भरि धरै दृढ़ समता दियटि बनाइ।।

X X X

जब सो प्रभंजन उरगृह जाई। तबहिं दीप बिग्यान बुझाई।।

पुनः उत्तरकांड में ही विज्ञानी का दर्जा बहुत ही ऊँचा—सबसे ऊँचा—बतलाया गया है—

ग्यानवन्त कोटिक महँ कोऊ। जीवनमुक्त सकृत जग सोऊ।।
तिन सहस्र महुँ सब सुख खानी। दुर्लभ ब्रह्मलीन बिग्यानी।।

इसीलिए भगवान् रामचन्द्र ने भी कहा है कि 'ग्यानिहुँ ते अति प्रिय बिग्यानी' और अरण्यकांड के सन्त-लक्षण-प्रसंग में भी कहा है—

बिरति बिबेक बिनय बिग्याना। बोध जथारथ बेद पुराना।।

ऐसे-ऐसे असंख्य उदाहरण हैं। सर्वत्र 'आत्मबोध' की ही व्यंजना है। आत्मबोध से ही सूक्ष्मदर्शिता आती है। सम्भवतः यही 'दिव्यदृष्टि' है, जिसका वर्णन बालकांड की गुरु-वन्दना में मिलता है—

श्री गुरु पदनख मनिगनजोती। सुमिरन दिव्य दृष्टि हिय होती।।
उघरहिं बिमल बिलोचन ही के। मिटहिं दोष-दुख भव-रजनी के।।
सूझहिं रामचरित-मनिमानिक। गुपुत प्रगट जहँ जो जेहि खानिक।।

इस प्रकार विचार करने से 'विज्ञानी' और 'वैज्ञानिक' में सूक्ष्म और स्थूल का ही भेद जान पड़ता है। विज्ञानी की सूक्ष्मदर्शिता अन्तर्मुखी और वैज्ञानिक की बहिर्मुखी दीख पड़ती है; किन्तु गम्भीरतापूर्वक विचार करने पर 'विज्ञान' के आधुनिक प्रचलित अर्थ से इसमें कोई विशेष भेद नहीं पड़ता। आजकल की तो बात ही क्या? यह तो विज्ञान का युग है ही, पुराने ग्रन्थों के अनुशीलन से भी यही पता लगता है कि छोटी-सी-छोटी बात में भी विज्ञान की सत्ता व्याप्त है। सारी दुनिया मक्खी और मच्छर दिन-रात देखती है; पर विज्ञानी की पैनी दृष्टि उनमें और भी बहुत-कुछ देखती है। वही सारे जगत् को बतलाता है कि ये मौत के दूत हैं। 'विषस्य विषमौषधम्' तो लिखा महाकवि कालिदास ने; पर वैज्ञानिक ने उसको प्रत्यक्ष चरितार्थ कर दुनिया को दिखला दिया। कवि और दार्शनिक से उसकी पैठ कुछ कम गहरी नहीं है।

किन्तु, आजकल के भारतीय वैज्ञानिक भी इस भ्रम में हैं कि प्राचीन भारतवर्ष में विज्ञान की उन्नति उस पराकाष्ठा को कभी नहीं पहुँची थी, जिस चरमसीमा तक पाश्चात्य जगत में आधुनिक काल में पहुँची हुई है। इस भ्रम के कारण लोगों में स्वाभिमान-शून्यता और अपनी हीनता की धारणा बद्धमूल हो गयी है। उसे दूर करना साहित्य-सेवियों का कर्तव्य है।

पाठकों को याद होगा, कुछ ही साल पहले की बात है, भारतप्रसिद्ध मैथिल विद्वान् महामहोपाध्याय मधुसूदन झा, जो अपने समय के सर्वश्रेष्ठ वेदज्ञ माने गये और जयपुर-नरेश के राजगुरु थे, हिन्दू-विश्वविद्यालय में महामना मालवीयजी द्वारा आमन्त्रित किये गये थे। 'वेदों में विज्ञान' विषय पर उनकी व्याख्यानमाला का जो अति संक्षिप्त विवरण अखबारों में प्रकाशित हुआ था, उसे पढ़कर बहुत से लोगों की धारणा बदल गयी और बहुत-सी शंकाओं का भी समाधान हो गया। पर, जब तक उनकी कही हुई वैदिक-विज्ञान-सम्बन्धी बातों पर अँगरेजी के विद्वान् विज्ञानवेत्ता हिन्दी-लेखकों का स्पष्ट अभिमत प्रकाशित नहीं होता, तब तक हिन्दी-मात्र जाननेवालों की तुलनात्मक विवेचनाशक्ति उद्‌बुद्ध नहीं हो सकती।

श्रीमद्वाल्मीकीय रामायण, महाभारत, विष्णुपुराण, देवी-भागवत, अध्यात्मरामायण, कौटिल्य अर्थ-शास्त्र, मेघदूत आदि अनेक प्राचीन ग्रन्थों में भी, जिनके हिन्दी-रूपान्तर अब सुलभ हैं, बहुतेरी ऐसी बातें पायी जाती हैं, जिनके वैज्ञानिक सत्ता का आभास मिलता है; किन्तु ऐसे प्रसंगों या स्थलों पर हमारे हिन्दी-संसार के विज्ञान-विशारद लेखक आधुनिक दृष्टि से तुलनात्मक या समीक्षात्मक विचार प्रकट नहीं करते। वे हिन्दी-पाठकों को यह कभी नहीं बतलाते कि अठारह पुराणों के कर्ता भगवान् वेदव्यास का एक नाम जो 'विज्ञानपाद' भी है, वह केवल उनकी तत्त्वदर्शिता के कारण है, अथवा वैज्ञानिक विषयों की विज्ञता के कारण।

एक-दो छोटे-मोटे उदाहरण दे देना अप्रासंगिक न होगा। अध्यात्मरामायण के किष्किन्धा-कांड में, जटायु के भाई 'सम्पाति' से, चन्द्रमुनि ने, गर्भाधान से भूमिष्ठ होने तक की, मानव-शरीर के क्रमिक विकास की, जो कहानी कही है, उसको आधुनिक कसौटी पर कसकर शारीरिक-शास्त्र के ज्ञाता हिन्दी-लेखक अब बतलावें कि उसमें क्या तथ्य है, या क्या त्रुटियाँ हैं। इसी प्रकार, श्रीमद्‌भागवत में भगवान् हलधर बलराम की जो जन्मकथा है और उनका जो प्रसिद्ध नाम 'संकर्षण' है, उसमें कुछ वैज्ञानिकता भी है या नहीं—इस पर दूसरा कौन प्रकाश डाल सकता है? हम लोग इधर जो अखबारों में पढ़ते हैं कि अमेरिका में एक स्त्री के गर्भ का बच्चा वैज्ञानिक शक्ति के बल से दूसरी स्त्री के गर्भ में डाल दिया गया और वहीं से वह स्वस्थ पैदा हुआ, फिर उधर भागवत में भी पढ़ते हैं कि बलरामजी भी देवकी के गर्भ में से रोहिणी के गर्भ में 'योगमाया' के बल से ले जाये गये थे; यह तो विज्ञानविद् साहित्य-सेवी ही बतला सकते हैं कि वैज्ञानिक शक्ति और योगमाया में कोई रहस्यपूर्ण अन्तर है या नहीं।

हिन्दी-संसार के स्वनामधन्य विज्ञानाचार्य प्रोफेसर रामदास गौड़ और साहित्य-महारथी बाबू जयशंकर 'प्रसाद' के बीच एक बार यही चर्चा छिड़ी थी। गौड़जी आधुनिक विज्ञान-शास्त्र के मर्मज्ञ थे। 'प्रसाद' जी को भारत की प्राचीन

वैज्ञानिक सभ्यता का गर्व था; किन्तु गौड़जी भी 'प्रसाद' जी से सोलहों आने सहमत दीख पड़े। ये दोनों विद्वान् हमारे दुर्भाग्य से आज इस लोक में नहीं हैं। यदि ये होते, तो यह चर्चा कुछ रंग लाती।

फिर भी, कई इतिहासवेत्ताओं ने सप्रमाण यह सिद्ध कर दिखाया है कि वैज्ञानिक उन्नति में प्राचीन भारत भी बहुत बढ़ा-चढ़ा था। आयुर्वेद-विज्ञान, संगीत-विज्ञान, शिल्प-विज्ञान, जलपोत (नौ)-विज्ञान आदि में भारतीयों की निपुणता के प्रमाण इतिहासों में मिलते हैं। हाँ, हिन्दी-पाठकों की ज्ञान-वृद्धि के लिए पत्र-पत्रिकाओं में इस विषय की चर्चा अब बहुत कम दीख पड़ती है।

पौराणिक कथाओं में वैज्ञानिकता की खोज अभी वैसी नहीं हुई है, जैसी होनी चाहिए। इसकी बड़ी आवश्यकता है। यों तो हमारे साहित्य में बहुत से वैज्ञानिक अनुसन्धानों पर पूर्ण प्रकाश नहीं पड़ा है; पर पुराण तो बिलकुल अछूते पड़े हैं। प्रसिद्ध पौराणिक कथा है कि दैत्य-गुरु शुक्राचार्य के पास देव-गुरु वृहस्पति का पुत्र 'कच' मृत-संजीवनी-विद्या सीखने गया था। दैत्यों ने उसे मार डाला। शुक्राचार्य ने उसी विद्या के प्रभाव से फिर उसे जिला दिया। इस कथा पर वैज्ञानिक-साहित्यिकों को विचार करना चाहिए। क्या उस विद्या से विज्ञान का कोई सम्बन्ध है?

इस युग में अपने पूर्वजों की अवैज्ञानिकता पर हमारी जो प्रतीति हो गयी है, उसे विज्ञान-शास्त्री साहित्य-सेवी ही दूर कर सकते हैं। भारतीय अस्त्र-विज्ञान पर कुछ भी विचार किये बिना आधुनिकता की चकाचौंध में भारतवासियों की अवैज्ञानिकता पर कोई मत स्थिर कर लेना तथा यज्ञ या हवन के वैज्ञानिक रहस्यों की छानबीन न करके भारतीयों को विज्ञान-विहीन बतलाना आत्म-प्रवंचन-मात्र है। विज्ञान के विशेषज्ञ हिन्दी-लेखकों को ऐसा प्रयत्न करना चाहिए कि हमारे देशवासी वैज्ञानिक वैभव के चाकचिक्य से चकित होकर, आत्मगौरव को न भूल जायँ, स्वदेशाभिमान को न बिसार दें।

प्रयाग की 'विज्ञान-परिषद्' के मुखपत्र 'विज्ञान' का सम्पादन जब तक उपर्युक्त गौड़जी करते रहे, तब तक वह अत्यन्त लोकप्रिय पत्र रहा। कारण, गौड़जी ठीक समझ चुके थे कि हमारे देश के लोगों को 'गैस' और 'एक्सरे' से भी बढ़कर तेलहन और विनौले का वैज्ञानिकत्व बतालने की आवश्यकता है। अपने समय के 'विज्ञान' में वे कृषि-विज्ञान, पशुपालन-विज्ञान, भोजन-विज्ञान आदि अनेक सामयिक एवं देशहितकर विषयों पर ही विशेष प्रकाश डाला करते थे। अधिकतर व्यावहारिक एवं जीवनोपयोगी तथा लोक-कल्याणकारी विषयों को वैज्ञानिक प्रकाश में देखने के वे अभ्यासी थे। आज के वैज्ञानिकों में बहुत ही कम वैसे हैं।

अब तो 'वैज्ञानिक' कहे जाने वालों में ही यह बात देखी जाती है कि भारतीय आचार-विचार को वे पिछड़े युग का दम्भ मानते हैं और वर्तमान विज्ञान से उत्पन्न

सुविधाओं को स्वास्थ्यकर समझते हैं। इससे हमारे देशवासियों की भी संस्कृति भ्रष्ट होती जा रही है। जो लोग नित्य नये-नये कीटाणुओं की खोज करते रहते हैं, विश्लेषण-क्रिया ही जिनकी दिनचर्या है, वे ही अपने आचरण से लोगों को स्वास्थ्य का सुगम पथ प्रदर्शित कर सकते हैं। विज्ञान के विद्यार्थियों और प्रेमियों में भी यह बात देखी गयी है कि सैकड़ों प्यासे एक ही गिलास के घाट उतरने में नहीं हिचकते। हाट-बाट में चाय के दूषित प्यालों का दौर-दौरा भी वैसा ही देखने में आता है। भोजन-पात्र-सम्बन्धी आचार-विचार का तो मानों अब विज्ञान से कोई सम्बन्ध ही नहीं रह गया है। स्वास्थ्य-विज्ञान को ताक पर रखकर प्रगतिशीलता के पथ पर सरपट दौड़ना खतरे से खाली नहीं है। हमारी वैज्ञानिकता पर आधुनिकता का इतना गाढ़ा रंग न चाहिए कि अपने पूर्वजों की वैज्ञानिकता पर हमारी आस्था ही न जमे। अतः साहित्य और विज्ञान का सांस्कृतिक सम्बन्ध अक्षुण्ण बनाये रखने की आवश्यकता है।

–मासिक 'साधना' (आगरा); वर्ष 4, अंक 4-5, जुलाई-अगस्त, सन् 1943 ई.

आदर्श साहित्यिक

जो लेख लिखते हैं, पद्य-रचना करते हैं, पत्र-सम्पादन और ग्रन्थ-निर्माण करते हैं तथा पुस्तकों के अध्ययन में लीन रहते हैं, उन्हें प्रायः सब लोग साहित्यिक कहा करते हैं। जो कोई विद्या-प्रचार और ज्ञान-विस्तार का काम करता है वह वास्तव में धन्य है, चाहे वह जीविका के लिए करता हो अथवा यश के लिए। जो गद्य या पद्य लिखकर पाठकों के मनोविनोदार्थ तथा सर्वसाधारण के उपकारार्थ सामयिक पत्रों में प्रकाशित कराते हैं, वे सचमुच जनता के शुभचिन्तक और सेवक हैं। जो पुस्तक-प्रणयन और पत्र-सम्पादन करते हैं, उन्हें भी शिक्षा-प्रचारक और लोकोपकारक कह सकते हैं; क्योंकि उनके स्वार्थ के साथ-साथ जनता का भी स्वार्थ सधता है।

साहित्य-सेवा ही जिसकी जीविका हो जाती है, वह साहित्य का महान् उपकार करता है। किन्तु, जीविका उपार्जन करना ही जिसके जीवन का प्रधान लक्ष्य है, उससे साहित्य-सेवा होती भी नहीं। साहित्य-सेवा में जिसका स्वाभाविक एवं आन्तरिक अनुराग नहीं, वह अपनी साहित्य-सेवा से राष्ट्र का विशेष हित-साधन नहीं कर सकता। हाँ, साहित्य-सेवा को अपनी जीविका का मुख्य आधार मानकर भी जो लोग अपनी आभ्यन्तरिक प्रवृत्ति से उसमें लीन होते हैं, वे जीविका को प्रधानता नहीं देते। वे जीविका को गौण और साहित्य-सेवा को मुख्य मानते हैं।

काव्य ही साहित्य का प्राण है। वास्तव में सच्चा साहित्यिक तो स्वभावतः काव्यानुरागी होता है। इतिहास, भूगोल, विज्ञान, अर्थशास्त्र आदि विषयों में भी वह काव्य-जनित अलौकिक आनन्द ही ढूँढ़ता है। उसकी आत्मा, उसकी कल्पना, उसकी भावना, उसकी स्मृति और उसकी बुद्धि, काव्य की आत्मा के साथ, दूध-मिसरी की तरह घुल-मिल जाती है। इतिहास, धर्म, राजनीति, कृषि आदि विषय भी साहित्य की सीमा में बद्ध हैं। किन्तु, सबमें काव्य की रसमयी आत्मा की खोज करने वाला साहित्यिक पुरुष ही, उक्त शुष्क विषयों को भी संसार के लिए, विशेष चित्ताकर्षक और हृदयग्राही बना सकता है। ऐतिहासिक मारकाट, राजनीतिक उथल-पुथल, वैज्ञानिक आविष्कार, धार्मिक शिक्षा, भौगोलिक वर्णन और शिल्प-कौशल में भी वह साहित्य की पवित्र आत्मा 'काव्य' को ढूँढ़ता रहता है। साहित्यिक नवरस उसे सर्वत्र

देख पड़ते हैं। प्रत्येक घटना की विचित्रता में, विजय और पराजय में, उन्नति और अवनति में, नदी और पर्वत में, वर्षा और वसन्त में, किसान और देश की दरिद्रता में, झोपड़ी और राजमहल में, जंगल में, पुष्पोद्यान में, पुस्तकालय में, हाट-बाट में, और जीवन-मरण में, सर्वत्र सर्वदा वह साहित्य की उसी रसवती आत्मा 'काव्य' का अनुसन्धान करता रहता है। साहित्य के नवरस, जो काव्य के प्राकृतिक अलंकार हैं, उसकी आत्मा के सर्वस्व हो जाते हैं। शृंगार, हास्य, करुण, वीर, रौद्र, भयानक, वीभत्स, अद्‌भुत, शान्त आदि साहित्यिक रस, उसे, अवस्था और अवसर के अनुकूल आनन्द देते रहेते हैं। जब वह विज्ञान का अध्ययन करने लगता है तब उसकी कल्पना आकाश में उड़ने लगती है—वह साहस और अध्यवसाय की महिमा पर विचार करने लग जाता है—वायुयान और जलयान के निर्माण का रहस्य सोचने लगता है। कभी महाकवि कालिदास के मेघदूत-महाकाव्य का यह वाक्य 'धूमज्योतिःसलिलमरुतां सन्निपातः क्व मेघः' याद करने लगता है और फिर कभी यह सोचने लगता है कि 'सोइ जल अनल अनिल संघाता, होइ जलद जग जीवन दाता।' इतना ही नहीं, विज्ञान-पाठ के प्रसंग में वह बिहारी के इन दोहों पर भी दाद देता है—

मेरी भव-बाधा हरो, राधा नागरि सोइ।
जा तनकी झाईं परे, स्याम हरित दुति होइ।।
अधर धरत हरि के परत, ओठ दीठि पट जोति।
हरित बाँस की बाँसुरी, इन्द्रधनुषी रँग होति।।

जब वह कृषि-विषयक अध्ययन आरम्भ करता है तब उसकी कल्पना कमाल करती है। वह किसानों को झट भगवान 'हलधर' कहकर उन्हें प्रणाम करता है और उसी समय उसे यह पद्य स्मरण हो आता है—

मुह तक रही थी खुश्क जमीं आसमान का।
उम्मेद साथ छोड़ चुकी थी किसान का।।
इक दिन जो अपने खेत में आकर खड़ा हुआ।।
पौदों का हाल देख के बेताब[1] हो गया।।
हर बार आसमाँ की ओर देखता था वह।
बारिश के इन्तजार में घबरा रहा था वह।।
नागाह[2] एक अब्र[3] का टुकड़ा नजर पड़ा
लाती थी अपने साथ उड़ाकर जिसे हवा।
टप-दे-सी उसकी नाक पै एक बूँद गिर पड़ी।
सूखी हुई किसान के दिल की कली खिली।।

---

1. बेचैन। 2. अचानक। 3. बादल (अभ्र, मेघ)।

क़िस्मत खुली किसान की बिगड़ी हुई बनी।
सूखी हुई ग़रीब की खेती हरी हुई।।[1]

फिर वह मन ही मन कहता है–

"हल चलानेवाले... प्रायः स्वभाव से ही साधु होते हैं। वे अपने शरीर का हवन किया करते हैं। खेत उनकी हवन-शाला है। उनके हवन-कुंड की ज्वाला की किरणें चावल के लम्बे और सुफेद दानों के रूप में निकलती हैं। गेहूँ के लाल-लाल दाने इस अग्नि की चिनगारियों की डालियाँ हैं। मैं जब कभी अनार के फल और फूल देखता हूँ तब मुझे बाग के माली का रुधिर याद आ जाता है। उसकी मेहनत के कण जमीन में गिरकर उगे हैं, और हवा तथा प्रकाश की सहायता से वे मीठे फलों के रूप में नजर आ रहे हैं। किसान मुझे अन्न में, फूल में, फल में, आहुत हुआ-सा दिखायी पड़ता है। कहते हैं ब्रह्माहुति से जगत पैदा हुआ है। अन्न पैदा करने में किसान भी ब्रह्मा के समान है। खेती उसके ईश्वरीय प्रेम का केन्द्र है। उसका सारा जीवन पत्ते-पत्ते में, फूल-फूल में, फल-फल में बिखर रहा है। वृक्षों की तरह उसका जीवन एक प्रकार का मौन जीवन है। वायु, जल, पृथ्वी, तेज और आकाश की नीरोगता उसी के हिस्से में है।"[2]

"विद्या यह नहीं पढ़ा; जप-तप यह नहीं करता; सन्ध्या वन्दनादि इसे नहीं आते; ज्ञान-ध्यान से इसे सरोकार नहीं; केवल साग-पात खाकर ही यह अपनी भूख निवारण कर लेता है। ठंडे चश्मों और बहती हुई नदियों के शीतल जल से यह अपनी प्यास बुझा लेता है। प्रातःकाल उठकर यह अपने हल-बैलों को नमस्कार करता है और हल जोतने चल देता है। दोपहर की धूप इसे भाती है। इसके बच्चे मिट्टी में ही खेल-खेलकर बड़े हो जाते हैं। इसको और इसके परिवार को बैल और गौवों से प्रेम है। उनकी यह सेवा करता है। पानी बरसानेवाले के दर्शनार्थ इसकी आँखें नीले आकाश की ओर उठती हैं। नयनों की भाषा में यह प्रार्थना करता है। सायं और प्रातः, दिन और रात, विधाता इसके हृदय में अचिन्तनीय और अद्भुत आध्यात्मिक भावों की वृष्टि करता है। यदि कोई इसके घर आ जाता है तो यह उसको मृदु वचन, मीठे जल और अन्न से तृप्त करता है। धोखा यह किसी को नहीं देता। यदि कोई इसे धोखा दे भी दे, तो उसका इसे ज्ञान भी नहीं होता; क्योंकि इसकी खेती हरी-भरी है; गाय इसकी दूध देती है; स्त्री इसकी आज्ञाकारिणी है; मकान इसका पुण्य और आनन्द का स्थान है। पशुओं को चराना, नहलाना, खिलाना, उनके बच्चों की अपने बच्चों के समान अच्छी तरह सेवा करना, खुले आकाश के नीचे रातें गुजार देना क्या स्वाध्याय से कम है? दया, वीरता और प्रेम जैसा इन किसानों में कहीं देखा जाता

---

1. मासिक 'सरस्वती' (प्रयाग)
2. सरदार पूर्णसिंह के 'प्रेम की मजूरी' नामक एक निबन्ध से ('सरस्वती', प्रयाग)

है, अन्यत्र मिलने का नहीं। गुरु नानक ने ठीक कहा है; 'भोले भाव मिले रघुराई'! भोले-भाले किसान को ईश्वर अपने खुले दीदार का दर्शन देता है। उनकी फूस की छतों में से सूर्य्य और चन्द्रमा छन-छन कर उनके बिस्तरों पर पड़ते हैं। ये प्रकृति के जवान साधु हैं। जब कभी मैं इन बे-मुकुट के गोपालों का दर्शन करता हूँ, मेरा सिर स्वयं ही झुक जाता है। जब मुझे किसी फकीर के दर्शन होते हैं तब मुझे मालूम होता है कि नंगे सिर, नंगे पाँव, एक टोपी सिर पर, एक लंगोटी कमर में, एक काली कमली कन्धे पर, एक लम्बी लाठी हाथ में लिये हुए गौओं का मित्र, बैलों का हमजोली, पक्षियों का हमराज, महाराजाओं को अन्नदाता, बादशाहों को ताज पहनाने और सिंहासन पर बिठानेवाला, भूखों और नंगों को पालने वाला, समाज के पुष्पोद्यान का माली और खेतों का वाली जा रहा है।"[1]

इसी प्रकार जब 'ताजमहल' को वे देखते हैं तब उसे 'पत्थर का महाकाव्य', हिमालय को 'पृथ्वी का मापदंड' और सजला सुफला शस्यशस्यामला वसुन्धरा को 'मातृभूमि की सुगापंखी साड़ी' तथा पर्वत-निर्गत नदियों को 'देशमाता के स्तनों की दुग्धधाराएँ' कह देते हैं। यदि आकाश की ओर उनकी नजर उठ जाती है तो मगन-मन होकर कहते हैं—

हे ईश तुम्हीं में रवि प्रकाश पाता है; कृश हुआ कलाधर फिर विकास पाता है।
हैं तारे करुणा-बिन्दु तुम्हारे प्यारे, न्यारे-न्यारे हैं खेल तुम्हारे सारे।।[2]

फिर जब वे अर्थशास्त्र का अध्ययन करने लगते हैं तब वे सोचते हैं कि—

हिन्द की हाय दौलत कहाँ वह गयी,
और क्या इल्म का वह खजाना हुआ?
धीरता और साहस गये हैं किधर?
किस तरफ काफिला वह रवाना हुआ?
देश की ओर से कान बहरे किये,
आँख रहते हुए हाय अन्धे बने।
लाख घर-घर में रोना पड़ा, पर यहाँ
रात-दिन नाच-गाना बजाना हुआ!
सस्य से श्यामला भूमि में इस तरह
अन्न का, वस्त्र का, धन का टोटा पड़ा।
रत्नगर्भा के लालों को परदेश में
कौड़ियों में कुली बन के जाना पड़ा।[3]

यहाँ तक कि जब वे गणित पढ़ते हैं तब देखकर अपने-आपको भूल जाते हैं कि '9' संख्या बड़ी विचित्र है; क्योंकि इस अन्तिम अंक का आद्यन्त—सर्वांग—केवल

1. 'सरस्वती' में ही छपे उपर्युक्त निबंध से। 2. कविवर मैथिलीशरण गुप्त। 3. कविवर 'सनेही'।

'नव' से ही निर्मित है। यथा—

$9 \times 1 = 9 : 9 = 9$

$9 \times 2 = 18 : 1+8 = 9$

$9 \times 3 = 27 : 2+7 = 9$

$9 \times 4 = 36 : 3+6 = 9$

$9 \times 5 = 45 : 4+5 = 9$

$9 \times 6 = 54 : 5+4 = 9$

$9 \times 7 = 63 : 6+3 = 9$

$9 \times 8 = 72 : 7+2 = 9$

$9 \times 9 = 81 : 8+1 = 9$

81, 45, 405, 45, 36, 81

8+1, 4+5, 4+5, 4+5, 3+6, 8+1

हर तरफ से 'नव' ही 'नव'

कहने का तात्पर्य यह है कि चाहे साहित्यिक जन इतिहास पढ़ें या भूगोल, विज्ञान पढ़ें या गणित, कृषिशास्त्र पढ़ें या अर्थशास्त्र, सबमें उन्हें साहित्य की दिव्य आत्मा के दर्शन प्राप्त होते हैं। जब वे काव्य पढ़ते हैं तब तो अपनी भावुकता की चरम सीमा अतिक्रमित कर जाते हैं। जब वे कविता करने बैठते हैं तब भगवती वीणापाणि उनकी हृतन्त्री को छेड़कर ऐसा विश्व-संगीत उत्पन्न करती हैं। वह अनन्तकाल तक संसार के वायुमंडल में गूँजता ही रह जाता है। जब वे कविता का अध्ययन करने लगते हैं तब उसके रचयिता कवि की स्वर्गीय आत्मा का पुण्य-पुलक स्वयमेव अनुभव करते हैं। वे जिस कवि की रसात्मक रचना पढ़ते हैं उसी कवि की अतीत अनुभूति के अन्तरतम-प्रदेश में पैठ जाते हैं। वे सरस्वती के प्रसाद से काव्य का गूढ़ मर्म समझकर रोमांचित और आत्मविस्मृत हो जाते हैं। अर्थात् वे कविता का हृदय टटोलते-टटोलते सुध-बुध खो देते हैं।

जो लोग यह आक्षेप करते हैं कि शृंगार रस की कविताएँ पढ़ते-पढ़ते मनुष्य दुश्चरित्र बन जाता है, वे भूलते हैं; क्योंकि बात ऐसी नहीं है। जो वास्तव में साहित्यिक है, वह शृंगार-रस की कविताओं को पढ़कर चंचल नहीं होता। वह रसाम्बुधि में ऐसा निमग्न हो जाता है कि उसे इस संसार की कुछ चिन्ता ही नहीं रहती। वह जब कविता-गत मधुर भाव को अपनी कल्पना की कसौटी पर कसने लगता है तब उसे यह संसार सूना जान पड़ता है। उसकी कल्पना को सन्तुष्ट करने वाला अनूठा साधन यहाँ मिलता ही नहीं। कल्पना की जिस ऊँची चोटी तक वह पहुँच जाता है वहाँ तक सृष्टि की निपुणता शायद ही पहुँच सके। वह तो भाव में इस तरह डूबा रहता है कि उसकी भावुकता की अलौकिकता उसे मायावी संसार के

क्षणिक चाकचिक्य पर मुग्ध ही नहीं होने देती। वह कवियों की अनोखी सूझों पर लट्टू और अपनी कल्पना के उड़ान पर विभोर हो जाता है। इसलिए, वह दुःशील नहीं, बल्कि विचारशील हो जाता है। उसका मस्तिष्क कभी निष्क्रिय नहीं होने पाता। निष्क्रिय मस्तिष्क ही निन्दनीय विचारों का अड्डा होता है। आलस्य ही पाप का मूल है। जिसका दिमाग सूखा-रूखा और निकम्मा रहता है, वह निश्चय ही जघन्य चिन्ताओं से आक्रान्त होकर हेय प्रवृत्ति को ग्रहण करता है। किन्तु, जिसके मस्तिष्क-महोदधि में वाल्मीकि, व्यास, कालिदास, भवभूति, सूर, तुलसी, कबीर, रहीम, बिहारी और देव आदि तैरते रहते हैं, वह कभी कुमार्गी हो ही नहीं सकता।

कुछ लोगों का कहना है कि प्राकृतिक सौन्दर्य का उपासक प्रायः सच्चरित्र और कृत्रिम सौन्दर्य का उपासक अधिकतर दुश्चरित्र हुआ करते हैं। इस कथन में तथ्य का अंश अवश्य है। किन्तु, यह समझ रखना चाहिए कि भावुक साहित्यिक केवल स्वाभाविक और आन्तरिक सौन्दर्य्य को ही प्रश्रय देता है। यहाँ यह कह देना आवश्यक है कि लोचनान्ददायक सद्भावजनक सौन्दर्य को ही स्वाभाविक सौन्दर्य्य कहते हैं और चारित्रिक सौन्दर्य्य—अर्थात् सच्चरित्रता को ही आन्तरिक सौन्दर्य्य कहते हैं। यदि सर्वांगसुन्दर रमणी का हृदय कोमल, करुणामय और प्रेममय न होकर श्मशान की तरह भयंकर है, तो उसके मधुर कटाक्ष में, उसकी भाव-भंगिमा में अथवा उसकी विलास-लीला में साहित्यिक के लिए कुछ भी आकर्षण या आनन्द नहीं है। हाँ, कुरूपा का हृदय यदि स्नेह, वात्सल्य, करुणा, श्रद्धा और सरलता से भरपूर है तो सच्चा साहित्यिक भक्तिपूर्वक उसे देवी कहकर पूजेगा।

कहने का तात्पर्य यह कि आदर्श साहित्यिक वही है जो केवल सच्चरित्रता का उपासक है। जो कवियों की रचनाओं की अलौकिकता भूलकर उनमें कृत्रिमता का आरोप करके उन्हें अपनी कुवासनाओं की तृप्ति का साधन बनाता है वह आदर्श साहित्यिक तो क्या, साहित्यिक-मात्र कहे जाने योग्य भी नहीं है। साहित्यिक पुरुष अपने देश, जाति और समाज के अलंकार हुआ करते हैं। किन्तु जिसकी प्रवृत्ति अधोमुखी है वह कभी किसी का अलंकार हो ही नहीं सकता। जिसके विचार ऊँचे हैं, जिसकी धारणा पवित्र है, जिसकी भावना स्वर्गीय है, जिसका हृदय उदार है, जिसकी कल्पना कमनीय है; जिसकी दृष्टि निष्कलंक है और जिसका मस्तिष्क शान्त है, वही साहित्य-जनित लोकोत्तरानन्द का भागी बनता है और उसी आदर्श साहित्यिक का चरित्र भी उपास्य हो जाता है।

—मासिक आदर्श (कलकत्ता); वर्ष 1, संख्या 7; वैशाख, 1980 वि.,

(सन् 1923 ई.)

हिन्दी साहित्य का अभ्युदय और उत्कर्ष

हमारा हिन्दी-साहित्य यद्यपि इस जाग्रत युग में भी अनेक अभावों से युक्त है, तथापि उसका विशाल गौरव हमें प्रतिक्षण अनुभव होता है। उसके सेवकों, सहायकों और समर्थकों की टोली देखकर यह आशा भी बँधती है कि उसके अभावों का अन्त अनतिदूर भविष्य में ही होनेवाला है। जब साहित्य-मन्दिर को अपनी दिव्य ज्योति से जगमगानेवाले पुजारियों में हम शिरसावन्द्य महापुरुषों और श्रद्धेय वयोवृद्ध विद्वानों को देखते हैं, तब स्वभावतः हमारा हृदय हर्षोल्लास से उत्फुल्ल हो उठता है। महात्मा गाँधी, महामना मालवीयजी, त्यागमूर्ति, टंडनजी, रायबहादुर श्यामसुन्दरदासजी, डॉक्टर राजेन्द्रप्रसादजी, डॉक्टर भगवानदासजी, माननीय सम्पूर्णानन्दजी, शिक्षणशास्त्री पंडित रामनारायण मिश्रजी, काका कालेलकर, स्वामी भवानीदयाल संन्यासी, डॉक्टर सुनीतिकुमार, महामहोपाध्याय-ओझाजी, महामहोपाध्याय 'भानुजी', महामहोपाध्याय गिरिधर शर्माजी, चतुर्वेदी, महामहोपाध्याय सकलनारायण शर्मा, भारतेन्दु-सखा पंडित चन्द्रशेखरधर मिश्र, पंडित अम्बिका प्रसादजी वाजपेयी, बाबू हरिकृष्णजी जौहर, बाबू गोपालराम जी गहमरी, श्रीनाथूरामजी प्रेमी, सेठ कन्हैयालालजी पोद्दार, लाला सन्तरामजी, आदि हिन्दी माता के सपूतों की विद्यमानता हमारे सौभाग्य की ही सूचना देती है। इनकी तपस्या की सिद्धि ही हमारी आज की पूँजी है।

जब स्वदेश, समाज और साहित्य के कर्णधार-स्वरूप अपने प्रथितयशा पत्रकारों की ओर हम दृष्टिपात करते हैं तब हमारा मस्तक और भी गर्वोन्नत हो उठता है। पूज्य पराड़करजी, तपोधन गर्देजी, श्रद्धेय पण्डित माखनलालजी और पंडित बनारसीदासजी चतुर्वेदी, तप्तकांचनप्रभ पंडित हरिभाऊ उपाध्याय, उद्योगवीर बाबू मूलचन्दजी अग्रवाल, तेजस्वी इन्द्रजी और पालीवालजी, कर्मयोगी पंडित सुन्दरलालजी, एकान्त सरस्वती-सेवक पंडित रूपनारायणजी पांडेय, मृगयामर्मज्ञ पंडित श्रीरामशर्मा, बहुश्रुत विद्वान् डॉक्टर हेमचन्द्र जोशी, विविधकलाविचक्षण श्रीदुलारेलालजी, सम्पादकाचार्य द्विवेदीजी के परम स्नेहभाजन पंडित देवीदत्तजी शुक्ल, व्यंग्यविनोद-विशारद पंडित हरिशंकर शर्मा, ज्योतिषाचार्य पंडित सूर्यनारायण व्यास, राष्ट्रभाषाभक्त पंडित चन्द्रबली पांडेय, उद्भट पराक्रमी पंडित मातासेवक पाठक, राजस्थान-रत्न पंडित झाबरमल्ल

शर्मा, 'बोल-शिव-जयम्' के उद्घोषक पंडित रमाशंकर अवस्थी, ललकार-भरी लेखनी के धनी निर्भीकोदात्त उग्रजी, मौन भाव से पत्रकार-कला की पूजा में संलग्न पंडित नन्दकिशोर तिवारी और प्रो. जगन्नाथप्रसाद मिश्र, अपनी धुन के पक्के पंडित रामशंकर त्रिपाठी और श्री आगरकरजी, नवोत्साह के उद्रेक से उद्दीप्त श्रीसत्यदेव विद्यालंकार और श्रीकान्त ठाकुर विद्यालंकार नयी लहर और नयी उमंग के साथी श्रीगंगाधर अधिकारी, पंजाब में हिन्दी का झंडा ऊँचा रखनेवाले श्री खुशहालचन्दजी खुरसन्द, बिहार में संवाद-पत्र प्रकाशन की नींव जमानेवाले श्री देवव्रतशास्त्री और श्रीव्रजशंकर वर्मा, बाल साहित्य के उन्नायक रायसाहब रामलोचनशरणजी किशोर-साहित्य के उद्भावक पंडित रामदहिन मिश्रजी, युवक-साहित्य के प्रवर्त्तक श्री बेनीपुरीजी, महिला-साहित्य के संवर्द्धक श्रीरामरखसिंहजी सहगल, भक्ति-साहित्य के अनन्य अनुरागी श्री हनुमानप्रसादजी पोद्दार, आध्यात्मिक साहित्य के उत्प्रेरक श्रीनागरजी, सब-के-सब, हमारे पत्रकार-जगत् के सुविस्तृत नभोमंडल में देदीप्यमान नक्षण-मंडल की भाँति शोभा पा रहे हैं। इनमें कई महानुभाव कई अनिवार्य कारणों से सम्प्रति संन्यास ले चुके हैं या कर्मक्षेत्र से दूर हैं; पर आधुनिक पत्रकार-कला के विकास में उनकी सेवाएँ निस्सन्देह चिरस्मरणीय हैं।

किन्तु, आश्चर्य है कि ऐसे यशस्वी एवं मनस्वी पत्रकारों के रहते हुए भी अनेक क्षेत्रों में हिन्दी का पक्ष अभी यथेष्ट सबल नहीं है। हम तो यही आशा रखते हैं कि देश की राजनीतिक समस्याओं के साथ-साथ ये हमारी साहित्यिक समस्याएँ सुलझाने में भी दत्तचित्त रहा करेंगे। पर खेद है कि हमारी यह आशा पर्याप्त रूप से पूरी नहीं हो पाती। भाषा की रूपरेखा सँवारने-सुधारने में, शब्दों के शुद्ध रूप स्थिर करने में, शब्द-शुद्धि के लिए अक्षरों के उपयुक्त प्रयोग में हिन्दी-पत्रकारों का सामूहिक सहयोग बड़ा लाभदायक हो सकता है। भाषा और लिपि की समस्याएँ इनका मुँह जोह रही हैं। ये चाहें तो साहित्य-सम्मेलन, नागरी-प्रचारिणी सभा और लेखकों तथा जनता को सदा सजग रख सकते हैं। संगठन का अमोघ अस्त्र पाकर भी यदि ये बिखरी शक्तियों को समेट न सकें तो दूसरा कौन है जो हिन्दी को सनाथ करेगा? अभी हाल में गोरखपुर के प्रोफेसर राजनाथ पाण्डेय, एम.ए. ने तृतीय युक्तप्रान्तीय साहित्य-सम्मेलन (बस्ती) की साहित्य-परिषद् में 'भाषा-संस्कार' नामक जो विचारपूर्ण लेख पढ़ा था, उसका सदुपयोग जैसा पत्रकारों द्वारा होना चाहिए था वैसा नहीं हुआ, और ऐसे उदाहरणों की कोई कमी नहीं है।

चित्रपट और रेडियो की समस्या भी हिन्दी-पत्रकारों के लिए कुछ बीहड़ नहीं है। इनकी सत्ता जनता पर स्थापित हो चुकी है। इनकी सम्मिलित शक्ति जनता की मनोवृत्ति पलट सकती है। यद्यपि विज्ञापनों का मोह बड़ा भारी प्रलोभन है तथापि पत्र की लोक-हितकर नीति या सिद्धान्त पर उसका प्रभाव पड़ना न्यायसंगत नहीं।

युक्तप्रान्तीय हिन्दी-साहित्य-सम्मेलन ने रेडियो की भाषानीति पर जो माननीय श्री रविशंकर शुक्लजी की अँगरेजी पुस्तक प्रकाशित की है (जिसका हिन्दी-संस्करण भी निकलना जरूरी है), वह अत्यन्त प्रशंसनीय प्रयत्न है और उसके आधार पर हमारे पत्रकार इस विषय को बहुत आगे बढ़ा सकते हैं। काशी-नागरी प्रचारिणी सभा के गत स्वर्ण-जयन्ती-महोत्सव में इस विषय का एक प्रस्ताव स्वीकृत हुआ था, जिसे पत्रकार यदि ले उड़ते तो अब तक 'सभा' की बहुत-कुछ अभीष्ट-सिद्धि हुई होती। अकेली 'सभा' ही कितने कामों का बोझ ढो सकती है? मुजफ्फरपुर के 'सुहृद्-संघ' के सजीव प्रधानमंत्री श्रीनीतीश्वर प्रसाद सिंह ने 'आर्यावर्त—सम्पादक 'आजादजी' और 'योगी'-सम्पादक व्रजशंकरजी के सहयोग से इस दिशा में स्तुल्य प्रयत्न किया है; किन्तु यह काम किसी एक के बूते का नहीं। इसके लिए तो वैसा ही व्यापक हाहाकार उठना चाहिए जैसा दिगन्तव्यापी हाहाकार व्योमकेश की जटा में गंगावतरण के समय सुन पड़ा था। हमें उस समय के लिए भी तैयार रहना चाहिए जब अपनी भाषा की प्रतिष्ठा और संस्कृति की रक्षा के लिए हमें सिनेमा और रेडियो से पूर्ण असहयोग करना पड़ेगा। वर्तमान परिस्थिति के पर्यवेक्षण से ऐसा अनुमान होता है कि उस समय को निमन्त्रण देते समय हमारी कड़ी अग्निपरीक्षा होगी।

ऐसी ही अनेक समस्याएँ हैं जिनका हल निकालने के लिए हिन्दी-पत्रकारों की संघ-शक्ति अपेक्षित है। साहित्य-संसार की इन गुत्थियों के सुलझने में तभी तक विलम्ब हो रहा है जब तक हमारे हिन्दी-पत्रकार इस दिशा में अपनी तत्परता नहीं दिखाते। आजकल बहुत-से निरवलम्ब साहित्य-सेवियों और उनके असहाय परिवार की सहायता की समस्या बड़ी विषम होती जा रही है। इस पर हमारे पत्रकार यदि उचित ध्यान दें तो यह अधिक दिन जटिल नहीं रह पाएगी। सहानुभूति के छूछे शब्दों से हिन्दी-माता की छाती का यह घाव भरने का नहीं। इस समय भी कई साहित्यसेवी बड़े संकट में हैं। हमारे कितने ही विपद्ग्रस्त बन्धु अपने अनाथ परिवार के अश्रुगंगा में मँझधार छोड़ चुपचाप चले गये और बहुतेरे अब भी संघर्ष की चक्की में पिस रहे हैं। यदि हमारे पत्रकार उनकी सुध न लेंगे तो न कोई पूँजीपति पसीजेगा और न कोई संस्था ही द्रवेगी। मेरे प्रान्त के पुराने साप्ताहिक 'तिरहुत-समाचार' (मुजफ्फरपुर) ने अपनी सीमित शक्ति के अनुसार केवल पचीस रुपये की छोटी पूँजी से एक सहायता-कोष खोलकर अपने पाठकों और हिन्दी-प्रेमियों से अपील की है। यदि सभी पत्र इस तरह के शुभ उद्योग का श्रीगणेश करें तो बूँद-बूँद से तालाब भर सकता है। किन्तु सर्वोत्तम यही होगा कि सभी पत्र अजस्र स्रोत बनकर 'सम्मेलन' की निधि को ही भरपूर करें जिससे इस गुरुतर कार्य का सुव्यवस्थित संचालन हो सके।

हमारे स्वर्गीय साहित्य-सेवियों की स्मृति-रक्षा की समस्या तो अतिशय महत्त्वपूर्ण है। वहाँ प्रसंगवश बड़े क्लेश के साथ कहना पड़ता है कि हमारे कितने ही साहित्य

सेवियों के स्वर्गीय होने पर अनेक पत्र-पत्रिकाओं में तो संवेदना के दो शब्द भी नहीं निकलते। यदि अतिशयोक्ति न समझी जाय, तो यहाँ तक कहने का साहस कर सकता हूँ कि पत्र के किसी फालतू कोने में दो-चार पंक्तियों का संक्षिप्त समाचार प्रकाशित करके ही कर्तव्य की इतिश्री कर दी जाती है! शरत्चन्द्र और रवीन्द्र के निधन के दूसरे ही दिन भोर में हमने दैनिक 'आनन्द-बाजार-पत्रिका' और 'वसुमती' के बीस-बीस सुदीर्घ पृष्ठों को नखशिख शोकनिमग्न देखा; पर अपने 'प्रेमचन्द' और 'प्रसाद' के लिए हमें अनेक पत्रों में अग्रलेख तक पढ़ने को न मिले! क्या हमारी छाती को छलनी कर जानेवाले ये महारथी केवल दस पंक्तियों के ही अधिकारी थे? आप भली-भाँति जानते हैं कि हमारे वर्चस्वी सम्पादक-प्रवर श्रद्धास्पद विद्यार्थीजी के लिए शुरू में तो बड़े जोर-शोर से हूह उठीं; पर जो सहसा पट पड़ी तो फिर कभी किसी के कानों पर जूँ भी न रेंगी। पंडित ब्नारसीदासजी और पं. श्रीराम शर्मा ने कई बार हिन्दी-जगत के हृदय की भस्माराशि कुरेदने की कोशिश की, पर उसमें से अग्नि का एक कण भी न जागा। हमारे गणेशजी की ओजस्विनी लेखनी ने 'प्रताप' के रूप में जो महाभारत तैयार किया, उसमें देशसेवा के निमित्त जूझनेवाले असंख्य युवकों की कारुणिक कहानियाँ हैं; पर उन अभिमन्युओं के स्रष्टा और संरक्षक पार्थ का स्मृति-तीर्थ हम आज तक न बना सके। उस बलिदानी वीर ने अपने रक्त की एक-एक बूँद से सींचकर अपनी मातृभूमि में जो जागृति की फसल उगायी और लहलहाई थी उसी की कटनी करके आज हमारे बड़े-बड़े धुरन्धर नेता कीर्ति के खलिहान लगा रहे हैं। पर, हमारे पत्रकार यह सब जान-बूझकर भी उस हुतात्मा की स्मृति-रक्षा के लिए संगठित प्रयत्न करना कदाचित् असामयिक समझते हैं।

इसी प्रकार हम बहुत-सी दिवगंत आत्माओं और जीवित विभूतियों को भी भूले बैठे हैं। श्रद्धेय पंडित कृष्णकान्त मालवीय के संग्रहणीय सम्पादकीय लेखों से हम दीमकों को दावत दे रहे हैं! बाबू महावीरप्रसाद गहमरी का स्वयं अखबार छापना और स्वयं बाजार में बेचना हमारे ध्यान से उतर गया है! 'स्वदेश'-सेवाव्रती पंडित दशरथप्रसाद द्विवेदी के पत्र-सम्पादन-कौशल में हमारे लिए कोई आकर्षण नहीं! गर्देजी की साधना हमारे लिए शायद नीरस हो गयी है! आखिर और क्या कहा जाय? हमारी उदासीनता की चिकित्सा सहज नहीं है; स्वर्गीय हेमचन्द्र मोदी की स्मृति-रक्षा के लिए श्रीयशपालजी ने जैसा श्लाघ्य प्रयत्न किया, अथवा 'माधुरी'-सम्पादक ने 'पढ़ीस'-स्मृति-अंक निकालकर जैसा आदर्श उपस्थित किया, वैसा ही कुछ अगर सबके लिए हुआ करता, तो स्वर्गस्थ साहित्यिकों के ऋणभार से हम बहुत-कुछ मुक्त हो जाते।

हमारे हिन्दी-पत्रकारों की शक्ति अपरिमित है। यह युग उनका लोहा मान गया है। वे जुट जायँ तो हिमालय हिला दें। मेरी यह प्रार्थना है कि वे अपनी शक्ति

पहचानें और साहित्यिक विषयों में भी उतनी ही निष्ठा दिखावें जितनी राजनीतिक विषयों में दिखाते हैं। वे कृपया उदाराशयता के साथ यह इत्तला दर्ज कर लें कि उनके पत्रों में सम्मेलन के महाधिवेशनों की पूरी रिपोर्ट भी नहीं छपती!

पत्रकार-कला हिन्दी में अनुदिन उन्नतिशील दीख पड़ती है, यह बात बहुत रोचक प्रतीत होती है; परन्तु यह देख बड़ा विस्मय होता है कि अभी तक वह मुट्ठी-भर लेखकों को भी सर्वथा स्वावलम्बी नहीं बना सकी है। शायद ऐसे लेखकों की गणना में अनामिका सार्थवती हो जाय तो कोई अचम्भा नहीं, जो केवल पत्र-पत्रिकाओं का ही आश्रय-ग्रहण करके निश्चिन्ततापूर्वक अपने योगक्षेम का निर्वाह कर रहे हों।

जब तक लेखकों को शान्तिपूर्वक जीवनयापन का सुयोग न मिलेगा तब तक साहित्य का अभ्युदय असम्भव है। पत्रकारों और प्रकाशकों से उन्हें जैसा सहारा मिलना चाहिए, नहीं मिल रहा। यदि हमारे लेखक इस विषय के अपने सच्चे अनुभव लिपिबद्ध कर दें तो बहुतों को न्यायालय अथवा हिमालय की शरण लेनी पड़ेगी। हमारे सुधी समालोचक उनके मस्तिष्क की उपज को तो कसौटी पर कसते हैं; पर उनकी वास्तविक स्थिति की कोई धुँधली रेखा भी अपनी अनुभूति की कसौटी पर नहीं पड़ने देते। हम काफी खाद्य उपजाने का आन्दोलन खड़ा करने में तो बहादुर हैं; किन्तु पशुधन के भीषण ह्रास पर हम फूटी निगाह भी नहीं डालते। क्या हम चाहते हैं कि नखों से जमीन खोदकर उपज चौगुनी बढ़ाई जाय? यह त्रिकाल में भी नहीं होने का। यहाँ एक-आध साधारण उदाहरण दे देना अप्रासंगिक न होगा। हम लोग पं. शान्तिप्रिय द्विवेदी की साहित्य-सेवा से अच्छी तरह परिचित हैं। यदि उनकी लेखनी जीविका के जंजाल में न फँसी होती तो उनकी प्रतिभा का जौहर और भी अधिक खुलता। मध्य प्रदेश की उर्वर भूमि का वह ललित पौधा श्रीरामेश्वर शुक्ल 'अंचल', जो हिन्दी माता के अँचल का एक सुरभित सुकुमार सुमन है और जिसे देख-देख हिन्दी माता का दृगंचल आनन्दाश्रु-सिक्त होता होगा, क्या पर्याप्त पोषण और प्रोत्साहन पाकर साहित्योद्यान की और अधिक शोभा न बढ़ाता? अजी, ऐसे-ऐसे कितने ही फूल विकट परिस्थितियों की लू-लपट में झुलसकर बिना खिले ही मुरझा गये! यदि हम उनके विकास में सहायक होते तो मातृ-मन्दिर की पूजा कितनी सुहावनी होती, यह सहज ही अनुभवगम्य है।

किन्तु, ऐसी दशा में अपने लेखक-बन्धुओं से भी मैं कहूँगा कि वे हिन्दी-माता की आराधना के लिए सच्ची साधना का अभ्यास करें। सन्तोष का सम्बल लेकर मातृ-मन्दिर के मार्ग पर अग्रसर होते रहने के निमित्त कृतसंकल्प हो जायँ। अपनी कामनाएँ और अपने स्त्री-बच्चों की आवश्यकताएँ मातृचरणों में अर्पित करके ही अपने को निहाल समझें। कंचन की माया की छाया वे अपनी आँखों में न पड़ने दें।

प्रायः इस युग के लिए तो यह एक कल्पनानीत बात होगी कि वे लँगोटी बाँधकर नगर की हलचल से दूर कहीं 'अन्नपूर्णा के मन्दिर' में कुशासन पर आसीन हो साहित्य-साधना-लीन हों; पर इसकी आजमाइश की गुंजाइश इस युग में भी हो सकती है, यह कल्पना के परे नहीं है। हमारे जो लेखक बन्धु नगर की माया-मरीचिका से मोहान्ध नहीं हुए हैं, उनके लिए हमारे असंख्य गाँव पलकों के पाँवड़े बिछाये हुए हैं। यदि उन्हें प्रकृति की गोद पसन्द हो, रचनात्मक कार्यक्रम में विश्वास हो, अपने चरित्र में पूरी प्रतीति हो, तो वे दस-बीस गाँवों का मंडल बनाकर किसी उपयुक्त केन्द्र-स्थल में साहित्य-कुटीर रच सकते हैं। वहाँ बस धूनी रमाने भर की देर है, 'सूर' और 'तुलसी' के प्रताप से जन-मन जीतने में देर न लगेगी। वहाँ समय की बचत और स्वास्थ्य की वृद्धि होगी, दुर्व्यसनों से पिंड छूटेगा और चिन्तन की धारा सदा स्वच्छ बनी रहेगी। स्वदेश के मौलिक रूप की बाँकी झाँकी वहीं मिल सकती है। वहाँ के विशुद्ध वायुमंडल में जो साहित्य-सर्जन होगा, उससे यश-अर्जन भी कुछ कम न होगा। इसी प्रकार वे 'सम्मेलन' के सन्देश को भी देश के अन्तस्तल तक पहुँचा सकते हैं।

इस युग में लेखकों और कवियों से यह कहना कि भाषा और भाव की शुद्धता, सुन्दरता और पवित्रता से ही साहित्य की मर्यादा बढ़ती है, बड़ी भारी धृष्टता है। तो भी कर्तव्य-विवश हो कहना ही पड़ता है; क्योंकि उनका ध्यान जैसा चाहिए, वैसा इधर नहीं है। यदि उनके सामने महर्षि पतंजलि का यह वाक्य कह दिया जाय कि 'एकः शब्दः सकृदुच्चरितः सम्यग्ज्ञातः सुष्ठु प्रयुक्तः स्वर्गे लोके च कामधुग्भवति' तो वे हँसकर अप्रगतिशीलता का आरोप करने लगेंगे। किन्तु, उन्हें स्मरण रखना होगा कि इसी एक वाक्य में उनकी सारी सफलता निहित है। शब्दों के सम्यक् ज्ञान और सुन्दर प्रयोग में ही उनकी कला की सिद्धि है। 'सम्यक् ज्ञान' और 'सुन्दर प्रयोग' का आशय जितना ही गम्भीर है, उतना ही विस्तृत भी। 'लोकहिताय' अथवा 'लोकरंजनाय'—प्रायः दो ही उद्देश्यों से वे कुछ लिखते होंगे। इनमें किसी की पूर्ति मनमाने ढंग की रचना से नहीं हो सकती। अभी कुछ ही दिन हुए कि हिन्दी के चिन्तनशील लेखक और विद्वान् आलोचक प्रोफेसर प्रभाकर माचवे ने आधुनिक गद्य-कवियों को बड़ी मिठास के साथ कुछ कोमल चेतावनियाँ दी थीं; पर यदि उन्हें अन्य होनहार गद्यकार और पद्यकार भी हृदयंगम कर लेते, तो हिन्दी का बड़ा उपकार होता।

साहित्य-सरिता में जो उद्‌बुद्ध युग की अनियन्त्रित भावनाओं की बाढ़ दिन-दिन उमड़ती जा रही है, उसके दुर्द्धर्ष वेग को रोकना या बाँधना सहसा सम्भव नहीं, तथापि बाढ़ के पानी को स्वास्थ्योपयोगी बनाने के लिए 'निर्मली' के प्रयोग द्वारा उसका परिष्कार कर लेना दुस्साध्य नहीं है। तात्पर्य यह है कि जो कुछ भी प्रकाशित होकर

जनता के सामने आवे, विधिवत् परिमार्जित होकर ही आवे। स्वस्थ भाषा और स्वस्थ विचार से ही स्वस्थ साहित्य का निर्माण हो सकता है। स्वच्छता से परसा हुआ सत्तू भी रुचिकर होता है; किन्तु, मलिनतापूर्ण छप्पन प्रकार नहीं। आजकल के नये शौकीन इस बात पर उचित ध्यान नहीं देते। पुस्तक की बाहरी सजावट में भी सुरुचि और सादगी का खयाल न रखकर प्रायः उद्दीपन-सामग्री का ही उपयोग करते हैं। किन्तु जब हम आकर्षक बहिरंग पर लट्टू होकर अन्तरंग का निरीक्षण करने लगते हैं तब बड़ी ग्लानि और निराशा होती है।

मेरी यह निश्चित धारणा है—भले ही यह भ्रान्त एवं उपहासास्पद समझी जाय—कि सुसम्पादित ग्रन्थों और पत्रों से ही साहित्य की श्रीवृद्धि हो सकती है। आजकल अधिकांश पुस्तकें संशोधित-सम्पादित नहीं होतीं। लेखक की फटी झोली से प्रकाशक की रंगीन मेज पर—बस दो ही छलाँग में बाजार की हवा खाने लगती हैं। इसमें सन्देह नहीं कि हिन्दी-साहित्य का वैभव और प्रभाव दिन-दिन बढ़ रहा है; परन्तु उसका भंडार जिन विपुल वस्तुओं के संचय से सजाया या सम्पन्न किया जा रहा है, उनमें काँच के चमकीले टुकड़े कम नहीं हैं। निश्चय ही, 'लालों की नहीं बोरियाँ' यथार्थ उक्ति है, फिर भी, सजावट की सुन्दरता बढ़ाने के लिए काँच के टुकड़ों की भी आकृति सुडौल और सुहावनी होनी चाहिए।

हमें पुस्तकों और पत्र-पत्रिकाओं की संख्या-वृद्धि पर न इतराना चाहिए, और न इस गर्व में फूलना चाहिए कि हमारी हिन्दी में हर साल अन्य भाषाओं से कहीं अधिक पुस्तकें और पत्रिकाएँ निकलती हैं। पुस्तकों और पत्रों के संख्या-बाहुल्य से साहित्य की अभिवृद्धि का अनुमान तो होता है; पर हमें देखना यह चाहिए कि भाषा और भाव की दृष्टि से वे कहाँ लोकोपयोगी हैं। प्रकाशन का केवल संख्या-बल ही साहित्य को शक्तिशाली नहीं बन सकता। हम भारतीयों का संख्या-बल तो भूमंडल में अद्वितीय है; पर हमारी शक्ति से संसार खूब परिचित है!

इन दिनों बहुत-सी रचनाएँ तो ऐसी देखने में आती हैं, जिनके विषय में जीभ हिलाना भी बड़ा भयावह जान पड़ता है। उन्हें पढ़ने से मालूम होता है कि केवल अर्थ की क्लिष्टता पर ही विशेष ध्यान दिया गया है। कुछ लोग देखादेखी गूढ़ार्थवादी बनने का स्वांग रच रहे हैं। हमारे गौरवालंकार 'प्रसाद', पन्त, निराला, महादेवी, रामकुमार, मिलिन्द, दिनकर, प्रभात, बच्चन, सियारामशरण, उदयशंकर आदि में भले ही कहीं-कहीं दार्शनिक पहेलियाँ मिल जाती हों; पर थोड़ी देर ठिठक कर जब हम उनके अभ्यन्तर में पैठने का प्रयत्न करते हैं तब देखते हैं कि नारिकेल-फल के स्फटिक-स्वच्छ जल के समान विमल-शीतल रस का प्याला छलक रहा है। अगर नयी पीढ़ी अपनी भावाभिव्यंजना की विकलता नहीं सँभाल सकती, तो कोई चिन्ता नहीं, खुल खेले साहित्य-प्रांगण में; मगर सहसा कबीरपंथी न बने—उठती जवानी की उमंगों

का क्रीड़ा-कन्दुक न बने। आरम्भ में तो भाषा की रमणीयता, भाव की बोधगम्यता और अभिव्यक्ति की प्रांजलता पर ही विशेष ध्यान रहना चाहिए। इसके लिए हमारे भुवन-मन-मोहन सोहनलालजी एक उत्कृष्ट निर्दशन हैं। 'नवीन' और 'हितैषी', 'द्विज' और 'मनोरंजन', 'नेपाली' और सुभद्राकुमारी भी इस क्षेत्र में अनुकरणीय आदर्श हैं। इनमें भाषा-शैली के तीनों 'गुण' सुलभ हैं। इनकी भावाभिव्यक्ति में जितनी सरलता है, उतनी ही सरसता भी।

आजकल की गद्य-पद्य रचनओं में भावाभिव्यंजन को जो विलक्षण ढंग दीख पड़ता है, उस पर कुछ कहने से कोई लाभ नहीं। हाँ, ऐसे अवसर पर पूज्य आचार्य द्विवेदीजी का स्मरण हो आता है, जो साहित्य की सर्वोपयोगिता के खयाल से निरंकुशों पर कशाघात करने में कभी कुंठित न होते थे। सचमुच उनके न रहने से हिन्दी अनाथ हो गयी! उसकी पूजा-विधि में कोई नियमितता अथवा सुव्यवस्था नहीं रह गयी। आज ऐसा कोई प्रभुत्वशाली सम्पादक नहीं नजर आता जो भाषा की वेशभूषा और भाव की हृदयग्राहिता पर किसी प्रकार का नियन्त्रण रख सके। यह काम तो 'सरस्वती' और 'सम्मेलन पत्रिका' के अपनाने योग्य है। 'माधुरी' और सुधा' में भाषा-भाव सम्बन्धी उच्छृंखलता पर कुछ अधिकारी विद्वानों के लेख छपे थे; पर उतने से ही काम न सधेगा, इस विषय में निरन्तर जागरुकता की जरूरत है। आदर्श समालोचक श्री गुलाबरायजी की देखरेख में 'साहित्य-सन्देश' पत्रिका जिस प्रकार समालोचना-क्षेत्र को उर्वर बना रही है, उसी प्रकार इस तरफ भी उसे आँख रखनी चाहिए। मासिक और साप्ताहिक पत्र ही सुचारु रूप से यह काम कर सकते हैं। श्री निर्मलजी का 'देशदूत' द्विवेदीजी का यह प्रिय कार्य अपने हाथ में ले ले और 'भारत' के सहयोग से 'सम्मेलन' के मुख्य गढ़ में ही इस आन्दोलन का सूत्रपात करे, तो बहुत प्रभाव पड़ेगा। ठाकुर श्रीनाथ सिंहजी निर्द्वन्द्व मनचले यारों की धर-पकड़ मजे से कर सकते हैं। पूरबी छोर पर 'विशाल-भारत', 'विश्वामित्र' और 'जागृति' देखभाल करें। पच्छिमी छोर का भार 'वेंकटेश्वर', 'लोकयुद्ध', दैनिक 'हिन्दुस्तान' और साप्ताहिक 'विक्रम' पर रह जाय। इस काम में 'विक्रम' के उग्र पराक्रम का ज्यादा भरोसा है। मध्यप्रान्त और बरार के सजग प्रहरी 'कर्मवीर' की चौकसी पर भी कम भरोसा नहीं है। पंजाब में 'दीपक' का उजाला तो रहेगा ही, पंजाब-प्रान्तीय साहित्य-सम्मेलन का भी सहयोग होना चाहिए। देशी राज्यों में 'जयाजी-प्रताप', 'प्रकाश', मासिक 'वीणा' तथा 'विक्रम' सावधान रहें। मध्य भारत में 'मधुकर'-सम्पादक चतुर्वेदीजी तो चिर-चैतन्य ही हैं। उनके हाथ में तो सबकी नकेल रह सकती है। युक्तप्रान्त में काशी के मासिक 'हंस' और साप्ताहिक 'आज' तथा 'संसार' विशेष सफलता से यह काम कर सकते हैं। बिहार में पं. हंसकुमार तिवारी की 'ऊषा' इस काम का बीड़ा उठा चुकी है। दक्षिणभारत का जिम्मा वहाँ की 'हिन्दी-प्रचार-सभा' ले लेगी और वहाँ की आवश्यकता के अनुसार 'हिन्दी-प्रचारक'

काम सँभालेगा। इस प्रकार सुसंघटित प्रयत्न करने पर ही यह काम हो सकेगा। यदि यह काम लोगों को प्रहसन न प्रतीत हुआ, तो इसका परिणाम निस्संशय हितकर होगा।

जिस भाषा को एक-से-एक सूक्ष्मदर्शी और मर्मतलस्पर्शी समीक्षक प्राप्त हैं, उसका सुधारात्मक आन्दोलन निश्चय ही सफल होगा। प्रोफेसर नन्ददुलारे वाजपेयी, प्रोफेसर सद्गुरुशरण अवस्थी, प्रोफेसर प्रभाकर माचवे, प्रोफेसर जनार्दनप्रसाद झा 'द्विज', प्रोफेसर नगेन्द्र, डॉक्टर रामविलास शर्मा, डॉक्टर रामकुमार वर्मा, श्रीरामनाथ 'सुमन', डॉक्टर जगन्नाथप्रसाद शर्मा, डॉक्टर केसरीनारायण शुक्ल, पंडित विनयमोहन शर्मा, पं. हंसकुमार तिवारी, ठाकुर लक्ष्मीनारायण सिंह 'सुधांशु', पं. हजारीप्रसाद द्विवेदी, बाबू कृष्णानन्द गुप्त, पंडित गिरिजादत्त शुक्ल 'गिरीश', श्री सच्चिदानन्द हीरानन्द वात्स्यायन, पंडित भागीरथप्रसाद दीक्षित, पंडित किशोरीदास वाजपेयी, श्रीशिवदान सिंह चौहान, पंडित गंगाप्रसाद पाण्डेय, प्रोफेसर देवराज उपाध्याय श्रीकान्तिचंद्र सौनरिक्ता, प्रोफेसर दिवाकरप्रसाद विद्यार्थी, प्रोफेसर राजेश्वर प्रसाद 'अर्गल', प्रोफेसर धर्मेन्द्र ब्रह्मचारी शास्त्री, श्रीप्रभागचन्द्र और श्रीप्रकाशचन्द्र तथा प्रोफेसर नलिनविलोचन शर्मा और श्रीशिवनाथ एम.ए. के समान मननशील, साहित्यमर्मज्ञ एवं सहृदय समालोचकों के रहते हुए भी यदि भाषा और साहित्य के दोषों का मार्जन न हुआ, तो यह बड़े सन्ताप की बात होगी। 'सम्मेलन' की इस साहित्य-परिषद् को एक समालोचक-मंडल स्थापित कर भाषा और साहित्य का समुचित संस्कार करना चाहिए। प्रत्येक प्रान्त में, प्रान्तीय सम्मेलनों अथवा वहाँ की प्रभावशाली साहित्यिक संस्थाओं के तत्वावधान में, पृथक्-पृथक् संघटनात्मक प्रयत्न भी हो सकता है।

मेरा यह व्यक्तिगत विचार है कि हिन्दी में समालोचना के आदर्श का निरूपण बहुत सोच-समझकर किया जाना चाहिए। हमारे समालोचक के लिए विदेशी साहित्य के समालोचन-सिद्धान्तों की जानकारी के साथ-साथ स्वदेशी साहित्य की आलोचना-पद्धति का भी परिज्ञान अत्यावश्यक है। आजकल यह बहुधा देखने में आता है कि हमारे साहित्य के इतिहास में, हमारी विचार-प्रणाली में, हमारी आलोचना-शैली में, विदेशी रंग का चटकीलापन बढ़ता जा रहा है। हम विदेशों के साहित्य की कसौटी पर ही अपने साहित्य को भी परखते हैं। विदेशी साहित्यिकों के बहुरूपिया सिद्धान्तों ने हमारे साहित्य को इस तरह ग्रस लिया है कि उसके सांस्कृतिक महत्त्व का लोप हो जाने की आशंका-सी होने लगी है। हमें विदेशी साहित्य की महत्ता का प्रशंसक अवश्य होना चाहिए; पर हमें अपने घर के साहित्य का निरीक्षण करने के लिए आँखों पर विदेशी साहित्यिकों का चश्मा नहीं चढ़ाना चाहिए। यदि वर्तमान शिक्षा-प्रणाली के प्रभाव से विदेशी साहित्य में ही हमारी विशेष

गति-मति है, तो हम उसके गुणों से लाभ अवश्य उठावें; किन्तु उससे इतने प्रभावान्वित न हो जायँ कि उसके आगे अपने साहित्य की हीनता स्वीकृत कर लेने में हमें तनिक भी झिझक न हो। हमें दुराग्रह से दूर रहना चाहिए; पर स्वाभिमान से सर्वथा वंचित होना समीचीन नहीं।

हमारे साहित्य में प्रगतिशीलता की जो धारा आयी है, चारों ओर नवीन सुशिक्षित समाज में उसके स्वागत की धूम है, यह सन्तोष का विषय है। कालचक्र की अबाध गति और परिवर्तित परिस्थितियों के प्रभाव से सजीव साहित्य में नयी-नयी प्रवृत्तियों का पदार्पण स्वाभाविक है। परन्तु, हमें इस बात पर ठंडे दिल-दिमाग से विचार करना चाहिए कि वास्तव में यह धारा सर्वथा नवीन है; पाश्चात्य जगत का प्रसाद है अथवा हमारे साहित्य-हिमाद्रि में ही कहीं इसका उद्गम-स्थल है। यदि हम इस धारा के लिए विदेश के ही विशेष उपकृत हैं और इसे अपने साहित्य के लिए बहुत गुणकारी भी मानते हैं, तो इसकी लोकप्रियता बढ़ाने के लिए हमें हिन्दीभाषी जनता को इसका वास्तविक तत्त्व-महत्त्व स्पष्ट शब्दों में समझना चाहिए। अभी इसके सम्बन्ध में नाना प्रकार की भ्रान्तियाँ फैल रही हैं। कहीं-कहीं तो खंडन-मंडनात्मक संघर्ष भी चल रहा है। पारस्परिक मतभेद से कई स्थानों की संगठित साहित्यिक शक्तियाँ बिखर गयी हैं। इसलिए, हमें युक्ति-युक्त ढंग से हिन्दीप्रेमी जनता को सुझाना चाहिए कि अमुक कारणों से 'कार्ल मार्क्स' हमारे काम के हैं और 'कौटिल्य' निकम्मे हैं, तथा 'प्रेमचन्द' की अपेक्षा 'गोरकी' हमें अधिक अनुप्राणित करते हैं।

आजकल हम देखते हैं कि कुछ लोग इधर आवेशपूर्ण चित्त से प्रगतिशील भाइयों को कोसते नजर आते हैं और उधर हमारे कुछ प्रगतिवादी बन्धु भी अमर्यादित बातें अनियन्त्रित रीति से कहकर लोगों का मन खट्टा कर रहे हैं। किसी नूतन सम्प्रदाय का प्रवर्त्तन आमर्ष-आक्रोश के बल पर नहीं हो सकता और न हम रोष या असन्तोष व्यक्त करके किसी अभिनव प्रवृत्ति का तिरस्कार ही कर सकते हैं। साहित्य में मधुर मतभेद की शोभा हो सकती है; पर ईर्ष्या-द्वेष और पक्षपात-प्रपंच की प्रतिष्ठा नहीं हो सकती—नहीं होनी चाहिए। हमारे साहित्य की प्रतिष्ठा और पौष्टिकता तभी बनी रह सकती है, जब उसकी रीढ़—भारतीय संस्कृति—पर आघात न पहुँचे। यदि हम ठीक-ठीक समझते हैं कि नाना प्रकार के 'वाद' उस पर आघात पहुँचा रहे हैं, तो हमें निस्संकोच उनके अनधिकार प्रवेश पर रोक लगानी होगी, और इस बात की आशा भी रखनी होगी कि उनके समझदार समर्थक और अनुयायी भी भारतीयता के नाम पर इस रोकथाम के काम में सहायक होकर रहेंगे। मुझे विश्वास है कि हमारे साहित्यसेवी बन्धु यदि निष्कपट हृदय से भारतीय संस्कृति के प्रति श्रद्धालु बने रहेंगे, तो कोई 'वाद' हमारे साहित्य की लहलही खेती न चर सकेगा।

खेद है कि इस 'वाद' का हुलिया मैं नहीं जानता। जहाँ तक याद है, यह 'वाद'

हिन्दी पर 'सुन्दरवन' की ओर से लपका था। पहले के साहित्य में किसी 'वाद' की कभी चर्चा तक नहीं सुन पड़ती थी! पर आज तो इस 'वाद' का दुन्दुभि-निनाद साहित्य-जगत् की हर एक दिशा में गूँज रहा है। शायद इस 'वाद' के पनपने योग्य पहले कोई उर्वर मस्तिष्क ही नहीं था! अब तो इस 'वाद' की गृहस्थी खूब आबाद है। देखते-देखते यह रक्त-बीज बन गया। हमारी भारतीयता की भावना ही इसके लिए दुर्गाभवानी बन सकती है। कुछ लोग तो बड़े प्रसन्न हैं कि हमारे साहित्य की सरस भूमि 'वाद' की खाद से बहुत उपजाऊ हो गयी है। लेकिन जहरवाद से फूला हुआ गाल देखने में भले ही लाल हो, चखने में खतरनाक ही होगा!

हमारे अनाड़ी किसानों ने गोबर को चूल्हे में झोंक दिया और बाजारू खाद से पैदावार बढ़ा ली। जब उस अन्न के दाने पेट में पहुँचकर करामात दिखाने लगे तब गाँधी बाबा की गायी हुई गोबर-गुण-गाथा समझ में आयी। मगर होश होने ही से क्या हुआ जब चिड़िया चुग गयी खेत'। रग-रग में रमा हुआ रक्त दूषित होकर सन्तति-परम्परा को क्षीण करने लगा! मुझे भय है कि 'वाद' का स्वाद भी कहीं हमारी प्रकृति के प्रतिकूल न सिद्ध हो।

इस समय इसकी पैठ और पूछ हमारे यहाँ हर जगह है। इसने हमारे हृदय के प्रत्येक स्तर में घर कर लिया है। कविता, कहानी, उपन्यास, समालोचना, कोई इसके सर्वग्रासी चंगुल से बचा नहीं है। मेरा अपना विश्वास है कि विश्लेषण की प्रक्रिया से जानकारी भले ही बढ़ जाय, आनन्द नहीं उमड़ सकता। कविता या कहानी को आपने तो प्रगतिवाद का श्रेष्ठ नमूना कह दिया; पर हमने जब नमूने का नींबू निचोड़ा तो रस की एक बूँद भी न टपकी! क्षमा कीजिए, साहित्य की आत्मा तो रस ही है।

हम अपने प्राचीन साहित्य-मन्दिर में भी 'वाद' का घंटानाद सुनते हैं; पर वह हमें संस्कृति के घंटापथ पर सचेत होकर चलने का संकेत देता है, भूलभुलैयाँ में नहीं डालता; और यह तो हमें ऐसा पाठ पढ़ाता है कि अपने यहाँ के दिग्गज साहित्य-स्रष्टाओं के बौद्धिक विकास पर हमारा विश्वास नहीं जम पाता।

कृपा करके मुझे 'वाद' का विरोधी मत समझ लीजिए। मैं विरोधी उस मनोवृत्ति का हूँ जिससे आविष्ट होकर आप 'वाद' के सिर पर तो अभयवरद पाणि-पल्लव पसारते हैं और हमारे साहित्यलोक के पुण्यश्लोक पूर्वजों को 'वाद'-विदग्धता के आतंक से त्रस्त करना चाहते हैं। विश्वास कीजिए, किसी 'वाद' से मेरा कोई विवाद नहीं है। वह चाहे कहीं से आया हो; पर जब वह हमारा अतिथि बन गया तब भारतीयता के नाते 'सर्वदेवमय' हो गया। किन्तु, जिस पत्तल में वह खायगा उसी में छेद करने लगेगा, तो उसका गुजर हरगिज न होगा।

विविध वादों के बादलों से साहित्यकाश को घिरा देखकर मैं भी उपवृष्टि की आशंका कभी नहीं करता, बल्कि जी जुड़ानेवाली रिमझिम बूँदों का ही आसरा करता

हूँ; क्योंकि हिन्दी-साहित्य के उज्ज्वल भविष्य में मेरा उतना ही दृढ़ विश्वास है जितना उसके परमोज्ज्वल अतीत में अविचल श्रद्धा तथा प्रगतिशील वर्तमान में स्वाभिमानयुक्त अनुराग।

ईश्वर की दया से उसके क्षेत्र का ऐसा निस्सीम विस्तार हो गया है कि उसकी पूरी परिक्रमा के लिए रवि-रथ की आवश्यकता होती है। उस पर हम जब दृष्टिनिक्षेप करते हैं, उसकी फुलवारी फूली-फूली दिखायी देती है। उसके कुसुमित काव्यकानन में प्रवेश करने पर अनोखे दृश्य देख पड़ते हैं। बहुकालीन उत्तुंग अश्वत्थ 'हरिऔध' से भी लिपटकर कविता-लता फूली नहीं समाती। मंजु मौलिश्री मैथिलीशरण की सघन सुशीतल छाया में विश्राम-कामना से मानों स्वर्ग के तारे फूल बनकर चू पड़े हैं। कहीं रसाल गोपालशरण के किसलय-कुंज में कलकंठी कूज रही है। कहीं पक्वफलों की सलोनी लाली से हृदयहारिणी हरीतिमा को रंजित-चित्रित करनेवाले विशाल वट 'सनेही' सुशोभित हैं। कहीं किसी स्वर्णवर्णांगी की पुलकावली का भान कराने वाले मुरलीधर प्रिय कदम्ब 'भारतीय आत्मा' विराजमान हैं। कहीं वीरों की कंटकित काया का स्मरण कराने वाले फलभार-नम्र पनस 'अनूप' हैं। कहीं मिलनोत्सुक प्रेमपथिक के स्वप्न को साकार प्रदर्शित करनेवाले श्रीफल रामनरेश त्रिपाठी हैं। कहीं योद्धा के रक्ताक्त शरीर कल्पना करानेवाले कुसुमित किंशुक हरदयाल सिंह हैं। कहीं रसीले जम्बु के रूप में प्रकृति-पुजारी गुरुभक्त सिंह अपने सुपक्व फलों से भ्रमरों का भ्रम करा रहे हैं। कहीं फहराती हुई विजय-वैजयंती के समान कमनीय कदली सुभद्राकुमारी हैं।

इस प्रकार काव्य-कानन की छटा देखते हुए जब हम आगे की पुष्पवाटिका में पहुँचते हैं, तब देखते हैं कि वह शोभा-सम्पत्ति तो आँखों में नहीं अँटती। बीच की पुष्करिणी के तट पर उधर किसलय-पुलकित अशोक 'प्रसाद' मंगल कलश लिये खड़े हैं, इधर जल-तल पर प्रफुल्ल नीलेन्दीवर 'निराला' नयनों की मकरन्द-मिलित भाषा में कुछ कह रहे हैं। इस सरसी की मराली होमवती देवी हैं। इधर दूसरे किनारे के रमणीय कुंजगृह को पल्लव-पुष्पजाल से अलंकृत कर नन्दन-निकेत बनानेवाली माधवी महादेवी हैं। इधर उसके सामने के तट पर मुकुलित वल्लरी-वितान ताने मालती-लता सुमित्राकुमारी सोहती हैं। उधर अशोक के सामने वाले तीर पर सौरभ-सम्पन्न शिरीष पन्त खड़े हैं, इधर प्रवेश-मार्ग के द्वार पर ही सुमन-लाज विकीर्णकारी हरिचन्दन हरिवंश राय 'बच्चन' अपनी सुरभि की मादकता से द्राक्षासव पिला रहे हैं। उधर रसलम्पट षट्पद को फटकारने में तत्पर होकर भी किसी कंचन-काया की कल्पना कराने में कुशल चम्पा 'दिनकर' मन पंछी पर कम्पा लगा रहा है, इधर वियोग-वह्नि के अंगारों का आभास देनेवाला अनार 'वियोगी' विराजता है। इसी प्रकार कहीं रजनीगन्धा रामकुमार वर्मा दूर ही से चित्ताकर्षण कर रहे हैं, कहीं

वाटिका-वीथिका को आमोदित करने वाली यूथिका की तरह उदयशंकर भट्ट गमक रहे हैं। कहीं तो 'अंचल' इसमें विहार करनेवाले के अँचल को अंगूर-गुच्छ से भर देता है, कहीं भगवतीचरण वर्मा उसके गले में मल्लिका-माला पिन्हा देते हैं। 'मिलिन्द' तो बस मिलिन्द ही हैं। पर एक ही भौंरा देख न भड़किये। हरिकृष्ण 'प्रेमी', नरेन्द्र, सर्वदानंद आदि रसलुब्ध मधुपों की टोली भी मँडरा रही है। 'द्विज', 'नवीन' और 'प्रभात' इस उद्यान के ललितकंठकोकिल हैं, जो सप्तम स्वर के शर-सन्धान से मर्मवेधन-क्रिया में बड़े दक्ष हैं! लली और तारा पांडेय कपोती और शुक-सारिका हैं। शिवमंगल सिंह 'सुमन', श्यामनारायण पांडेय, सोहनलाल द्विवेदी, पद्मकान्त मालवीय, 'अज्ञेय', 'गिरीश', 'आरसी', 'केसरी' आदि इसमें थिरकने वाले और अपने पुच्छपुंज से इसकी भावभूमि को चित्रित करनेवाले मस्त मयूर हैं। 'चोंच', 'बेढब', 'बेधड़क', श्रीनारायण चतुर्वेदी आदि इसमें चहकने वाले विविध विहंग हैं।

सज्जनो, ऐसा है हिन्दी का 'परम रम्य आराम यह'! किन्तु ऐसे मनोरम बाग की रखवाली कोई निपुण माली ही कर सकता है। अब वह समय आ गया है जब 'सम्मेलन' को अपनी इस परिषद के द्वारा इसका प्रबन्ध करना चाहिए। यों तो कथा-साहित्य की क्यारी में भी निर्मलता से कैंची चलाने वाले माली की जरूरत है। नाना जाति के अनावश्यक तृणगुल्मों से सारी क्यारी ढक गयी है।

कथा-साहित्य और साहित्य की वृद्धि जिस परिमाण से हो रही है, उसी परिमाण से उनके द्वारा भाषा-भाव की शक्ति-वृद्धि नहीं हो रही है। लब्धकीर्ति और उदीयमान लेखकों को छाँट लेने के बाद जो कुछ बच रहता है, उसमें हम भविष्य के लिए सन्तोषवर्द्धक सामग्री नहीं पाते।

बरसों से जो शुभ नाम कथाक्षेत्र में श्रुतिमधुर बन गये हैं, उनकी श्रेणी में बिठाने योग्य कोई नया नाम उपयुक्त नहीं जँचता। प्रसिद्ध नामों की ही आवृत्ति हमें हर बार करनी पड़ती है। उनके अतिरिक्त अभी और भी ऐसे नाम गिनाये जा सकते हैं, जिनकी प्रसिद्धि अपनी प्रान्तीय सीमा लाँघने के लिए छटपटा रही है। और, तारीफ यह कि उसके बाद भी नामों की लड़ी टूटती नहीं। इतने ही से आप अनायास अनुमान लगा सकते हैं कि कथा-साहित्य का क्षेत्र कितना विस्तृत हो गया है। संभवतः यही अनर्गल विस्तार भाषा-भाव के पक्ष में हानिकारक सिद्ध हो रहा है।

हर्ष की बात है कि हमारे कथाकारों में कुछ की कई रचनाएँ तो ऐसी हैं, जिन्हें लेकर हम अन्य उन्नत भाषाओं के समक्ष सवर्ग खड़े हो सकते हैं। प्रेमचन्द, प्रसाद आदि को तो अभी रहने दीजिए; वर्माजी, निरालाजी, वाजपेयीजी, जैनेन्द्रजी, राजा साहब (सूर्यपुरा), राय कृष्णदासजी, व्यासजी, जोशीजी, यशपालजी, अज्ञेयजी, द्विजजी, उग्रजी, पहाड़ीजी, वियोगीजी, अंचलजी, आरसीजी, पंतजी, राधाकृष्णजी, सौनरिक्साजी, उषा देवी आदि के ही बल पर हम किसी भी भारतीय साहित्य के सामने सोत्साह

डट सकते हैं। हमारी ये विभूतियाँ हमारे गर्व की जड़ को पाताल में ले गयी हैं। इनकी स्मितपूर्वा भिभाषिणी भाषा, इनका मनोवैज्ञानिक विश्लेषण, इनका स्वाभाविक चरित्र-चित्रण, मानव-प्रकृति और मानव-हृदय के रहस्योद्घाटन में इनका प्रकृत कौशल, इनकी घटनाचक्र-संचालन-सम्बन्धिनी क्षमता यदि हम हिये की आँखों से देखें तो हमें बरबस कहना पड़ेगा कि हमारा कथा-साहित्य निकट भविष्य में ही विश्व-साहित्य में सम्मानभाजन होगा। यों तो 'दोषः कस्य कुले नास्ति'।

यदि अतिरंजना का आरोप न हो तो मुैं कुछ एकांकी नाटकों के सम्बन्ध में भी इसी उक्ति को दुहराना चाहूँगा। सेठ गोविन्ददास, डॉक्टर रामकुमार वर्मा, पं. सद्गुरुशरण अवस्थी, पं. उदयशंकर भट्ट, श्री उपेन्द्रनाथ 'अश्क' आदि की कई चीजें बहुत ही सुन्दर बन पड़ी हैं, और वे ऐसी हैं जिन्हें हम साभिमान साहित्य की स्थायी सम्पत्ति समझकर सँजोते रहेंगे।

अब तक हम अपने साहित्य की जो स्थिति देख चुके, उससे निराश होने का कोई कारण नहीं सूझता। कविता, कहानी और नाटक के क्षेत्र तो अभिनव आशा की मधुर ज्योति से जगमगा रहे हैं। किन्तु निबंध, समालोचना, यात्रा, विज्ञान, जीवनी, आत्मकथा, बालजगत्, नारीजगत्, हास्यरस आदि से सम्बन्ध रखनेवाले साहित्य की वृद्धि के लिए हमें अभी बड़ी लगन से प्रयत्न करना पड़ेगा। मैं साहित्य के इन या ऐसे ही और विभागों पर विचार करने के लिए आपके अधीर समय को अब अधिक चपेटना नहीं चाहता।

अन्त में, इतनी ही प्रार्थना है कि हम सब मिलकर ऐसे ही साहित्य की रचना पर ध्यान दें जिससे हमारी सांस्कृतिक चेतना में विकृति या विकलांगता आने की आशंका न रह जाय।

नीरक्षीरविवेकी सज्जनो, कहना बहुत-कुछ है; पर आप इस षड्रस-नवरस-हीन एवं वाग्जालपूर्ण भाषण से ऊब गये होंगे। मेरी वाणी में न ध्वनि है, न स्वर में संगीत। फिर आपको रिझाऊँ किस प्रकार? तब भी आशा है कि मेरी अज्ञता-महारानी आपको घर पहुँचने तक हँसने का काफी मसाला देती चली जायँगी। वन्दे हिन्दीमातरम्!*

---

* इस भाषण के कुछ अंश 'रचनावली' के तीसरे खंड के एक लेख (हिन्दी साहित्य की कुछ समस्याएँ– पृष्ठ 257) में भी आ चुके हैं)–ले.

हिन्दी साहित्य में मध्यभारत का अतीत एवं वर्त्तमान

शरीर में हृदय का जो स्थान है वही भारतवर्ष में 'मध्यभारत' का है। भारत-राष्ट्र का वह केन्द्र स्थल है। शरीर में नेत्र और मस्तिष्क का बड़ा महत्त्व है। किन्तु, हृदय का महत्त्व उनसे कहीं बढ़कर है। साहित्य में तो सबसे अधिक महत्त्व हृदय का ही है, मस्तिष्क का भी उतना नहीं है। इसलिए, भारत-माता के कमनीय कलेवर में हृदय-स्थानीय 'मध्यभारत' सर्वापेक्षा महत्त्वपूर्ण है। उसका शौर्य-वीर्य हमारे इतिहास का गौरव है। उसका प्राकृतिक वैभव सौन्दर्य-सम्पदा से परिपूर्ण है। उसके दुर्ग और प्राचीन ध्वंसावशेष अन्वेषकों के लिए आकर्षण का केन्द्र है। उसकी साहित्यिक महत्ता हिन्दी के भंडार की अमूल्य पूँजी है। अतीत काल में जहाँ केशव और बिहारी तथा महाराज रघुराज सिंह के समान कविकुलकमल देख पड़ते हैं, वहाँ वर्तमान काल में गणेशशंकर जी, नवीनजी, हरिभाऊजी, वियोगी हरि और ठाकुर गोपालशरणसहजी अपनी प्रतिभा-प्रभा से हिन्दी-साहित्य-क्षेत्र को उद्भासित करते नजर आते हैं। अतीत और वर्तमान का सुविस्तृत विवरण तो एक बड़े पोथे में ही देना सम्भव है; किन्तु संक्षिप्त रीति से एक झलक-झाँकी दिखा देना ही इस अल्पकाय लेख का लक्ष्य है।

विक्रम की पन्द्रहवीं शताब्दी के मध्य तक अपभ्रंश-भाषा की परम्परा चलती रही, ऐसा आचार्य प्रवर शुक्लजी ने माना है। इस परम्परा के भीतर तक देखने से संवत् 1361 में भोजप्रबन्ध शैली पर बनाये गये 'प्रबन्ध-चिन्तामणि' नामक ग्रन्थ के रचयिता 'जैनाचार्य मेरुतुंग' पर मध्यभारतीय होने की धारणा सहसा अड़ जाती है; क्योंकि इनके ग्रन्थ में, जो संस्कृत में है, 'भोज' के चाचा 'मुंज' के रचे कुछ दोहे अपभ्रंश-भाषा में पाये जाते हैं, जो बहुत पहले से ही प्रसिद्ध चले आते थे; पर 'मेरुतुंग' ने उन्हें सम्भवतः इसीलिए अपने ग्रन्थ में स्थान दिया कि वे एक मध्यभारतीय नरेन्द्र कवि के बनाये हुए हैं। इस साहित्यिक अनुमान की पुष्टि इतिहासज्ञ विद्वान् ही कर सकते हैं।

हिन्दी-साहित्य के आदिकाल--वीरगाथाकाल—में भी एक कवि ऐसा मिलता है,

जिस पर मध्यभारतीय होने की धारणा टिकती है; क्योंकि उसके प्रसिद्ध काव्य का विषय मध्यभारत से सम्बन्ध रखता जान पड़ता है। वह कवि है 'जगनिक', जिसका समय संवत् 1230 है। यह कालिंजर-नरेश 'परमाल' का आश्रित भाट था। इसने 'महोबा' के विख्यात वीरों—'आल्हा और ऊदल'—की वीरता का बखान बड़े ओजस्वी शब्दों में किया है। इसके रचे हुए वीरत्व-व्यंजक गीत 'आल्हा' के नाम से सारे उत्तर-भारत में प्रसिद्ध हैं, और हिन्दी-प्रधान प्रान्तों के गाँव-गाँव में बड़ी उमंग से गाये और सुने जाते हैं। मध्यभारत की विस्तृत सीमा में 'कालिंजर' भी अत्यन्त प्राचीन स्थान है, और आधुनिक इतिहास में तो उसके दुर्द्धर्ष दुर्ग आदि की प्रसिद्धि है ही। श्रीमद्भागवत के पंचम स्कन्ध के आठवें अध्याय में भी उसका उल्लेख मिलता है (श्लो. 30)। वहाँ भारतेश्वर भक्तप्रवर जडभरत की राजधानी थी। वह एक तीर्थ-तुल्य स्थान है।

विक्रम की तेरहवीं और चौदहवीं सदी के इन कवियों का स्मरण करते हुए जब हम आगे बढ़ते हैं तब तो कवियों की एक परम्परा-सी मिलती है। यदि वास्तविक अनुसन्धान किया जाय तो पीछे के युगों में और भी कई कवि मिलेंगे; किन्तु वहाँ अन्धकार-युग को सतृष्ण नेत्रों से देखते हुए हमें प्रकाश-युग में ही मध्यभारतीय-साहित्य-भंडार का पर्यवेक्षण करना चाहिए, जिसमें अमूल्य रत्नराशि जगमगा रही है।

विक्रम की पन्द्रहवीं शती में कबीरदासजी हुए, जिनके प्रधान शिष्य और मुख्य उत्तराधिकारी 'धरमदास' बान्धवगढ़-निवासी वैश्य थे। इन्होंने कबीर की वाणियों का संग्रह किया था। विक्रम-संवत् 1480 के लगभग इनका जन्मकाल माना जाता है। ये 120 वर्ष की आयु भोगकर संवत् 1600 में ब्रह्मलीन हुए। कबीर की अमर वाणियों का संकलन इन्होंने अपने गुरु (कबीर) के जीवनकाल में ही, संवत् 1521 में किया था। यदि ये ऐसा न करते तो आज कबीर के मानस के मंजुल मोती सदा-सोहागिन हिन्दी माता की माँग कैसे भरते? साहित्य का इतिहास देखने से पता लगता है कि लगभग साठ वर्षों तक इन्होंने लगातार गुरुसेवा की, और संवत् 1575 में कबीर की निर्वाण-प्राप्ति के पश्चात् उनकी गद्दी को सनाथ किया। चूँकि ये रीवाँ राज्य के निवासी थे, इसलिए इनकी भाषा में पूरबीपन है; पर हिन्दी के सन्त-कवियों में इनका स्थान बहुत ही ऊँचा है। शुक्लजी के शब्दों में 'इन्होंने खंडन-मंडन से विशेष प्रयोजन न रख प्रेमतत्त्व को ही लेकर अपनी वाणी का प्रसार किया है'। प्रोफेसर भुवनेश्वरनाथ मिश्र 'माधव', एम.ए. ने भी अपने अपूर्व ग्रन्थ 'सन्त-साहित्य' में लिखा है—"धरमदासजी की 'शब्दावली' में उनकी अगाध गुरुभक्ति, अप्रतिम भगवत्प्रेम, और एकान्त अध्यात्मनिष्ठा, शब्द-शब्द में भरी पड़ी है। वे एक बड़ी ही ऊँची श्रेणी के आत्मदर्शी सन्त थे, और लगभग चार सौ वर्ष हो चुकने पर भी, आज भी, उनकी 'वाणी' चन्दन

के समान शीतल, और अमृत के समान मधुर प्रतीत होती है।''

वीरगाथा-काल के बाद भक्तिगाथा-काल की ज्ञान-मार्गी शाखा में मध्यभारत ने जैसे धरमदासजी के समान अमृत-फल लगा दिया, वैसे ही एक और भी अनन्य सौरभ-सम्पन्न स्वर्गीय पुष्प खिला दिया, जिसकी मृदुल सुरभि से हिन्दी का सन्त-साहित्य-क्षेत्र आमोदित हो रहा है। वह स्वर्गीय कुसुम है 'अक्षर अनन्य', जो दतिया-राज्य के दीवान थे, और पीछे विरक्त होकर पन्ना में रहने लगे थे। महाराज छत्रसाल इनके शिष्य थे। कायस्थ होने पर भी एक सिद्ध पुरुष होने के कारण ही राजगुरु होने के अधिकारी हुए थे। श्रद्धेय शुक्लजी ने लिखा है—''एक बार ये छत्रसाल से किसी बात पर अप्रसन्न होकर जंगल में चले गये। पता लगने पर क्षमा-प्रार्थना के लिए महाराज इनके पास गये। ये झाड़ी के पास पैर फैलाये सो रहे थे। महाराज ने पूछा—'पाँव पसारा कब से?' झट बोल उठे—'हाथ समेटा तब से'। इसी प्रसंग से इनका महत्त्व समझा जा सकता है। ये वेदान्त के बड़े अच्छे विद्वान् थे। त्यागी और योगी तो थे ही। मिश्रबन्धुओं ने इनके पाँच ग्रन्थ छतरपुर के राज-पुस्तकालय में देखे हैं, और अन्य चौदह ग्रन्थों का उल्लेख भी किया है। दतिया-राज्य में 'सेहुँड़ा' ग्राम में इनका जन्म स्थान था।

ओरछा-नरेश महाराज मधुकरशाह के राजगुरु कविवर हरीराम व्यासजी अनन्य कृष्णोपासक हुए हैं। संवत् 1620 के लगभग इनका समय माना गया है। संस्कृत के अच्छे पंडित थे। शास्त्रार्थ में बड़े प्रखर थे। आचार्य शुक्ल जी लिखते हैं—''इनकी रचना परिमाण में भी बहुत विस्तृत है और विषय-भेद के विचार से भी अधिकांश कृष्णभक्तों की अपेक्षा व्यापक है। इन्होंने एक 'रासपंचाध्यायी' भी लिखी है। ज्ञान, वैराग्य और भक्ति तीनों पर बहुत-से पद और साखियाँ इनकी मिलती हैं।''

ओरछा के ही कविवर बलभद्र मिश्र अपने 'नखशिख' नामक सुप्रसिद्ध ग्रन्थ के कारण हिन्दी-संसार में अमर हो चुके हैं। इनका कविताकाल संवत् 1640 के लगभग माना जाता है। ये महाकवि केशवदास के बड़े भाई थे। इनके पाँच-छह ग्रन्थ और भी कहे जाते हैं; पर मिले अभी दो ही हैं, जिनमें दूसरा 'दूषणविचार' है, जिसमें काव्य के गुण-दोषों की विवेचना की गयी है। इनकी रचना की प्रौढ़ता साहित्य के इतिहास में सादर स्वीकृत की गयी है।

महाकवि केशवदास के सम्बन्ध में तो कुछ लिखने की आवश्यकता ही नहीं है। इनके विषय में प्रत्येक साहित्यानुरागी बहुत-कुछ जानता है। इनका आचार्यत्व, इनका प्रचंड पांडित्य, इनकी काव्यशास्त्र-मर्मज्ञता, इनकी अतुलनीय रसिकता जग जाहिर है। इनकी विद्वत्ता की सत्ता समस्त छन्दों और अलंकारों पर स्थापित है। ओरछा-नरेश महाराजा रामसिंह के भाई इन्द्रजीत सिंह के आश्रित होकर इन्होंने हिन्दी को जो अनमोल ग्रन्थ दिये हैं, वे हमारे साहित्य की पूँजी हैं। रामचन्द्रिका, रसिकप्रिया एवं

कविप्रिया तो हिन्दी के अनूठे काव्य-ग्रन्थों में परिगणित हैं। भक्ति और श्रृंगार के ये उत्तम नमूने माने जाते हैं। इनका 'रतन-बावनी' भी वीररस की सुन्दर पुस्तक है, जिसमें इन्द्रजीत सिंह के बड़े भाई रत्न सिंह की वीरता का बखान बड़े ओजस्वी छप्पय-छन्दों में किया गया है। आदर्श साहित्यानुरागी वर्त्तमान ओरछा-नरेश की छत्र-छाया में श्री वीरेन्द्र-केशव-साहित्य-परिषद् इनकी स्मृति-रक्षा का जो प्रशंसनीय प्रयत्न कर रही है, वह ऐसे उद्‌भट महाकवि की विमल-धवल कीर्ति के अनुकूल ही है। इस परिषद के द्वारा इस समय साहित्य की जो स्तुत्य सेवा हो रही है उससे यह आशा बँध रही है कि निकट भविष्य में इसके द्वारा बुन्देलखंडी कवियों की ग्रन्थावलियाँ भी सुचारु रूप से प्रकाशित होंगी।

मध्यभारत का ओरछा-दरबार सनातन से प्रमुख कवीन्द्रों का आश्रय-स्थल रहा है, और आज भी वह साहित्य का गौरवशाली गढ़ बना हुआ है। मध्यभारत का हृदय जो बुन्देलखंड है, उसमें संजीवनी शक्ति का संचार करने के लिए आज भी वह भगीरथ प्रयत्न कर रहा है, और हृदय के परिपुष्ट होने पर सर्वांग की समृद्धि स्वाभाविक ही है। मध्यभारत की लोकमान्य रियासतों में ओरछा (टीकमगढ़), पन्ना, ग्वालियर, चरखारी, दतिया, छतरपुर, विजावर, रीवाँ, खनियाधाना, समथर आदि हिन्दी-साहित्य-संसार में इसीलिए विशेष विख्यात हैं कि इन राज्यों के दरबार में परम्परागत रीति से साहित्य की चर्चा, सेवा, वृद्धि एवं प्रतिपत्ति होती आयी है। आज भी इनमें से अधिकांश में वही क्रम जारी है। ऐसा अनुपम दृश्य किसी प्रान्त के दरबार में नहीं देख पड़ता। यह मध्यभारत के लिए बड़े गौरव और गर्व का विषय है, इसमें कोई सन्देह नहीं।

मान्यास्पद मिश्रबन्धुओं ने हिन्दी-साहित्य के पूर्वालंकृत काल का उपक्रम करते हुए स्पष्ट लिखा है—"इसी काल में चम्पतिराय ने अपने प्रभाव से सारे बुन्देलखंड को दीप्तिमान करके मुगलों को हिला दिया, इसी काल में महाराजा छत्रसाल ने केवल 5 सवार और 25 पैदलों के ही सहारे से प्रयत्न आरम्भ करके मुगलों का सामना किया और धीरे-धीरे विजयों पर विजय प्राप्त करते हुए अन्त में दो कोटि वार्षिक आय का विशाल राज्य बुन्देलखंड में और उसके आसपास संस्थापित कर दिया। ऐसे दर्पपूर्ण प्रतिभाशाली सुकाल में साहित्य की विशदोन्नति परम स्वाभाविक थी और वह हुई भी।"

फिर उसी प्रकरण में आगे चलकर वे महाराजा छत्रसाल की प्रशंसा करते हुए अघाते नहीं जान पड़ते। लिखते हैं—"इनकी कविता ऐसी मनोहर होती थी जैसी कि सुकवियों की होती है। इनका एक ग्रन्थ बुन्देलखंड में एक धामी के पास वर्त्तमान है, परन्तु वह उसे किसी को दिखाता भी नहीं। ये महाराज ऐसे गुणग्राहक थे कि इतने बड़े राजा होने पर भी इन्होंने एक बार 'भूषण' की कविता से प्रसन्न होकर,

उनकी पालकी का डंडा अपने कन्धे पर रख लिया था। 'लाल' कवि ने इन्हीं के यशकीर्तन में प्रसिद्ध ग्रन्थ 'छत्रप्रकाश' बनाया। इनके दरबार में सैकड़ों कविगण जाते और आदर पाते थे। भूषण और हरिकेश के समान उद्दंड सत्कवि, नेवाज जैसे शृंगारी, और लाल के ऐसे कथाप्रासंगिक प्रबल लेखक सभी इस कल्पद्रुम की उदारता के साक्षी हैं। जितने सत्कवियों की बनायी हुई इस महाराजा की प्रशंसा मिलती है, उनके आधे भी सरस्वती-सेवियों ने किसी भी राजा-महाराजा की विरदावली का गान नहीं किया है। एक और भी कथनीय बात है कि इन्होंने प्रायः परमोत्तम कवियों का ही विशेष मान किया; जिससे इनकी साहित्य-पटुता प्रकट होती है।''

मध्यभारत की रत्नगर्भा वसुन्धरा ने हिन्दी के साहित्य-कोष को जो एक चारु चिन्तामणि भेंट की, उसकी निराली कान्ति-किरणों से सारा हिन्दी-संसार देदीप्यमान हो रहा है। वह और कोई नहीं, महाकवि बिहारीलाल हैं, जिनका शुभ जन्म ग्वालियर के निकट बसुवा-गोविन्दपुर में हुआ था, और जिनका बालपन बुन्देलखंड में ही बीता था—उसी बुन्देलखंड में, जिसका वायुमंडल कविता-कलकंठी के कलकूजन से चिरमुखरित था, जिसकी वीर-प्रसविनी भूमि का प्रत्येक कण ब्रह्मानन्दसहोदर काव्याह्लाद से पुलकित था। बुन्देलखंड की मज्जागत संस्कृति के प्रभाव से इन्होंने जो लोकोत्तर काव्य-कौशल प्रदर्शित किया, वह विश्वविख्यात है। समालोचक-शिरोमणि शुक्ल जी कहते हैं—''शृंगार-रस के ग्रन्थों में जितनी ख्याति और जितना मान 'बिहारी-सतसई' का हुआ, उतना और किसी का नहीं। इसका एक-एक दोहा हिन्दी-साहित्य में एक-एक रत्न माना जाता है। इसकी पचासों टीकाएँ रची गयीं। इस प्रकार बिहारी-सम्बन्धी एक अलग साहित्य ही खड़ा हो गया है।'' वास्तव में गोस्वामी तुलसीदासजी के सिवा बिहारी के बराबर किसी कवि को इतने अधिक टीकाकार नहीं मिले। इस महाकवि का एक ही ग्रन्थ गगनचुम्बी प्रकाश-स्तम्भ की तरह हिन्दी-साहित्य-सागर की दिगन्त-व्यापिनी उत्तुंग-तरंगों पर रत्नचूर्ण विकीर्ण कर रहा है। इसकी प्रतिभा, सहृदयता, कला-कुशलता और मनोवैज्ञानिकता का कहाँ तक अभिनन्दन किया जाय? साहित्यरसिकों का यही तो एक आकर्षक आश्रय-स्थल है!

ग्वालियर-राज्य तो साहित्य और संगीत का अखाड़ा ही रहा है और आज भी एक प्रकार से वह साहित्य का अड्डा ही बना हुआ है। उसी राज्य की दो विभूतियाँ—विद्यार्थी जी और नवीनजी ने आधुनिक हिन्दी-जगत् में अभिनव क्रान्ति का विजयशंख फूँककर प्रसुप्त जन-समाज को प्रबुद्ध कर दिया। उसी राज्य के मुखपत्र 'जयाजी-प्रताप' ने अपने चित्ताकर्षक विशेषांकों से हिन्दी-पत्र संसार को शोभा-सम्पन्न कर दिया। उसी राज्य का पराक्रम प्रकट करनेवाला यह 'विक्रम' भी है, जिसमें विक्रम-द्विसहस्राब्दी के सांस्कृतिक महोत्सव को भारतव्यापी बनाकर महाकवि कालिदास की सुप्तप्राय स्मृतियों को उद्बुद्ध कर दिया। उस राज्य के वर्त्तमान उन्नतमना नरेन्द्र स्वदेश की सभ्यता, संस्कृति, प्रगति और साहित्यिक जागृति के कैसे उन्नायक हैं, यह तो

सर्वविदित ही है। भारतवर्ष के समुन्नत राज्यों में ग्वालियर का प्रधान स्थान है।

ग्वालियर के महाराजा दौलतरावजी सिंधिया अच्छे कवि हो गये हैं, जिनका रचनाकाल विक्रम की उन्नीसवीं शताब्दी का मध्यभाग है। इन्हीं के आश्रित होकर कविवर पद्माकर ने 'आलीजाह-प्रकाश' नामक ग्रन्थ बनाया था। शिवकवि का 'दौलतबागविलास' भी इन्हीं के आश्रय में रचा गया था। ग्वालियर के महादजी सिंधिया तो इनसे भी पहले हो चुके हैं। वे तो बहुत ही सुन्दर कविता करते थे। उनका कविता-संग्रह 'माधवविलास' निकल चुका है। उनका एक दोहा कितना सुन्दर है!

"अरी बँसुरिया कान्ह की छल तुम कीन्हों कौन।
उन अधरन लागी रहै हम चाहत हैं जौन।।"

मुगल सम्राट् शाहजहाँ के दरबारी कवियों में ग्वालियर के 'सुन्दर' भी थे, जिन्हें बादशह ने 'महाकविराय' की पदवी दी थी। ये विक्रम की सत्रहवीं सदी के उत्तरार्द्ध में अपनी चमत्कारपूर्ण रचना से हिन्दी की उल्लेखनीय सेवा कर गये हैं। 'सुन्दर-शृंगार' इनका नायिका-भेद का प्रसिद्ध ग्रन्थ है। ये बड़े अनुप्रासानुरागी भी थे।

महाराजा दौलतराव सिन्धिया के दीवान 'पारख' जी ('रसिकराय' कवि) ने मथुरा में द्वारकानाथ का मन्दिर बनवाया था। फिर इन्हीं महाराज के समय में 'ऐनानन्द' नामक एक कवि थे, जो बड़े सिद्ध मुसलमान फकीर थे, और जिनकी समाधि अब तक ग्वालियर के किले में वर्त्तमान है। ग्वालियर राज्यान्तर्गत अटेर-भदावर-निवासी कवि छत्रसिंह कायस्थ ने सं. 1757 में 'विजयमुक्तावली' नामक ग्रन्थ अनेक छन्दों में बनाया, जिसमें महाभारत की कथा बड़े रुचिकर ढंग से कही गयी है।

ग्वालियर-राज्य की प्राचीन-कालीन साहित्य-सेवा-परम्परा का दिग्दर्शन-मात्र करके जब हम आधुनिक युग में उसकी सेवाओं पर दृष्टिपात करते हैं तो बड़ा सन्तोष होता है। श्रद्धेय गणेशशंकर विद्यार्थी, कविवर पंडित बालकृष्ण शर्मा 'नवीन' और पंडित हरिभाऊ उपाध्याय जी के समान धुरन्धर साहित्य-महारथियों के यशचंदन से तो दिगंगनाओं के कलेवर चर्चित हैं ही; इनके सिवा और भी अनेक साहित्यसेवी ग्वालियर-राज्य की गोद को गौरवान्वित कर रहे हैं। जैसे—ठाकुर सूर्यकुमार वर्मा, श्री भास्कर रामचन्द्र भालेराव, कविवर जगन्नाथप्रसादजी 'मिलिन्द', 'हिन्दी पत्र-पत्रिकाओं का इतिहास' के लेखक श्री अवन्तबिहारीलाल माथुर 'सुघड़ चमेली' के लेखक श्री रामजीदास वैश्य, यशस्वी कवि और नाटककार तथा मानसिंह-पुरस्कार—विजेता श्री हरिकृष्ण 'प्रेमी', सिद्धहस्त लेखक पंडित गणेशदत्त शर्मा गौड़ 'इन्द्र', हिन्दी में आध्यात्मिक साहित्य की सृष्टि करनेवाले मासिक 'कल्पवृक्ष' के सम्पादक श्री नागर जी, प्रख्यात पत्रकार श्री प्रवासी लाल वर्मा मालवीय, पंडित गोपीवल्लभ उपाध्याय, श्री सीताराम वर्मा 'साधक', पंडित गौरीशंकर ओझा 'मित्र', पंडित चन्द्रिका प्रसाद मिश्र

'चन्द्र', श्रीमती सुधारानी 'विशारद', पंडित ब्रजकिशोर शर्मा 'ब्रजेश', श्री ओमप्रकाश भार्गव 'उमेश', पंडित हरस्वरूप मिश्र 'हरेश', पंडित माताप्रसाद त्रिपाठी 'महेश', श्री गन्धर्व सिंह 'सलिल', श्री कालीप्रसाद भटनागर, पंडित गौरीशंकर मिश्र 'पथिक', अनेक यशस्वी फिल्मों के गीत-लेखक श्री प्रदीप, 'हिन्दी-विश्वभारती' (लखनऊ) के सुसम्पादक श्रीकृष्णवल्लभ द्विवेदी, 'स्वराज्य'-सम्पादक श्री आगरकरजी, प्रो. प्रभाकर माचवे आदि कवि एवं लेखक हिन्दी-संसार में पर्याप्त ख्यातिलब्ध साहित्यिक हैं। 'विक्रम' के सम्पादक व्यासजी तो स्वनामधन्य भारत-प्रसिद्ध साहित्यसेवी हैं, 'सूर्य' को क्या दीपक दिखाया जाय? स्व. प्रो. रमाशंकर शुक्ल 'हृदय' की एकान्त साहित्य-साधना तो मध्यभारतीय साहित्येतिहास की गौरव-गाथा के रूप में अमर ही है। फिर 'जयाजीप्रताप' के भूतपूर्व सम्पादक श्री युधिष्ठिरजी भार्गव का भी परिचय देना आवश्यक ही है, क्योंकि उनका प्रताप कुछ कम उजागर नहीं। और उपर्युक्त साहित्यसेवियों के विषय में भी यथोचित विवरण देने का यहाँ अवकाश नहीं, वे स्वयं ही ख्यातनामा व्यक्ति हैं।

ग्वालियर-राज्य का उज्जैन नगर भारत का अत्यन्त प्राचीन विद्यापीठ और संस्कृति-केन्द्र है। यहाँ इसका नामोल्लेख मात्र करके पाठकों को स्मरण करा देना अभीष्ट है; क्यांकि उसकी महिमा का गान संक्षेप में असम्भव है। वह भारत की सात मोक्षस्थली पुरियों में से एक है। वहाँ के निवासियों ने अतिशय प्राचीन काल से भारतीय साहित्य की श्रीवृद्धि में योगदान किया है। आज भी वहाँ का सांस्कृतिक एवं साहित्यिक वातावरण सर्वापेक्षा पवित्र एवं गरिमा-मंडित है।

इन्दौर का नाम तो हिन्दी-साहित्य के इतिहास में सदा स्वर्णाक्षरों में अंकित रहेगा। वहीं दो-दो बार जगद्वन्द्य महात्मा गाँधी के सभापतित्व में अखिल-भारतीय-हिन्दी-साहित्य-सम्मेलन हुआ। वहीं के सम्मेलन में दक्षिण-भरत में हिन्दी-प्रचार का निश्चय हुआ और मध्यभारत तथा राजस्थान के लेखकों की सर्वश्रेष्ठ रचना पर 251 रुपये का प्रतिवर्ष पुरस्कार देने की घोषणा हुई। वहीं की 'मध्यभारत-हिन्दी-साहित्य-समिति' से 'वीणा' जैसी उत्कृष्ट मासिक पत्रिका और अनेक उपयोगी पुस्तकें प्रकाशित हुईं। वहीं के 'खरगौन' स्थान से 'वाणी' –जैसी सुन्दर पत्रिका निकली। पंडित जानकीराम दुबे, डॉक्टर सरजूप्रसाद आदि वहीं से चमके। श्रीमती कमलाबाई किबे वहीं की साहित्यिक विभूति हैं। पंडित नाथूलाल त्रिवेदी, श्री दीवारीलाल साहित्यरत्न, श्रीमती इन्दिरा देवी साहित्यरत्न, राजेन्द्र, वीरेन्द्र, ईश्वर, लाडलीप्रसाद, नवजात आदि आज भी वहाँ का साहित्यिक महत्त्व प्रकट कर रहे हैं।

मध्यभारत की देशी रियासतों ने अनेक कीर्तिशाली कवियों को आश्रय देकर साहित्य-सेवा का पथ प्रशस्त एवं पुष्पास्तृत किया है। पन्ना, ओरछा, दतिया, छतरपुर, रीवाँ, चरखारी आदि रियासतों का यदि पृथक्-पृथक् साहित्यिक इतिहास लिखा जाय

तो एक-एक विशाल ग्रन्थ बनाया जा सकता है। पंन्ना के प्रसिद्ध सन्त-कवि 'प्राणनाथ' एक पहुँचे हुए साधु पुरुष थे। इनका समय संवत् 1707 के लगभग है। इन्होंने 14 ग्रन्थ बनाये हैं। ये बड़े त्यागी एवं तत्त्वदर्शी महात्मा थे। मिश्रबन्धुओं ने लिखा है—"इन्हीं ने पन्ना के महाराज को हीरे की खान बतायी। पन्ना में अब तक इनकी पूजा होती है। ये बड़े ही अच्छे साधु थे। इन्होंने बुन्देलखंड में जातीयता जाग्रत की थी। इनकी कविता बड़ी ही जोरदार और भक्तिपूर्ण है।"

पन्ना के इतिहास प्रसिद्ध वीरेन्द्र नरेन्द्र महाराज छत्रसाल का उल्लेख पहले हो चुका है। इन्हीं के आश्रित 'लाल' कवि थे, जो हिन्दी साहित्य की वीरगाथा-परम्परा के परमोज्ज्वल रत्न माने जाते हैं। इनका सुप्रसिद्ध ग्रन्थ 'छत्रप्रकाश' काशी-नागरी-प्रचारिणी सभा द्वारा प्रकाशित है। इन्होंने दस ग्रन्थों की रचना की है। 'छत्रप्रकाश' पर मार्मिक दृष्टि डालते हुए आचार्य शुक्लजी ने लिखा है—"ग्रन्थ की रचना प्रौढ़ और काव्य-गुण-युक्त है। वर्णन की विशदता के अतिरिक्त स्थान-स्थान पर ओजस्वी भाषण हैं। कवि में प्रबन्धपटुता पूरी थी, ऐसा प्रबन्ध-कौशल हिन्दी के कुछ इने-गिने कवियों में ही पाया जाता है। देश की दशा की ओर भी कवि का पूरा ध्यान जान पड़ता है। काव्य और इतिहास दोनों की दृष्टि से यह ग्रन्थ हिन्दी में अपने ढंग का अनूठा है।" फिर मिश्रबन्धुओं ने भी इनकी बड़ी प्रशंसा की है। लिखा है—"कहना पड़ता है कि तुलसीदासजी के अतिरिक्त किसी और का उन्हीं के समान दोहा-चौपाई बनाना असम्भव है। इन्होंने दिखा दिया है कि कवि यमकादि बाह्याडम्बरों को छोड़कर एक छोटे-से छन्द में भी उत्कृष्ट कविता कर सकता है। बुन्देलखंड में प्रसिद्ध है कि लाल जी महाराज छत्रसाल के साथ युद्धों में स्वयं लड़ते भी थे।" महाराज छत्रसाल के यहाँ वीररसाचार्य महाकवि भूषण का कैसा मान था, इसका संकेत पहले किया जा चुका है। भूषणजी का 'छत्रसाल-दसक' ग्रन्थ भी इसका ज्वलन्त प्रमाण है।

वीरव्याघ्र महाराज छत्रसाल के आश्रित एक और भी वीररस के अच्छे कवि थे—'हरिकेश', जो पूर्वोक्त 'अक्षर अनन्य' जी के गाँव 'सेहुँड़ा' (दतिया-राज्य) के निवासी थे। इनका रचना-काल सं. 1788 है। इन्होंने भी 'वीररस की रचना बड़ी उत्तम और जोरदार की है।'

पन्ना-नरेश महाराजा हृदयशाह और अमानसिंह के राजत्वकाल (सं. 1789-1815) में 'बख्शी हंसराज कायस्थ' बड़े नामी कवि हो गये हैं, जिनका' 'सनेहसागर' बहुत ही सुन्दर ग्रन्थ है, और जिसका सम्पादन लाला भगवानदीनजी ने किया। इनका उपनाम 'प्रेमसखी' था। इनके पूर्वज पन्ना-राज्य के मन्त्री थे। इनकी भाषा को शुक्लजी ने 'सब प्रकार से आदर्श' माना है और 'सनेहसागर' को एक 'अनूठा ग्रन्थ' कहा है। शुक्लजी की संयत लेखनी से निकले इन शब्दों पर ध्यान दीजिए—"अत्यन्त

प्रेममाधुर्यपूर्ण रचनाएँ...पदविन्यास अत्यन्त कोमल और ललित... कृत्रिमता का लेश नहीं।'' आचार्य शुक्लजी से ऐसा दुर्लभ प्रशंसा-पत्र पानेवाला कवि धन्य है।

इन्हीं नरेशों के समय (सं. 1810) में कालिंजर-निवासी 'हितरामकृष्ण चौबे' नामक एक कवि भी थे, जिन्होंने सोलह ग्रन्थों की रचना की है, जिनमें एक 'रास-पंचाध्यायी' भी है। ये महाशय कालिंजर के किलेदार थे, जिससे इनका पौरुष प्रत्यक्ष विदित होता है।

'विरहबारीस' और 'इश्कनामा' के रसिक रचयिता कविवर 'बोधा' बचपन से ही पन्ना में रहते थे। हिन्दी में दो 'बोधा' कहे जाते हैं—एक फीरोजाबादी और दूसरे बुन्देलखंडी। किन्तु, मिश्रबन्धुओं ने रचनाओं की परख करके दोनों को एक ही माना है। और बुन्देलखंडी 'बोधा' को ही सच्चा प्रेमी कवि घोषित किया है। ये प्रेम के पक्के पुजारी थे। पन्ना-नरेश के दरबार में इनका बड़ा मान था। इनका नाम 'बुद्धिसेन' था, पर महाराज इन्हें प्यार से 'बोधा' कहा करते थे। दरबार की एक वेश्या 'सुभान' को उन्होंने बड़ी निर्भीकता से महाराज से माँग लिया था। यह बात सभी साहित्य-प्रेमी जानते हैं। इनका समय सं. 1830 से 1860 तक माना गया है। इनकी कविता से 'प्रेम की उमंग छलकी पड़ती है।'

महाराजा छत्रसाल के वंशधरों अथवा उत्तराधिकारियों में महाराज रनजोरसिंह और महाराज हिन्दूपति भी कवियों के आश्रयदाता थे। प्रथम के समय में 'भान' कवि ने सं. 1845 में 'नरेन्द्रभूषण' की रचना की थी, और द्वितीय के समय में 'करन' कवि ने 'रसकल्लोल' और 'साहित्यरस' की। ये 'करन' कवि सं. 1860 के लगभग हुए हैं। 'इन्होंने काव्य-सामग्री का विशाल वर्णन किया है। भाषा ललित एवं श्रुतिमधुर है। भाषाप्रेमियों से हम इस ग्रन्थ के पढ़ने का अनुरोध करते हैं।'—(मिश्रबंधु)। 'साहित्यरस एक उत्तम रीति-ग्रन्थ है। कविता भी सरस और मनोहर है। इससे इनका एक सुविज्ञ कवि होना सिद्ध होता है।'—(आ. शुक्ल)

पन्ना के ही 'रूपसाहि' कवि (सं. 1813) ने दोहों में 'रूपविलास' नामक अलंकार-पिंगल-नायिका-भेद का ग्रन्थ बनाया है, तथा संवत् 1900 के आसपास 'पजनेस' नामक प्रसिद्ध पन्ना-निवासी कवि ने 'पद्माकर' की अनुप्रासमयी शैली की छटा दिखायी है। इनके 'पजनेस-पचासा' और 'पजनेस-प्रकास' नामक दो काव्यसंग्रह काशी के भारतजीवन प्रेस से प्रकाशित हो चुके हैं। 'इनका स्थान ब्रजभाषा के प्रसिद्ध कवियों में है।'

ऐसी ही गौरवशालिनी परम्परा ओरछा-दरबार की भी है, इसकी चर्चा पहले ही कर चुका हूँ। ओरछा-नरेश महाराजा वीरसिंहजू देव प्रथम के आश्रित कवि 'चतुर्भुज' (सं. 1647) ने 'चंद'-शैली की बहार अपनी कविता में दिखाई है। उसके बाद महाराजा, विक्रमादित्यसिंह तो स्वयं ही कवि थे, जिन्होंने अपना उपनाम 'लघु' रखा

था और जिनके बनाये दो ग्रन्थ मिलते हैं—'लघुसतसई' और 'माधवलीला'। इनका रचना काल सं. 1680 के लगभग पड़ता है। इन्हीं के आश्रित कवि शिवलाल मिश्र (महाकवि बलभद्र के पौत्र) थे, जिनका यह सवैया बड़ा ही विनोदपूर्ण है—

'जाट जुलाहे जुरे दरजी मरजी में मिल्यो चक्र चूकि चमारौ।*
दीनन की कहु कौन सुने निसि-द्योस रहे इनहीं को अखारौ।
को 'सिवलाल' की बात सुनै रघुनाथ के द्वार पै कोऊ पुकारौ।
ऐसे बड़े करुनाकर को इन पाजिन ने दरबार बिगारौ।।'

महाराजा विक्रमादित्य सिंह के आश्रित कवियों में 'भोजराज' भी प्रसिद्ध ही हैं, जिन्होंने सं. 1657 के लगभग तीन ग्रन्थ बनाये। राजसुजानसिंहजी के समय में 'मेघराज प्रधान' नाम के एक दरबारी कवि हो गये हैं (सं. 1717), जिनके चार ग्रन्थ मिलते हैं। एक ग्रन्थ विचित्र है—'राधाकृष्णजू को झगरौ' और दूसरा है 'सिंहासन बत्तीसी'। वह सुदिन कब आवेगा जब इन सब कवियों की रचनाएँ सुसम्पादित ग्रन्थावली के रूप में प्रकट होंगी!!!

मध्यभारत के नरेशों की सहायता से मध्यभारतीय प्राचीन कवियों की सचित्र ग्रन्थावलियों के प्रकाशित होने की बड़ी आवश्यकता है। प्रत्येक रियासत यदि अपने राज्य और दरबार के सुकवियों की ग्रन्थावली प्रकाशित करने में तत्पर हो, तो हिन्दी की असंख्य विस्मृति-गर्भस्थ पुस्तकों का उद्धार हो जाय। कम-से-कम मध्यभारत के प्रमुख पत्रकारों और प्रभावशाली साहित्य-निर्माताओं को इस दिशा में अवश्य ही यत्नशील होना चाहिए।

बुन्देलखंडी कवि 'ठाकुर' का जन्म भी ओरछा में ही हुआ था (सं. 1823 में)। ओरछा-दरबार के मुसाहब 'रावराजा' इनके नाना थे। इनके पिता गुलाबराय वहीं बस गये थे। इनका परिचय जैतपुर-दरबार के प्रसंग में दिया जायगा। मिश्रबन्धुओं का अनुमान है कि 'रस-शृंगार' नामक ग्रन्थ के रचयिता बुन्देलखंडी कवि 'भारती' (सं. 1832) ओरछा के ही महाराजा भारतीचन्द थे। सं. 1839 के लगभग ओरछा-दरबार में ही 'मोहनदास' एक कवि थे—महाराज मधुकरशाह के कुल-पुरोहित, जिनके चार ग्रन्थ प्राप्त हैं। दस ग्रन्थ तो स्वर्गीया महारानी वृषभानु कुँवरजी के भी प्राप्त हैं, जिनका समय सं. 1942 से 1961 तक माना गया है। सं. 1927 से 1950 तक के शासक महाराजा महेन्द्र प्रतापसिंह जी के आश्रित कवि 'परमानन्द' ने तैंतीस ग्रन्थों की रचना की है। इन्हीं महाराजा के नाम पर प्रसिद्ध कवि 'लछिराम' ने 'महेन्द्रभूषण बनाया था। एक ओरछा-निवासी कवि 'नीलसखी जी' संवत् 1840 के लगभग हो चुके हैं, जिन्होंने 'बानी' नामक ग्रन्थ बनाया है। इनकी आध्यात्मिक कविता 'बड़ी ही मनोहर' मानी गयी है।

---

*जाट—धन्ना जाट। जुलाहे—कबीरदास। दरजी—नाभादास। चमार—रैदास।

वर्तमान ओरछा-नरेश का साहित्यानुराग तो भलीभाँति प्रसिद्ध ही है। इन्हीं के कर-कमलों से काशी-नागरी-प्रचारिणी सभा में आचार्य द्विवेदीजी को एक अद्वितीय अभिनन्दन-ग्रन्थ अर्पित हुआ। इन्हीं की उदारता से हिन्दी-जगत का सर्वश्रेष्ठ साहित्यिक पुरस्कार हिन्दी कवियों को दिन-दिन उत्साहित करता जा रहा है। इस 'देव-पुरस्कार' से हिन्दी-साहित्य की जो गौरव-वृद्धि हुई है, उससे सभी हिन्दी प्रेमी परिचित हैं। इन्हीं महाराजा साहब के उत्साह का फल है कि पंडित बनारसीदासजी चतुर्वेदी के सम्पादकत्व में 'मधुकर' नामक सर्वांगसुन्दर मासिक पत्र निकल रहा है, जिसके द्वारा हिन्दी-साहित्य की उन्नति के अनेक मार्ग प्रशस्त होते दीख पड़ते हैं। अभी हाल में उसका जो 'प्रान्त-निर्माण अंक' निकला है, वह अन्यान्य प्रान्तों के लिए आदर्श बनकर हिन्दी के साहित्य-कोष को सुसम्पन्न करने में बड़ा उपकारी सिद्ध होगा। मध्यभारत की साहित्यिक प्रगति में 'मधुकर', 'विक्रम', 'जयाजी प्रताप', 'प्रकाश', 'बान्धव', आदि की सेवाएँ अपूर्व रीति से शक्ति-संचार कर रही हैं। ऐसा भगीरथ-प्रयत्न किसी अन्य प्रान्त में दृष्टिगोचर नहीं होता। यह मध्यभारत के भावी साहित्यिक अभ्युदय की पूर्व-सूचना है।

टीकमगढ़ के आधुनिक युग के साहित्यसेवियों में राजकवि पीताम्बर भट्ट (पदमाकर-वंशी), सुकवि बालकृष्णदेव 'प्रेम', श्रीमुकुन्दलाल, श्रीगणेशप्रसाद, पंडित सच्चिदानन्द उपाध्याय, बाबू ठाकुरदास जैन, बी.ए., 'बुन्देलखंड के कवि' के लेखक पं. गौरीशंकर द्विवेदी 'शंकर' आदि के नाम उल्लेखनीय हैं। 'मधुकर' के द्वारा बुन्देलखंड के लेखकों की सेवाएँ श्लाघ्य रीति से हिन्दी-हितसाधन में तत्पर हैं। यह तो सर्वविदित ही है कि मिश्र-बन्धुओं में पंडित श्यामबिहारी मिश्र एम. ए. को ओरछा-दरबार से ही 'रावराजा' की उपाधि मिली है, जो दीवान भी थे।

दतिया-दरबार की साहित्यसेवा भी बड़े महत्त्व की है। संवत् 1737 में सुकवि चन्द्रमणि मिश्र कोविद ने इसी दरबार में महाराजा पृथ्वीसिंह के आश्रित होकर 'राजभूषण' और 'भाषा हितोपदेश' नामक ग्रन्थ बनाये थे। ये ओरछा-निवासी थे। इनका समय सं. 1776 भी कहा जाता है। दतिया की महारानी प्रभाकुँवरिजी ने एक 'चन्द्रप्रकाश' नामक ग्रन्थ बनाया था। दतिया-राज्य के एक जागीरदार पृथ्वीसिंह बड़े अच्छे कवि हो गये हैं, जिन्होंने बिहारी-सतसई के ढंग पर 2800 दोहों में एक 'रतनहजारा' नामक ग्रन्थ बनाया है। इनका उपनाम 'रसनिधि' प्रसिद्ध है, और 1717 के लगभग इनका कविता-काल माना जाता है। दतिया-निवासी जुझौतिया ब्राह्मण कवि 'बैजनाथ' भी विक्रम की बीसवीं सदी के आरम्भ में अच्छी कविता कर गये हैं। सं. 1950 के लगभग दतिया दरबार के राजकवि गौरीशंकर गुरु 'कवीन्द्र' ने पद्माकरी शैली में 'कवित्तरामायण' आदि चार ग्रन्थ बनाये थे। ये पद्माकर-वंशी थे और इनके पिता पंडित लक्ष्मीधर जी (श्रीधर कवि) भी एक असाधारण कवि थे।

श्रीधरजी भी इसी दरबार के आश्रित राजकवि थे। कवीन्द्रजी के पुस्तकालय में पद्माकर आदि पूर्वकालीन कवियों के उत्तमोत्तम अप्रकाशित ग्रन्थों के संगृहीत होने की बात सुनी जाती है। दतिया-नरेश महाराज श्री लोकेन्द्रबहादुर गोविन्दसिंहजू देव ने इनके 'विश्वविलास' नाटक पर प्रसन्न होकर 'कवीन्द्र' की उपाधि दी थी। दतिया के आधुनिक युग के साहित्यिकों में पंडित ब्रजभूषण गोस्वामी, पंडित शंकरलाल 'महेश', पंडित दामोदर शुक्ल आदि के नाम उल्लेख्य हैं।

इसी प्रकार चरखारी-दरबार के आश्रित कवियों की कीर्ति-कौमुदी से भी हिन्दी-कविता-कुमुदिनी विकसित दीख पड़ती है। चरखारी-नरेश महाराज विक्रमादित्यसिंह (सं. 1855-1885) ने 'विक्रम-सतसई' आदि तीन ग्रन्थ रचे हैं। ये 'बड़े गुणी और गुणियों के आश्रय-दाता' थे। इन्हीं के आश्रित 'खुमान' एक अच्छे कवि हो गये हैं (सं. 1870)। 'खुमान' के रचे दो ग्रन्थ प्राप्त हैं—'लक्ष्मणशतक' और 'हनुमान-नखशिख'। इन्होंने 'ब्रजभाषा में जोरदार और प्रशंसनीय रचना की है' और इनके बनाये आठ ग्रन्थों का और भी पता लगा है। ये अपनी कविता में 'मान' उपनाम रखते थे। इन्होंने 'लक्ष्मणशतक' में लक्ष्मण और मेघनाद का युद्ध बड़े फड़कते हुए शब्दों में कहा है। महाराज विक्रमसाहि के आश्रित दूसरे यशोधन कवि थे 'प्रताप साहि', जिनका समय सं. 1882 के लगभग पड़ता है। इनकी 'व्यंग्यार्थ-कौमुदी' के सम्बन्ध में माननीय मिश्रबन्धुओं का मत है कि 'यह बहुत सराहनीय ग्रन्थ है और इसे भाषा-साहित्य का रत्न समझना चाहिए।' इनके बनाये दस ग्रन्थ और भी हैं—शृंगारमंजरी, शृंगारशिरोमणि, काव्यविलास, काव्यविनोद, अलंकार-चिंतामणि, रत्नचन्द्रिका, जुगल-नखशिख आदि। इन्होंने बलभद्रकृत प्रसिद्ध 'नखशिख' की टीका भी लिखी है। आचार्य शुक्ल जी ने इनके विषय में लिखा है—"पुस्तकों के नाम से ही इनकी साहित्य-मर्मज्ञता और पांडित्य का अनुमान हो सकता है। आचार्यत्व में इनका नाम मतिराम, श्रीपति और दास के साथ आता है, और एक दृष्टि से इन्होंने उनके चलाये हुए कार्य को पूर्णता तक पहुँचाया था। उनसे ये बीस ही ठहरते हैं। उनसे इनका आचार्यत्व भी कुछ आगे ही दिखाये पड़ता है।" इस प्रकार शुक्ल जी ने इन पर काफी अच्छा लिखा है, और इनकी प्रशंसा खुले दिल से की है। महाराज विक्रमसाहि के दरबार में एक तीसरे सुकवि 'भोजराज' भी थे, जो उनके बाद महाराज रत्नसिंह के भी दरबार में रहे। महाराज रत्नसिंह ने स्वयं भी 'विनय-पत्रिका' की टीका लिखी है, और इनके दरबार के राजकवि जवाहरसिंह कायस्थ ने वाल्मीकीय रामायण का छन्दोबद्ध अनुवाद किया है। 'शिवसिंह-सरोज' में चरखारी के एक कवि 'भानदास बन्दीजन' का उल्लेख पाया जाता है, जो विक्रम की उन्नीसवीं सदी के उत्तरार्द्ध में हुए हैं और 'रूपविलास'—पिंगल-ग्रन्थ के रचयिता के रूप में प्रसिद्ध हैं। इनमें और पूर्वोक्त 'भान' तथा 'रूपसाहि' में कुछ भ्रम-सा होता है।

छतरपुर-रियासत को तो हिन्दी-साहित्य के विस्तृत इतिहास का मूल उद्गमस्थल ही कहना चाहिए। मिश्रबन्धुओं में सबसे छोटे पंडित शुकदेवबिहारी मिश्र यहीं दीवान थे। यहाँ के राज-पुस्तकालय में प्राचीन हिन्दी-कवियों के अनेक अप्रकाशित ग्रन्थ संचित हैं। 'मिश्रबन्धु-विनोद' में प्रायः सर्वत्र ही यहाँ के पुस्तकालय का उल्लेख मिलता है। 'साहित्य-सन्देश' (आगरा) के सुयोग्य सम्पादक और हिन्दी-संसार के प्रथितयश समालोचक श्रीगुलाबराय जी, एम.ए. कुछ साल पहले इसी दरबार में थे। यहाँ के नरेश भी परम्परा से साहित्यप्रेमी होते आये हैं। इस राज्य के संस्थापक कुँवर सोनेसाह के दीवान 'अमरसिंह' कायस्थ (सं. 1845) ने बिहारी-सतसई' की गद्यपद्यमयी टीका रची थी और 'सुदामाचरित्र' तथा 'रागमाला' नामक दो ग्रन्थ भी बनाये थे। इसी राज्य के निवासी गंगाधर व्यास (सं. 1916) थे, जिनके रचे हुए सात ग्रन्थ प्राप्त हैं। मिश्रबन्धुओं के मतानुसार, "बुंदेलखंडी भाषा पर आपका अधिकार था। आपकी बनाई हुई बहुत सी काव्य-पंक्तियाँ सर्वसाधारण में लोकोक्ति की भाँति प्रचलित हैं। बीसवीं सदी के बुन्देलखंडी कवियों में आपका आसन श्रेष्ठ है। आप छतरपुर-नरेश महाराज विश्वनाथसिंहजू देव के आश्रित थे।" इन्हीं महाराजा साहब ने बिहार प्राप्त के प्रसिद्ध उपन्यासकार बाबू ब्रजनन्दन सहाय का 'सौन्दर्योपासक' नामक उपन्यास पढ़कर उन्हें सम्मानपूर्वक अपने दरबार में बुलाकर सत्कृत किया था। बगौरा-निवासी ईश्वरी (ईसरी) कवि छतरपुर-राज्य के ही निवासी थे, जिन्होंने ठेठ बुन्देलखंडी में बहुत ही सुन्दर कविता की है। इनको तो वहाँ की जनता का सच्चा प्रतिनिधि कवि कहना चाहिए। इनकी कविताएँ वहाँ गाँव-गाँव, घर-घर हजारों कंठ में गूँज रही हैं। 'बुन्देलखंड का इतिहास' के लेखक पहरा-निवासी ठाकुर प्रतिपाल सिंहजी इसी राज्य के हैं, जिनकी 'खेलपचीसी' में बुन्देलखंड के ग्रामीण खेलों का बड़ा ही रोचक वर्णन है। जब मैं 'बालक' का सम्पादन करता था तब इन खेलों के कई अंश 'बालक' में सचित्र प्रकाशित हुए थे। ठाकुर साहब से काशी और प्रयाग में कई बार मिलने का मुझे सौभाग्य प्राप्त हुआ था, और इनके उपर्युक्त इतिहास की पांडुलिपि भी मैंने देखी थी। शोक है कि अब वे इस लोक में न रहे; पर उनकी कृतियाँ उन्हें अमर रखेंगी।

यहाँ मैं स्वतन्त्र रूप से छतरपुर-राज्य की दिव्य विभूति श्रीवियोगीहरिजी का सादर स्मरण करना चाहता हूँ, जिनमें मध्यभारत की अनेक कवि-आत्माएँ संश्लिष्ट हैं। एक ओर इनमें धरमदास और प्राणनाथ की आत्माएँ अपनी ज्योति दिखा रही हैं, दूसरी ओर छत्रसाल और लाल की आत्माएँ वीरत्व की प्रचंड ललकार सुना रही हैं। इनकी 'वीरसतसई' पर जो मंगलाप्रसाद-पारितोषिक के 1200) मिले, उन्हें सम्मेलन को ही लौटाकर इन्होंने त्याग का एक नया आदर्श स्थापित कर दिया। इनकी 'विनय-पत्रिका' की अद्वितीय टीका और अन्यान्य पुस्तकें सर्वतोभावेन

शान्तिप्रदायिनी हैं। बुन्देलखंडी रियासतों का प्रसंग समाप्त करने से पहले हमें दो-चार अन्य रियासतों पर भी ध्यान देना पड़ेगा। पन्ना-राज्य की शाखा जैतपुर-रियासत के राजा केसरी सिंह के सभारत्न 'ठाकुर' कवि बड़े ही तेजस्वी कवि हुए हैं, जिनका रचनाकाल सं. 1850 से 1880 तक माना गया है। हिन्दी की प्राचीन कविता के सच्चे मर्मज्ञ स्वर्गीय लाला भगवानदीन जी ने इनकी कविताओं का संग्रह 'ठाकुर-ठसक' प्रकाशित किया था, जिसकी भूमिका में इनका पूरा परिचय सुलभ है। ये बड़े निर्भीक, साहसी, स्पष्टवादी, स्वाभिमानी और प्रतिभा सम्पन्न कवि थे। इन्हें आचार्य शुक्लजी से जो प्रशंसापत्र प्राप्त हुआ है, उसके शब्दों पर कृपया ध्यान दीजिए—'ठाकुर बहुत ही सच्चे उमंग के कवि थे। इनमें कृत्रिमता का लेश नहीं। न तो कहीं व्यर्थ का शब्दाडम्बर है, न कल्पना की झूठी उड़ान और न अनुभूति के विरुद्ध भावों का उत्कर्ष ही। लोकोक्तियों का जैसा मधुर उपयोग ठाकुर ने किया है, वैसा और किसी कवि ने नहीं।' इस तरह सूक्ष्मदर्शी शुक्लजी ने इनकी और भी बड़ी बड़ाई की है। इन्हें बिजावर-दरबार से भी एक गाँव मिला था। बिजावर के राजा भानुप्रकाश सिंह के राजगुरु श्रीरामलाल स्वामी ने भी छह ग्रन्थों की रचना की है। यहाँ जैतपुर के बुन्देलखंडी कवि 'मंडन' का उल्लेख छूट रहा है, जिनका रचनाकाल सं. 1716 है, और जिन्होंने रसरत्नावली, रसविलास, नैनपचासा, पुरन्दर, माया आदि छह ग्रन्थों की रचना की है। लगे हाथों अजयगढ़ के राजा गुमानसिंह के आश्रित कवि 'पंचम' का उल्लेख भी आवश्यक है। समथर-नरेश राजा हिन्दूपति के आश्रित कवि झाँसी-निवासी नवलसिंह कायस्थ तो अच्छे चित्रकार भी थे और इन्होंने करीब तीन दर्जन ग्रन्थ बनाये हैं। इनका रचनाकाल सं. 1873 से 1926 तक है। 'इनका झुकाव भक्ति और ज्ञान की ओर विशेष था'। संवत् 1840 के लगभग मऊ-महेबा के निवासी 'मंचित' कवि ने 'सुरभीदानलीला' और 'कृष्णायन' नामक दो ग्रन्थ बनाये थे। मिश्रबंधुओं ने इन्हें सेनापति की श्रेणी में रखते हुए लिखा है—'कविता परम मनोहर है। गोस्वामी तुलसीदास का ढंग उतारने में यह कवि बहुत करके सफल-मनोरथ हुआ है। यह इस सफलता में बहुत प्रशंसनीय है।' आचार्य शुक्लजी ने भी इस कथन का समर्थन-सा किया है—'स्थान-स्थान पर भाषा अनुप्रासयुक्त और संस्कृत-गर्भित है। ब्रजवासीदास की चौपाइयों की अपेक्षा इनकी चौपाइयाँ गोस्वामी तुलसीदास की चौपाइयों से कुछ अधिक मेल खाती हैं। सुरभीदानलीला की रचना अधिक सरस है। इसमें श्रीकृष्ण का नखशिख भी बहुत अच्छा कहा गया है।' महोबा के गुमान मिश्र (उपर्युक्त खुमान कवि के भाई) भी बड़े अच्छे कवि हो गये हैं। इन्हें शुक्लजी ने 'उत्तम श्रेणी' का कवि माना है। इनका कविता-काल विक्रम की उन्नीसवीं सदी का पूर्वार्द्ध है। इन्होंने श्रीहर्ष के नैषध महाकाव्य का नाना छन्दों में अनुवाद किया है। और भी इनके कई ग्रन्थ हैं। शुक्ल जी भी 'भाषा पर इनका पूरा अधिकार' स्वीकार करते हैं।

अब अन्त में गरौली-निवासी बुन्देलखंडी कवि दीवानबहादुर चन्द्रभानु सिंह की बनायी हुई 'दोहा-सतसई' का उल्लेख कर मैं बघेलखंड की ओर बढ़ता हूँ; क्योंकि वहाँ भी हिन्दी का एक प्रधान गढ़ है। किन्तु, उधर चलने से पहले खनियाधाना-नरेश राजा खलकसिंहजू देव की स्मृति आकृष्ट कर रही है। बुन्देलखंडी शब्दों की बहार उनकी कविता की खास खूबी है। उनके गद्य-लेख भी पत्रों में दीख पड़ते हैं। उनका एक ग्रन्थ 'सत्यकथा संग्रह' है, और उनका हिन्दी-प्रेम बहुत विख्यात है।

बघेलखंड के बान्धवगढ़ का उल्लेख आरम्भ में ही महात्मा धरमदास के प्रसंग में हो चुका है। यहाँ बान्धवगढ़-नरेशों की साहित्य-सेवा पर जब ध्यान जाता है तब यह कहना पड़ता है कि मध्यभारत की अन्य रियासतों से रीवाँ का महत्त्व कुछ कम नहीं है। संवत् 1873 से 1890 तक बान्धवेश महाराज जयसिंह ने शासन किया था और इसी बीच सारा राजकाज देखते हुए इन्होंने अट्ठारह ग्रन्थों की रचना कर डाली। इनके सुपुत्र महाराज विश्वनाथ सिंह ने तो और भी कमाल किया। 1881 से 1911 संवत्-पर्यन्त बीस वर्ष के शासनकाल में ही 'विधिवत् प्रजा-पालन करते हुए तीन दर्जन हिन्दी-ग्रन्थ और एक दर्जन संस्कृत-ग्रन्थ रच डाले। 'कविता-कौमुदी' के प्रथम भाग में पंडित रामनरेश त्रिपाठी ने इनका परिचय दिया है। इनके लिखे 'आनन्दरघुनन्दन' नाटक को भारतेन्दुजी ने हिन्दी का सर्वश्रेष्ठ नाटक माना है। इनके आश्रित कवि 'माधव' (रीवाँ निवासी) ने इन्हीं की आज्ञा से 'आदिरामायण' की रचना की थी। इनके सुपुत्र भी परम प्रसिद्ध कवि हुए—महाराज रघुराजसिंह। हिन्दी संसार में महाराज रघुराजसिंह की बहुत अधिक प्रसिद्धि है। ये परम रामभक्त, काव्यरसिक और कवियों के कल्पवृक्ष थे। इनकी रचना बड़ी सुहावनी है। विविध छन्दों की छटा और अनुप्रासों की घटा इनकी कविता में दर्शनीय है। राम स्वयंवर, रामाष्टयाम, रघुराज-विलास, आनन्दाम्बुनिधि, सुन्दरशतक, मृगयाशतक, रामरसिकावली आदि इनके श्रेष्ठ ग्रन्थ हैं। मध्यभारत में इनका सम्मान आज तक बहुत अधिक है। एक बार इन्दौर में पुराने कवियों का दरबार हुआ था। उस अभिनय-सभा में सबकी राय से यही सभापति के आसन के अधिकारी बनाये गये थे। उस कवि-सभा-नाटक की परम्परा नहीं चली; पर वह प्रणाली ऐसी है कि उसके कायम रहने से साहित्य का बड़ा उपकार होगा। ओरछा की केशव-साहित्य-परिषद की तरह रीवाँ में भी रघुराज-साहित्य-परिषद है, जिसके सभापति हिन्दी के सर्वप्रिय रससिद्ध सुकवि ठाकुर गोपाल शरणसिंहजी हैं। परिषद की ओर से बान्धव-गौरव-ग्रन्थमाला भी निकलती है। 'बान्धव' नामक एक साहित्यिक मासिक पत्र भी निकलता है। यह परिषद् बड़ी सजीव और आदर्श संस्था है। इसके द्वारा रीवाँ-राज्य में सन्तोषजनक साहित्यिक जागृति हो रही है।

महाराज रघुराजसिंह जी की सभा में कवियों का बड़ा ठट्ट था। 'लखनेस' कवि

इन्हीं के आश्रित थे, जिन्होंने 'रसतरंग' और 'लक्ष्मीचरित्र' नामक ग्रन्थ बनाये। रसिकनारायण, रसिकबिहारी, श्रीगोविन्द, बालगोविन्द, रामचन्द्र शास्त्री आदि सुकवि भी इनके दरबार की शोभा बढ़ाते थे। इनकी पुत्री विष्णुप्रसाद कुँवरि बाघेलीजी भी अच्छी कवयित्री थीं, जिनके रचे हुए दो ग्रन्थ हैं—अवधविलास और कृष्णविलास। इनके पुत्र और उत्तराधिकारी महाराज वेंकटरमणसिंह जी भी बड़े साहित्यानुरागी थे। वे भी अपने पूज्य पिता के समान परम वैष्णव थे। उन्होंने शासन-सूत्र सँभालते ही अपने राज्य के सभी विभागों में हिन्दी भाषा और नागरी लिपि के व्यवहार की घोषणा की थी। उन्हीं के समय में राज्याश्रित साप्ताहिक 'शुभचिन्तक' निकलता था। उनके राजत्वकाल में 'रीवाँ-राज्य-दर्पण' और 'नर्मदा-माहात्मय' नामक ग्रन्थ भी प्रकाशित हुए थे। उनका विवाह मेरे जिले (शाहाबाद, बिहार) की डुमराँव-राजधानी में हुआ था, जिससे वर्तमान रीवाँ-नरेश का शुभ जन्म हुआ। ये महाराज गुलाब सिंह जी तो हिन्दी के बड़े अच्छे वक्ता भी हैं। इनके समय में राज्य के अन्दर साहित्यिक प्रगति बड़े वेग से हो रही है। इन्होंने भी अपने आदर्श पिता की हिन्दी-नागरी-प्रचार-सम्बन्धी घोषणा का पूर्ण रूप से संरक्षण किया है। इनके समय में भी लगभग दस-बारह वर्षों से एक सुन्दर हिन्दी साप्ताहिक 'प्रकाश' निकल रहा है, जिसके कई विशेषांक अत्यन्त महत्त्वपूर्ण एवं साहित्य की स्थायी सामग्री कहे जाने योग्य निकल चुके हैं। 'प्रकाश' और 'बान्धव' के द्वारा रीवाँ राज्य वैसा ही स्तुत्य-साहित्य-सेवा कर रहा है जैसी ओरछा-राज्य 'मधुकर' के द्वारा! मध्यभारत के इन दोनों ही राज्यों की यह वदान्यता सर्वथा अभिनन्दनीय है।

राजर्षि रघुराजसिंहजी के समान अनन्य रामभक्त के राज्य में साहित्य की समुचित समृद्धि स्वाभाविक ही है। इस राज्य के वर्तमान नरेश की प्रगतिशीलता और हिन्दी भक्ति देखकर यह आशा हो रही है कि भविष्य में इस राज्य के द्वारा साहित्य का असीम उपकार होना सम्भव है। इस समय भी हिन्दी-साहित्य के समाराधन में संलग्न रहकर यह राज्य जिस अनुकरणीय नीति का परिचय दे रहा है, वह शतमुख श्लाध्य है। इस राज्य की साहित्यिक परम्परा मध्यभारत के लिए सचमुच बड़े अभिमान की वस्तु है। महाकवि रहीम के गाढ़े दिनों में इसी राज्य ने उनकी सहायता की थी। कबीर के गुरुभाई 'सेन नाई' का उल्लेख 'रैदास' की कविता में मिलता है। 'सेन' अच्छे सन्त थे। ये रीवाँ के ही थे। महाकवि भूषण की जीवनी में भी पाया जाता है कि रीवाँ के महाराज अवधूतसिंह ने उनका यथोचित सम्मान किया था। कहा जाता है कि इतिहास-प्रसिद्ध 'बीरबल' यहीं के दरबार से दिल्ली-दरबार में गये थे। हिन्दी-पत्रों के आरम्भिक युग में यहीं से 'भारत-भ्राता'' नामक साप्ताहिक पत्र राज्याश्रय पाकर निकला था। साहित्य के इतिहास-ग्रन्थों में इस राज्य के साहित्यिक वैभव का जो विशद् वर्णन स्थान-स्थान पर मिलता है, उसका संतोषप्रद उल्लेख इस

अल्पकाय लेख में असम्भव है। किन्तु, इस धुँधली झाँकी से भी इस राज्य के प्रति श्रद्धा ही होती है।

आधुनिक युग के रीवाँ-राज्य निवासी कवियों और लेखकों का भी केवल नामोल्लेख ही सम्भव है। वर्तमान साहित्य में नयी गढ़ी के सुप्रतिष्ठित ताल्लुकदार और रईस ठाकुर गोपालशरण सिंह पर जो कुछ लिखा और कहा गया है उसकी बानगी भी यहाँ नहीं दिखायी जा सकती। उनका परिचय 'कविता-कौमुदी' के दूसरे भाग में अनेक पाठक पढ़ चुके होंगे, और उनकी माधवी, मानवी, कादम्बिनी, ज्योतिष्मती, संचिता आदि कविता-पुस्तकों का रसास्वादन भी कर चुके होंगे। द्विवेदी युग के कवियों में उनका बड़ा आदरणीय स्थान है, और आचार्य द्विवेदी जी के परम स्नेहभाजनों में वे हैं। उनकी भाषा की सफाई सब जगह सराही गयी है। उनके सिवा राजकवि अम्बिकेशजी, लाल भानुसिंह बाघेल, लाल यादवेन्द्रसिंह, कुँवर सोमेश्वर सिंह, साहित्यरत्न पं. हरशरण शर्मा 'शिव', सरदार सूर्यबलीसिंह, साहित्यरत्न, एम. ए., पं. केशवप्रसाद चतुर्वेदी, एम.ए., श्री जगमोहन लाल निगम, विशारद आदि के नाम विशेष उल्लेखनीय हैं। मऊगंज (रीवाँ) के पं. श्यामसेवक मिश्र का नाम भी यहाँ स्मरणीय है जिनकी लिखी तीस पुस्तकें हैं।

मध्यभारत की रियासतों में सीतामऊ का नाम भी साहित्य के इतिहास के पृष्ठों पर बड़ी शान के साथ चमक रहा है। सीतामऊ-नरेश महाराजा रामसिंह जी ने ब्रजभाषा और संस्कृत दोनों में ही बड़ी सुन्दर कविता की है। 'रामविलास' और 'मोहनविनोद' उनके प्रसिद्ध काव्यग्रन्थ हैं। 'वायु-विज्ञान' नामक उनकी पुस्तक भी प्रकाशित हो चुकी है। उनकी कवित्व-शक्ति और उनका विद्या-व्यसन हमारे साहित्य के इतिहास में बड़े गौरव के साथ उल्लिखित है। फिर सीतामऊ के महाराज कुमार रघुवीर सिंह जी, एम.ए. के विषय में तो कहना ही क्या है। इनकी रमणीय रचनाओं ने हिन्दी की जो श्रीवृद्धि की है, उससे सारा हिन्दी-जगत् सुपरिचित है।

मध्यभारत के वर्तमानकालीन साहित्यस्रष्टाओं का भरपूर ब्योरा देना यहाँ सम्भव नहीं और उनकी सेवाओं का जो विवरण साहित्य के इतिहासों में सुलभ है, उसकी चाशनी चखाना भी पाठकों को अतृप्त ही छोड़ने का अपराधी बनना है, इसलिए कुछ शेष साहित्य-सेवियों के नामोल्लेख मात्र से ही सन्तोष करता-कराता हूँ। श्री मुकुट बिहारीलाल वर्मा (दैनिक 'हिन्दुस्तान'-सम्पादक) श्री गंगाप्रसादजी पांडेय, श्री आगरकरजी, श्रीमती महादेवी जी, श्री वीरेन्द्रकुमारजी, श्री प्रभागजी आदि सरस्वती-सेवकों की सेवाएँ मध्यभारत के वर्चस्वी नाम के प्रकाश का प्रसार सूदूरवर्ती अन्य प्रान्तों में भी कर रही हैं। इनकी स्मृति के साथ यह लेख समाप्त करता हूँ।

इस प्रकार हिन्दी-साहित्य में मध्यभारत के अतीत एवं वर्तमान की बाँकी झाँकी देखकर यह निस्संकोच कहा जा सकता है कि साहित्य के उत्थान, विकास एवं

अलंकरण में, मध्यभारत ने सर्वस्व लगा दिया है। उसके सपूतों की साहित्य-साधना आज भी उसके गर्वोन्नत ललाट को द्युतिमन्त बना रही है। भारतमाता के हृदय-देश से निकले हुए अनेक सुधा-स्रोत साहित्य-क्षेत्र को रसप्लावित करते देख पड़ते हैं। इस वामन लेख के ह्रस्व हाथ उसके मध्य गगनस्थ कीर्ति-कलाधर को करतलगत करने का असफल प्रयास करते संकुचित हो रहे हैं। खेद है कि कुंडली से कढ़ जाने वाले कुशल नट की कला से मैं वंचित हूँ, इसलिए इस लेख से मैं उसके साहित्यिक ऐश्वर्य का सांगोपांग दर्शन न करा सका। विस्तार-भय से उदाहरण तो सर्वत्र छोड़ दिये गये हैं, और उनके लोभ संवरण से मानसिक क्लेश भी कम न हुआ। राम जाने, उदाहरण के आभरण से शून्य ये नग्न-नीरस पंक्ति-प्रतिमाएँ पाठकों के मानस-मन्दिर में प्रतिष्ठित हो सकेंगी या नहीं।

–मासिक 'विक्रम' (उज्जैन); का विशेषांक; आश्विन, संवत् 2001 विक्रमी

साहित्य परिषदों में क्या हो?

आजकल हिन्दी-संसार में सर्वत्र ही साहित्यिक संस्थाओं की धूम मची दीख पड़ती है। साहित्य-परिषद, साहित्य-गोष्ठी, साहित्य-समाज, साहित्य-संसद्, साहित्य-संघ, साहित्य-समिति, साहित्य-सभा आदि नामों से अनेक संस्थाएँ स्थापित हो चुकी हैं और नयी-नयी होती भी जा रही हैं। बालकों और युवकों की ओर से भी ऐसी संस्थाएँ अलग स्थापित हो रही हैं। पुस्तकालयों और वाचनालयों के वार्षिकोत्सव के अवसर पर भी ऐसी संस्थाएँ बन जाती हैं। साहित्यिक संस्थाओं के किसी महोत्सव में कवि-सम्मेलन और कथाकार-सम्मेलन की भाँति साहित्य-परिषद् के नाम से भी एक विभाग बन जाता है। इन सभी साहित्यिक परिषदों या संघों या गोष्ठियों में केवल निबन्ध-पाठ और व्याख्यान हुआ करते हैं; साहित्यिक प्रगति की आलोचना होती है, साहित्य की आधुनिक गतिविधि परखी जाती है और साहित्य की विविध शाखाओं के विकास की चर्चा तथा विवेचना भी होती है। किन्तु, यह सब कुछ थोड़ी देर का मनोरंजन ही होता है। साहित्य को स्थायी लाभ नहीं पहुँचता। स्थायी लाभ तो तब पहुँचता जब प्रत्येक साहित्य-परिषद् के संचालक प्रतिवर्ष के महोत्सव में पठित भाषणों और निबन्धों का संग्रह प्रकाशित किया करते। प्रयाग-विश्वविद्यालय की साहित्य-परिषद् ने ऐसा ही किया है। और भी कुछ परिषदों ने प्रकाशन के महत्त्व पर ध्यान दिया है। किन्तु, अधिकांश परिषदों में पठित निबन्धादि अप्रकाशित ही रह जाते हैं।

जो साहित्य इस समय तैयार होता जा रहा है और जो पहले तैयार हो चुका है, उसके गुण-दोषों की विवेचना और आलोचना तथा उसकी प्रगति की धाराओं का विश्लेषण करने से ही लोगों का साहित्यिक ज्ञान नहीं बढ़ सकता। यदि हम केवल इतना ही कहते रहें कि सूर और तुलसी प्रगतिशील थे अथवा अप्रगतिशील, प्रसाद और पन्त ने प्राकृतिक दृश्यों के वर्णन में अद्भुत कौशल प्रदर्शित किया है, निराला और महादेवी ने मानव-हृदय के संघर्षों अथवा अन्तर्द्वन्द्वों का विश्लेषण बड़ी मर्मज्ञता से किया है, तो इतना ही कह देने से लोगों को इन कवियों की रचना का सौन्दर्य परखने में कोई सहायता नहीं मिलेगी। इन कवियों की कुछ सुन्दर पंक्तियों के

उद्धरण दे-देकर यदि हम केवल यही कह दें कि इनमें अपूर्व सूक्ष्मदर्शिता है, अलौकिक कल्पना-चमत्कार है, अगाध भावगाम्भीर्य है, अनिवर्चनीय मधुरिमा और रसपरिपाक है, तो कविता-प्रेमियों को सन्तोष नहीं हो सकता। कवियों की रचना में सन्दर्भ-सौन्दर्य और भावोत्कर्ष तथा काव्यकला की मनोमुग्धकारिणी अभिव्यंजना दिखा देने मात्र से पाठकों की जिज्ञासा शान्त या तृप्त नहीं हो सकती। आलोचक ने सहसा कह तो दिया कि अमुक पंक्ति में मानव-हृदय की निगूढ़ वेदना बड़ी सहृदयता के साथ अभिव्यक्त हुई है; परन्तु पाठक ने यह नहीं समझा कि उस पंक्ति में आखिर कौन-सा मानसोन्मादक भाव निहित है जिसे हृदयंगम करके आलोचक का हृदय फड़क उठा है।

बहुत ही कम आलोचक ऐसे हैं जो अपने निबन्ध में उद्धृत कविता-पंक्तियों का वास्तविक मर्म साधारण पाठकों को समझा सकते हैं। कितनी ही साहित्य-परिषदों में पठित निबन्धों के विद्वान् लेखकों से जब यह पूछा गया है कि जिन पंक्तियों के बल पर आप यह घोषणा कर चुके हैं—'महादेवी ने अन्तःस्तल का सारा रस निचोड़कर रख दिया है'—'पन्त की सुकुमार भावनाओं के सुखद स्पर्श से मानस-तल में सिहरन की लहरें उठने लगती हैं'—'सूरदास ने यहाँ वात्सल्य की स्वर्गीय सुषमा की झाँकी दिखाकर मन-मयूर को नचा डाला है'—इत्यादि, उन पंक्तियों का स्पष्ट भावार्थ बताइए, तब वे पांडित्यपूर्ण भाषा के आडम्बर में अपनी असमर्थता छिपाने का विफल प्रयास करने लगते हैं। बहुतेरे महाशय तो यह कहते हुए अपना पिंड छुड़ा लेते हैं कि 'इन पंक्तियों का भाव सहृदय-हृदय-संवेद्य है, अभिव्यक्ति से भाव विकृत हो जाएगा, अभिव्यंजना-शक्ति से परे है'—इत्यादि। कुछ लोगों ने तो कवीन्द्र रवीन्द्र के नाम की ओट में एक कहावत कंठस्थ कर ली है कि 'कोयल केवल गाती है, अर्थ नहीं समझाती'!!! किन्तु, इससे लोगों का शंका-समाधान नहीं होता। शंका-निवृत्ति तो तभी हो सकती है जब आलोच्य एवं स्तुत्य पंक्तियों का अर्थ-सौष्ठव सुबोध-शैली में कहकर झलका दिया जाय। यह काम अतिशय कठिन-कठोर है। सच पूछिये, तो इसी कठिनता को सरल-सुगम करने की आवश्यकता है।

एक साहित्य-परिषद में कई अच्छे निबन्ध पढ़े गये। जब सभा-विसर्जन हुआ, एक काव्यानुरागी सज्जन ने नोटबुक खोलकर निबन्ध-लेखकों के सामने रख दिया। उसमें उन्होंने निबन्धों में उद्धृत कुछ पंक्तियों को लिख लिया था और बहुत-सी ऐसी पंक्तियाँ भी थीं, जो अनेक पत्र-पत्रिकाओं से उतारी गयी थीं। उन्होंने एक-एक करके चुनी हुई पंक्तियों का अर्थ निबन्धकारों से पूछना शुरू किया। वे लोग एक-दूसरे का मुँह ताकने लगे! उन्हें बगलें झाँकते देख उक्त सज्जन ने गम्भीर मुखमुद्रा से नोटबुक उठाकर कहा—'मैं अनेक साहित्य-परिषदों में इसी तरह हताश हो चुका हूँ, इसलिए मुझे कोई विस्मय नहीं है।' तब निबन्धकारों ने अपनी लाज रखने या बचाने के लिए

उनमें से दो-चार पंक्तियों का अर्थ समझाने की चेष्टा की, परन्तु उनकी भावाभिव्यंजन-प्रणाली लड़खड़ाने लग गयी। यह देखकर उक्त सज्जन को बहुत क्षोभ और असन्तोष हुआ।

साहित्य-संघों या साहित्य-गोष्ठियों के उत्सवों को देखकर घर लौटते हुए बहुत-से लोग बड़ी निराशा के साथ यह चर्चा करते देखे जाते हैं कि प्रसादजी की 'कामायनी' और महादेवीजी की 'यामा' की मार्मिक आलोचना सुनकर उन काव्य-ग्रन्थों की महत्ता तो मालूम हो गयी; परन्तु उनमें अंकित पंक्तियों का गूढ़ार्थ किसी ने नहीं समझाया। यही बात जब साहित्य-गोष्ठी के एक अध्यक्ष महोदय से कही गयी, तब उन्होंने फटकारते हुए कहा—'साहित्य-गोष्ठी मूर्खों के लिए नहीं हुआ करती, कविता-मर्मज्ञों के लिए ही आलोचनात्मक निबन्ध पढ़े जाते हैं।' सभापति जी के इस आवेशपूर्ण कथन का समर्थन एक निबन्धकार महाशय ने भी किया। तब ओछी समझ के लोगों को यह मान लेना पड़ा कि साहित्य-गोष्ठी में केवल वे ही सज्जन सम्मिलित हो सकते हैं जो कविता के सच्चे मर्मज्ञ हैं, साधारण जनों की गुंजाइश वहाँ नहीं हो सकती। साधारण लोगों के लिए शायद-कवि सम्मेलन ही विशेष मनोरंजक हो सकता है; क्योंकि वहाँ केवल ललित कंठ से कविता-पाठ सुनकर ही लोग तृप्त हो जाते हैं, कविता का अर्थ जानने-समझने की सुधि किसी को नहीं रहती—वे कविता का अर्थ चाहे खाक न समझें, पर मधुर स्वर पर झूमने जरूर लगते हैं।

बहुत-से सज्जन यह भी कहते हैं कि साहित्य-सभाएँ कविता की व्याख्या करने के लिए नहीं हैं। पर, साहित्यानुरागी श्रोताओं का कथन यह नहीं है कि वहाँ केवल व्याख्या ही हो, आलोचना नहीं; बल्कि उनका कथन यह है कि आलोचना-विवेचना के साथ-साथ व्याख्या भी हो। भाषणों और निबन्धों के बाद कुछ समझदार लोगों को सुअवसर दिया जाय कि वे निःसंकोच कुछ पूछ सकें और उन्हें यथोचित उत्तर देने का यत्न किया जाय। व्यर्थ ही तर्क करने वाले कठहुज्जती लोगों को अवसर न दिया जाय; क्योंकि बे-सिर-पैर की दलील से रसभंग होने की आशंका है। किन्तु, जो वास्तविक अधिकारी जिज्ञासु हैं, उन्हें तो अवसर मिलना ही चाहिए।

एक कॉलेज की साहित्य-परिषद् का वार्षिकोत्सव था। एक छात्र ने सभापतिजी से सूरदास के भ्रमरगीत की निम्नलिखित पंक्तियाँ अनायास पूछ दीं—

ब्रज करि अवाँ जोग करि इंधन सुरति अगिनि सुलगायो।
सोक उसाँस बिरह तन प्रजुलित दरसन आस फिरायो।।
भये सँपूरन भरे प्रेम-जल छुवन न काहू पायो।
राजकाज ते गये सूर सुनि नंदनंदन कर लायो।।

सभापतिजी ने जो असन्तोषप्रद व्याख्या की, उस पर छात्र मुस्कुराया और कहने लगा कि ओजस्वी व्याख्यानों से अधिक हम लोगों के लिए गूढ़ पदों की व्याख्या ही विशेष लाभदायिनी हो सकती है।

खासकर कॉलेज की साहित्य-परिषदों में छात्रों को सविनय प्रश्न करने का मौका मिलना चाहिए। अन्य साहित्यिक संस्थाओं की परिषदों या गोष्ठियों में भी कुछ चुने हुए व्यक्तियों को उपयुक्त शंकाएँ उपस्थित करने का अवकाश देना चाहिए। यदि पहले ही से सूचना देकर लोगों की शंकाएँ एकत्र कर ली जायँ और उनकी निवृत्ति के लिए समय भी निर्धारित कर दिया जाय, तो इससे बहुत लाभ होने की सम्भावना है।

आधुनिक कविताएँ बहुत उच्च श्रेणी की होती हैं, इसमें सन्देह नहीं और साधारण जनता की समझ अभी उतनी ऊँचाई तक नहीं उठ सकती है, यह भी सत्य है, फिर भी साहित्य की लोकप्रियता बढ़ाने के लिए यह अत्यावश्यक है कि जनसाधारण को साहित्य-परिषदों के सहारे ऊँचा उठाने का प्रयत्न किया जाय। यदि जनसाधारण की उपेक्षा करके या उन्हें तिरस्कृत रूप में पीछे छोड़कर हम आगे सरपट दौड़ते चले जाएँगे, तो साहित्य के पक्ष में यह मनोवृत्ति हानिकर सिद्ध होगी। यह बात सत्य है कि महाकवियों का मर्मोद्घाटन अरसिकों के समक्ष नहीं करना चाहिए; परन्तु जो सचमुच रसिक जिज्ञासु हैं, उनका अनादर भी नहीं होना चाहिए।

एक कॉलेज की साहित्य-समिति में एक सज्जन 'प्रसाद'जी के काव्य-कौशल पर व्याख्यान दे रहे थे। जब वे भाषण करके बैठ गये, तब एक छात्र ने 'स्कन्दगुप्त' नाटक की एक कविता का अर्थ पूछना चाहा। बेचारे विद्यार्थी ने ज्योंही उठकर एक पंक्ति का उच्चारण किया—'अगुरु धूम की श्याम लहरियाँ उलझी हों इन अलकों से'—त्यों ही व्याख्याता ने उसे डाँटकर बैठा दिया और कहा कि यह काम तुम्हारे प्रोफेसर का है। विद्यार्थी ने जब आगे कहा कि आपने यह कविता अपने भाषण में कही थी, इसीलिए अर्थ जानने की उत्कंठा हुई, तब उन्होंने फिर झुँझलाकर झिड़क दिया—'सभा में प्रश्न करना असभ्यता है, शिष्टता सीखो।'

ऐसे रुक्ष व्यवहार से साहित्य का अभ्युदय नहीं हो सकता। दूध के गुणों का बखान सुनते-सुनते कान पक गये, पर दूध का रसास्वादन नसीब नहीं हुआ। महाकविजी में बड़ी-बड़ी खूबियाँ हैं, पर उनकी कविता की पंक्तियों के अर्थ में कैसी खूबी है, यह तो मन में खुबी ही नहीं!!

साहित्य-परिषदों में साहित्यिक समस्याओं के सुलझाने की भी चेष्टा होनी चाहिए। अखिल भारतीय हिन्दी साहित्य-सम्मेलन के इकतीसवें अधिवेशन (हरद्वार) में साहित्य-परिषद् के सभापति विद्वद्वर डॉक्टर रामकुमार वर्मा ने अपने भाषण में कहा था कि अँगरेजी में हल्के और गहरे लाल रंग के लिए अनेक शब्द हैं; पर उनकी

बराबरी में हमारे पास शब्द नहीं हैं। उन्होंने लगभग एक दर्जन शब्दों की तालिका भी दी थी, जिन्हें यहाँ उद्धृत करना अनावश्यक है। साहित्य-परिषदों में उन शब्दों के लिए हिन्दी-पर्यायवाची शब्द ढूँढ़ने का प्रयास होना चाहिए। हिन्दी के लब्धकीर्ति सुलेखक बाबू रामचन्द्र वर्मा ने अपनी नयी अनूठी पुस्तक 'अच्छी हिन्दी' में अँगरेजी के कई ऐसे शब्द दिये हैं जिनके अर्थ-भेद और प्रयोग-भेद पर ध्यान देने से यह स्पष्ट विदित होता है कि हिन्दी में भाव-भेद व्यक्त करनेवाले उपयुक्त शब्दों की बहुत कमी है। साहित्य-परिषदों में इस बात पर भी विचार विनिमय होना चाहिए। उक्त वर्मा जी ने भाषा-सम्बन्धी अनेक समस्याएँ उपस्थित की हैं। उनके सुझावों पर ध्यान देना साहित्य-गोष्ठियों का कर्तव्य है।

ऐसे-ऐसे और भी उदाहरण हैं, पर संकेत-मात्र के लिए इतना ही पर्याप्त है। यदि साहित्य-परिषदों में यह विचार हुआ करे कि हमारी भाषा और हमारे साहित्य की जटिल समस्याओं का समाधान किस प्रकार होगा तथा उनकी आधुनिक आवश्यकताओं की पूर्ति किस तरह हो सकेगी, तो साहित्य-परिषदों की उपयोगिता बहुत बढ़ जाय।

भाषा की बारीकियों पर, अखबारों की ऊटपटाँग भाषा पर, पत्र-पत्रिकाओं में प्रकाशित भाषा-सुधार-सम्बन्धी लेखों पर, लेखकों के दूषित प्रयोगों पर और साहित्य-भंडार के अभावों पर कभी साहित्य-परिषदों में विचार नहीं होता। केवल वाग्विलास से साहित्य का कल्याण सम्भव नहीं।

प्रत्येक साहित्य-परिषद साहित्य की श्रीवृद्धि का एक-एक काम अपने हाथ में ले ले और उसी की पूर्ति में अपनी पूरी शक्ति खपा दे, तब कहीं साहित्य का अभीष्ट उपकार हो सकता है। दो घड़ी की चहल-पहल या क्षण-भर के मनबहलाब से कोई ठोस काम नहीं हो सकता।

कहीं-कहीं साहित्य-परिषदों में इतनी भीड़ होती है कि प्रवेश-पत्र या टिकट का प्रबन्ध करना पड़ता है। उस भीड़ में यदि सचमुच टटोलकर देखिए, तो सैकड़े पाँच व्यक्ति भी ऐसे न निकलेंगे, जो साहित्य की गहन समस्याओं पर विचार-विनिमय होते समय उत्सव-मंडप में थोड़ी देर भी शान्तिपूर्वक ठहर सकें। साहित्य-परिषद् का अर्थ क्या साहित्यिक मेला है? कहाँ हंगामा और कहाँ विचार-विमर्श? असंख्य साहित्य-परिषदों के द्वारा आजकल काफी रुपये पानी की तरह बहाये जा रहे हैं। हर साल हजारों रुपये केवल निरर्थक प्रदर्शन में खर्च हो जाते हैं। साहित्य के अनेक महत्त्वपूर्ण कार्य द्रव्याभाव से जहाँ-के-तहाँ नष्ट-भ्रष्ट हो रहे हैं—कुछ अधूरे भी पड़े हैं, और हमारी परिषदें खूब महोत्सव मना रही हैं। यदि महोत्सवों में कोकिल-कंठ कवियों को उत्तेजित करके गवानेवाले सज्जनों से और जोशीले-भड़कीले भाषणों पर तालियाँ पीटनेवाले महानुभावों से प्रश्न किया जाय कि वे साल-भर में हिन्दी की

कितनी कविता-पुस्तकें खरीदते हैं और हिन्दी-पुस्तकों तथा हिन्दी-पत्र-पत्रिकाओं के खरीदने में कितने पैसे खर्च करते हैं, तो मुश्किल से एक-आध दर्जन लोग ही ईमानदारी के साथ जवाब दे सकेंगे। ऐसी स्थिति में साहित्य-परिषदों को जनता की मनोवृत्ति बदलने का यत्न करना चाहिए। साहित्य-परिषद का मंच काँग्रेस का मंच नहीं है। भाषणों के अखाड़े या कवि-दरबार में साहित्य की गुत्थियाँ नहीं सुलझायी जा सकतीं—शान्त सुस्थिर विचार की कसौटी पर ही भाषा कसी जा सकती है।

साहित्य-परिषदों में क्या-क्या होना चाहिए, उदाहरण के तौर पर दो-चार बातें यहाँ बतायी गयी हैं। इस तरह की और कुछ बातें भी हैं; पर यदि अभी इन्हीं बातों पर ध्यान दिया जाय, तो परिषदों का अस्तित्व हिन्दी-भाषा और हिन्दी-साहित्य के लिए अत्यन्त हितकर एवं श्रेयस्कर सिद्ध हो सकता है। जब तक हम साहित्य-परिषदों के द्वारा जनता के हृदय-मन्दिर में साहित्य-भंडार के द्युतिमन्त रत्नों की कान्ति-ज्योति नहीं छिटकाएँगे तब तक परिषदों का रूप परिष्कृत और आकर्षक तथा लोक-हितकर नहीं हो सकता।

—साप्ताहिक 'विश्वमित्र' (कलकत्ता); पूजा-दीपावली-विशेषांक, सन् 1945 ई.

आचार्य शुक्लजी की सर्वप्रथम मौलिक रचना

आचार्य रामचन्द्र शुक्लजी का जन्म सन् 1884 ई. (संवत् 1941) में हुआ था। इस शताब्दी के आरम्भ (सन् 1901 ई.) में ही, 16-17 वर्ष की अवस्था में, काशी के लंदन-मिशन हाईस्कूल से उन्होंने एंट्रेंस की परीक्षा पास की थी। उसी वर्ष उनकी सबसे पहली कविता 'मनोहर छटा' प्रयाग की 'सरस्वती' (भाग 2, सं. 10, पृष्ठ 342) में छपी। कहा जाता है कि उनकी सबसे पहली रचना 'हास्य-विनोद' नामक नाटक है, जिसे उनके किसी मित्र ने पढ़कर हँसते-हँसते फाड़ डाला और जिसे उन्होंने तेरह वर्ष की अवस्था में लिखा था। उन्होंने लिखा तो था 'पृथ्वीराज' नाटक भी, जो अधूरा ही रह गया और छपा भी नहीं। अतः उनकी सर्वप्रथम प्रकाशित रचना 'मनोहर छटा' ही है, जो पद्य में है।

गद्य में उनकी सबसे पहली रचना है—'प्राचीन भारतवासियों का पहिरावा', जो दिसम्बर, 1902 ई. की 'सरस्वती' (भाग 3, सं. 12, पृष्ठ 371) में छपी। यह शुक्लजी का मौलिक लेख नहीं है, पादटिप्पणी में उन्होंने लिख दिया है—'डॉ. राजेन्द्र लाल मित्र के लेख के आधार पर।' यह चार पृष्ठों का लेख बहुत ही सुन्दर है। 'आधार पर' लिखा गया है, अतः अर्द्ध-मौलिक कहा जा सकता है। इसकी भाषा में कुछ ऐसे भी शब्द हैं, जो शुक्लजी की आगे की रचनाओं में नहीं दीख पड़ते। उदाहरणार्थ, शीर्षक में 'पहिरावा' शब्द ही देखिए। आगे चलकर उन्होंने 'पहनावा' लिखा है। इस लेख में 'देखकर' और 'लेकर' के बदले 'देखके' और 'लेके' लिखा है, जैसा आगे की उनकी शैली में नहीं मिलता। आज भी हम वयोवृद्ध साहित्यसेवी श्री हरिकृष्णजी जौहर की शैली में 'देखके', 'लेके' पाते हैं; पर शुक्लजी की शैली में हम आगे चलकर 'देखकर' ही पाते हैं। अस्तु;

उनकी सबसे पहली मौलिक गद्य-रचना एक कहानी है—'ग्यारह वर्ष का समय'। यह कहानी सितम्बर, 1903 ई. की 'सरस्वती' (भाग 4, संख्या 9, पृष्ठ 308-17) में छपी है।

उन्नीसवीं शताब्दी के अन्तिम वर्ष (सन् 1900 ई.) में, जिस वर्ष 'सरस्वती' पत्रिका का जन्म हुआ था, उस वर्ष, वह एक सम्पादक मंडल के अधीन थी।

सन् 1901 ई. में उस मंडल के प्रधान बाबू श्यामसुन्दरदासजी ही एकमात्र सम्पादक रह गये और सन् 1903 ई. से द्विवेदीजी (पंडित महावीरप्रसाद द्विवेदी) सम्पादक होकर आये।

इसी वर्ष (1903 ई. में) द्विवेदीजी के सम्पादन-काल का श्रीगणेश हुआ था। द्विवेदीजी के द्वारा सम्पादित 'सरस्वती' की सारी पांडुलिपि काशी-नागरी-प्रचारिणी सभा में सुरक्षित है। उसे देखने से ज्ञात हुआ कि अधिकांश लेखकों की शैली पर द्विवेदीजी का अमिट प्रभाव पड़ा है; क्योंकि प्रत्येक रचना को वे अपने साँचे में ढाल लेते थे—उस पर अपना गहरा रंग चढ़ा देते थे। इसीलिए, बहुत सी रचनाओं के प्रकाशित रूप अपने मूल रूप से बहुत-कुछ भिन्न है। किन्तु, कुछ ऐसे लेखक भी हैं जिनकी शैली के परिष्कार में द्विवेदीजी की लेखनी को विशेष श्रम या कष्ट नहीं उठाना पड़ा। शुक्लजी ऐसे ही कुछ लेखकों में हैं।

बड़े आश्चर्य की, किन्तु साथ ही बड़े गौरव की भी, बात है कि सन् 1903 ई. में ही, जब शुक्लजी लगभग बीस वर्ष के रहे होंगे, उनकी गद्य-शैली बहुत प्रौढ़ हो चुकी थी। उनके अन्तिम समय की गद्य-रचनाओं से उस आरम्भिक समय की गद्य-रचना का मिलान करने पर यह बात मन में बैठ जाती है कि शुक्लजी आरम्भ से ही बड़ी समर्थ लेखनी लेकर साहित्य-क्षेत्र में अवतीर्ण हुए थे।

उपर्युक्त कहानी (ग्यारह वर्ष का समय) में 'उँगली उठाके, जाके, लेके' आदि जैसे प्रयोग कहीं-कहीं अवश्य मिलते हैं; पर 'दिखाके' और 'आके' के बदले 'दिखाकर' और 'आकर' प्रयोग भी मिलते हैं। हाँ, 'पूछपाछ'— जैसे एक-दो शब्द भी अवश्य हैं, पर आगे की रचनाओं में हम 'पूछताछ' ही पाते हैं। कहानी में 'जान-पहिचान' दाहिनी ओर, पहिले ही, भली-भाँति, भले प्रकार' आदि प्रयोग भी मिलते हैं; पर आगे की रचनाओं में 'जान-पहचान', 'दाहिनी ओर', 'पहले ही', 'भली प्रकार' आदि प्रयोग मिलते हैं। इस प्रकार के सूक्ष्म अन्तर तो द्विवेदीजी की भी पहली और पिछली शैलियों में मिलते हैं। किन्तु, हम देखते हैं कि शुक्लजी ने लगभग चालीस वर्ष पहले जिस शैली को अपनाया था, उसी को अन्त तक निबाहा और उसे परिमार्जित भी किया। कहानी की कुछ पंक्तियाँ देखिए—

"पावस की जरावस्था थी। मार्ग के दोनों ओर की कृषि-सम्पन्न भूमि की शोभा का अनुभव करते और हरियाली के विस्तृत राज्य का अवलोकन करते हम लोग चले। प्रस्तुत ऋतु की प्रशंसा भी हम दोनों बीच-बीच में करते जाते थे। अहा! ऋतुओं में उदारता का अभिमान यही कर सकता है। दीन कृषकों का अन्नदाता और सूर्य-ताप-तप्त पृथ्वी को वस्त्रदान देकर यश का भागी यही होता है। इसे तो कवियों की 'कौंसिल' से 'रायबहादुर' की उपाधि मिलनी चाहिए। यद्यपि पावस की वृद्धावस्था का समय नहीं है, किन्तु उसके यश की ध्वजा फहरा रही है। स्थान-स्थान

पर प्रसन्न सलिल-पूर्ण ताल यद्यपि उसकी पूर्व-उदारता का परिचय दे रहे हैं?"

पूरी कहानी इसी प्रकार की संस्कृत-बहुल भाषा में है। उसमें तत्सम शब्दों का ही बाहुल्य है। भाषा पर शुक्लजी का अपना ही रंग है। यद्यपि आरम्भिक रचना होने के कारण शैली में वैसी प्रखरता नहीं है, जैसी आगे की रचनाओं में देख पड़ती है, तथापि वह पर्याप्त प्रांजल और प्रसाद-गुणपूर्ण है। उनकी शैली कहीं भी बोझीली नहीं जान पड़ती, प्रत्युत मत्त-कुंजरगामिनी-सी मनोहारिणी प्रतीत होती है। उनकी शब्द-योजना और भाव-व्यंजना का संयोग दूध-बताशे के समान है।

किन्तु, कहानी में केवल भाषा की ही बहार है, कथानक पुराने ही ढंग का है। यह स्वाभाविक भी है। उस समय की सभी मौलिक कहानियाँ लगभग इसी ढंग की मिलती हैं। उन्हीं दिनों पंडित किशोरीलाल गोस्वामी की सबसे पहली मौलिक कहानी 'इन्दुमती' भी 'सरस्वती' में ही छप चुकी थी, जो हिन्दी की सबसे पहली मौलिक कहानी मानी जाती है। उसमें भी गोस्वामी जी की संस्कृत-बहुल भाषा की ही छटा देख पड़ती है। घटना-वर्णन अथवा कथावस्तु में तात्कालिक प्रवाह का ही संकेत है।

आज हिन्दी में कहानी की कला दिन-दिन विकसित होती जा रही है। आज की कसौटी पर उक्त कहानी की जाँच नहीं हो सकती। अपने समय की कसौटी पर वह जितनी खरी उतरी है, उतनी अब नयी कसौटी पर नहीं उतर सकती। पर, हमें देखना यह है कि अपने युग में उसने जो स्थान अधिकृत किया है, वह स्थान कितना ऊँचा है और उस पर वह कैसी फबती है। इस दृष्टि से हम उस कहानी को सर्वथा उपयुक्त पाते हैं। उसकी वर्णन-शैली में विलक्षणता है, घटनाक्रम में आकर्षण और कौतूहल उत्पन्न करने की शक्ति है। चरित्र-चित्रण में स्वाभाविकता के साथ-साथ मनोवैज्ञानिकता का भी पुट है। यद्यपि वह प्रसादान्त है, विषादान्त नहीं, तथापि पूरी कहानी पढ़ जाने के पश्चात चित्त पर एक मधुर स्मृति की छाप लगी रह जाती है। संक्षेप में उसका रूप इस प्रकार है—

स्वयं लेखक महाशय अपने कुछ मित्रों के साथ एक खँड़हर में घूमते-फिरते चले जाते हैं। चाँदनी रात है। एक श्वेतवसन-धारिणी स्त्री देख पड़ती है। उस श्वेत-परिच्छद-धारिणी का अपूर्व सौन्दर्य देखकर मित्र स्तम्भित और चकित रह जाते हैं। मित्र-मंडली बड़ी कठिनता से उसके पास पहुँचती है। एक मित्र महोदय उसका वृत्तान्त पूछते हैं। वह कहने लगती है—

"एक रात गंगा की बाढ़ में यह बस्ती डूब गयी। लोग व्याकुल हो उठे। संयोगवश एक नाव आ गयी। सब हड़बड़ा कर चढ़ने लगे। मेरे ससुर (चन्द्रशेखर मिश्र) तो चढ़ गये, पर मेरे पति लुप्त हो गये या धारा में बह गये। मैं मायके में थी। मेरे ससुर मेरे पति की खोज में वहाँ पहुँचे। कहीं भी उनकी खोज न मिली। मेरे दुख की सीमा न रही। भाई की पत्नी अलग सताने लगी। मैं घर छोड़कर निकल पड़ी और अपने पति के उजड़े गाँव में आ पहुँची। उन्हीं के ध्यान में मग्न होकर मैं

यहाँ रहने लगी और तभी से एकान्त-सेवन कर रही हूँ।"

इसके पश्चात् वह मित्र महाशय कहानी कहने लगते हैं—

"मिश्रजी के पुत्र एक बहते हुए छप्पर पर बैठ गये। गंगा में एक बंगाली व्यापारी की नाव मिली। उसने उन्हें चढ़ा लिया। बंगाली के घर पहुँचकर कई वर्ष वहीं रहे। वहाँ जब उसके लड़के का ब्याह हुआ तब उन्हें भी अपने ब्याह की सुध आयी। चल पड़े स्वदेश की ओर। ससुराल में पहुँचे। बड़े साले से ज्ञात हुआ कि बहू चली गयी। तबसे निराश होकर संसार में भटकने लगे। तुम पूछोगी, अब वे कहाँ हैं, तो यह वही अभागा तुम्हारे सम्मुख बैठा है।"

इतना सुनते ही वह सुन्दरी बेसुध-सी होकर गिरने लगी। शेष कहानी की पूर्ति करनेवाले उसी मित्र ने सँभाला। स्त्री ने हाथ दिखाने को कहा, जिस पर एक काला तिल था। उन्होंने चट अपना हाथ फैला दिया, स्त्री कुछ काल तक उसी काले तिल की ओर देखती रही। फिर मुख ढाँपकर सिर नीचा करके बैठ रही। लज्जा का प्रवेश हुआ; क्योंकि वह एक दिन हिन्दू रमणी का उसके पति के साथ प्रथम संयोग था।

यहीं कहानी समाप्त होती है। यही है 'ग्यारह वर्ष का समय'—जो पति-पत्नी के बिछुड़न की अवधि है। उस रात को स्वयं लेखक भी उसी खँड़हर में अपने मित्र का अतिथि रहा, जो सवेरा होते ही 'प्रसन्न-चित्त' घर लौटा।

कहानी की घटना वैसी ही है जैसी प्रायः संसार में देखी-सुनी जाती है। ऐसी घटनाएँ समाचार-पत्रों में कभी-कभी छपती भी हैं। कल्पना अकृत्रिम है। आदर्श महान है, इसमें एक आर्य महिला का उदात्त चरित्र अंकित है, दाम्पत्य-प्रेम का उज्ज्वल चित्र है। पति-प्रेमपरायण स्त्री वियोग-विह्वल होकर एक एकान्तवासिनी तपस्विनी बन गयी है। पत्नी की स्मृति में तल्लीन पति भी निरन्तर अन्यमनस्क-सा रहता है। बरसों पश्चात् दोनों अचानक मिलकर निहाल हो जाते हैं। पत्नी अपने पति के हाथ का काला तिल परख कर सलज्ज नववधू बन जाती है। घूँघट सरकाकर तुलसी की निम्नांकित पंक्तियों को सार्थक कर देती है—

प्रभुहिं, चितै; पुनि चितै महि, राजत लोचन लोल।

तिनहिं बिलोकि बिलोकति धरनी। दुहूँ संकोच सकुचति बर बरनी।।

बहुरि बदन-विधु अंचल ढाँकी। पिय तन चितै भौंह करि बाँकी।।

यद्यपि कहानी पूर्णतः सच्ची-सी प्रतीत होती है; जो कहानी की एक बहुत बड़ी विशेषता है, तथापि लेखक ने अपने-आपको पाठक की आँखों से ओझल नहीं रखा है। यदि वह नाटक के सूत्रधार की भाँति नेपथ्य में छिपा रहकर सूत्र-संचालन कर सकता, तो कला की और भी सौन्दर्य-वृद्धि हो जाती। किन्तु, लेखक ने स्वयं ही इसे 'आख्यायिका' कहा है और आख्यान-लेखक को हम प्रायः रंगमंच पर स्वागत कहते देखते हैं। इस दृष्टि से कहानी अपने युग की परम्परा का प्रतिबिम्ब, अतएव अनवद्य है।

आचार्य शुक्लजी का जन्म संवत् 1941 की आश्विन-पूर्णिमा को ग्राम अगोना, डाकघर कलवारी, जिला बस्ती में हुआ था। सन् 1892 में वे अपने पिताजी के साथ मिर्जापुर आये। वहीं 1898 में उन्होंने मिडिल परीक्षा उत्तीर्ण की। वे सदा अपनी कक्षा में प्रथम रहे। मिर्जापुर में उनका सत्संग पंडित विन्ध्येश्वरी प्रसाद तथा बाबू काशी प्रसाद जायसवाल से और काशी में केदारनाथ पाठक से हुआ। पढ़ने का उन्हें व्यसन था। अतः सन् 1901 ई. में लंदन मिशन स्कूल से एंट्रेंस परीक्षा पास करके ये प्रयाग गये; पर घर की कुछ समस्याओं के कारण प्रयाग की कायस्थ-पाठशाला में एफ.ए. में नाम लिखाकर भी उन्हें पढ़ाई छोड़ देनी पड़ी। सन् 1906 ई. में उन्होंने वकालत की परीक्षा दी; पर सफल न हो पाये। फिर मिशन स्कूल में सन् 1908 ई. तक अध्यापक रहे और वहीं से सन् 1908 ई. में काशी-नागरी-प्रचारिणी सभा के कोश के सहायक सम्पादक बनाकर बुलाये गये। उसी समय काशी हिन्दू-विश्वविद्यालय में निबन्ध-शिक्षक के रूप में उनकी नियुक्ति हुई और फिर हिन्दी-विभाग के प्राध्यापक और सन् 1937 ई. में हिन्दी-विभाग के अध्यक्ष बने। 2 फरवरी, 1941 ई. को सहसा हृदयगति बन्द हो जाने से उनका काशी में देहावसान हो गया।

उनकी रचनाओं में 'हास्यविनोद' (नाटक, अप्राप्य); पृथ्वीराज नाटक (दो अङ्क केवल); अपने सहपाठी मित्रों पर व्यंग्य-कविताएँ; 'सरस्वती', 'समालोचक' आदि पत्रों में अनेक कविताएँ; 'इंडियन पिपल' और 'हिन्दुस्तान रिव्यू' में अनेक अँगरेजी लेख; अनेक ग्रन्थों का अनुवाद; सूर, तुलसी और जायसी पर विश्लेषणात्मक आलोचनाएँ; अनेक निबन्ध ('चिन्तामणि' तथा 'विचार-वीथी' में संकलित); तुलसी-ग्रन्थावली, जायसी-ग्रन्थावली तथा सूर के भ्रमर-गीत का सम्पादन, हिन्दी साहित्य का इतिहास आदि प्रसिद्ध हैं।

—मासिक 'साहित्य-सन्देश'[1] (आगरा); श्रीशुक्ल-स्मृति-अंक, सन् 1942 ई.

1. यह लेख काशी के मासिक 'बासन्ती' में भी उद्धृत हुआ था। देखिए—वर्ष 1, अंक 9; भाद्रपद संवत् 2012 वि. (अक्तूबर, 1955 ई.)।

राष्ट्रभाषा का स्वरूप

राष्ट्रभाषा के स्वरूप के विषय में चारों ओर मतभेद देख पड़ता है। कोई कहता है कि रघुवीरी हिन्दी चलनी चाहिए, कोई गाँधीजी की हिन्दुस्तानी का हिमायती है। कोई प्रेमचन्दी हिन्दी पसन्द करता है, कोई पद्मसिंही। आधुनिक तार्किक लोग नाना प्रकार के विचित्र तर्क पेश करते हैं। किन्तु जिन मननशीलों ने आज तक विविध शैलियों का अध्ययन-अनुशीलन किया है, वे राष्ट्रभाषा के स्वरूप के विषय में विशेष चिन्तित नहीं हैं; क्योंकि भाषा का रूप स्थिर करके उसे सर्वत्र चला देना किसी एक के बूते की बात नहीं है। यह काम न किसी सरकार के डर से होगा और न किसी संस्था के प्रचार से। कोई भाषाशास्त्री समर्थ साहित्यकार भी सारे देश को अपना अनुयायी नहीं बना सकता।

राजा लक्ष्मणसिंह, राजा शिवप्रसाद सितारेहिन्द, स्वामी दयानन्द सरस्वती, भारतेन्दु हरिश्चन्द्र, पंडित बालकृष्ण भट्ट, आचार्य महावीरप्रसाद द्विवेदी, बाबू बालमुकुन्द गुप्त, बाबू श्यामसुन्दर दास, हरिऔध जी, आचार्य रामचन्द्र शुक्ल आदि जितने कलम के धनी हैं, उनकी शैलियाँ देखकर रंग-बिरंग आनन्द उपलब्ध होता है अवश्य; पर किसी की शैली के सम्बन्ध में निश्चित रूप से यह कह सकना अत्यन्त कठिन है कि ऐसा ही राष्ट्र-भाषा का रूप होगा।

कुछ विचारकों का अनुमान है कि मेरठ-मथुरा और आगरा-दिल्ली तथा काशी प्रयाग और लखनऊ-कानपुर के आसपास के क्षेत्रों की भाषा से ही राष्ट्रभाषा का रूप बनेगा। खड़ीबोली के गढ़ में गढ़ी हुई भाषा यदि राष्ट्रभाषा हो, तो सन्तोष का ही विषय है। महात्मा गाँधी ने एक बार विचार प्रकट किया था कि 'चन्द्रकान्ता' की भाषा ही राष्ट्रभाषा हो सकती है। किन्तु इस समय अहिन्दी-भाषियों का रुख देखकर ऐसा प्रतीत होता है कि राष्ट्रभाषा का रूप-निर्माण करने में भारतवर्ष के सभी प्रान्तों के निवासी अपने अधिकार का उपयोग करना चाहते हैं।

जब भाषाधार प्रान्त-निर्माण का काम पूरा हो जायगा और अन्तर-प्रान्तीय माध्यम के रूप में हिन्दी काम करने लगेगी, तब इसके वर्त्तमान रूप में कितने और कैसे परिवर्तन होंगे, यह तो अभी कल्पना का ही विषय है। यदि कहीं भारतीय

राष्ट्रभाषा का प्रसार बृहत्तर भारत में हो सका—प्रवासी भारतवासियों में भी हो सका—तो इसके विराट् रूप की कल्पना कर सकना इस समय भी सम्भव है; क्योंकि दक्षिणी और पूर्वी अफ्रीका, केनिया, मॉरिशस, ट्रिनिडाड, फीजी, मलाया, लंका आदि द्वीपों एवं विदेशों में रहनेवाले बहुतेरे भारतीय आज भी हिन्दी बोलते और समझते हैं, हिन्दी में स्वदेश-बन्धुओं से चिट्ठी-पत्री करते हैं, हिन्दी में पत्र-पत्रिकाएँ निकालते हैं, यहाँ तक कि हिन्दी में पुस्तकें भी लिखते हैं। उनकी भाषा सुनकर और पढ़कर साफ जाहिर होता है कि राष्ट्रभाषा पर केवल हिन्दी-प्रधान प्रान्तों का ही एकाधिपत्य नहीं रहेगा। साथ ही यह भी मालूम होता है कि राष्ट्रभाषा के वास्तविक विराट् रूप का निर्माण होने में अभी कुछ दिन और लगेंगे।

अब राष्ट्रभाषा पर भारत की सभी जातियों, समाजों और सम्प्रदायों का वैधानिक अधिकार हो गया, इसलिए सभी भाषाओं और धर्म-मतों के लोग इस पर अपनी छाप छोड़े बिना न रहेंगे। अब राष्ट्रभाषा पर कोई बाड़ा या घेरा नहीं लग सकता। इसका रूप-वैभव अब अपार और अनन्त होकर ही रहेगा। तब इसके रूप-सौष्ठव के निखरने में भी समय लगेगा। इसके लिए हम हिन्दीवालों को उदार और सहनशील बनना पड़ेगा। कट्टरपन्थी बनने से राष्ट्रभाषा की क्षति होगी।

राष्ट्रभाषा की क्षति की सम्भावना अहिन्दीभाषियों से कम दीख पड़ती है; क्योंकि वे उसके रूप को कभी असंस्कृत नहीं होने देंगे। राष्ट्रभाषा के रूप को बिगाड़ने का काम हिन्दी के जन्मस्थान उत्तर-भारत में ही हो रहा है। केन्द्रीय सरकार की प्रेरणा से कुछ अनधिकारी व्यक्ति बिलकुल बनावटी भाषा गढ़ रहे हैं। केन्द्र से ही शह पाकर कुछ स्वार्थ-साधिका संस्थाएँ राष्ट्रभाषा के रूप को विकृत कर रही हैं। अपने को हिन्दी के हिमायती और विद्वान् माननेवाले कुछ सज्जन मनमाने ढंग से भाषा और लिपि पर बल-प्रयोग कर रहे हैं। हमें आशा है कि अहिन्दीभाषी कभी ऐसे निर्मम नहीं होंगे। सम्भव है कि वे व्याकरण में कुछ स्वेच्छाचार दिखावें और शब्दों तथा मुहावरों के प्रयोग में भी कुछ स्वेच्छा से काम लें; पर वे राष्ट्रभाषा के स्वरूप और उसकी प्रकृति को क्षत-विक्षत एवं भ्रष्ट नहीं करेंगे। किन्तु हमारे बीच रहकर जो लोग राष्ट्रभाषा और भारतीय संस्कृति की जड़ खोद रहे हैं, उनके विरुद्ध हिन्दी-जगत् में संगठित रूप से आन्दोलन होना चाहिए। भाषा की नयी टकसाल खोलकर उसमें हिन्दुस्तानी के नाम पर जो खोटे और नकली सिक्के ढाले जा रहे हैं, उनका जबरदस्त बहिष्कार होना अत्यन्त आवश्यक है। फारसी-अरबी-तुर्की आदि भाषाओं के जो हजारों शब्द हिन्दी में खपे हुए हैं, उनको हम पचा ही चुके हैं और आवश्यकतानुसार आगे भी बहुत से नये-नये शब्दों को हम खुशी से पचावेंगे; मगर जो न अरबी है, न फारसी, जो न घर का है, न घाट का, जो खिचड़ी-खचड़ा है, उसको स्वीकार करके भाषा की नस्ल बिगाड़ना महापाप होगा।

राष्ट्रभाषा को ऊँचा पीढ़ा देकर हिन्दी की जो दयनीय दुर्गति की जा रही है, वह सर्वथा निन्दनीय है, कोटि कंठ से उसकी भर्त्सना होनी चाहिए। हिन्दी की संस्थाएँ और पत्रिकाएँ सजग हों। हिन्दी के अखबार लगातार आवाज उठावें। केवल विरोध का नारा बुलन्द करने से ही काम न चलेगा, भाषा में अस्वाभाविकता लाने वाले मनगढ़न्त और बेडौल शब्दों का तिरस्कार भी करना पड़ेगा। यदि भाषा पर आया हुआ घोर प्राण-संकट टालने के लिए हिन्दीवाले अब भी सावधान न होंगे, तो निश्चय ही राष्ट्रभाषा का स्वरूप नष्ट-भ्रष्ट हो जायगा।

महान् आश्चर्य और घोर विषाद का विषय है कि अखिल-भारतीय हिन्दी-साहित्य-सम्मेलन और काशी-नागरी-प्रचारिणी सभा के रहते, राष्ट्रभाषा के शब्दकोश का निर्माण 'जामिया मीलिया' और 'हिन्दुस्तानी कल्चर सोसायटी' में हो रहा है। ऐसी ही और भी संस्थाएँ अनोखे शब्द गढ़ने में लगी हुई हैं। मगर इन संस्थाओं में, राष्ट्रभाषा में चलाने के लिए, जो अनगढ़ शब्द बनाये जा रहे हैं, वे राष्ट्रभाषा के कलेवर को दूषित करनेवाले हैं। सहसा देखने में वे सरल हैं, पर पचने में तो गरल ही होंगे। उनसे राष्ट्रभाषा के स्वरूप में कुछ भी भारतीयता नहीं रह जायगी—उसकी राष्ट्रीयता नष्ट हो जायगी। हमें अपनी राष्ट्रीय सरकार से सामूहिक रूप में साग्रह अनुरोध करना चाहिए कि वह कोटि-कोटि प्रजा में बढ़ते हुए असन्तोष को भड़काने की भूल न करे।

—त्रैमासिक 'साहित्य' (पटना); वर्ष 4, अंक 4, पौष 2010 वि.

जनवरी, 1954 ई.

राष्ट्रभाषा और हिन्दी साहित्य

हिन्दी-भाषा और हिन्दी-साहित्य—दोनों का उत्कर्ष आज बहुतों की आँखों का काँटा हो रहा है, यह अत्यन्त अप्रिय सत्य है। संसार में परोत्कर्ष सहन करने की शक्ति बहुत कम लोगों में देखी जाती है। ईश्वर ऐसे ईर्ष्यालुओं को बहुत जलाता भी है। भारत में स्वाभाविक गति से हिन्दी बढ़ती जा रही है। इसकी लोकप्रियता का आतंक केवल दुर्बल हृदयों पर ही है। वास्तव में हिन्दी स्वयं आतंक उत्पन्न करके अपनी सत्ता स्थापित करना नहीं चाहती। किसी के प्रति इसका दुर्भाव नहीं है। सबके साथ सद्भाव और सहयोग ही इसका सिद्धान्त और लक्ष्य है। तब भी इसके प्रतिपक्षी और विरोधी इसके अभ्युदय के मार्ग में विघ्न-बाधाएँ उपस्थित करने से नहीं चूकते। किन्तु, जो कभी सपने में भी किसी का बुरा सोचता तक नहीं, उसकी भी बुराई करनेवाले के साथ ईश्वर ही खुद निबट लेता है। इस प्रकार हिन्दी हर एक की भलाई चाहती हुई स्वतः आगे बढ़ रही है। हम हिन्दीवाले अपनी माता के इसी सद्गुण के प्रतीक हैं।

पूर्वजों की तपस्या

यद्यपि हिन्दी की उन्नति का मार्ग निष्कंटक नहीं है, और इस संसार में किसी के उन्नति-पथ पर फूल बिछे नहीं होते, तथापि हम आधुनिक हिन्दी-प्रेमियों के कर्मनिष्ठ पूर्वजों ने जो तपस्या की है, उसी के प्रभाव और प्रताप से हिन्दी फूलती-फलती देख पड़ती है। हिन्दी के अनेक साधक सपूत सदियों तक साधना करके जो कुछ संचित कर गये हैं, उसी पूँजी की दृढ़ नींव पर उसके साहित्य का भव्य भवन आकाश चूमता चला जा रहा है।

इसकी गहरी नींव में उन्नीसवीं या बीसवीं सदी का रोड़ा-सीमेंट नहीं जमाया गया है, वह कम-से-कम छठी शताब्दी का है, ऐसी उस नींव पर यदि आसमान से बातें करनेवाला महल खड़ा हो जाय, तो आश्चर्य प्रकट करना व्यर्थ है।

कुलीन घराने की

हिन्दी की प्राचीनता पर हमें गर्व अवश्य है, पर हम गर्वोन्मत्त नहीं हुए हैं। यदि हम

मदान्ध होते तो हमारी भाषा और हमारे साहित्य का ह्रास अवश्यम्भावी था। संस्कृत, प्राकृत और अपभ्रंश भाषाओं से हिन्दी का जो अटूट सम्बन्ध है, उससे इसकी सांस्कृतिक प्राचीनता स्वयंसिद्ध है। इन पुरातन भाषाओं से हिन्दी-साहित्य के निर्माण में जितनी सामग्री का उपयोग किया गया है, उतनी सामग्री अन्यान्य प्रमुख भारतीय भाषाएँ अपना सकी हैं या नहीं, यह विवादास्पद प्रश्न है। इसलिए, हिन्दी बहुत ही कुलीन एवं प्राचीन घराने की होने के कारण—लिपि, भाषा और साहित्य, तीनों दृष्टियों से—अखंड मर्यादा और अतुलनीय प्रतिष्ठा की स्वत्वाधिकारिणी है। बौद्ध सिद्धान्तों के समय से लेकर आज तक हिन्दी ने अपने साहित्य-भंडार में जो कुछ भी संचित किया है, उसका सम्पूर्ण विवरण यद्यपि उपलब्ध नहीं है, तथापि जितना कुछ अनुसन्धान आज तक हुआ है उससे यही पता लगता है कि आज भी प्रचुर सामग्री विस्मृति के अन्धकारपूर्ण गर्भ में छिपी पड़ी है। हिन्दी के सुविस्तृत क्षेत्र में बिखरी पड़ी गुप्त खानों और खँड़हरों की खुदाई जब नियमितता और तत्परता से होने लगेगी, तब संसार की आँखों पर पड़ा हुआ परदा हटेगा। आधुनिक अन्वेषकों ने जितने लुप्त साहित्य का प्रमाणिक विवरण प्राप्त कर लिया है, उतने ही के प्रकाशित हो जाने पर बहुतों की आँखें खुल जाएँगी।

भाषा की शुद्धता

यह सब-कुछ सोच-समझकर हम चाहे जितना भी पुलकित हो लें, पर आधुनिक हिन्दी-साहित्य की गति-विधि के सम्बन्ध में जब हम विचार करने बैठते हैं तब हमारा मन आशा और निराशा के हिंडोले पर झूलने लगता है। और, हमारे मन की यह चंचल स्थिति कभी स्थिरता की ओर ढलती है—कभी व्यग्रता की ओर। स्थिरता और शान्ति का अनुभव तब होने लगता है जब हम पत्र-पत्रिकाओं और पुस्तकों के नित-नूतन प्रकाशन तथा विविध साहित्यिक संस्थाओं की अनुदिन अभिवृद्धि पर ध्यान देते हैं। किन्तु, यह ध्यान टुक टिकने भी नहीं पाता कि इसको विचलित करने वाली अनुभूति सहसा हृदय में व्यग्रता उत्पन्न करने लगती है। यह अनुभूति इस बात की है कि हमारी भाषा और साहित्य की आधुनिक प्रगति में चाहे जितनी प्रखरता परिलक्षित होती हो, उसमें स्वेछाचारिता और अदूरदर्शिता की मात्रा कुछ कम नहीं। भोज्यसामग्री में केवल विविधता और बहुलता होने से ही खादक की तृप्ति नहीं होती, तृप्ति होती है उसकी स्वच्छता और मधुरता से। साथ ही, भोजन परोसनेवाले की सुरुचि और प्रीति का रस भी खादक को सर्वोपरि सन्तोष प्रदान करता है। किन्तु, हिन्दी में हम स्पष्ट देखते हैं कि करोड़ों हिन्दी-प्रेमियों के मन, मस्तिष्क और हृदय को तुष्ट-पुष्ट करने के लिए जो लोग साहित्य की सृष्टि कर रहे हैं, वे भाषा की शुद्धता और सरलता तथा भाव की उपादेयता और हृदयग्राहिता पर बहुत कम ध्यान देते हैं। यह स्थिति किसी का ध्यान आकृष्ट करती नहीं दीखती।

असावधानता

हिन्दी में दैनिक, साप्ताहिक और मासिक पत्र-पत्रिकाओं की कुछ कमी नहीं है। युद्ध-युग की अवरुद्ध शक्ति भी शीघ्र ही प्रस्फुटित होकर अनेक मनोनीत योजनाओं को क्रियात्मक रूप देनेवाली है। किन्तु, सैकड़ों पत्र-पत्रिकाओं से भी हिन्दी का गौरव तब तक नहीं बढ़ सकता, जब तक उनका बाह्याभ्यन्तर परिमार्जित और परिष्कृत नहीं होता। सालभर में हजारों पुस्तकों के प्रकाशन से भी यह बात नहीं मानी जा सकती; क्योंकि समुद्र का खारा और बाढ़ का दूषित जल अपेय समझा जाता है। ऐसा कहने का यह आशय कदापि नहीं कि इस समय जो कुछ प्रस्तुत किया जा रहा है, सब सदोष ही है। किन्तु, यह कहना खतरनाक होते हुए भी बहुत सत्य है कि हमारी अधिकांश सृष्टि हमारी उच्छृंखलता और असावधानता का ही परिचय देती है। अधिकांश अखबारों की छपाई, भाषा, संवाद, शैली, पाठ्य-सामग्री आदि देखकर जो अश्रद्धा और निराशा होती है, वह यदि कहीं खुलकर व्यक्त हो जाय तो बौछारों की भरमार होने लगे! दिन-दिन प्रकाशित होती जा रही पुस्तकों के सम्बन्ध में यही बात दुहराई जा सकती है।

सब दोषी हैं

भाषा और साहित्य के क्षेत्र में व्याप्त अराजकता के अपराधी हम सब हैं; कोई एक व्यक्ति या समुदाय नहीं। भाषा का रूप और साहित्य की दिशा निश्चित करने में न हम एकमत हैं और न तत्पर ही हैं। हम जो कुछ लिख दें, वही भाषा हो गयी; हम जो कुछ रचकर रख दें, वही साहित्य बन गया। न कोई हमारी बागडोर थामनेवाला है, न हम किसी की लगाम मानने को तैयार ही हैं। ऐसा कोई आदर्श, समर्थ, निष्पक्ष और सामंजस्य-संस्थापक व्यक्ति भी नहीं, जो अपने आकर्षक और मधुर व्यक्तित्व तथा व्यापक पांडित्य के प्रभाव से अनुशासन-सूत्र का सफलतापूर्वक संचालन कर सके। यदि ऐसा कहीं कोई हो भी तो वह नवयुग की गति-विधि देखकर मौन बैठा निरुपाय-सा सोच रहा होगा। जहाँ कोई किसी की नहीं सुनता, सब स्वयम्भू हैं, जहाँ पथ-प्रदर्शक की आवश्यकता ही अनुभूत नहीं होती, सब स्वयं-प्रकाश हैं, जहाँ श्रद्धा और संयम की रक्षा करना अन्धविश्वास के फेर में पड़ना समझा जाता है, वहाँ यदि कोई सुव्यवस्था और अनुशासन की बात मुँह पर लावे भी तो हास्यास्पद और उपेक्षणीय ही होगा।

बाज़ार के रुख का ध्यान

साहित्य की गति-विधि परखने रहने वाले सज्जन देख ही रहे होंगे कि हिन्दी-जगत् के अधिकांश प्रकाशक, लेखक और पत्रकार किस तरह की प्रवृत्ति के शिकार हो रहे हैं। समर्थ प्रकाशक और पत्रकार भी साहित्य-स्रष्टा लेखकों की विशिष्ट शक्ति का

सदुपयोग करने की चिन्ता नहीं रखते। मनोरंजक और ललित-साहित्य की रचना के लिए ही अधिकतर लेखकों को प्रेरणा मिलती है। राष्ट्रभाषा के साहित्य का कौन-सा अंग अपूर्ण एवं अशक्त है, इसका उतना अधिक ध्यान नहीं है जितना जनता की रुचि और बाजार के रुख का। विपथ जनता की रुचि को परिष्कृत करने और बिगड़े बाजार को सुधारनेवाले इने-गिने ही देख पड़ते हैं। हिन्दी की आवश्यकताएँ क्या हैं, उसके अभाव कौन-कौन से हैं, इसका विचार और प्रबन्ध करने के लिए संघटनात्मक प्रयत्नों की अपेक्षा है। जो लब्धप्रतिष्ठ संस्थाएँ ऐसे प्रयत्नों का सूत्रपात करती हैं या कर चुकी हैं, उन्हें द्रव्याभाव से विवश होकर अपनी योजनाओं को अभीष्ट रीति से कार्य-रूप में परिणत करने का सुअवसर ही नहीं मिलता। साहित्य की सृष्टि करनेवाले लेखकों को यदि साहित्य-सेवा से ही जीविका चलानी पड़ती है तो उनकी प्रतिभा-शक्ति का ह्रास होने में अधिक दिन नहीं लगते और उनको मनोरंजन के लिए साहित्य-सेवा करनी पड़ती है। उनसे विशेष सहायता मिलने की आशा नहीं की जा सकती। जो साहित्य-सेवा के व्यसनी हैं, उन्हें किसी महत्त्वपूर्ण कार्य में नियुक्त करने की सूझ साहित्य-संसार के सूत्रधारों में होनी चाहिए। वास्तव में जो साहित्य-व्यसनी हैं, वे ही साहित्योपजीवी होते हैं। यदि प्रकाशक अपनी योजनाओं की पूर्ति में उन्हें लगाकर उन्हें सन्तुष्ट रखने का प्रयास करें तो बहुत-सी बिखरी हुई शक्तियाँ केन्द्रित होकर बड़े-बड़े कार्य साध सकती हैं। जहाँ आर्थिक चिन्ता से प्रतिभा क्षीण हो रही है, जहाँ बाजार की माँग पूरी करने के लिए लेखनी से दिमाग की खाज मिटानी पड़ती है, वहाँ कोई ठोस साहित्यिक काम नहीं हो सकता। इसके लिए साधना और संगठन की आवश्यकता है।

राष्ट्रभाषा

साहित्य की गतिविधि का पर्यवेक्षण करते समय हम देखते हैं कि साहित्य-विटपी की कुछ शाखाएँ पल्लव और फूल-फल से सम्पन्न हैं; पर कुछ ऐसी भी हैं जिनमें केवल छोटे पत्तों के अंकुर ही देख पड़ते हैं। इससे न साहित्य-विटपी की शोभा सर्वाङ्गपूर्ण है और न शीतल छाया की सघनता ही है। हम हिन्दी को राष्ट्रभाषा मानते हैं। उसके साहित्य को सर्वथा सुसम्पन्न और सर्वांगसुन्दर बनाने से ही हम राष्ट्रभाषा की मर्यादा का संरक्षण कर सकते हैं। राष्ट्रभाषा की महत्ता के प्रति दूसरों का ध्यान जब तक आकृष्ट न होगा, तब तब उसकी सत्ता उनको स्वीकृत नहीं हो सकती। प्रमुखता उसी को मिलती है, जो सब तरह से समर्थ हो। भारतीय भाषाओं और संसार की प्रधान भाषाओं के साहित्य में जो कुछ उत्कृष्ट और सर्वोपयोगी है, उसका सम्यक् ज्ञान करा सकने की शक्ति जिस भाषा और साहित्य में होगी, उसी को राष्ट्रभाषा का गौरव मिलेगा।

यही बात अभी तक हमारे ध्यान में नहीं आयी है और यदि आयी भी हो तो

हम इसके लिए तत्परता से कुछ करते-धरते नहीं देख पड़ते। जिस भाषा पर करोड़ों की ममता है और जिसके साहित्य की सेवा का भगीरथ-प्रयत्न सैकड़ों प्रकाशकों, पत्रकारों और लेखकों का ध्येय बन गया है, उसके भविष्य के उज्ज्वल होने में तो कोई सन्देह नहीं है; पर शर्त्त सिर्फ इतनी ही है कि उसके श्रद्धालु पुजारी वर्त्तमान को दूरदर्शिता के साथ सँभालते चलें और अपनी पूजा-सामग्री की पवित्रता, उपयुक्तता एवं सामयिकता पर सदैव ध्यान रखें।

–साप्ताहिक 'नवयुग' (दिल्ली); दीपावली-अंक, सन् 1945 ई.

राष्ट्रभाषा-साहित्य की एक योजना

राष्ट्रभाषा हिन्दी का साहित्य ऐसा होना चाहिए कि उसके द्वारा हमें स्वदेश और विदेश की प्रमुख भाषाओं के साहित्य का पूरा परिचय मिल जाय। हम लोग हिन्दी को राष्ट्रभाषा मानते और कहते तो हैं, पर राष्ट्रभाषा के साहित्य-भंडार को सब तरह से सम्पन्न एवं समर्थ बनाने की चिन्ता या चेष्टा नहीं करते। आज यदि हम किसी विदेशी भाषा के साहित्य का सर्वांगपूर्ण इतिहास पढ़कर उसका आद्यन्त परिचय पाना चाहें, तो हमारी राष्ट्रभाषा में ऐसा कोई साधन दीख न पड़ेगा। जिस अँगरेजी भाषा का हम पर इतना अधिक प्रभुत्व है कि उसके प्रभाव से हमारे राष्ट्र का हर-एक अंग प्रभावित है, उसके साहित्य का पूरा परिचय पाने योग्य भी कोई साधन हमारे पास नहीं है। फिर अरबी, फारसी, रूसी, चीनी, फ्रेंच, जर्मन आदि भाषाओं के साहित्य का परिचय प्राप्त करने के साधन की तो कोई बात ही नहीं।

विदेशी भाषाओं के साहित्य की चर्चा तो रहने दीजिए, भारतीय भाषाओं के साहित्य का पूरा परिचय देनेवाला कोई साधन हमारे यहाँ नहीं है। बंगला, मराठी, गुजराती, तमिल, तेलुगु, कन्नड़ आदि भाषाओं के साहित्य की ओर भी हमारा ध्यान नहीं गया है। सामयिक पत्र-पत्रिकाओं में जो स्फुट लेख इन भाषाओं के साहित्य पर प्रकाशित होते रहते हैं, उनकी गणना हमारे स्थायी साहित्य में नहीं हो सकती। यदि उन सब लेखों का सुसम्पादित संग्रह भी प्रकाशित हो जाता तो हम इन भाषाओं के साहित्य का कुछ कामचलाऊ ज्ञान प्राप्त कर ले सकते थे। किन्तु, पत्र-पत्रिकाओं के अंकों में बिखरी हुई सामग्री से हमें कोई ठोस लाभ नहीं हो पाता। यदि हम राष्ट्रभाषा के सहारे उन भाषाओं से परिचय प्राप्त करना चाहें, तो इसके लिए भी कोई सन्तोषप्रद साधन नहीं है। यह बात राष्ट्रभाषा कही जाने वाली हिन्दी की मान-मर्यादा के लिए अत्यन्त चिन्ताजनक और घातक है।

एक बात यह भी है कि अन्य-भाषाभाषियों को राष्ट्रभाषा हिन्दी के साहित्य से सुपरिचित कराने के लिए भी हमने कोई उद्योग नहीं किया है। हिन्दी-साहित्य-सेवियों में बड़े-बड़े विद्वान् और डॉक्टर (डी. लिट्.) हैं; पर किसी ने अँगरेजी में हिन्दी-साहित्य का वृहत इतिहास आज तक नहीं लिखा। बँगला के साहित्य का इतिहास अँगरेजी

में दो बड़े खंडों में है, किन्तु हिन्दी में वैसा कोई ग्रन्थ नहीं देखा गया। हिन्दी-साहित्य-सम्बन्धी कुछ महत्त्वपूर्ण 'थीसिसों' को अँगरेजी में लिखकर प्रकाशित करने का प्रयत्न किया गया है, पर उतने से ही वास्तविक उद्देश्य की सिद्धि नहीं हो सकती। हिन्दी-साहित्य के जो इतिहास-ग्रन्थ अँगरेजी में मिलते हैं, वे हमारे अपने आदमियों के लिखे हुए नहीं हैं–राष्ट्रभाषा-भक्तों को, भारतीय दृष्टिकोण से, हिन्दी की प्रकृति एवं संस्कृति तथा विशेषताओं का ध्यान रखते हुए, वैसे ग्रन्थों का निर्माण करना चाहिए।

हम यदि हिन्दी को सचमुच विश्वव्यापी भाषा के रूप में देखना चाहते हैं तो हमें उसे सब तरह से शक्ति-सम्पन्न बनाने का अधिक प्रयत्न करना चाहिए। अभी तो हम उसे भारतव्यापी भाषा बनने योग्य भी नहीं बना सके हैं। प्रमुख भारतीय भाषाओं में भी हिन्दी-साहित्य की सत्ता-महत्ता प्रदर्शित करनेवाले ग्रन्थों की आवश्यकता है। यदि यह न भी हो सके तो कम-से-कम हिन्दी-भाषा-भाषियों को प्रमुख भारतीय भाषाओं और उनके साहित्य से सुपरिचित कराने का प्रयत्न तो होना ही चाहिए। सौभाग्यवश आज हिन्दी के लेखकों में बँगला, मराठी, गुजराती और दक्षिणी भाषाओं के जाननेवाले विद्वान् भी हैं। उनसे अखिल भारतीय हिन्दी-साहित्य-सम्मेलन और काशी-नागरी-प्रचारिणी-सभा – जैसी संस्थाओं को ऐसे महत्त्वपूर्ण कार्यों का सम्पादन कराना चाहिए।

'सम्मेलन' और 'सभा' के पास हिन्दी के उत्थान के लिए कितनी ही योजनाएँ हैं; किन्तु द्रव्याभाव से वे कार्य-रूप में परिणत नहीं हो पातीं। इसलिए, प्रतिवर्ष देश-भर में किसी निश्चित समय पर हिन्दी-सप्ताह मनाने का दृढ़ संकल्पन करना चाहिए, जिसमें हिन्दी के विकास के लिए सतत प्रयत्न करनेवाली संस्थाओं के निमित्त अर्थ-संग्रह किया जा सके।

हमारे साहित्य-क्षेत्र में जो पत्र-पत्रिकाएँ यथाशक्ति हिन्दी-सेवा कर रही हैं, उन्हें भी अपने-अपने प्रान्त के साहित्य से हिन्दीवालों को परिचित कराते रहना चाहिए। बंगाल के हिन्दी-पत्र बँगला की गतिविधि बतलाते रहें और बम्बईवाले गुजराती के, मद्रास वाले दक्षिणी के, मध्यप्रदेशवाले मराठी के, पंजाब वाले पंजाबी और सिन्धी के, युक्तप्रांत वाले उर्दू के और बिहार के पत्र इन सभी की प्रगति बतलाया करें।

सच पूछिए तो आवश्यकता इस बात की है कि हिन्दी में एक ऐसा साप्ताहिक या मासिकपत्र निकाला जाय, तो प्रति सप्ताह या प्रति मास सभी भाषाओं के साहित्य की प्रगति हिन्दीभाषियों को बतलाता रहे। उसके लिए एक ऐसा सम्पादक-मंडल संगठित हो जिसमें प्रमुख भाषाओं के विद्वान् रहें और उनके स्वाध्याय के लिए भिन्न-भिन्न भाषाओं के ग्रन्थों एवं पत्र-पत्रिकाओं का यथोचित संग्रह निरन्तर किया

जाय। हिन्दी-संसार में भी ऐसे विद्वानों की कमी नहीं है। यदि वे किसी दूसरे काम में भी लगे हुए हों, तो भी उनका सहयोग प्राप्त किया जा सकता है। एक-एक भाषा के लिए पाँच-पाँच नहीं तो कम-से-कम दो-दो सम्पादक अवश्य ही हों, और उनके साथ एक-एक सुयोग्य अनुवादक अथवा सहायक भी रहें जिससे उनके अध्ययन एवं मनन में सुविधा हो सके। प्रधान-सम्पादक के पास भी सभी भाषाओं के एक-एक मर्मज्ञ सहायक रहें। तब कहीं राष्ट्रभाषा-साहित्य की व्यापकता बढ़ सकती है।

उपर्युक्त साप्ताहिक या मासिक में हिन्दी-पाठकों को यह बतलाया जायगा कि इस सप्ताह या मास में अमुक भाषा के साहित्य में कैसी-कैसी पुस्तकें निकलीं और उनमें क्या विशेषताएँ हैं तथा उसके कौन-कौन से सामयिक पत्रों में क्या-क्या पढ़ने योग्य सामग्री है। विविध विषयों की ज्ञातव्य बातें अलग-अलग छाँटकर बतलायी जायँगी और आवश्यकतानुसार हिन्दी की तद्विषयक प्रगति का भी तुलनात्मक परिचय दिया जायगा, जिससे हिन्दी-पाठक यह अनुमान कर सकें कि राष्ट्रभाषा कहाँ आगे बढ़ी हुई है और कहाँ पिछड़ी हुई है। इससे हमें अपने अभावों और त्रुटियों का ज्ञान होता रहेगा और हम उन्हें दूर करने की प्रेरणाएँ भी पाते रहेंगे। यह काम हमारे देश के बड़े-बड़े धनाढ्य व्यापारी भी व्यावसायिक दृष्टि से कर सकते हैं और व्यापारिक लाभ की दृष्टि से यह काम कुछ कम महत्त्व का नहीं है।

यदि यह योजना, जो अत्यन्त-संक्षिप्त रूप में यहाँ उपस्थित की गयी है, विस्तृत रूप में तैयार की जाय और देश के प्रमुख हिन्दी-प्रेमी धनी संघबद्ध होकर इसे कार्यान्वित करने में तत्पर हों तो इससे राष्ट्रभाषा-साहित्य की कल्पनातीत उन्नति हो सकती है। और जब तक यह योजना असाध्य समझी जाती रहे तब तक वर्त्तमान हिन्दी पत्र-पत्रिकाओं को ही इस दिशा में अग्रसर होकर राष्ट्रभाषा-साहित्य को सम्पन्न बनाना चाहिए। वे विभिन्न प्रमुख भाषाओं के पत्रों से हिन्दी-पाठकों की रुचि के अनुकूल पाठ्य-सामग्री संकलित करके राष्ट्रभाषानुरागियों को बहुज्ञ एवं बहुश्रुत बना सकते हैं। अखिल भारतीय हिन्दी-पत्रकार-संघ यदि हिन्दी-पत्रकारों से ऐसा अनुरोध करे तो हिन्दी के पाठक अपनी भाषा के माध्यम से अन्य प्रमुख भाषाओं की उत्तमोत्तम वस्तुएँ सुगमता के साथ प्राप्त कर सकते हैं।

–त्रैमासिक 'पारिजात' (पटना); वर्ष 1, अंक 1, संवत् 2003 वि.; जुलाई 1946 ई.

राष्ट्रभाषा का विरोध

आजकल राष्ट्रभाषा हिन्दी के विरोधियों की संख्या बढ़ गयी है। हिन्दी जिन प्रान्तों की भाषा नहीं है, उनके निवासी यदि किसी कारण विरोध करें, तो कुछ अंश तक सत्य भी हो सकता है; पर हिन्दी-प्रधान प्रान्तों के निवासियों का विरोध सर्वथा असह्य प्रतीत होता है। हिन्दी-प्रधान प्रान्तों के अँगरेजीदाँ बाबू लोग और ऊँचे ओहदे के अधिकतर सरकारी अफसर हिन्दी की व्यंजना-शक्ति में विश्वास नहीं करते। उत्तर प्रदेश और बिहार के समान विशुद्ध हिन्दी-प्रान्त भी ऐसे सज्जनों से विभूषित हैं। किन्तु इससे राष्ट्रभाषानुरागियों को अधीर या क्षुब्ध न होना चाहिए। यह समय हिन्दी के लिए निस्सन्देह बड़े संकट का है। वास्तव में यह हिन्दी-प्रेमियों के धैर्य्य की अग्नि-परीक्षा का समय है। मनःसंयम, वाक्‌संयम और लेखनी-संयम से काम लेने की आवश्यकता आ पड़ी है। हम हिन्दीवालों की असंयत वाणी और लेखनी से हिन्दी के हित की हानि होगी। हिन्दी के कुछ नामी विद्वानों ने ही अहिन्दी-प्रान्तों में बड़ी बहकी-बहकी गरबीली बातें कहकर वहाँ का वातावरण बिगाड़ दिया है। हिन्दी के हितैषियों और समर्थकों की संख्या बढ़ाने के लिए हिन्दीवालों को बड़ी नम्रता, उदारता, सहिष्णुता और मधुरता से काम लेना होगा। हमारे जिन साहित्यिक पूर्वजों की तपस्या से हिन्दी आज राष्ट्रभाषा हुई है उन्होंने हिन्दी-हितार्थ जो त्याग किये और अपमान झेले हैं, उनकी कहानी बड़ी कारुणिक है। हमें भी अहिन्दी-भाषियों और हिन्दी-विरोधियों की ठसक बड़ी मिठास के साथ बरदाश्त करनी पड़ेगी। अहंकार और फटकार से तो वायुमंडल क्षुब्ध ही होगा।

अँगरेजी-राज्य के भारत में हिन्दी का ऐसा विरोध कहीं देखा-सुना नहीं गया था। उस समय हिन्दी ही राष्ट्रीय एकता की आधारशिला समझी जाती रही। उन दिनों अहिन्दी-भाषी लोग भी हिन्दी की व्यापकता और सुबोधता के कायल थे। किन्तु भारत के स्वतन्त्र होने पर संविधान में हिन्दी जब राष्ट्रभाषा मानी गयी, तब भिन्न भाषा-भाषियों में विरोध-भाव बढ़ने लगा। बहुत-से बड़े-बड़े विद्वान् भी, जो पहले हिन्दी के समर्थक थे, अपने मस्तिष्क का सन्तुलन खो बैठे। इधर हिन्दी-जगत् के कुछ प्रभावशाली व्यक्ति भी हिन्दी का डंका पीटकर अहिन्दी-भाषियों को भड़काने

लगे। फल यह हुआ कि जिनके मन में सद्भाव था, वे भी हिन्दी के उत्कर्ष को ईर्ष्या-द्वेष की दृष्टि से देखने लगे। यद्यपि यह स्थिति अधिक दिनों तक नहीं रहेगी, तथापि भविष्य को अनुकूल बनाने के लिए हम हिन्दीवालों को अभी से सजग और सचेष्ट हो जाना चाहिए।

राष्ट्रभाषा-विरोधियों में यह झूठी आशंका फैल गयी है कि उनकी मातृभाषा अथवा प्रान्तीय भाषा को हिन्दी हानि पहुँचाएगी—उसका विकास न होने देगी। यह धारणा सर्वथा निराधार है; अत्यन्त लज्जा और ग्लानि का विषय है कि अहिन्दी-क्षेत्र के असाधारण योग्यतावाले विद्वान् भी ऐसी भ्रान्त धारणा के शिकार हैं। शायद उन्हें पता ही नहीं कि हिन्दी ने कई प्रान्तीय भाषाओं को उनके अपने प्रान्त से बाहर बहुत दूर तक फैलाया है। कई प्रान्तीय अथवा क्षेत्रीय भाषा के साहित्यकार उसी प्रान्त या क्षेत्र की सीमा में बँधे रह गये होते, यदि उन्हें हिन्दी का सहारा न मिला होता। जिस किसी भाषा का साहित्य-सौरभ हिन्दी ने पाया है, उसे हवा की तरह दूर-दूर तक फैलाया है, अब भी हिन्दी आसेतु-हिमाचल गन्धवाह का ही काम करेगी। जिस दिन हिन्दी के माध्यम से सभी प्रान्तीय और क्षेत्रीय भाषाओं के साहित्य का रसास्वादन किया जाने लगेगा, उस दिन विरोध आप-से-आप मिट जायगा। इसलिए राष्ट्रभाषा के भक्तों का यही कर्तव्य है कि विरोध मिटाने का ही उद्योग करते रहें—बढ़ाने का नहीं।

एक बात और। हमारी सरकार को भी अपने संविधान की रक्षा पर यथेष्ट ध्यान देना चाहिए। हिन्दी को राष्ट्रभाषा का पद भीख-जैसा नहीं मिला है। अपनी पूर्वार्जित लोकप्रियता और सुविस्तृत व्यापकता के बल पर ही राष्ट्रभाषा का गौरव उसने पाया है। तब भी इस पदगौरव का उसे गर्व नहीं है। वह प्रत्येक प्रदेश और क्षेत्र की भाषा से हार्दिक स्नेह रखना चाहती है। किसी भाषा से न उसे होड़ करना है, न वैर-विरोध। यदि सरकारी संकेत और सहारे से विरोध दूर करने का प्रयास होता रहता; तो बहुत आसानी से विरोध शीघ्र शान्त हो जाता। अपने संविधान का पालन कराने में यदि सरकार तत्पर होगी, तो भ्रान्तिमूलक विरोध कुछ ही दिनों में शान्त हो जायगा।

अन्तिम बात ध्यान देने योग्य यह है कि जब से भारत में भाषाधार प्रान्त-निर्माण की आँधी उठी है, तब से देशवासियों के विचार में भाषा-सम्बन्धी संकीर्णता और मोह-ममता बहुत अधिक बढ़ गयी है। मगर इससे हिन्दी को किसी प्रकार की चिन्ता नहीं है। वह सभी भाषाओं का फूलना-फलना देखकर सन्तुष्ट ही होगी। अन्त में हिन्दी की नेकनीयत ही फलेगी। किसी भाषा का अपकार उसके ध्यान में नहीं है। किसी भाषा से उसकी प्रतिद्वन्द्विता भी नहीं है; क्योंकि देशप्रियता में और राष्ट्रीय हितसाधन में उसकी बराबरी करने योग्य कोई भाषा इस देश में है ही नहीं। इसलिए

विरोध के टिकने का कोई पुष्ट आधार नहीं है। वह स्थायी नहीं हो सकता। वह एक प्रकार का मौसमी तूफान है। विशाल राष्ट्रवृक्ष पर छाई हुई हिन्दी-लता उस तूफान से झकझोरी जायगी सही, उसके फूल झड़ जायँगे भले ही, पर वह जड़ से उखड़ नहीं सकती।

राष्ट्रभाषा की लदाई!

हमारे देश के बड़े-बड़े नेता और उच्चाधिकारी तथा प्रशासक जब कभी कहीं भाषण करते हैं; तब बेधड़क कह डालते हैं कि हिन्दी को किसी के ऊपर जबरदस्ती नहीं लादना चाहिए। मगर किसी वक्ता ने यह साबित नहीं किया कि किस पर कौन हिन्दी लाद रहा है। जब हमारी राष्ट्रीय सरकार ने सर्वसम्मति से भारतीय संविधान में हिन्दी को राष्ट्रभाषा और राजभाषा का पद दिया है, तब हिन्दी-भाषियों और हिन्दी-संस्थाओं पर ऐसा दोषारोपण नहीं किया जा सकता। जो महानुभाव यह आरोप करते हैं, उन्हें स्वयं ही समझ लेना चाहिए कि हिन्दीवालों के हाथ में ऐसी कोई सत्ता ही नहीं है, जिसके बल पर वे हिन्दी सीखने के लिए किसी को बाध्य कर सकें। और, यदि हिन्दीवालों के हाथ में ऐसी सत्ता होती भी, तो वे हिन्दी को कभी किसी अनिच्छुक पर नहीं लादते। हमारी सरकार भले ही अपना संविधान मनवाने के लिए अपने वैधानिक अधिकार का प्रयोग अथवा उपयोग करे; परन्तु हिन्दीवाले तो अहिन्दीभाषियों से बन्धुत्व और सद्भव से ही कह सकते हैं कि राष्ट्रीय एकता के लिए हिन्दी को अपनाइए। हिन्दी वाले यही कहते हैं और कहते रहेंगे। जो सज्जन हिन्दी वालों में साम्राज्यवादी भावना की आशंका करते हैं, वे जब भारतीयता की दृष्टि से हिन्दी का महत्त्व और भारत-राष्ट्र के सामूहिक संगठन में इसकी शक्ति का चमत्कार देखेंगे, उनका भ्रम निकट भविष्य में ही आप-से-आप दूर हो जायगा। हिन्दी किसी पर असह्य भार बनकर लदना नहीं चाहती, वह तो फूल-माला और शरबत की तरह सबके कंठ की शोभा और तृप्ति बनना चाहती है। उसे जो अपनावेगा, वह राष्ट्रीयता का अमृत पीकर कृतार्थ होगा। यह अमृत किसी दूसरी भाषा के पास नहीं है। हिन्दी को यह अमृत संस्कृत से मिला है। इसीलिए इस अमृत में गंगाजल का गुण है। वह गुण सर्वविदित है।

भाषाधार-प्रान्त-निर्माण का आन्दोलन हमारे देश में दिन-दिन प्रबल होता नजर आता है। इसके प्रभाव से प्रान्तीय और क्षेत्रीय भाषाओं का पक्षपात भी बढ़ता जा रहा है। राष्ट्रभाषा की महत्ता पर से लोगों का ध्यान हट-सा रहा है। किन्तु जब सभी भाषा-क्षेत्रों का निर्माण होने से लोगों का मनोरथ पूरा हो जायगा, तब राष्ट्रभाषा की आवश्यकता का अनुभव स्वतः होने लगेगा। आज भी, जब भाषा-क्षेत्रों का नव-निर्माण होना बहुत-कुछ बाकी है, किसी प्रान्तीय अथवा क्षेत्रीय भाषा के विकास के मार्ग में हिन्दी बाधा बनकर नहीं अड़ती। हिन्दी कहीं कानाफूसी और जासूसी भी नहीं करती

फिरती कि कौन भाषा या बोली कहाँ क्या कर रही है और क्यों कर रही है। वह तो सभी भाषाओं और बोलियों का, उनके अपने-अपने क्षेत्र में, फूलना-फलना देखना चाहती है। हिन्दी-भाषी कभी किसी पर यह दबाव नहीं डालते कि अपनी मातृभाषा का तिरस्कार करके राष्ट्रभाषा को अपनाइए। अन्य भाषाओं ने अभी तक हिन्दी को उतना नहीं अपनाया है, जितना हिन्दी ने उसको। हिन्दी को अपनी श्रेष्ठता और सम्पन्नता का अहंकार नहीं है—साथ ही, किसी से किसी अंश में कम होने की हीन-भावना भी नहीं है। वह तो सारा भेदभाव भूलकर आरम्भ से ही सबके प्रति सख्य-सौहार्द प्रदर्शित करती आ रही है। ऐसी दशा में किसी पर भी उसके जबरदस्ती लादे जाने का आरोप सर्वथा निराधार है। जो सज्जन बार-बार हिन्दी पर ऐसा दोष लगाया करते हैं, उन्हें हिन्दी की वास्तविक स्थिति का ज्ञान प्राप्त करना चाहिए।

जब हिन्दी-प्रधान क्षेत्रों के नेता और वक्ता बिना सोचे-समझे राष्ट्रभाषा की लदाई की शिकायत या चर्चा करते हैं, तब अहिन्दी-क्षेत्रों के लोग अपने विरोध के लिए बड़ा भारी सहारा पा जाते हैं। कम-से-कम हिन्दी-क्षेत्र के प्रमुख प्रभावशाली व्यक्तियों को इस तरह की बेबुनियाद बात नहीं कहनी चाहिए। सार्वजनिक प्रभाववाले लोगों को हमेशा यही कोशिश करनी चाहिए कि हमारी राष्ट्रीय सरकार के संविधान का पालन करने में जनता आनाकानी न करे। जनता पर जिनकी धाक है और जनता में जिनकी साख है, उन लोगों को यह अच्छी तरह समझ लेना चाहिए कि भारतीय एकता के दृढ़ करने में राष्ट्रभाषा हिन्दी ही सर्वश्रेष्ठ साधन सिद्ध हो सकती है। जो लोग चारों धाम की यात्रा और अन्यान्य प्रमुख तीर्थ स्थानों में भ्रमण कर चुके हैं, उनके अनुभव जानने का जिन्हें अवसर मिला है, वे इस तथ्य को सहज ही समझ सकते हैं। इसलिए निराश न होकर पूर्ण उत्साह के साथ हम हिन्दीवालों को हिन्दी के हित के कामों में तन-मन-धन से जुट जाना चाहिए।

राष्ट्रभाषा अनाथा क्यों?

राष्ट्रभाषा को हम आज जितना असहाय देखते हैं उतना पहले कभी नहीं देखा था। दयानन्द और भारतेन्दु के युग में यह निराश्रित नहीं थी। द्विवेदीजी और श्यामसुन्दरदासजी ने इसे भलीभाँति सनाथ किया था। इन महापुरुषों ने राष्ट्रभाषा के पोषण एवं संरक्षण में ही अपना आदर्श जीवन बिताया। इन्हीं की प्रेरणा और इन्हीं के प्रोत्साहन से अनेक साधक तैयार हुए, जिनकी तपस्या आज फूली-फली नजर आती है। किन्तु आज तो राष्ट्रभाषा हिन्दी के सिर पर किसी की छत्रच्छाया नहीं दीख पड़ती। वह आज सर्वथा अनाथा-सी दृष्टिगोचर होती है। अब उन पूर्वोक्त महानुभावों की तरह कोई ऐसा नहीं दीखता, जोदिन-रात हिन्दी-हित की ही चिन्ता में तल्लीन रहता हो। हाँ, हमारे श्रद्धेय राजर्षि टंडनजी अगर चाहें, तो आज राष्ट्रभाषा को सनाथ कर सकते हैं। किन्तु ऐसा जान पड़ता है कि वे राजनीति से विरक्त नहीं हो सकते।

यदि एकमात्र राष्ट्रभाषा का झंडा लेकर वे आज भी खड़े हो जाएँ, तो वे राष्ट्र की सबसे अधिक सेवा कर सकते हैं। आज निराशा के घोर अन्धकार में वही एक प्रकाश-स्तम्भ दीख पड़ते हैं। राष्ट्रभाषा को आज उनके एकान्त नेतृत्व की आवश्यकता है। जब तक कोई अखिल-भारतीय ख्याति का त्यागी-तपस्वी व्यक्ति केवल राष्ट्रभाषा की ही सेवा-सहायता में तन्मय न होगा, तब तक राष्ट्रभाषा की असहायावस्था का अन्त न होगा। बहुधन्धी और प्रपंची तथा अपने अवकाश में से सुविधानुसार आंशिक समय देने वाले लोगों से इस समय हिन्दी का कल्याण नहीं होगा। जनता किसी सच्चे मार्गदर्शक की बाट जोह रही है। यदि कोई मिशनरी स्पिरिट से काम करने वाले उत्साही जनों का दल होता, तो अहर्निश हिन्दी का ही काम करता, तो आशा का संचार हो सकता था। किन्तु दुर्भाग्य की बात है कि जिन भारत-प्रसिद्ध हिन्दी-संस्थाओं पर हिन्दी की स्वत्व-रक्षा का भरोसा था, वे भी दलबन्दी का अखाड़ा बन गयी हैं। सोते-जागते प्रतिक्षण हिन्दी की ही चिन्ता में लवलीन रहने वाला एक सार्वदेशिक कीर्ति का व्यक्तित्व आज राष्ट्रभाषा को चाहिए। ऐसे व्यक्तित्व की अपेक्षा जितनी आज है, उतनी कभी न थी।

राष्ट्रभाषा के निराधार होने का एक कारण और भी है। आर्यावर्त (उत्तर भारत) की प्रान्तीय सरकारें तो राष्ट्रभाषा के हित में कुछ तत्पर भी हैं, पर खेद है कि केन्द्रीय सरकार से यथोचित प्रेरणा और उत्तेजना नहीं प्राप्त हो रही है। यह शोचनीय स्थिति ही राष्ट्रभाषा को दयनीय स्थिति में डाले हुए है। हमारी राष्ट्रीय सरकार ने ही अपने संविधान में हिन्दी को राष्ट्रभाषा-पद का महान् गौरव प्रदान किया। अब यदि उस पद-गौरव की यथेष्ट रक्षा नहीं हो रही है, तो इसकी लाज हमारी सरकार को ही होनी चाहिए। सरकार का समर्थन पाकर भी राष्ट्रभाषा यदि आज बेचारी ही है, तो इसका घोर दुर्भाग्य ही कहना चाहिए। आखिर सरकार से भी अधिकार रक्षा कराने के लिए एक प्रभावशाली व्यक्तित्व चाहिए, जिसके बिना आज राष्ट्रभाषा अनाथ है।

–त्रैमासिक 'साहित्य' (पटना); वर्ष 4, अंक 3, आश्विन 2010 वि., अक्तूबर, 1953 ई.

राष्ट्रभाषा और उर्दू

इस देश में हिन्दू और मुसलमान सदियों से साथ रहते आये हैं। भारत के खंडित हो जाने पर भी उसके अनेक प्रान्तों में लाखों मुसलमान अब भी हैं। प्रायः सभी जगहों में वे हिन्दुओं के पड़ोसी हैं। राजनीतिक आन्दोलनों के पहले तो वे बहुत ही अच्छे पड़ोसी थे। भाषा और साहित्य के क्षेत्र में भी उनकी सहृदयता और उदारता सराहनीय थी। पर्व-त्योहारों में भी उनके साथ कोई भेदभाव न था। हिन्दुओं की आदर्श सहिष्णुता से उन्होंने बराबर लाभ उठाया। आज भी, पाकिस्तानी भावना का जहर फैल चुकने पर भी, उनके साथ लेन-देन का रोजगार हर जगह चालू है। उनके धार्मिक उत्सवों में अब भी यथासम्भव सहयोग और भाईचारा कायम है। अब भी दोनों बहुत दूर तक एक-दूसरे के सुख-दुःख में साथी हैं। सैकड़ों वर्ष से दोनों के बोलचाल की भाषा एक रही है। दोनों के भाषा में पहले केवल लिपि का ही भेद था। कई लेखकों और कवियों की उर्दू-रचनाएँ ऐसी हैं, जो अगर नागरी लिपि में लिख दी जायँ, तो मुहावरेदार सरल हिन्दी की ही एक शैली प्रतीत होंगी। लिपि की दीवार हटा देने पर बहुत-सी उर्दू की रचनाएँ हिन्दी की हो जाएँगी। अगर कुछ भेद कहीं मालूम भी होगा, तो वह साम्प्रदायिक मनोवृत्ति के लेखकों के दुराग्रह का परिणाम ही होगा; क्योंकि जब से पारस्परिक सद्भाव विषाक्त होने लगा, तभी से दोनों की भाषा के स्वरूप में पार्थक्य बढ़ने लगा। लिपि की दीवार हटते ही यह पार्थक्य स्पष्ट दृष्टिगोचर होगा। केवल फारसी-लिपि ने हिन्दी को उर्दू के नाम से साम्प्रदायिक भाषा बना दिया है। अरबी, फारसी और तुर्की के अनेक शब्द हिन्दी में प्रचलित हैं। ऐसी हिन्दी को ही फारसी-लिपि में लिखकर उसे उर्दू के नाम से पुकारना और क्षेत्रीय भाषा कहना एक नया झगड़ा खड़ा करना है। उर्दू तो बहुत दिनों से हिन्दी की मुसलमानी शैली मानी जाती है, पर पहले कभी इसका विरोध नहीं हुआ। अब जान-बूझकर जोर-जबरदस्ती से भारत की तरह भाषा का रूप भी खंडित किया जा रहा है। जमीन का पाकिस्तान बनने से तो राष्ट्र में अशान्ति बढ़ ही रही है, जबान का पाकिस्तान बनने पर वह अशान्ति और भी बढ़ती रहेगी। इसलिए दोनों पक्ष के शान्तिप्रिय साहित्य-सेवी समझ-बूझकर राष्ट्रीय एकता को खतरे से बचाने की कोशिश करें।

यदि विचारपूर्वक देखा जाय, तो उर्दू केवल दुर्बोध लिपि और अरबी-फारसी के क्लिष्ट शब्दों के जाल में फँस जाने के कारण ही राष्ट्रभाषा हिन्दी से अलग नजर आती है। यदि अप्रचलित, अपरिचित और दुरूह शब्दों के प्रयोग का दुराग्रह न हो, तो हिन्दू-मुस्लिम जनता की भाषा में विशेष भेद न रहेगा। जब से व्यावहारिक भाषा पर भी साम्प्रदायिकता का भार पड़ने लगा, तब से खींचतान बढ़ती ही जा रही है। जहाँ सिर्फ नाम का ही भेद था, वहाँ रूप और प्रकृति में भी भेद डालने की नीयत से बीच में खाई खोदी जाने लगी, और वह खाई दिन-दिन चौड़ी होती जा रही है। इससे राष्ट्र के साथ-साथ राष्ट्रभाषा का भी अंग-भंग होगा। यह संकट राष्ट्रीय एकता के लिए घातक हो सकता है।

सच पूछिये, तो अरबी और फारसी का आगमन कभी अरब और फारस से हुआ होगा, मगर उर्दू तो सोलहों आने भारत की ही उपज है। उसे कोई फौजी छावनी की भाषा कहे या बेगमों के महल की, मगर यह शुरू में 'बाबू इंगलिश' की तरह मुसलमानी हिन्दी के सिवा और कुछ नहीं था। जनभाषा तो उस समय भी हिन्दी ही थी। खुसरो, कबीर, जायसी, रहीम आदि इसके प्रमाण हैं। यह कदापि नहीं कहा या माना जा सकता कि लश्कर के बाजार में या शाही दरबार में सिर्फ अरबी-फारसी का ही व्यवहार होता था, जनभाषा का वहाँ गुजर नहीं था। जनभाषा हिन्दी में ही अरबी-फारसी के मेल-जोल से मुसलमानी रंगत आ गयी। उसी को मुसलमान भाई उर्दू कहने लगे। हिन्दुओं की 'खड़ी बोली' ही मुसलमानों में 'उर्दू' कहलाने लगी। 'खड़ी बोली' के क्षेत्र में ही उर्दू पैदा हुई थी। वास्तव में वह 'खड़ी बोली' (हिन्दी) का ही मुसलमानी रूप है। इस तरह उर्दू तो हिन्दी की मुसलमानी शैली का ही पुराना नाम है। उसके क्रिया-पद, अव्यय, मुहावरे, तद्धित, कृदन्त आदि हिन्दी-व्याकरण के अत्यन्त निकट हैं। दुर्गम लिपि और अरबी-फारसी की बाहरी पोशाक उतार देने पर उसकी गठन बस हिन्दी की ही है। उसको ब्रजभाषा और अवधी की तरह क्षेत्रीय भाषा नहीं कह सकते। हिन्दी-क्षेत्र की विभिन्न बोलियों से अलग उसका कोई अस्तित्व ही नहीं है। पुराने समय के हिन्दू और मुसलमान अपनी-अपनी अलग भाषा नहीं मानते थे; लिपि भले ही भिन्न रही हो। आज भी मलिक मुहम्मद जायसी का 'पद्मावत' फारसी-लिपि में लिखा मिलता है, पर वह अवधी भाषा का प्रसिद्ध काव्य-ग्रन्थ है। फारसी-लिपि के माध्यम से मुसलमानों ने हिन्दी की खूब सेवा की थी। यों तो मुसलमान कवियों की साहित्य-सेवा से हिन्दी का इतिहास उज्ज्वल है और हिन्दू साहित्यकारों की सेवा से उर्दू का इतिहास भी खूब जगमगा रहा है। पंजाब के हिन्दू-घरानों में कभी रामायण-महाभारत की कथाएँ भी फारसी-लिपि में ही पढ़ी जाती थीं। लिपि और भाषा का झगड़ा तो शुद्ध साम्प्रदायिक है। बुगदादी भाषा लिखने-बोलने वालों की हठधर्मी से उर्दू की अलग हस्ती कायम की जा रही है, नहीं तो भाषाशास्त्रियों के मतानुसार वह राष्ट्रभाषा हिन्दी का ही अभिन्न अंग है।

यह बात भी प्रत्यक्ष ही सिद्ध है कि देवनागरी-लिपि में लिखी जाने पर उर्दू कहीं की क्षेत्रीय भाषा न रहकर राष्ट्रभाषा के कक्ष में चली जायगी। देवनागरी उसे अमृत पिला देगी। भेदभाव की भित्ति भूमिसात् हो जायगी। दोनों पक्ष के लोग एक-दूसरे की संस्कृति से परिचित हो जाएँगे। दिन-दिन बढ़ता हुआ वैमनस्य क्रमशः विलीन हो जायगा। आपस के मनोमालिन्य की खाई पट जायगी। किन्तु वर्तमान काल के वातावरण एवं लक्षण से ऐसा प्रतीत होता है कि हिन्दीवालों की सद्भावना भी शंका-संदेह की दृष्टि से देखी जा रही है। तब भी हम हिन्दीवालों को चाहिए कि उर्दू को अपने से अलग न होने दें; क्योंकि वह हिन्दी की ही एक सुहावनी शैली है। और, जिस दिन राष्ट्रभाषा के हितैषियों की ओर से, फारसी-लिपि में छपी उत्तमोत्तम साहित्यिक पुस्तकें देवनागरी-लिपि में छपकर प्रकाशित होने लगेंगी, उसी दिन हमारे मुसलमान भाई यह अनुभव करने लगेंगे कि जिस भाषा पर वे खास अपनी छाप लगाते हैं, वह हिन्दी की एक विशिष्ट शैली के सिवा और कुछ नहीं है। उर्दू की अच्छी-से-अच्छी किताबों को देवनागरी-लिपि में, टीका-टिप्पणी और गवेषणापूर्ण भूमिका के साथ, प्रकाशित कर देने पर राष्ट्रभाषा का वह खजाना आसानी से वापस आ जायगा, जो फारसी-लिपि की चीनी दीवार के पीछे छिपा पड़ा है। अन्त में, देवनागरी के सहारे अपनी भाषा की व्यापकता बढ़ते देखकर, आशा है, मुसलमान भाई भी हमारी बात का तथ्य समझ जाएँगे। उनका यह भ्रम भी दूर हो जायगा कि देवनागरी से उनकी सांस्कृतिक हानि होगी। उनकी लिपि तो फारसी के लिए सदा बनी ही रहेगी। साहित्यिक दृष्टि से फारसी बहुत समृद्ध भाषा है। उसके पढ़ने वाले उसी की लिपि के सहारे उससे लाभ उठावेंगे। इधर देवनागरी के बल पर इस्लामी संस्कृति भी समस्त राष्ट्र में उजागर हो जायगी।

हाँ, हिन्दीवालों की ओर से उर्दू के विरोध का भी कोई प्रश्न नहीं है। कोई अंगी अपने ही किसी अंग से विरोध क्यों करेगा? विरोध तो उर्दूवालों की ओर से ही आगे बढ़ाया गया है। हिन्दीवाले तो बराबर उर्दू को अपनाते आये हैं। आज भी हिन्दीवालों में ऐसे बहुतेरे हैं, जो केवल हिन्दी के माध्यम से उर्दू-साहित्य का अच्छा ज्ञान रखते हैं। किन्तु मुसलमान भाइयों में ऐसे सज्जन बहुत कम ही होंगे, जो केवल फारसी-लिपि के माध्यम से हिन्दी-साहित्य अथवा भारतीय साहित्य का कुछ परिचय पा सके हों। हिन्दीवालों के मन में उर्दू के प्रति घृणा नहीं है, पर उर्दू वालों के मन में हिन्दी के प्रति काफी उदासीनता है। इसके लिए प्रमाणों की कमी नहीं है। उर्दू के लेखकों और कवियों को हिन्दीवाले बड़े शौक से पढ़ते हैं और उनमें कितनों को प्यार भी करते हैं, पर उर्दूवालों में वैसे हिन्दी-साहित्यानुरागी शायद ही ढूँढे मिलेंगे। इन सब बातों से यह साफ जाहिर है कि राष्ट्रभाषा और उर्दू में कोई मौलिक भिन्नता नहीं है और किसी प्रकार का साम्प्रदायिक विरोध भी नहीं है। अगर कोई ऐसे सपने देखता है, तो वह कभी भारत की राष्ट्रीय एकता का हिमायती नहीं हो सकता।

हिन्दी और हिन्दुस्तानी

'हिन्दी ही भारत की राष्ट्रभाषा है'—यह बात जिन महानुभावों के लिए असह्य हो उठी, उन्हीं सज्जनों ने हिन्दीवालों को चिढ़ाने के लिए 'हिन्दुस्तानी' शब्द की सृष्टि की। जो महाशय हिन्दी को राष्ट्रभाषा के गौरव-मंडित सिंहासन पर आसीन देखकर भीतर-ही-भीतर कट रहे हैं, वे ही चाहते हैं कि हिन्दी का मुकुट उतारकर हिन्दुस्तानी के सिर पर सजा दें। पर, यह काम तब तक होने का नहीं जब तक हिन्दी के करोड़ों पृष्ठ-पोषकों के कानों में 'हिन्दी-हिन्दू-हिन्दुस्तान, सब मिलि बोलो एक जबान' के समान प्राचीन 'प्रतापी' पद की ध्वनि गूँजती रहेगी। हिन्दीवालों को अपने संख्या-बल का अभिमान नहीं है; उन्हें अभिमान है अपनी भाषा (हिन्दी) के सौन्दर्य का। वे हिन्दी की अनिर्वचनीय शक्तियों का ज्ञान रखते हुए दूसरी भाषा को राष्ट्रभाषा के रूप में कदापि स्वीकृत नहीं कर सकते। जो लोग यह समझ रहे हैं कि भारत के सभी प्रान्तों के निवासियों के समझने योग्य हिन्दी-भाषा नहीं है या नहीं हो सकती, वे हिन्दी के अलौकिक गुणों से परिचित नहीं हैं। भारत में केवल हिन्दी ही एक ऐसी भाषा है, जिसे सभी प्रान्तों के निवासी सुगमता से समझ सकते हैं और बोल भी सकते हैं। ऐसी स्थिति में 'हिन्दुस्तानी'-नामधारिणी किसी भाषा की आवश्यकता ही नहीं है। हिन्दी स्वयं इतना अधिक समर्थ है कि सभी प्रान्तों के निवासियों के विचार-विनिमय का माध्यम बन सके। बंगाल, महाराष्ट्र, गुजरात आदि प्रान्तों की तो कोई बात ही नहीं, हमारे मुसलमान भाइयों के पढ़ने-समझने योग्य हिन्दी भी लिखी जा सकती है और पहले भी लिखी जा चुकी है। अब तक हिन्दी-भाषा अरबी, फारसी, तुर्की, अँगरेजी, पोर्चुगीज आदि विदेशी भाषाओं के हजारों शब्दों को पचाकर पर्याप्त शक्ति अर्जित कर चुकी है। इस प्रकार वह मुसलमान भाइयों के साथ-साथ ईसाई और पारसी भाइयों के लिए भी सुबोध होने की पूरी योग्यता रखती है। जैन, बौद्ध और सिक्ख भाइयों की क्या कथा, उनका तो बहुत कुछ साहित्य हिन्दी में भी है। फिर, यह 'हिन्दुस्तानी' बीच में टाँग अड़ानेवाली कौन?

मैं कह चुका हूँ कि हिन्दी को अपदस्थ करने के लिए ही 'हिन्दुस्तानी' नाम की एक नयी भाषा गढ़ी गयी है, जिसमें न मौलिकता है और न स्वाभाविकता। जिस

कार्य की सिद्धि का बहाना करके हिन्दी का रास्ता रोकने के लिए हिन्दुस्तानी खड़ी की गयी है, उस कार्य की सिद्धि में स्वयं हिन्दी ही सर्वथा समर्थ है। दूसरी किसी भाषा को कोई अधिकार नहीं कि हिन्दी का ईश्वर-दत्त स्थान छीनने का दुस्साहस करे। अपने देशवासियों को अपने मन की बात समझने के लिए राष्ट्रपति मौलाना अबुल कलाम आजाद साहब और सीमान्त के गाँधी अब्दुल गफ्फार खाँ जिस सरल भाषा का उपयोग करते हैं, वह भी हिन्दी ही है, और अपने गूढ़-गम्भीर समीक्षात्मक विचारों को व्यक्त करने के लिए आचार्य रामचन्द्र शुक्ल जिस प्रौढ़ भाषा का सहारा लेते हैं, वह भी हिन्दी ही है। गहन दार्शनिक विचारों को प्रकट करने के लिए हिन्दी में जितनी क्षमता है, उतनी ही क्षमता ठेठ दिहाती किसान को उसके हित की बात सीधी तरह समझाने की भी है। हिन्दी अपने पांडित्य-प्रदर्शन से बड़े-बड़े विद्वानों का भी मनोरंजन एवं ज्ञानवर्द्धन कर सकती है और अपने सारल्य-सौरभ से अपढ़ किसान के लिए भी हृदयग्राहिणी बन सकती है—चाहे वह हिन्दू हो या मुसलमान। कोई कारण नहीं कि हिन्दी में ऐसी अनुपम विशेषता के रहते हुए 'हिन्दुस्तानी' राष्ट्रभाषा बनने का दम भरे या दम्भ करे। भारतवासियों को यदि अपने विचारों के परस्पर आदान-प्रदान के लिए किसी भाषा की आवश्यकता है तो वह भाषा हिन्दी ही हो सकती है, हिन्दुस्तानी नहीं। हिन्दुस्तानी का कोई स्वतन्त्र अस्तित्व नहीं है। हिन्दी के उत्कर्ष के प्रति जो असहिष्णु हैं, उन्हीं की मनस्तुष्टि के लिए हिन्दी का ही रूप विकृत करके 'हिन्दुस्तानी' नाम रख दिया है। भाषा-विज्ञान के सिद्धान्तों के अनुसार हिन्दुस्तानी नितान्त अस्वाभाविक एवं अपरिपक्व है। भाषाओं में उसकी गणना उपहास्यापद है। न उसकी कोई सत्ता है, न आवश्यकता, न उपयोगिता।

मैं हिन्दी की सर्वगुण-सम्पन्नता में दृढ़ विश्वास करता हूँ और उसकी सर्वशक्तिशालिता में भी। हिन्दी पर किसी प्रकार की क्लिष्टता अथवा असमर्थता का लांछन लगाकर हिन्दुस्तानी को स्थानापन्न करने का प्रयास मेरी दृष्टि में अतीव गर्हित है। कभी-कभी यह भुलावा दिया जाता है कि उच्च कोटि की साहित्य-रचना के लिए हिन्दी अपने स्थान पर बनी रहे और लोकभाषा बनने का श्रेय हिन्दुस्तानी को दे डाले। तो क्या हिन्दी में लोकभाषा बनने का गुण या बल नहीं है? हिन्दुस्तानी यदि लोकभाषा हो जायगी तो क्या हिन्दी राष्ट्रभाषा कहला सकेगी? लोकभाषा और राष्ट्रभाषा में क्या आकाश-पाताल का अन्तर है? हिन्दीवाले लोकभाषा और राष्ट्रभाषा का अन्तर भलीभाँति समझते हैं, इसलिए वे कभी भुलावे में नहीं आ सकते। वे साहित्य की भाषा होने का गौरव तो हिन्दी के सिवा दूसरी किसी भाषा को दे ही नहीं सकते, लोकभाषा होने का महत्त्व भी वे हिन्दी के लिए सुरक्षित समझते हैं। हिन्दी के जीते-जी वे हिन्दुस्तानी को या और किसी भी भारतीय भाषा को लोकभाषा या

राष्ट्रभाषा के उपयुक्त नहीं मानते। यह अप्रिय सत्य इतना ज्वलन्त है कि इसका गोपन कभी सम्भव नहीं।

मैं हिन्दुस्तानी की आवश्यकता का प्रतिपादन करते समय यह भूला नहीं हूँ कि विदेशी सरकार और स्वदेशी सरकार की सम्मिलित शक्ति का करावलम्बन पाकर ही हिन्दुस्तानी बरबस हिन्दी को घूर रही है। किन्तु, प्रत्येक हिन्दी-भाषाभिमानी का यह प्रमुख कर्तव्य है कि अपने राष्ट्र के उन्नायक नेताओं में सम्पूर्ण श्रद्धा रखते हुए भी हिन्दी के अधिकार-हनन का प्रचंड विरोध करे। साथ ही, अपने संगठित प्रयत्नों द्वारा सरकार को भी यह सुझा दे कि हिन्दुस्तानी हम पर बलपूर्वक लादी नहीं जा सकती—हम बहुत पहले से ही हिन्दी को शिरोधार्य कर चुके हैं। 'हिन्दी' नाम हमें इतना अधिक प्यारा है कि राष्ट्रीयता के नाम पर हम उसे 'हिन्दुस्तानी' से बदल नहीं सकते। सरकार या काँग्रेस जो काम हिन्दुस्तानी से लेना चाहती है, वही काम हिन्दी से क्यों नहीं लेती? हिन्दी तो हिन्दुस्तानी से बढ़कर काम कर सकती है। फिर, नया नाम चुनने का औचित्य क्या है?

कहा जाता है कि नागरी और फारसी लिपियों में समान रूप से लिखी जाने योग्य एक भाषा की आवश्यकता है और वह भाषा हिन्दी न होकर हिन्दुस्तानी हो सकती है। यह झूठा बहाना है। हिन्दी भी ऐसी शैली में सफलतापूर्वक लिखी जा सकती है कि फारसी लिपि बड़ी सुविधा के साथ उसे अपना सके। फिर, हिन्दुस्तानी को 'दही में मूसर' बनाने का क्या अभिप्राय है? वास्तव में वही पूर्वोक्त अभिप्राय है कि कुछ महाशयों और कुछ साहबों को 'हिन्दी' नाम से चिढ़ है और वे अपनी इस चिढ़ को मिटाने के लिए 'हिन्दुस्तानी' नाम लेकर हिन्दीवालों को चिढ़ाना चाहते हैं। इसीलिए, हिन्दुस्तानी के रूप में हिन्दी के मुखड़े पर 'मिट्टी का चेहरा' बाँधा गया है। पर, यह स्वाँग टिकाऊ न होगा; क्योंकि कृत्रिम है, नैसर्गिक नहीं।

यदि किसी अनुभवी विद्वान् का यह कथन सत्य है कि 'स्वतन्त्रता खोकर भी हमें इतिहास की रक्षा करनी चाहिए; क्योंकि इतिहास के द्वारा हम स्वतन्त्रता पा सकते हैं, पर स्वतन्त्रता के द्वारा खोये हुए इतिहास को हम नहीं पा सकते', तो यह कहना भी आपत्तिजनक नहीं माना जाना चाहिए कि राष्ट्रीयता अथवा स्वतन्त्रता के नाम पर हमारी भाषा का परम्परागत इतिहास नष्ट करने का अवांछनीय एवं अनिष्टकर प्रयत्न सर्वतोभावेन तिरस्करणीय है। हिन्दी के साथ हमारा सांस्कृतिक सम्बन्ध है और उसके उपेक्षित हो जाने पर हमारा अस्तित्व भी संकटापन्न हो सकता है—हमारी सभ्यता पर कर्कश आघात पहुँच सकता है। इसलिए, यह अनिवार्य हो गया है कि सर्वान्तःकरण से हम हिन्दी का ही पक्षपालन करें और हिन्दुस्तानी से स्पष्ट कह दें कि उसे यदि जीवित ही रहना है तो हिन्दी की छत्र-छाया में विराजने

वाली अवधी, मगधी और शौरसेनी की तरह किसी कोने में बैठकर जीती रहे, हिन्दी से आँखें बराबर न करे।

ऊपर की बातें भावावेश या भावुकता-वश नहीं लिखी गयी हैं। उनमें गर्वोक्तियाँ भी नहीं हैं, प्रत्युत वास्तविक तथ्य यही है। हिन्दुस्तानी चाहे और जो कुछ करे, हिन्दी के मार्ग में कंटक बनकर न अड़े। हिन्दी की गति में वह बाधा नहीं दे सकती। हिन्दी वाले ठीक समय पर सावधान हो चुके हैं। सरकार उसे फूली-फली देखना चाहती है तो हिन्दी को इसका कुछ भय नहीं है। काँगरेस उसे बढ़ावा देने पर तुली है तो निकट भविष्य में ही अपनी करनी पर पछतायगी। हिन्दी अपना रूप निश्चित कर चुकी है और उस रूप के परिष्कार एवं संरक्षण में वह सदैव तत्पर रहेगी। वह लोकभाषा के रूप में राष्ट्रीयता का पोषण करके हिन्दुस्तानी को नीचा दिखायगी। स्वतन्त्रता की भावना को उन्नत और जाग्रत करने में उसने सब भाषाओं से अधिक काम किया है और आगे भी करेगी। किसी का दुराग्रह उसकी लोकप्रियता में बट्टा नहीं लगा सकता। किसी भाषा की प्रगति से उसका विरोध नहीं है; पर वह अपनी राह के रोड़े के साथ कोई समझौता नहीं चाहती।

–राजेन्द्र कॉलेज पत्रिका (छपरा); सन् 1941 ई.

हिन्दुस्तान-पाकिस्तान की भाषा

यद्यपि हिन्दुस्तान-पाकिस्तान के विभाजन से 'हिन्दी' का स्वत्व स्वभावतः सुदृढ़ हो गया, तथापि अभी 'हिन्दुस्तानी' की रट लगी हुई है। राष्ट्रीय एकता के 'आतंक' के कारण, हिन्दी को राष्ट्रभाषा कहने और मानने की हिम्मत पुलपुली हो गयी है। यह इसी देश में सम्भव है कि अपनी भाषा की प्रकृति एवं संस्कृति का सर्वनाश करने में बड़े-बड़ों को भी तनिक झिझक या हिचक नहीं होती। राष्ट्रभाषा के लिए यदि 'हिन्दी' नाम या शब्द व्यवहृत किया गया, तो क्या हिन्दुस्तान की आजादी खतरे में पड़ जायगी? क्या आजादी तभी टिकाऊ होगी, जब भाषा के साथ 'हिन्दुस्तानी' और साहित्य के साथ 'हिन्दी' शब्द अलग-अलग चलते रहेंगे? राष्ट्रीयता क्या तभी कायम रह सकेगी, जब हमारे इतिहासकार 'हिन्दी-साहित्य' की जगह 'हिन्दुस्तानी-साहित्य' लिखा करेंगे? किसी देश में भाषा और साहित्य के लिए दो अलग-अलग नाम नहीं दीख पड़ते। बोलचाल और व्यवहार की भाषा का नाम 'हिन्दुस्तानी' और साहित्य की भाषा का नाम 'हिन्दी' रखने से तो हमारे इतिहास की परम्परा ही बिगड़ जायगी। वर्धा की हिन्दुस्तानी-प्रचार-सभा के प्रधानमन्त्री और वर्धा के ही हिन्दुस्तानी-शिक्षा-केन्द्र के प्रमुख संचालक श्रीमन्नारायण अग्रवालजी ने अभी हाल में कहा है कि "पाकिस्तान ने यदि उर्दू को अपनी राष्ट्रभाषा मान लिया तो हिन्दी को राष्ट्रभाषा घोषित करने के आन्दोलन का विरोध करना हिन्दुस्तान के लिए भी असम्भव हो जायगा" और आगे फिर कहा है कि "हिन्दुस्तानी-आन्दोलन का मूलाधार भारत की अखंडता कायम रखना था, इसीलिए दो राष्ट्रों के सिद्धान्त का विरोध किया जाता था; हमें आशा है कि विभाजन के बाद भी भारत की सांस्कृतिक एकता कायम रहेगी, और वह हिन्दुस्तानी—जो हिन्दी और उर्दू के समन्वय से बनी है—हिन्दुस्तान और पाकिस्तान दोनों की राष्ट्रभाषा रहेगी।" ईश्वर की बड़ी दया होगी यदि अग्रवालजी की आशा पूरी हो जाय। उनकी आशा से सहानुभूति रखते हुए भी, कहना पड़ता है कि अपनी हिन्दुस्तानी की परिभाषा उन्होंने गलत बतला दी है। उनकी हिन्दुस्तानी

भला हिन्दी और उर्दू के समन्वय से कहाँ बनी है? वह तो हिन्दी की खाल में उर्दू का भुस भरकर बनायी गयी है! हिन्दुस्तानी का रहा-सहा सतीत्व भी भ्रष्ट करनेवाले 'नया हिन्द' और 'हरिजन-सेवक' इसके प्रत्यक्ष गवाह हैं! हमें तो घोर आश्चर्य है कि अब भी अग्रवालजी का स्वप्न भंग नहीं हुआ, उनका धैर्य सचमुच हिमालय से भी अटल है—उनकी आशा शायद आकाश से भी अनन्त है! पर हमें विश्वास है कि उनको भी कांग्रेस की तरह विवश होना पड़ेगा और हिन्दुस्तानी का मोह छोड़ हिन्दी की गोद में ही अपनी सारी श्रान्ति-भ्रान्ति मिटाने के लिए विश्राम लेना पड़ेगा। उनको तो अब मृगतृष्णा में न पड़ा रहना चाहिए। राष्ट्रभाषा कहकर 'हिन्दुस्तानी' का प्रचार और 'हिन्दी' शब्दमात्र से घृणा करनेवाले पत्रों में जैसी भाषा व्यवहृत होती है, वैसी भाषा को 'हिन्दी' न कहकर हठवश 'हिन्दुस्तानी' कहते रहना बड़ा भारी दुराग्रह है। मद्रास-सरकार का मासिक मुखपत्र 'दक्खिनी हिन्द' भी अपनी सुबोध 'हिन्दी' को जबरदस्ती 'हिन्दुस्तानी' कहता चला आ रहा है। उत्कल प्रान्त के 'राष्ट्रभाषा-पत्र' का भी वही रवैया है। भला 'हिन्दी' नाम से इतनी घृणा क्यों? हिन्दुस्तानी के गढ़ वर्धा से निकलने वाली 'राष्ट्रभाषा' पत्रिका को तो 'हिन्दी' शब्द से कोई घृणा नहीं है। राष्ट्रभाषा-प्रचारकों में ही यह पारस्परिक मतभेद कैसा? फिर मद्रास और उत्कल की प्रान्तीय भाषाओं पर तो संस्कृत की ही गहरी छाप है। उनका तो हिन्दी से ही मेल बैठ सकता है। बंगाल और महाराष्ट्र तथा गुजरात का भी यही हाल है। जिस राष्ट्रीय एकता के नाम पर हिन्दी ठुकरायी और हिन्दुस्तानी अपनायी गयी थी, उसका स्वप्न तो टूट ही गया, अब हिन्दुस्तानी की लाश ढोने से फायदा? पाकिस्तान में उर्दू के बदले हिन्दुस्तानी चलेगी, यह कल्पना करना भी आकाश-कुसुम लोढ़ना है। हाँ, हिन्दुस्तान के अल्पसंख्यक भाइयों की सुविधा के खयाल से, राष्ट्रीयता की रक्षा के बहाने से हिन्दुस्तानी के अस्तित्त्व की आवश्यकता का तर्क पेश किया जा सकता है। किन्तु जब हिन्दुस्तान के अल्पसंख्यकों के समझने योग्य 'हिन्दी' लिखी या बोली नहीं जा सकेगी, तभी व्यवहारोपयोगी भाषा के लिए 'हिन्दुस्तानी' नाम गढ़ा जायगा। हिन्दी तो स्वयं ही ऐसी समर्थ भाषा है कि उसके द्वारा हम हर एक भारतीय के हृदय तक अपना प्रेम सन्देश पहुँचा सकते हैं। पर यदि हिन्दुस्तान के अल्पंसख्यकों में पूर्ववत् संकीर्ण साम्प्रदायिक मनोवृत्ति बनी रही और वे 'हिन्दी' नाम से उसी तरह घृणा भी करते रहे, तो हिन्दी को स्वयं ही अपना कल्याण-मार्ग ढूँढ़ निकालना होगा। हमने अब तक की स्थिति देखकर जो कुछ सोचा-समझा है, उसके परिणामस्वरूप हम अभी यही आशा कर सकते हैं कि उर्दू अगर पाकिस्तान की भाषा हो भी जायगी, तो राष्ट्रीय महारानी की कृपा से हिन्दी बेचारी हिन्दुस्तान

की भाषा न होने पावेगी; राष्ट्रीयता के पुजारी अन्त तक हिन्दुस्तानी को ही महत्त्व देते रहेंगे। हिन्दीवालों को अभी से सावधान हो जाना चाहिए। अभी तक हिन्दुस्तान-पाकिस्तान की भाषा का प्रश्न नहीं उठा है सही, पर उसके उठते कुछ देर न लगेगी। हिन्दी को अभी संघर्ष ही संघर्ष तो करना है। उसको तो तब तक दम नहीं लेना है, जब तक उसका राष्ट्रभाषा कहलाने का अधिकार मान नहीं लिया जाता। हिन्दुस्तानी तो उसकी एक शैलीमात्र है और हिन्दीवाले उसे शैली के रूप में ही स्वीकृत कर सकते हैं, क्योंकि वे तो उर्दू तक को हिन्दी की एक शैली ही मानते हैं। राष्ट्रभाषा का नाम तो हिन्दी ही रहेगा, चाहे जब हो, जैसे हो।

–मा. 'हिमालय', पटना, नवम्बर, 1946*

•

*नवम्बर, 1946 का यह अंक विलम्ब से जुलाई, 1947 में प्रकाशित हुआ था।–सं.

सम्पादक के अधिकार

हिन्दी-संसार में अखिल भारतीय 'सम्पादक-सम्मेलन' और 'पत्रकार-संघ' नाम की संस्थाएँ बहुत दिनों से हैं; पर आज तक उनके द्वारा इस बात का स्पष्ट निर्णय अथवा घोषणा नहीं हुई है कि सम्पादकों के अधिकार क्या हैं। जब अधिकारों की घोषणा ही न हुई तब उनकी रक्षा के उपाय कैसे हो सकते हैं!

हिन्दी-संसार में अधिकांश सम्पादक वेतनभोगी कार्यकर्ता हैं। पत्र-प्रकाशक प्रायः वैतनिक कर्मचारी के समान उनके साथ व्यवहार करते हैं। कुछ ही सम्पादक ऐसे हैं जो अपने पत्र के स्वामी या संचालक या सर्वेसर्वा हैं। ऐसे स्वतन्त्र सम्पादक बहुत ही कम हैं। उनके अधिकारों का सवाल ही नहीं उठता। किन्तु, जो पत्र-संचालक द्वारा नियुक्त किये जाते हैं अथवा स्वयं प्रार्थना-पत्र देकर नियुक्त होते हैं, उनके अधिकारों की रक्षा कहाँ तक होती है, उनकी और कठिनाइयों का ध्यान कहाँ तक पत्र-संचालक रखते हैं, यह विचारणीय प्रश्न है।

मैं पिछले तीस वर्षों से देखता आ रहा हूँ कि हिन्दी के पत्र-संचालक, जिनमें अधिकतर पूँजीपति हैं और जो पूँजीपति नहीं हैं, वे भी पूँजीपति की मनोवृत्ति एवं प्रवृत्ति के शिकार हो ही जाते हैं, सम्पादकों का वास्तविक महत्त्व नहीं समझते—उनका यथोचित सम्मान नहीं करते—उनके अधिकारों की रक्षा पर ध्यान नहीं देते—उनकी कठिनाइयों को दूर करने का सपना भी नहीं देखते।

जहाँ तक मेरी जानकारी है, हिन्दी में तीन ही आदर्श पत्र-संचालक हुए हैं—बाबू चिन्तामणि घोष (इंडियन प्रेस), बाबू रामानन्द चटर्जी (विशाल भारत) और बाबू शिवप्रसाद गुप्त (ज्ञानमण्डल)। तीनों ही अब इस संसार में नहीं हैं; किन्तु उनका आदर्श चिरस्मणीय है। वे अपने पत्र के सम्पादक का जैसा और जितना आदर करते थे, वैसा और उतना आदर करने वाला आज तक कोई पत्र-संचालक नहीं पैदा हुआ। हुआ होगा, मैंने नहीं देखा-सुना।

पूज्य आचार्य द्विवेदीजी को चिन्तामणि बाबू ने 'सरस्वती' के सम्पादन में कितनी सुविधा और स्वतन्त्रता दे रखी थी, यह हिन्दी पत्र-सम्पादकों को अच्छी तरह मालूम है; पर शायद हिन्दी-पत्र-संचालकों को मालूम भी है तो वह नहीं मालूम होने

के बराबर है। रामानन्द बाबू ने पंडित बनारसीदासजी चतुर्वेदी और पं. श्रीराम शर्माजी को 'विशाल-भारत' के सम्पादन में जो सुविधाएँ दी थीं और उन्हें अपने अधिकारों के उपयोग करने में जो छूट दी थी, वह भी हिन्दी-पत्र-सम्पादक ही जानते हैं, हिन्दी-पत्र-संचालक तो जानते हुए भी नहीं जानते! बाबू शिवप्रसाद गुप्त ने भी पूज्य पराड़करजी को 'आज' के सम्पादन में और सम्पादकीय अधिकारों के भोगने में जो स्वाधीनता दी थी, उसके विषय में भी वही उपर्युक्त बात कही जायगी। इन तीनों महापुरुषों ने पत्र-संचालक की सहृदयता का जो अत्युच्च आदर्श उपस्थित किया, वह अब कहीं दीख नहीं पड़ता! आज हिन्दी-पत्रकार-कला दिन-दिन उन्नत होती जा रही है; पर वैतनिक सम्पादकों के अधिकार में कोई वृद्धि नहीं देखने में आती!

कुछ लोग यह भी कहते सुने जाते हैं कि आजकल के अधिकांश सम्पादकों में अपने अधिकारों के उपयोग करने की योग्यता ही नहीं है; पर उन्हें यह भी जानना चाहिए कि अधिकारों के उपयोग करने का सुअवसर मिलने पर ही सम्पादकों की योग्यता परखी जा सकती है। कहा जाता है कि आचार्य द्विवेदीजी को आदर्श सम्पादक बनाने का बहुत-कुछ श्रेय चिन्तामणि बाबू को प्राप्त है। यदि वे द्विवेदीजी को सर्वतन्त्र स्वतन्त्र सम्पादक न रहने देते तो द्विवेदीजी शायद सम्पादकाचार्य नहीं हो पाते। रामानन्द बाबू तो स्वयं ही सम्पादकाचार्य और विश्वविख्यात पत्रकार थे, इसलिए सम्पादक की महत्ता और मर्यादा भली-भाँति समझते थे। बाबू शिवप्रसाद गुप्त भी स्वतन्त्रता के अद्वितीय उपासक थे। उनके समान स्वाधीनचेता पुरुष काँगरेस-मंडल में भी बहुत ही कम थे। सम्पादक की प्रतिष्ठा का मूल्य आँकने में वे किसी से पीछे न थे।

सारा हिन्दी-संसार जानता है कि आचार्य द्विवेदीजी घर बैठे 'सरस्वती'-सम्पादन करते थे। उनकी सुविधा के लिए उनके घर (दौलतपुर में) डाकखाना खुलवाने में चिन्तामणि बाबू ने पूरी सहायता दी थी। द्विवेदीजी को जब कभी जिस-किसी पुस्तक या पत्र-पत्रिका की आवश्यकता अनुभूत होती थी, स्वेच्छापूर्वक तुरत मँगा लेते थे और 'सरस्वती'-संचालक को उसका कुल खर्च देना पड़ता था। समालोचनार्थ और परिवर्त्तनार्थ आयी हुई सारी पुस्तक और पत्र-पत्रिकाएँ द्विवेदीजी की ही सम्पत्ति होती थीं, जिन्हें संगृहीत और सुरक्षित रखकर उन्होंने अन्त में वह सारी संचित सम्पत्ति 'काशी-नागरी-प्रचारिणी सभा' को अर्पित कर दी थी। इंडियन प्रेस उनके प्रत्येक छोटे-मोटे आदेश का पालन बड़ी श्रद्धा और तत्परता से करता था। उनकी आज्ञाएँ शाही फरमान समझी जाती थीं। वे चाहते थे तो समालोचना के लिए पुस्तकें खरीद भी लेते थे। 'सरस्वती' को सर्वांगसुन्दर बनाने के लिए वे सब कुछ करने को परम स्वतंत्र थे। तभी वे हिन्दी के निर्माता और साहित्य-विधाता हो सके।

'विशाल-भारत' के सम्बन्ध में कई बार सुनने में आया कि उसमें बहुत घाटा हुआ है; मगर घाटा सहकर भी रामानन्द बाबू ने सम्पादक के कामों में कभी दखल न दिया—न पुरस्कार-वितरण-सम्बन्धी नीति में हस्तक्षेप किया और न पदोन्नति-योजना में किसी प्रकार की बाधा दी। ज्ञानमंडल के 'आज' में भी पराड़करजी की इच्छा ही प्रधान थी। गुप्तजी तो उनकी स्वास्थ्य-रक्षा की भी चिन्ता किया करते थे।

हिन्दी-संसार में आजकल कौन ऐसा वेतनभोगी सम्पादक है जिसको पत्र-संचालक ने स्याह-सफेद करने का मुख्तारनामा लिख दिया है, मैं नहीं जानता। अगर ऐसा सौभाग्यशाली कोई हो तो उसका और उस पत्र-संचालक का सचित्र-परिचय हिन्दी-संसार को प्राप्त होना चाहिए! मरुस्थल में कहीं कम-से-कम एक भी शाद्वल-भूमि—हरियाली से लहलहाती हुई जगह—नसीब तो हो! कोई तो मेरी भ्रान्त धारणा को खंडित करने वाला निकल आये!

अभी तक सम्पादकों के अधिकारों की कोई परिभाषा नहीं तैयार हुई है और न कोई सीमा ही निर्धारित की गयी है। किन्तु, साधारण रीति से यह स्वभावतः समझा जा सकता है कि सम्पादक अपने स्वास्थ्य और गौरव की रक्षा करते हुए पत्र को सुन्दर, आकर्षक, उन्नत एवं लोकप्रिय बनाने के लिए जितने प्रकार के काम कर सकता है, सब उसके अधिकार के अन्तर्गत हैं। जिसमें अनाड़ीपन और निरंकुशता है, उसके अधिकार की चर्चा ही व्यर्थ है। परन्तु, जो अपने उत्तरदायित्व और पद-मर्यादा का पूरा-पूरा ध्यान रखता है, उसको तो अवश्य ही यथोचित अधिकार मिलना चाहिए। उसे पढ़ने के लिए पर्याप्त अवकाश, और साथ ही सुबीता भी, दिया जाय। लेखकों, कवियों और चित्रकारों को यथेच्छ पुरस्कार देने में वह सर्वथा स्वतन्त्र हो—निश्चय ही वह अपने पत्र की आर्थिक स्थिति से असावधान न होगा। सम्पादकीय विभाग के सभी कार्यकर्ताओं पर एकमात्र उसी का नियन्त्रण हो तथा समागत पत्रों और पुस्तकों का स्वत्वाधिकारी भी वही हो। सहकारियों का चुनाव और उनकी पदोन्नति वही करे। पत्र की आर्थिक दशा के अनुसार पत्रोन्नति-योजना के कार्यान्वित करने में उसे पत्र-संचालक का मुँह न जोहना पड़े—आर्थिक व्यवस्था के लिए संचालक से परामर्श कर लेना दूसरी बात है। अपनी या अपने अधीनस्थ कर्मचारियों की छुट्टी के लिए वह खुद ही जिम्मेदार रहे—पत्र के सम्पादन और नियमित प्रकाशन की जिम्मेदारी रखते हुए। उसकी और उसके सहकर्मियों की वेतन-वृद्धि का विचार उसके सहयोग और सद्भाव के सहारे से ही किया जाय। इसी तरह के और भी साधारण-असाधारण अधिकार हैं, पर मुख्यतः इतने ही यथेष्ट हैं—यदि इतने भी कहीं हिन्दी-जगत की धरती पर सुलभ हों।

हिन्दी-पत्र सम्पादकों का संगठन असम्भव जान पड़ता है, इसलिए ऊपरिलिखित अधिकारों को चाहे खयाली पुलाव कहिए, चाहे हवाई महल; मगर जब तक सम्पादकों के अधिकारों और मान की रक्षा न होगी तब तक हिन्दी-पत्रों की उन्नति भी न होगी। मुझे आशा नहीं है कि अब इस पीढ़ी के पत्र-संचालक इतने उदार और सहृदय होंगे। पहले के सम्पादकों की तरह आज के सम्पादकों में स्वाभिमान भी नहीं है; क्योंकि देश की वर्तमान परिस्थितियों ने प्रत्येक व्यक्ति के आत्माभिमान को मुट्ठी में कर लिया है। इसलिए पत्र-संचालकों की मनमानी तब तक चलती ही रहेगी, जबतक वेतनभोगी सम्पादकों में अपने अधिकारों के लिए लड़ने का साहस न होगा। इस साहस के लिए सामूहिक संगठन अपेक्षित है। किन्तु, सम्पादकों का संगठन और मेढ़कों को तौलना एक-सा है।

–साप्ताहिक 'स्वदेश' (पटना); 19 नवम्बर, 1947 ई.

लेखक-प्रकाशक सम्बन्ध

हिन्दी-संसार में इस बात की आम शिकायत है कि लेखकों और प्रकाशकों का पारस्परिक सम्बन्ध अच्छा न रहने से हिन्दी-साहित्य की यथेष्ट प्रगति नहीं हो पाती। इस शिकायत में सच्चाई-झुठाई का अंश कितना-कितना है, इसका पता तो ठीक-ठीक तभी लग सकता है, जब मुख्य-मुख्य लेखक और प्रकाशक अपने साहित्यिक संस्मरण लिख डालें। प्रकाशक तो शायद कोई लिखने पर राजी होगा ही नहीं; लेखक को भी हिचक और शंका होगी। कारण, इस युग में सत्य का मुँह सोने से बन्द कर दिया जाता है। लेखक अपनी बिपता लिखेगा, प्रकाशक झट मानहानि का लक्ष्यवेधी बाण सन्धानेगा। हाँ, कवि और कथाकार चाहें तो इस विषय पर स्वाभाविक कविताएँ और कहानियाँ लिख सकते हैं। इस विषय के उपन्यास भी बड़े रोचक होंगे। ऐसी रचनाओं को प्रकाशित करने वाले कुछ उदार प्रकाशक हिन्दी जगत् में हैं भी।

हिन्दी-जगत् अथवा जगतीतल में भले-बुरे सर्वत्र ही हैं। लेखकों और प्रकाशकों में न सभी बुरे हैं, न सभी अच्छे। बहुत-से लेखक महानुभाव भी ऐसे हैं, जो प्रकाशकों को मट्ठा फूँककर पीने के लिए बाध्य कर चुके हैं। अगर प्रकाशकों से लेखक चूसे और ठगे गये हैं, तो कितने ही लेखकों ने भी प्रकाशकों को चूना लगाया है और उलटे छुरे से मूँड़ा है। कहीं-कहीं जैसे को तैसा मिला है, कहीं जौ के साथ घुन पिस गया है, कहीं बुरे ने भले की राह बिगाड़ी है, कहीं दोनों ने लुटिया डुबोई है। किन्तु प्रकाशकों की तुलना में तो लेखकों की कोई हस्ती ही नहीं है। अधिकांश लेखक साधनहीन, अभावग्रस्त और निर्धन हैं, पर प्रकाशकों में टुटपुँजिया बहुत कम हैं। यदि आज लेखकों और प्रकाशकों में परस्पर सहयोग एवं सद्भाव होता, तो साहित्य की प्रगति कुछ और ही होती। किन्तु लेखक यदि प्रकाशकों की सहानुभूति एवं सहायता के लिए उत्सुक भी हैं, तो अधिकांश प्रकाशकों के व्यवहार-बर्ताव में कोई आकर्षण नहीं दीख पड़ता। इससे साहित्य के विकासक्रम में बहुत बाधा पड़ रही है। साथ ही, लेखकों के असन्तोष से प्रकाशकों की भी यथेष्ट उन्नति नहीं हो पाती।

रॉयल्टी की प्रथा को सुव्यवस्थित एवं विश्वसनीय ढंग से चलाने का श्रेय इने-गिने प्रकाशकों ने ही प्राप्त किया है। अधिकांश प्रकाशक इस प्रथा का पालन

अथवा निर्वाह समुचित रीति से नहीं कर पाते। वे स्वेच्छानुसार एकमुश्त रकम चुकाकर कॉपीराइट ही खरीद लेते हैं। इससे लेखकों को किसी प्रकार का स्थायी लाभ नहीं होता। कितने ही लेखकों की रचनाएँ सस्ते दाम में खरीदकर प्रकाशक काफी पैसा बना लेते हैं; पर वे फिर कभी लेखक की ओर फूटी निगाह से भी नहीं देखते। इस तरह न साहित्य पनप सकता है और न प्रकाशकों की बरकत हो सकती है। लेखक और प्रकाशक आपस की ईमानदारी से ही साहित्य को समृद्ध कर सकते हैं। लेखक यदि प्रकाशक को धोखा देंगे तो साहित्य से कमाया हुआ पैसा कभी न रसेगा। यही हाल धोखेबाज प्रकाशक का भी होगा। लेकिन दोनों की दयानतदारी कुछ ही दिनों में रंग लाएँगी। सवाल सिर्फ अभ्यास का है। सचाई के व्यवहार का अभ्यास शुरू में कष्टकर भले ही प्रतीत हो, पर अन्त में वह जौहर दिखाती ही है। हमारे लेखक और प्रकाशक यदि अब भी चेतते और हार्दिक सहयोग के भाव से साहित्य के नवनिर्माण में जुट जाते, तो इस समय हिन्दी के बहुत-से अभाव दूर हो जाते। जब तक दोनों परस्पर शंकित और सन्दिग्धचित्त रहेंगे, तब तक अभीष्ट-सिद्धि की कोई आशा नहीं।

हमारे जो प्रतिनिधि कौंसिलों में हैं, वे कभी कॉपीराइट के कानून में कोई सुधार करना-कराना नहीं चाहते। उन्हें दुनिया-भर की समस्याएँ सूझती हैं, पर साहित्यकारों की समस्याओं के लिए उनके हृदय में किसी तरह की सहानुभूति नहीं। ऐसी शोचनीय स्थिति में राष्ट्रभाषा हिन्दी के साहित्य का नवनिर्माण जैसा चाहिए, वैसा नहीं हो सकता। आज हिन्दी के राजभाषा हो जाने पर भी लेखकों की ऐसी दशा नहीं है कि वे स्वतन्त्र या स्वावलम्बी जीवन बिता सकें। पत्र-सम्पादकों के हाथ में कोई आर्थिक अधिकार नहीं और पत्र-संचालकों के मन में लेखकों की वास्तविक दशा की अनुभूति नहीं। कुछ गिने-चुने लब्धप्रतिष्ठ लेखक आर्थिक पुरस्कार पा जाते हैं, पर बहुतेरे उदीयमान लेखकों को यथोचित प्रोत्साहन नहीं मिलता। इससे उगती हुई पीढ़ी उत्साह के साथ आगे नहीं बढ़ रही है। कई प्रतिभाशाली होनहारों को निराश एवं हतोत्साह होकर साहित्य-सृष्टि से विरक्त हो जाना पड़ता है।

यद्यपि प्रकाशकों के द्वारा लेखकों के शोषण की और लेखकों से प्रकाशकों के धोखा खाने की कहानियाँ जग-जाहिर हैं, तथापि लेखक-प्रकाशक के परस्पर असहयोग से कभी साहित्य का कल्याण नहीं हो सकता। दोनों में परस्पर सहयोग की भावना का उदय होना अत्यावश्यक है। किन्तु पहले प्रकाशकों को ही आगे बढ़ना है, लेखकों का सहयोग उनकी सहृदयता पर ही निर्भर है। यदि प्रकाशक यह समझने लग जायँ कि लेखकों को सद्व्यवहार से अपनाये बिना अथवा उन्हें सन्तुष्ट रखे बिना हम सदा समृद्ध नहीं रह सकते, तो निश्चय ही लेखक निर्विकार चित्त से उनका साथ देंगे, और तब दोनों की सदाशयता से साहित्य का उत्तरोत्तर अभ्युदय होने लग जायगा। अब वह समय आ गया है कि ये दोनों ही मिल-जुलकर हमारे साहित्य के अभावों की पूर्ति में सम्मिलित शक्ति से दत्तचित्त हों। तथास्तु!

–त्रैमासिक 'साहित्य'; वर्ष 2, अंक 4; पौष, 2008 वि; जनवरी, 1952

नाटक

प्रत्यंकमंकुरितसर्वरसावतारनव्योल्लसत्कुसुमराजिविराजिबन्धम्।
घर्मेतरांशुरिव वक्रतयातिरम्यं नाट्यप्रबन्धमतिमंजुलसंविधानम्।।[1]

देवानामिदमामनन्ति मुनयः कान्तं क्रतुं चाक्षुषं
रुद्रेणेदमुमाकृतव्यतिकरे स्वांगे विभक्तं द्विधा।।
त्रैगुणयोद्भवमत्रलोकचरितं नानारसं दृश्यते।
नाट्यं भिन्नरुचेर्जनस्य बहुधप्येकं समाराधनम्।।[2]

साहित्य—राष्ट्र की सुपुष्ट भित्ति है। साहित्य-सरोवर काव्य-कोकनद की लालिमा से रंजित है। सुकाव्य की स्तुति सुनिए—

सा कविता सा वनिता, यस्याः श्रवणेन दर्शनेनापि।
कविहृदयं विदृहयं सरलं तरलं च सत्वरं भवति।।[3]

दृश्यकाव्य—नाटक—काव्यकमल की श्री तथा सुगन्धि है। साहित्य का सर्वप्रधान—उत्तमोत्तम-अंग है 'नाटक'। नाटक का गुण क्या है, असल रूप कैसा हो, सो नीचे लिखे हुए श्लोक से पूछिये—

मृदु-ललित-पदाढ्यं गूढशब्दार्थहीनम्
जनपदसुखबोध्यं युक्तिमन्नृत्ययोज्यम्।

---

1. (नाटक के) प्रत्येक अंक में उत्पन्न होने वाले नव रसों से युक्त, (कल्पना)—कुसुमों की माला से सुन्दरतापूर्वक बँधा (सजा) हुआ और चन्द्रमा के समान वक्रता वक्रोक्तियों से अत्यन्त रमणीय (प्रतीत होने वाला) नाट्य-प्रबन्ध ही वस्तुतः मनोरंजन का साधन है।
2. मुनि लोग नाटक को देवताओं का नेत्र-महोत्सव (चाक्षुष यज्ञ) मानते हैं। शिवजी ने इसको दो प्रकार से अपने शरीर (अर्द्धनारीश्वर-रूप) में विभक्त किया है। नाटक में नाना प्रकार के रसों से युक्त, सत-रज-तम्—तीनों गुणों के, लोकचरित देखे जाते हैं। इस प्रकार, नाटक विभिन्न रुचि के मनुष्यों के मनोविनोद का एकमात्र आकर्षक साधन है।
3. (वास्तव में) कविता वही है और ललना वही है, जिसके (क्रमशः) सुनने और देखने से ही कवि और कामी का हृदय तुरन्त ही द्रवीभूत और चंचल हो उठता है।—ले.

बहुकृतरसमार्गं सन्धिसन्धानयुक्तं
स भवति शुभकाव्यं नाटकप्रेक्षकाणाम् ॥[1]

दृश्यकाव्य में जो सजीवता, ओजस्विता और मनोहारिता है, वह सम्भवतः साहित्य के किसी अंग में यथेष्ट रीति से नहीं पायी जाती। इसका प्रभाव बड़ा हृदयग्राही है। जो महत् कार्य शत-शत लेखकों की लेखनी से, सहस्र-सहस्र व्याख्याताओं की गवेषणापूर्ण वक्तृताओं से, सिद्ध नहीं हो सकता, अनेकानेक सम्भावना है कि वही कार्य्य केवल एक उच्चादर्शपूर्ण शुद्ध नाटक द्वारा अल्पकाल में सहज ही सफल हो जा सकता है।

नाटक की ओर आजकल सर्वसाधारण शिक्षित समुदाय की यथोचित अभिरुचि नहीं पायी जाती। यह कार्य्य अब केवल पेशेवाले, दुर्व्यसनी और लम्पट मनुष्यों के ही हवाले सब तरह से सौंप दिया गया है।

विशालाशय-संयुक्त नाटक का प्रभाव वर्णनातीत है। मरुस्थल में मन्दाकिनी बहानेवाला यही है। सूखी लकड़ी में भी पल्लव-पुष्प पनपाने वाला यही है। ऊसर भूमि पर भी शस्यमंजरी उगाने वाला यही है। विश्व-चित्रकार के चारु चित्रों का वस्तुतः प्रतिबिम्ब उतारनेवाला यही है। सच्चरित्र-चित्र-चित्रण में विचित्र नैपुण्य दिखलाने वाला यही है।

यदि कोई जागृति का सम्यक् रूप से संचार करनेवाला सर्वोत्तम साधन और अव्यर्थ प्रयत्न है, तो यही है। अलौकिक जोरदार शक्ति और विलक्षण क्षमता केवल नाटक में ही इसलिए मानी जाती है कि जो कार्य राजाज्ञा द्वारा भी सिद्ध होता नहीं पाया जाता है; वही कार्य, बात की बात में, नाटक द्वारा सफल होता देखा गया है।

नाटक की अपार शक्ति का पूर्ण परिचय और इसका यथोचित आदर करने की बुद्धि उसी जाति को प्राप्त है, जिसकी सत्ता अभी ज्वलन्तरूपेण जीती-जागती है—जो जातीय घुड़दौड़ में लम्बी-लम्बी सरपटें भर रही है—जो ऐतिहासिकों की कनिष्ठा अँगुली पर सबसे पहले बैठने की योग्यता रखती है और जो अपनी जगज्जयिनी तलवार केवल न्याय की रक्षा के लिए ही म्यान से खींचती है। सच पूछिये, तो नाटक में संजीवनी शक्ति है।

कायर को शूरवीर बनानेवाला यही है। नारकी को तपस्वी बना देनेवाला यही है। असज्जन को सज्जन, विलासी को संन्यासी, पाषाण को पुष्प, नीरस को सरस, शुष्क को आर्द्र, निष्ठुर को करुण-कातर, विरक्त को अनुरक्त, विचलित को दृढ़,

---

1. कोमल और ललित पदों से युक्त, गूढ़ या कठिन शब्दों और अर्थों से रहित, साधारण जनों के लिए सुगम, भावपूर्ण नृत्यों से शोभित, विविध प्रकार से रसों की पुष्टि करनेवाले और (दृश्यों की) सन्धि नामक बन्धों से सम्बद्ध जो नाटक है, वही दर्शकों के लिए आकर्षक और सुखवर्द्धक होता है।—ले.

चपल को सुस्थिर, अधःपतित को समुन्नत, निर्वीर्य्य को पुरुषार्थी और निद्रालु को सचेत एवं सशक्त बना देनेवाला यही है। महामहोपदेशकों की वाणी में कदापि वह विद्युन्निभ शक्ति नहीं है, जो सुसभ्य विद्वन्मंडली द्वारा अभिनीत उदाराशय नाटक में है।

यदि देशवासियों में बिजली-सी अपूर्व जागृति दौड़ाने की आवश्यकता है—यदि मोह-निद्रा में सोते हुए लोगों को कान पकड़कर उठाना है—यदि भूले-भटके भाइयों को बहकने न देकर सच्ची राह पर लाना है—समाज की नस-नस की रक्त-संचालन-क्रिया बन्द कर देनेवाली घिनौनी कुरीतियों का सम्मार्जन वा परिमार्जन करना है—अखिल जनता के चित्त-पट पर धर्म, कर्तव्य और नीति-समुच्चय के गूढ़ सिद्धान्तों का चित्र खींचना है—अपरंच, यदि असम्भव बात को भी सम्भव कर दिखलाने की शक्ति अर्जन करना है, तो सत्पात्रों द्वारा सद्विचारपूर्ण नाटकों के निष्कलंक अभिनय के प्रचार करने की आवश्यकता है।

जिस देश में नाटक का प्रचार नहीं है, जिस जाति में नाटक का समुचित समादर नहीं है, जिस जाति के साहित्याकाश में नाटक-नवेन्दु की सुधा-मधुर मरीचियों का विकास-प्रकाश नहीं है, जिस देश के साहित्य में उच्चतम आदर्श का समावेश नहीं है, और जो जाति नाटक— जैसे साहित्यकार-सागर-रत्नोपम विषय की विशद उपयोगिता समझने की बुद्धि नहीं रखती, उस देश तथा उस जाति में भला सहृदयता, सजीवता, समप्राणता, एकैकता, सभ्यता, साहित्यानुरागिता, विद्यारसिकता इत्यादि प्रधान और श्लाघ्य गुण कहाँ हैं?

ऐसी स्थिति में, अब भला वह जाति, जिसमें अच्छे-अच्छे नाटकों का प्रचार नहीं है, सभ्य क्योंकर कहलाएगी? सचमुच वह देश शून्यारण्य किंवा श्मशान से भी बढ़ा-चढ़ा है, जहाँ शुद्ध परमोत्कृष्ट एवं चित्तप्रसादक नाटकों का अभिनव अभिनय नहीं होता। जिस देश के विद्वानों में, साहित्यप्रेमियों में, नाटक की चर्चा-अर्चा नहीं होती, वह देश निःसन्देह पुच्छ विषाण-विगत पशुओं का है, न कि सभ्य मनुष्यों का।

जिन महात्माओं ने देश, जाति, समाज एवं साहित्य के उद्धार तथा संवर्द्धन के लिए चेष्टा की है, उनकी सम्मति में तो नाटक को, साहित्य-संसार के अन्दर वही दिव्य उच्चासन—वही मान्यास्पद सिंहासन—मिलना चाहिए, जो दैत्यों में प्रह्लाद, रामाश्रितों में हनुमान, ज्ञानियों में भगवान शुकाचार्य, प्रताप-वलितों में रावण, सती देवियों में साध्वी सीता, सुन्दरी प्रेमिकाओं में राधिका, पर्वतों में नगराज हिमाचल और नदियों में पुण्यतोया भागीरथी को प्राप्त है।

हमारे देशवासी चाहें लाखों बार श्रीमद्‌भागवत, श्रीमद्‌रामायण और महाभारत के पन्ने पलट जायँ, किन्तु उतने लाघव से उनके चित्तपट पर तत्रोल्लिखित चित्र अंकित नहीं हो सकते, जितनी शीघ्रता से नाटक के अभिनय द्वारा चित्रित किये जा सकते

हैं। किम्बहुना, नाटक का असर बड़ा ही चुटीला होता है। प्रेमी दर्शकों के हृदय-क्षेत्र में भावुकता, एकाग्रता, तल्लीनता एवं अनुभवगम्यता का बीजारोपण-सा हो जाता है। चित्त-भित्ति पर जो भाव खचित हो जाते हैं—मानस-पत्र पर जो चित्र उरेहे जाते हैं, वे सदा के लिए अमर हो जाते हैं।

इन्हीं सब प्रबल कारणों के वशीभूत होकर अनर्गल रूप से यह कहना पड़ता है—कदाचित् यह कहना भी कदापि असंगत और अतिशयोक्ति नहीं समझा जायगा—कि जिस देश व जाति के साहित्य में वीर, शान्त, करुण एवं प्रेम-रस-पागे फड़कते हुए नाटकों का खासा अभाव है, वह साहित्य मानो 'निर्गन्धा इव किंशुकाः', राकेश-रहित रजनी, विद्युल्लता-हीन मेघमंडल, मंदाकिनी-हीन मेदिनी, वाणशून्य तूणीर, खड्गशून्य रणधीर वीर, केसरी-किशोर-शून्य, गिरिगह्वर और मधुरिमाशून्य वाणी के तुल्य है।

देखिए तो सही, मनीषि-मंडली-मंडल श्रीमान् काव्य-मंजरी-मिलिन्द श्रीधर पाठक जी, इस विषय में, ब-हैसियत सभापति गत पंचम साहित्य-सम्मेलन, कैसी अच्छी सम्मति प्रकट करने की उदारता दर्शाते हैं—

"हिन्दी में गिनती के कै नाटक हैं, जिन पर वह अपने स्वत्व का अभिमान कर सकती है? ऐसा बोध होता है कि साहित्य के इस अंग की उपयोगिता को हिन्दी-भाषी समझते ही नहीं। आप बंगाल, महाराष्ट्र, मदरास, गुजरात जाकर देखिए, तो नित नये नाटक, नाटिका, प्रहसन जन्म पाते और रंगशाला में रंग जमाते नजर आते हैं। विशेषकर बंगाल में तो नवीन नाटक का निर्माण और अभिनय एक सामान्य बात है। ये अभिनय मानव-आचरणों से संजनित श्रद्धेय सिद्धान्तों के स्थिरीकरण द्वारा जगत् का जो हित-साधन कर सकते हैं, वह अननुमेय है। कितनी जल्दी इनसे चरित्र-संगठन और समाज-निर्माण और कुत्सित प्रथाओं का समार्जन हो सकता है, सहृदय जन बिना कठिनता के समझ सकते हैं। जो काम धर्म-सूत्रों से शताब्दियों में नहीं होते दीखते, वे उत्तम नाटक के एक अभिनय से सम्भव हैं। सार्वजनिक उन्नति के ऐसे अमोघ साधन पर इतनी उपेक्षा हमारी बड़ी निर्बलता का साक्ष्य दे रही है। यह उपांग हमारे साहित्य का शीघ्र ही परिपूर्ण होना चाहिए।

"कोई तेरह-चौदह वर्ष हुए मुझे सरकारी सम्बन्ध से दक्षिण के दूरवर्ती कई एक सभ्य नगरों में जाने का अवसर प्राप्त हुआ था। इन नगरों में कोई तो हमारे प्रयाग, कानपुर, आगरा से जनसंख्या में कहीं छोटे थे। तथापि, प्रत्येक नगर में एक से अधिक नाट्यशाला देखने में आयी, जिनमें बारहों महीने अभिनय होते रहते हैं।

"भारत की राष्ट्रभाषा होने का गर्व और गौरव रखने वाली हिन्दी के आदिम स्थान संयुक्त-प्रान्त में बताइए कितने नाट्यगृह हैं कि जहाँ उस भाषा के उत्तमोत्तम नाटक अभिनीत होते हों। क्या इस प्रान्त के मुख्य-मुख्य नगरों में नाट्यशालाओं का

न होना हमारी हीनता का पूरा प्रमाण नहीं है और खेलने लायक उत्तम नाटकों का अभाव उस हीनता को स्थिर रखने का हेतु नहीं है? इस प्रसंग में प्रत्येक देशहितैषी हिन्दी-भाषी की सचेष्टता अपेक्षित है। उत्तम अभिनयों द्वारा धनिकों की साहित्य-रुचि परिवर्तित कर इस महान् लोकोपकारी कार्य्य के लिए हमें शीघ्र ही प्रवृत्त होना उचित है। इसकी सिद्धि के लिए हमें प्रण कर लेना चाहिए कि कम-से-कम एक नवीन उत्तम नाटक और एक उत्तम प्रहसन प्रतिवर्ष प्रकाशित और अभिनीत किया जाय; और नये नाटकों की रचना में इस बात पर सदा दृष्टि रहनी चाहिए कि वे इस क्रम से बनाये जायँ कि उनसे हिन्दू, मुसलमान, क्रिस्तान सभी में परस्पर प्रीति का संचार हो, (करतलध्वनि) जिससे कि देश के प्रत्येक व्यक्ति में भारतीयता उत्पन्न होकर नित्य-नित्य प्रबल पुष्टि पाती जाय।''

वाचकवृन्द! आशा है कि ऊपर लिखी हुई पंक्तियों को पढ़कर मेरे लेख का सारांश आप अवश्यमेव ग्रहण लेंगे। अक्तूबर सन् 1915 ई. की 'सरस्वती' तथा 'काशी-नागरी-प्रचारिणी-पत्रिका' की मार्च-अप्रैल सन् 1914 ई. वाली संख्या में नाटक-विषयक अच्छे लेख निकले थे। गत सितम्बर की 'लक्ष्मी' में साहित्य की चर्चा करते हुए मेरे मित्रवर बाबू शुकदेव सिंह ने भी अपने लेख के अन्त होते-होते तक नाटक पर एक प्रकाशपूर्ण दृष्टि डाली है। उसमें नाटक की उपादेयता का यथा-तथ्य वर्णन किया गया है। समय-समय पर सामयिक मासिक पुस्तकों में नाटक-सम्बन्धी कुछ-न-कुछ चर्चा हुआ ही करती है—चाहे वह विस्तृत या संकुचित ही क्यों न हो। सब कुछ होने पर भी, उत्तेजना के साथ, जाग्रत उत्साह के साथ, उत्तम-उत्तम नाटकों की रचना का श्रीगणेश नहीं होता, उपदेश-गर्भित हास्यरसाप्लुत प्रहसनों का प्रकाशन-कार्य कोई साहित्य-सेवी अपने हाथ में लेता नहीं नजर आता, वीर-रस से चुहचुहाते हुए नाटकों के लिए कोई कलम बोरते हुए भी नहीं देखा जाता, किसी हिन्दी के समाचार-पत्र में नयी-नयी नाट्य समितियों की स्थापना की सूचना देखने में नहीं आती, किसी ओर से हिन्दी-नाटकों के अभिनय का और उसकी किंचिदपि सफलता का समाचार नहीं आता। यह सब बातें हिन्दी प्रेमियों के लिए कैसी लज्जा-भरी हैं, सो हम बतलाने का साहस नहीं कर सकते। खाली विषय की उपयोगिता बतलाने वाले लेखों से ही काम नहीं चलने का। नाटक से यह होगा, वह होगा, धरती कँपेगी, आसमान फट पड़ेगा और युगान्तर उपस्थित हो जायगा इत्यादि लम्बी-चौड़ी डींग हाँकने और व्यर्थ की बकबक लगाये रहने से सपनों में भी कुछ कार्य नहीं सरेगा। एतद्विषयक समग्र विचार-सूत्रों को समष्टि रूप में एकत्र द्विगुणित प्रति-द्विगुणित करने से, सारांश यह कि विचारों को साक्षात् कार्य्य-रूप में परिणत करने से ही मन की मैल धुलेगी।

पाठक-प्रवर! विचारिए और हिन्दी-माता के इस प्रश्न का उत्तर दे डालिए; क्योंकि उसने बहुत दिनों से आशा लगा रक्खी थी; किन्तु आज समझने जा रही हैं कि 'नैराश्यं परमं सुखम्'। अगर आप लोगों में साहस जरा भी बच गया हो तो आगे बढ़िए, माता का अंचल धरकर रोकिये और उसे भरने का वचन दे आश्वासित कीजिए।

कीर्त्तिमती 'सरस्वती' के अलंकर्त्ता एक धुरन्धर लेखक की लेखनी से प्रसूत 'नाटय-शास्त्र' का, जो प्रयागस्थ इंडियन प्रेस से छपकर प्रकाशित हुआ है, अवलोकन करने के लिए हम अपने प्रिय पाठक महोदयों से सानुरोध निवेदन करते हैं। उसके अलावा, वह साफ-साफ शब्दों में कहने को तैयार है कि सभ्य देशवासी सज्जनों की सर्वतोभावेन विशुद्ध 'मनोरंजन-सामग्री' नाटक से बढ़ी-चढ़ी कोई दूसरी इस जगतीतल पर नहीं है।

नाट्यकला क्या चीज है—इसका अधिकारी कौन बन सकता है?—नाटक की सृष्टि क्यों अनिवार्य्य और सर्वापेक्षा परमावश्यक समझी गयी थी और अब तक भी समझी जा रही है—नाटक-साहित्य भगवान का कितना बड़ा अनन्योपासक तथा अविचल प्रेमी भक्त है—नाटक, भावसागर-मंथनकारी मन्दराचल क्यों कहा जाता है, इन प्रश्नों का यथेच्छ उत्तर नाट्यशास्त्रावलोकन-मनन, में सन्निविष्ट है।

जो लोग नहीं जानते कि साहित्य किस चिड़िया का नाम है, वे ही लोग अपने मन में समझे बैठे हैं कि नाटक खेलनेवाले और नाटक देखनेवाले, दोनों ही बदमाश, आवारे, लाखैरे, निकम्मे, लेंढ़ाबसन्त और विद्या-विमुख हुआ करते हैं अथवा हो जाते हैं। यद्यपि यह बात नितान्त निर्मूल और भ्रान्तिपूर्ण है; तो भी आजकल की मंडलियों को देखते हुए—थियेट्रिकल कम्पनियों और लीला-मंडलियों की समालोचना करते हुए—यह बात निर्विवाद सिद्ध समझी जा सकती है। जब तक कोई ज्वलन्त उदाहरण इस बात का सबके सामने उपस्थित नहीं किया जायगा कि नाटक में ऐसी शुद्धता, विमलता, रंजकता, स्निग्धता, सुष्ठुता, रसज्ञता, मनोज्ञता, सर्वप्रियता और अलौकिकता है, तब तक सम्भव नहीं है कि सब लोग इसकी ओर अपनी रुचि प्रेरित करेंगे।

समझने की बात है कि नाटक यदि कोई दूषित कार्य्य रहता तो प्रातःस्मरणीय भारतेन्दु, कवि-कान्त मिश्र प्रतापनारायण, काव्य-कुमुदेन्दु राजा लक्ष्मण सिंह और वैश्य-वंशावतंस लाला शालग्राम-जैसे विद्वच्चक्र-चूड़ामणि, पुरुष-शार्दूल क्यों इस वृक्ष को अपनी कीर्ति-वाटिका में आरोपित करने का श्रम उठाते? बात तो दरअसल यह है कि उपर्युक्त महानुभावों ने इस विचार से नाटक लिख छोड़ा था कि हमारी भावी सन्तान इसका सदुपयोग करेगी; किन्तु उलटे ही उसका फल ऐसा हुआ कि वैसे-वैसे रत्न पैदा करने की शक्ति यदि अपने में नहीं भी रही, तो हम पुराने ढकोसले की चपेट में पड़कर और निठल्लू बनकर अपनी बपौती सम्पत्ति का भी यत्किंचित् आदर करने से पंचित रहे।

दूर की बात जाने दीजिए, अभी-अभी जो 'हिन्दी-प्रदीप' का निर्वाण हो चुका है, उसके माननीय वयोवृद्ध सम्पादक श्रद्धेय श्रीमान पंडित बालकृष्ण भट्टजी वह नाटक देखने चले गये थे, जिसमें गन्धर्व-राज चित्ररथ-सा नायक और विश्व-विमोहिनी बाला उर्वशी-सी नायिका का स्वर्गीय अभिनय हुआ करता है। आपको हिन्दी-संसार के अन्दर जैसा नाटक का व्यसन था—नाटक में जैसी श्रद्धा, मनोनुकूलता और दर्शनोत्कंठा थी, वह एक मुख से कही नहीं जा सकती। जरा-जर्जर शरीर होने पर भी आप शुद्ध हिन्दी-नाटक के नवाभिनय को देखने के लिए रात-रात भर जागरण किया करते थे। आपका प्रहसन[1] हिन्दी-संसार में बेजोड़—लासानी—समझा जाता है। आप के ही अनवरत उद्योग से हिन्दी-केन्द्र-स्थल हिन्दी-साहित्य-दुर्ग प्रयाग में एक विश्व-विश्रुत नाट्य-संस्था खुली थी। उसमें आप भी अभिनय-कार्य-सम्पादन कर चुके हैं और भारत-जननी-दुलारे माननीय मालवीयजी को भी उक्त नाट्य-समिति के अभिनेतृ-मंडल में स्थानापन्न होने का सौभाग्य प्राप्त हो चुका है। आज भी वह हिन्दी-नाट्य-समिति आधुनिक हिन्दी-संसार के भीतर एक ही संस्था गिनी जाती है। बात भी ऐसी ही है। भारतवर्ष के अन्दर किसी दूसरी ऐसी नाट्य-समिति की स्थिति सर्वसाधारण की दृष्टि-तले नहीं पड़ती, जो उपर्युक्त नाट्य-समिति की भाँति केवल हिन्दी के ही शुद्ध और आदर्श-युक्त नाटकों का अभिनय करती हो। भट्टजी का नाम अजर-अमर रखने के लिए हिन्दी-संसार में जो अमूल्य सामग्रियाँ हैं, उनमें सबसे पहली नहीं, तो 'हिन्दी-प्रदीप' के उपरान्त यही नाट्य-समिति अवश्य गिनी जायगी।

अतः, हिन्दी के माथे जो यह कलंक की बिन्दी लगी हुई है कि हिन्दी में शुद्धादर्श, उच्चाशयपूर्ण नाटकों का अभिनय विद्वन्मंडली द्वारा अभिनीत नहीं होता, हिन्दी-साहित्य-प्रेमी उत्तम नाटकों का गुण नहीं जानते, हिन्दी-संसार में ऐसा कोई अभिनेतृ-समाज नहीं है, जिसमें अच्छे-अच्छे विद्वान् सम्मिलित हों, हिन्दी-नाटक खेलने के लिए कोई रंगशाला नहीं है—इत्यादि कलंक की छापों को धोनेवाले इस उपहासास्पद अपवाद के प्रबल प्रवाह को मोड़ने में समर्थ यदि कोई सद्‌गुणोपेत मंडली है तो वही उपर्युक्त, जिसके अभिनेतृ-नक्षत्र-मंडल के शोभन शशधर है—आशुकवि राष्ट्रीयता-रक्षक पं. माधव शुक्ल, पं. महादेव भट्ट, पं. जनार्दन भट्ट, एम. ए. और नाट्यकला-कुशल पं. रासविहारी शुक्ल।

स्व. श्री भट्टजी के उभय उत्साही सुपुत्र कैसे नाट्यविशारद हैं, यह बात हिन्दी साहित्य-सम्मेलन के प्रेमियों से छिपी नहीं है। शुक्लद्वय की निराली नाट्यकला बतलाती है कि भारत में भी हिन्दी की शान बचाने वाले अभी काफी तरह से मौजूद हैं। पुनरपि मालवीय-वंश-उजागर श्रीकृष्णकान्त मालवीय और श्री राधाकान्त मालवीय भी उक्त नाट्य-समिति के रंगमंच को सुशोभित कर चुके हैं और समयानुसार प्रस्तुत

1. 'सौ अजान और एक सुजान'

भी रहा करते हैं। यह हिन्दी का हितसाधन ही नहीं, बल्कि सौभाग्य भी है। यह सब बातें लखनऊ के सम्मेलनोत्सव[1] के सुअवसर पर हिन्दी-प्रेमियों के प्रति प्रकाशित की गयी थीं।

अब पाठक वृन्द! बतलाइए, नाटक कहाँ तक उपयोगी साबित हुआ? इसके किस गुण पर मुग्ध वा लुब्ध होकर ऐसे-ऐसे पुरुष पुंगव इसके साथ हार्दिक सहानुभूति रखते हैं और रखते आये हैं? इतने बड़े-बड़े दिमागदार क्या समझकर इसे सम्मान की दृष्टि से देखते और सप्रेम इसमें योग देते हैं।[2]

–मासिक 'लक्ष्मी' (गया); भाग 14, दर्शन 4, अक्टूबर 1916 ई., आश्विन 1973 वि.

1. अखिल भारतीय पंचम हिन्दी साहित्य-सम्मेलन (1914 ई.)
2. इस लेख का उत्तरार्द्ध नहीं मिला, जिसमें हिन्दी-संसार के अन्यान्य साहित्यिक अभिनेताओं और नाट्य संस्थाओं के साथ-साथ बिहार के अभिनेताओं का भी उल्लेख है। यदि वह मिल सका, तो परिशिष्ट में प्रकाशित होगा अथवा रचनावली के किसी अन्य खंड में। –लेखक

बंगीय रंगमंच

बंगाली लोग स्वभावतः बड़े साहित्यानुरागी और भावुक होते हैं। अपनी मातृभाषा पर उनकी बड़ी ममता है। उन्हें अपने साहित्य पर इतना अधिक गर्व है कि वह, एक प्रकार से, अवगुण बन गया है। उसके कारण उनमें संकीर्णता और प्रान्तीयता आ गयी है।

यहाँ तक कि बंगाली नेता भी इस दोष से खाली नहीं हैं। उनकी भी यही धारणा है कि बंगला के समान उन्नत साहित्य किसी भारतीय भाषा का नहीं है और बंगला ही सबसे अधिक मृदु-मंजु-मधुर भाषा है। भले ही कुछ अंशों में यह उनकी भ्रान्त धारणा हो।

किन्तु, इस विवादास्पद विषय पर विचार करना इस लेख का उद्देश्य नहीं है। हाँ, इतना स्वीकार करने में किसी सहृदय को विशेष संकोच नहीं हो सकता कि उनका गर्व सर्वथा निराधार नहीं है। उसके मूल में कुछ तत्त्व अवश्य है।

यहाँ प्रसंगानुसार केवल नाटक को ही लीजिए, जो साहित्य का एक आवश्यक अंग माना जाता है। उसमें भी बंगालियों ने अब तक जैसी कुछ उन्नति कर दिखायी है, वह निस्सन्देह प्रशंसनीय है। यहाँ बंगालियों के लिखे अच्छे नाटक-ग्रन्थों की चर्चा अनावश्यक है। उनसे हिन्दी-प्रेमी बहुत-कुछ परिचित हैं। हाँ, उनका अभिनय-कौशल जिसने कभी देखा है, वह सहज ही कह सकता है कि नाट्य-कुशलता में वे दक्षिणी और गुजराती लोगों से अगर आगे नहीं बढ़े हैं तो पीछे भी नहीं हैं।

दक्षिण-भारत में नाट्यकला की ओर लोगों की अच्छी प्रवृत्ति है। लखनऊ के गत पंचम हिन्दी-साहित्य सम्मेलन के सभापति कविवर पंडित श्रीधर पाठकजी ने अपने भाषण में इसकी खासी चर्चा की थी। बंगलोर सिटी से 'कर्णाटक-रंगभूमि' नाम का एक नाटक-सम्बन्धी सचित्र मासिक-पत्र निकलता है। उसके देखने से भी यह पता चलता है कि सुदूर दक्षिण-भारत में भी नाटकाभिनय की ओर शिक्षित समाज का झुकाव खूब है। मराठी-भाषा के 'चित्रमय जगत्' और 'मनोरंजन' नामक सचित्र मासिक-पत्रों में नाटकाभिनय-सम्बन्धी अनेक चित्र निकला करते हैं। 'हिन्दी चित्रमय जगत्' के हिन्दी-प्रेमी पाठक इससे अवश्य ही परिचित होंगे; क्योंकि उसमें मराठी-मंच के दृश्यों के चित्र प्रायः छपा करते हैं। कहने का तात्पर्य यह कि मराठे

लोग भी नाट्य-कला-निपुणता प्राप्त करने में सोत्साह संलग्न हैं। पूना सिटी की कई रंगशालाओं में पठित समाज की वैसी ही खासी भीड़ होती है, जैसी कलकत्ता के बंगीय नाट्य-मन्दिरों में प्रायः देखने में आती है। पूना की किर्लोस्कर-संगीत-नाटक-मंडली ने आज से कुछ वर्ष पहले उत्तर-भारत के प्रधान नगरों में भ्रमण कर यह दिखला दिया था कि महाराष्ट्र के अभिनेता हिन्दी के नाटकों को भी बड़ी सफलता के साथ खेल सकते हैं। उस मंडली के कई हिन्दी-अभिनय मैंने कलकत्ता के मिनर्वा-थिएटर-मंच पर देखे थे। उसमें संगीतज्ञों और नाट्य-कलाविदों का अच्छा जमघट था। उनके गान और नाट्य-नैपुण्य ने धूम मचा दी थी। क्या हिन्दीवाले कभी हिन्दी-प्रचार की दृष्टि से भी दक्षिण-भारत में अपनी कोई नाटक मंडली ले गये हैं?

खैर, किर्लोस्कर-कम्पनी से भी अच्छी नाटक-कम्पनियाँ पूना में हैं, जिनके पात्र-पात्रियों का अभिनय-कौशल देखकर मन में यह अभिलाषा उत्पन्न होती है कि हिन्दी का वह दिन कब आवेगा, जब कि इनके जैसे दो-चार अभिनेता भी हिन्दी के रंगमंच पर उतरेंगे। महाराष्ट्र के सुप्रसिद्ध नाट्याचार्य 'बालगंधर्व' की तो बात ही निराली है, सामान्य रीति से प्रसिद्ध किसी अभिनेता को भी पूना के रंगमंच पर अपने साहित्य की श्री-वृद्धि करते देखकर अनायास मन में यही भाव उठता है कि अपने साहित्य की गौरव-वृद्धि करने के लिए जिस प्रकार बंगालियों को कलकत्ता, गुजरातियों को बम्बई और मराठों को पूना-जैसे विशाल उर्वर क्षेत्र मिले हैं, उसी तरह क्या हिन्दीवालों को लाहौर, अमृतसर, दिल्ली, आगरा, जबलपुर, नागपुर, लखनऊ, कानपुर, प्रयाग, काशी, पटना आदि बड़े-बड़े जनाकीर्ण नगर नहीं मिले हैं? फिर क्या कारण है कि इन प्रमुख नगरों में कहीं भी कोई ऐसी हिन्दी-प्रधान नाटक-कम्पनी नहीं है, जिसकी तुलना उनसे की जा सके? क्या हिन्दी-प्रेमी जनता में जीवन ही नहीं है, या साहित्य और संगीतकला में अभिरुचि नहीं है, या हृदय में रसानुभूति का लेश ही नहीं है, या उन्होंने पारसी कम्पनियों को ही इसका ठेका दे रखा है?

अफसोस! झींकते हुए कहना पड़ता है कि हम हिन्दीवालों में अभी वह जीवन की ज्योति ही नहीं जगी है, जिसके प्रकाश से हम अपने दृश्य-काव्य-जगत् को आलोकित कर सकें। मेरी इस निराशावादिता पर कुछ लोग हँसेंगे, और मेरी अज्ञानता को कोसेंगे भी; पर मैं उनसे विनयपूर्वक कहूँगा कि वे शान्त भाव से इस बात पर विचार करें। मैं मराठी, गुजराती और बँगला के रंगमंचों पर अच्छे-अच्छे अभिनेताओं के अभिनय बड़े ध्यान से देख चुका हूँ और हर जगह मेरे हृदय में इस बात की घोर लज्जा और असह्य ग्लानि उत्पन्न होती रही है कि हिन्दी के रंगमंच पर ऐसे अभिनेता क्यों नहीं दीख पड़ते। मुझे अत्यन्त खेद के साथ कहना पड़ता है कि मराठी, गुजराती, बंगला आदि प्रान्तीय भाषाओं के मुट्ठी-भर हिमायती जिस उत्साह और तत्परता से नाट्यकला में सिद्धि प्राप्त करते जा रहे हैं, उसे यदि एक बार भी अपनी आँखें

आँजकर हिन्दीवाले अच्छी तरह देख लें तो उनका यह गर्व-खर्व हो जाय कि हम राष्ट्र-भाषा-भाषी हैं—हमारे संख्या-बाहुल्य के सामने उन मुष्टिमेय प्रान्तीय भाषावालों की हस्ती ही क्या है?

जनाब! कितने शोक की बात है कि गुजराती भाषा की परम प्रसिद्ध पत्रिका 'बीसवीं सदी' में, 'गुजरात' में, 'स्वर्णमाला' में, 'श्रीदक्षिणामूर्ति' में, गुजराती अभिनेताओं के अभिनय-कौशल के चित्र प्रकाशित हुआ करें, फिर उसी प्रकार बंगला के 'शिशिर', 'वसुमती', 'वँगवाणी' आदि में भी वंगीय मंच के दृश्यों के चित्र छपें, और हमारी हिन्दी की सर्वश्रेष्ठ कहलाने वाली 'माधुरी', 'सरस्वती' आदि पत्रिकाओं में कभी भूले-भटके भी किसी हिन्दी-मंच के दृश्य या किसी कुशल नाट्यकार का कोई चित्र देखने में न आवे! क्या हिन्दी-संसार कुशल अभिनेताओं से शून्य है? क्या हिन्दी-संसार के किसी रंगमंच पर आज तक ऐसा कोई सुन्दर अभिनय ही नहीं दीख पड़ा, जिसका चित्र प्रकाशित किया जा सके?

हाँ, एक बार 'हिन्दू विश्वविद्यालय' शीर्षक सचित्र लेख में पंडित रामाज्ञा द्विवेदी 'समीर', एम.ए. (वर्तमान 'कादंबरी-सम्पादक) ने विश्वविद्यालय की छात्र-नाट्य-समिति के एकाध अभिनेताओं के चित्र 'माधुरी' में दिये थे। उसके सिवा मैंने और कभी किसी पत्र में किसी हिन्दी-रंगमंच के दृश्य का चित्र नहीं देखा। लहेरियासराय के सचित्र मासिक पत्र 'बालक' में दियारा-राज्य के बालक-राजकुमारों का एक अभिनय-चित्र छपा था; पर उसमें कोई नाट्य-कौशल सम्बन्धी विशेषता न थी। सम्भव है, कहीं और कोई कभी प्रकाशित भी हुआ हो और मेरी निगाह से न गुजरी हो, पर जहाँ तक मेरा अनुमान है, कहीं कोई छपा ही नहीं। शायद पंडित माधव शुक्ल के 'महाभारत' नाटक (पूर्वार्द्ध) में 'क्रुद्ध भीम और चकित-स्तब्ध कौरव सभा' के दृश्य का एक चित्र मैंने देखा था, और फिर काशी की नागरी-नाटक-मंडली की सन् 1925 ई. की रिपोर्ट में भी दो-चार चुने दृश्यों के चित्र छपे देखे हैं।

किन्तु, यह बात नहीं है कि हिन्दी-नाटकों के अभिनयों के फोटो लिये ही न जाते हों। फोटो तो जरूर लिये जाते हैं—कई ऐसे फोटो कई जगहों में मैंने खुद देखे भी हैं (खेद है कि इच्छा रहते हुए भी मैं उनमें से एक चित्र भी इस लेख में इस समय नहीं दे सका); पर सामयिक साहित्य-पत्रों में उनका प्रकाशन न होने से उस विषय की चर्चा फैलने नहीं पाती, आन्दोलन नहीं हो पाता—सर्वसाधारण का ध्यान आकृष्ट नहीं होता—जनता की रुचि को तद्विषयक उत्तेजन नहीं मिलता। अतएव, साहित्य में नाटक का अत्यन्त महत्त्वपूर्ण स्थान समझकर, हिन्दी के सचित्र पत्रों के सम्पादकों को चाहिए कि न केवल नाटक सम्बन्धी लम्बे चौड़े सिद्धान्तपूर्ण लेख ही छापकर सन्तुष्ट हो जायँ, बल्कि हिन्दी की जो छोटी-मोटी या भली-बुरी नाटक-समितियाँ इस समय जिस किसी अवस्था में वर्त्तमान हैं, उनके कुशल अभिनेताओं का सचित्र

परिचय और चुने हुए उत्तम दृश्यों के चित्र भी प्रकाशित करें। इससे अभिनेताओं को विशेष प्रोत्साहन प्राप्त होगा, नाटक-मंडलियों की प्रसिद्धि होगी, जनता में नाटक के प्रति जो उदासीनता है, वह बहुत-कुछ धीरे-धीरे दूर होगी। सबसे बढ़कर आश्चर्य और दुःख का विषय तो यह है कि हिन्दी-पत्रों में अनेक नये शीर्षकों और स्तम्भों की सृष्टि होती जा रही है; पर कहीं 'रंगमंच' के दर्शन नहीं होते। बँगला के सचित्र 'नाचघर' अथवा 'कर्णाटक-रंगभूमि' की तरह हिन्दी में आज तक कोई नाटक-प्रधान पत्र भी नहीं निकला। नाटक की यह उपेक्षा निन्दनीय है या दयनीय?

मैंने लखनऊ के पंचम हिन्दी-साहित्य-सम्मेलन के अवसर पर नाट्यकुशल पं. माधव शुक्ल की प्रयागस्थ नाट्य-परिषद द्वारा अभिनीत 'सत्य हरिश्चन्द्र' देखा था। उसमें स्वर्गीय पं. बालकृष्ण भट्ट के ज्येष्ठ सुपुत्र स्वर्गीय पं. महादेव भट्ट का किया हुआ 'पाप' का पार्ट और 'चांडाल' की भूमिका धारण करके अपने अत्यन्त स्वाभाविक नाट्य-कौशल से साहित्यिक-वृन्द को मुग्ध करनेवाले मुद्रिकाप्रसाद नामक नवयुवक (जो शायद अब इस संसार में नहीं हैं!) का पार्ट इतना सुन्दर हुआ था कि आज तक वह दृश्य आँखों के सामने नाच रहा है। वे हमारे हिन्दी के अनमोल लाल काल के गाल में चले गये! पर, उनके उस नाट्यकौशल की याद करते हुए किसी हिन्दी-पत्रकार की लेखनी ने आँसू की एक बूँद भी नहीं टपकाई, इसका क्या कारण है? शायद यही कि अभिनय-मंच से हटकर वे नेपथ्य के अन्दर चले गये, बस साहित्य-संसार की आँखों से ओझल हो गये! क्या उनके अभिनय-कौशल को तालियाँ पीटकर उड़ा दिया गया? यही है साहित्यिकों की गुणग्राहिता अथवा इतिकर्त्तव्यता!

फिर प्रयाग के षष्ठ हिन्दी-साहित्य-सम्मेलन के अवसर पर पं. माधव शुक्ल की मंडली ने ही 'महाभारत' का अभिनय दिखाया था, जिसमें शुक्लजी का भीम का पार्ट और पं. रासविहारी शुक्ल का दुर्योधन का पार्ट बड़े गजब का हुआ था। हाँ, उपर्युक्त पं. महादेव भट्ट ने भी धृतराष्ट्र की भूमिका में खूब कमाल दिखाया था। मैंने बँगला के उच्च रंगमंच पर भी 'महाभारत' का अभिनय देखा है, पर कभी पं. रासबिहारी शुक्ल-जैसा 'दुर्योधन' और भट्टजी जैसा 'धृतराष्ट्र' नहीं देखा। वह स्वाभाविकता आज भी हृदय-पट पर वैसी ही अंकित है—तनिक रंग फीका नहीं पड़ा है। किन्तु, हिन्दी के रेकर्ड में इस बात का कहीं भी पता भी है? सम्मेलन की रिपोर्ट में सफलतापूर्वक नाटक खेले जाने पर धन्यवाद दे देने से ही साहित्य का उपकार नहीं हो सकता। पंडित रासबिहारी शुक्ल जैसे होनहार अभिनेता का नाम भुला देने से ही हिन्दी-रंगमंच पर नाट्यकला का कुछ विशेष गौरव नहीं बढ़ जायगा।

हिन्दी-रंगमंच पर सफलतापूर्वक अभिनय करनेवाले वर्त्तमान साहित्यिकों में कुछ सज्जनों को मैं जानता हूँ। जैसे—हास्यरसावतार पं. जगन्नाथ प्रसादजी चतुर्वेदी;

श्रीयुत जी.पी. श्रीवाराव, बी.ए., एल.एल.बी.; पं. माधव शुक्ल; मनोरंजन-मूर्ति पं. ईश्वरी प्रसाद शर्मा[1], ('हिन्दूपंच'-सम्पादक), पं. सूर्यकान्त त्रिपाठी 'निराला' आदि। किन्तु, ऐसे प्रसिद्ध साहित्यिकों के किसी अभिनय का कोई चित्र भी आज तक कहीं हिन्दी-पत्रों में देखने को नहीं मिला। क्या यह चिन्त्य विषय नहीं है?

कुछ सज्जन मेरे इस लेख को पढ़कर यही कहेंगे कि विषयातिरेक बातें लिखकर व्यर्थ ही छोटी-मोटी बातों को अनावश्यक महत्त्व दिया गया है। किन्तु, मैं स्वयं ऐसा नहीं समझता। मैं तो कहता हूँ कि छोटी-ही-छोटी बातों को अत्यधिक महत्त्व प्रदान कर बंगालियों ने अपने रंगमंच की शोभा और ख्याति बहुत बढ़ा ली है। कभी कलकत्ता जाकर उनकी रंगशाला तो देखिए। कहीं द्विजेन्द्रलाल राय, कहीं गिरीशचन्द्र घोष, कहीं अमृतलाल बसु आदि के बड़े-बड़े तैल चित्र मुख्य द्वार पर शोभायमान हैं। क्या आपके यहाँ भी कहीं भारतेन्दु हरिश्चन्द्र, पं. प्रतापनारायण मिश्र, राजा लक्ष्मण सिंह, लाला शालग्राम, लाला सीताराम, बाबू जयशंकर प्रसाद, पं. बदरीनाथ भट्ट, बी. ए. आदि के चित्र एकत्र देखने को मिलेंगे? फोटो ही सही—कहाँ, किस रंगशाला में? कोई खास तौर से बनी हुई हिन्दी की अपनी रंगशाला भी तो हो। मदन-थिएटर-कम्पनी भले ही बेताबजी और जौहरजी जैसे प्रसिद्ध साहित्यिकों से मनोनुकूल हिन्दी-नाटक लिखवाकर पारसी-मंच उर्फ हिन्दी-मंच पर तड़क-भड़क के साथ खेल ले; पर उसे भारतेन्दु हरिश्चंद्र और पं. प्रतापनारायण को अपनी रंगशाला में सादर स्थान देने से क्या मतलब! उसे तो बुद्धुओं को बुलबुल बनाकर तोड़े ऐंठने हैं—चाहे हिन्दी की हत्या हो या साहित्य का संहार।

सबसे बढ़कर दुःख का विषय तो यह है कि जिस कलकत्ता में कई हिन्दी-प्रधान सुव्यवस्थित नाट्य-समितियाँ हैं, जहाँ हिन्दी-प्रेमी करोड़पतियों के गिरोह बसते हैं, वहाँ भी हिन्दी की अपनी रंगशाला नहीं है। खैर, रंगशाला की बात छोड़िए। कलकत्ता में वहाँ के लगभग सभी हिन्दी-नाटक-मंडलीवाले प्रायः बँगला-नाटकों के अभिनय देखा करते हैं; पर वे भी वहाँ के पारसी थिएटरों के पात्रों का ही अनुकरण करते हैं—बँगला रंगमंच की खूबियों और बारीकियों पर शायद ध्यान ही नहीं देते। हाँ, पारसी-मंच की लचक-मटक का अर्क खूब खींच लाते हैं। फिर, स्वाभाविकता रह नहीं जाती। नौकरशाही जैसे 'न्याय का नाटक' खेलती है, वैसे ही 'नाट्य का नाटक' खेल लेते हैं।

किन्तु, केवल वहीं के नहीं, और कई जगहों की हिन्दी-नाट्य-समितियों के अभिनय में भी मैंने पारसीपन की उत्कट गन्ध पायी है। कलकत्ता से काशी आने पर मुझे काशी की दो सुप्रतिष्ठित नाटक-मंडलियों के अभिनय देखने का सौभाग्य प्राप्त हुआ है। यहाँ भी वही पारसी तर्ज देखा। हाँ, एक बार 'भारतेन्दु-नाटक-मंडली'

1. शोक कि आप अब इस संसार में नहीं हैं!—'माधुरी' सम्पादक।

के दो-तीन पात्रों का अभिनय-कौशल देखकर मेरे मन में यह भाव उठा था कि ऐसे होनहार अभिनेता यदि किसी बँगला-मंच पर उतरे होते, तो इतना प्रोत्साहन और उत्तेजन मिलता कि उन्हें नाट्य-कुशलता प्राप्त करने की धुन सवार हो जाती। किन्तु, हिन्दी के साहित्यिक तो नाटकों का अभिनय देखना भी बहुत कम पसन्द करते हैं। फिर वे उत्साही नवयुवकों की तत्सम्बन्धी त्रुटियाँ क्या सुधारेंगे!

उदाहरण के तौर पर मैं काशी की नागरी-नाटक-मंडली को पेश करता हूँ। यह मंडली खूब सम्पन्न है—आर्थिक अवस्था और व्यवस्था बहुत अच्छी है। यद्यपि कलकत्ता लक्ष्मी का लीलास्थल है, मारवाड़ी-कोटिध्वजों का क्रीड़ाक्षेत्र है, तथापि वहाँ की कोई हिन्दी-नाटक-मंडली ऐसी सम्पन्न नहीं है। जहाँ तक हिन्दी की नाटक-मंडलियों का मैं पता पा सका हूँ, मुझे एक भी ऐसी सुसम्पन्न मंडली नहीं मिली है। किन्तु, खेद है कि सब तरह के साधन होने पर भी मंडली के पात्रों का अभिनय अभी बहुत-कुछ त्रुटिपूर्ण है। काशी में हिन्दी के बड़े-बड़े धुरन्धर साहित्यिक पुरुष रहते हैं, पर कोई इस पर ध्यान नहीं देता। यदि ऐसी पूँजीवाली सार्वजनिक नाटक-मंडली बंगालियों के हाथ में होती, तो वे कुछ करके दिखा देते। काशी में ही बंगालियों की जो नाटक-मंडली है, उसके अभिनय से मिलान करके देखने पर आप ही अन्तर मालूम हो जायगा। तारीफ तो यह है कि जहाँ-कहीं बंगाली रहते हैं, उनका एक गुट-सा बँधा रहता है—खासकर साहित्यिक विषयों में तो उन प्रवासी बंगालियों की सहयोगिता देखकर ईर्ष्या उत्पन्न होती है। लखनऊ उर्दू का किला है न? वहाँ भी अमीनाबाद पार्क के एक कोने पर बंगालियों का एक संगीत-नाटक-समाज है; और फिर पटना तथा प्रयाग में भी देखा। इतना ही नहीं, बंगाल से बाहर अन्य प्रान्तों के स्कूलों और कॉलेजों के बंगाली विद्यार्थी तक अपना अलग 'अमेच्युर क्लब' रखते हैं। ऐसे क्लबों की चर्चा मैंने कई बार बँगला के 'नाचघर' नामक नाटक-प्रधान सचित्र पत्र में देखी है।

आज से कुछ वर्ष पूर्व मैंने गया की समाधिगता 'लक्ष्मी' में नाटक-सम्बन्धी एक साधारण लेख[1] लिखा था, जिसमें हिन्दी-संसार की अनेक नाटक-विषयक चर्चा थी। उसे पढ़कर मेरे कुछ साहित्यिक मित्रों ने बड़ी गहरी चुटकी ली थी। किन्तु, उससे मैं हतोत्साह अथवा हताश नहीं हुआ—इस विषय में, अवकाशानुसार, बड़ी दिलचस्पी से छानबीन करता रहा। जब 'मतवाला' की सेवा में रहते समय कलकत्ता के बँगला-रंगमंचों के दृश्य देखने का सौभाग्य प्राप्त हुआ तब मैं इसमें और भी दिलचस्पी लेने लगा। किन्तु, एक बार, निज-सम्पादित 'मारवाड़ी-सुधार' के कार्यवश बम्बई जाने पर मैंने गुजराती रंगशाला में 'कादम्बरी' का अभिनय देखा था, तो मन में यह बात बैठ गयी थी कि इससे अच्छा अभिनय अब न देख सकूँगा। परन्तु, बंगीय

1. उस लेख का पूर्वार्द्ध इस लेख से पहले छपा हुआ है। —लेखक

रंगमंच पर 'कर्णार्जुन', 'सीता', 'वंग-विजेता', 'आलमगीर', 'किन्नरी', आदि के अभिनय देखकर मेरी बद्धमूल धारणा शिथिल हो गयी। अपनी छोटी समझ के अनुसार मुझे मन-ही-मन मान लेना पड़ा कि मराठों और गुजरातियों से बंगालियों का अभिनय-कौशल किसी प्रकार निम्न श्रेणी का नहीं है।

कलकत्ता के मिनर्वा थिएटर में—'हिन्दूपंच'-सम्पादक श्रद्धेय पं. ईश्वरी प्रसादजी शर्मा (अब स्वर्गीय!—सम्पा.) के साथ, और उन्हीं के विशेष अनुरोध से, बँगला-रंगमंच पर मैंने सबसे पहला अभिनय प्रोफेसर क्षीरोप्रसाद विद्याविनोद की 'किन्नरी' का देखा था। 'किन्नरी' के अभिनय में बड़ा आकर्षण था। फिर क्या, चसका लगा। कई नाटकों के अभिनय देखे। इसी बीच स्टार-थिएटर के रंगमंच पर श्री अपरेशचन्द्र मुखोपाध्याय के 'कर्णार्जुन' का अभिनय आरम्भ हुआ। कलकत्ता के बँगला और अँगरेजी पत्रों में धूम-सी मच गयी। कर्ण, अर्जुन, शकुनि, भीम, नियति, पद्मावती आदि के विशेषतापूर्ण स्वाभाविक अभिनय की भूरि-भूरि प्रशंसा होने लगी।

वास्तव में, जब 'कर्णार्जुन' देखा तो अवाक् रह गया। श्री नरेशचन्द्र, बी.ए., बी. एल. ने शकुनि की भूमिका में रंगमंच पर अवतीर्ण होकर दर्शकों को मुग्ध कर दिया। उनका अभिनय सर्वश्रेष्ठ रहा। फिर भी तिनकौड़ी चक्रवर्ती ने कर्ण की भूमिका में बड़े ही गजब का कौशल प्रदर्शित किया। लोग चित्र-लिखे-से रह गये। हाँ, श्री अहीन्द्र चौधरी ने भी अर्जुन के पार्ट में खूब निपुणता दिखाई। मैंने देखा, वीरता के आवेश में उनके तमतमाये हुए चेहरे की उभड़ी हुई नसें साफ खिंची हुई देख पड़ती थीं, मानो 'रन-रस-विटप पुलक मिस फूला!' जिस समय भगवान श्रीकृष्ण ने उन्हें अभिन्यु-वध की याद दिलायी, उस समय उन्होंने ऐसा सुन्दर नाट्य प्रदर्शित किया, मानों किसी ने सुप्त मृगेन्द्र को ठोकर मारकर जगा दिया, भीषण भुजंग को छेड़कर ललकार दिया। वह उनका क्रोध-कम्पित कलेवर, वह शौर्य-तेजोद्दीप्त मुखश्री आज तक मानो आँखों के सामने फिर रही है। पुनः भीम के भुजदण्डों की तनी हुई शिराएँ, उनका फुत्कार-पुरःसर सामर्ष अधर-दर्शन, उनके स्फुलिंग-मय नेत्र, उनका गुरुगदा-परिचालन देखकर कौन ऐसा पुरुष था, जो अपने स्थान पर बैठे-ही-बैठे क्रोध से काँप न उठा हो। भीम की भूमिका में श्री ननिगोपाल मल्लिक उतरे थे।

किन्तु, नीहारबाला नाम की अभिनेत्री ने 'नियति' की भूमिका में जो कमाल दिखाया, वह दर्शक-मंडली के चित्त-पट पर अमिट रंगीन रेखा की तरह खिंच गया। उसकी स्वाभाविक एवं मर्मतल-स्पर्शिनी, किन्तु पवित्र और कारुण्यपूर्ण, भावभंगियों ने रंगशाला में जादू की लहर उमड़ा दी। खासकर, उसका यह निम्नलिखित गान और उस समय का उसका नाट्य-नैपुण्य—अहा! जिसने सुना और देखा है, उसी का हृदय अनुभव कर रहा होगा कि रंगशाला की उस पाषाण-रेखा 'नियति' के विकट-दारुण हास्य में भी निष्ठुर परिणाम को छिपानेवाली कैसी मनोज्ञ मधुरिमा थी। खैर, उस

रहस्य की पुतली—'दैवायत्तं कुले जन्म ममायत्तं तु पौरुषम्' कहनेवाले कर्ण के पीछे लगी फिरनेवाली उस निर्ममता की मूर्ति—का वह दर्शक-वृंद-विमोहक गीत सुनिए—

काल-प्रवाह चले धीरे-धीरे।
जीवन-मरण छाया भासे कारण-नीरे॥
कभू कुसुम-वितान।
कुहू-कुहू पाखी करे गान।
रोदन-ध्वनि कभू छाय गगन घिरे
हासे-हासे कभू शियरे तरासे,
उन्मादिनी केरे फिरे अकूल तीरे॥

रंगशाला में अवतरित होते ही उसका सबसे पहला गीत कितना सुन्दर और कैसा भावपूर्ण है—

आमि कखन भाँगि कखन गड़ि नाइक ठिकाना।
थाकि साथे-साथे, पथे कि विपथे
चिर दिन अचेना अजाना।
ललाट पटे कालेर रेखा,
अदेखा आखरे रहिगो लेखा।
नाही नाम धाम, चलि अविराम,
पड़े रहे पाछे स्मृतिर निशान॥

कलकत्ता में 'कर्णार्जुन' की तूती बोल गयी। शकुनि और नियति के अत्यन्त स्वाभाविक नाट्य-कौशल तथा कर्ण और अर्जुन के लोमहर्षण वीरोचित अभिनय ने बंगाल के कोने-कोने से दर्शक खींच मँगाए। कलकत्ता के प्रसिद्ध अँगरेजी दैनिक 'द सर्वेंट' (The Servant) ने लिखा था—

In dealing with the characters of the play, the first to deserve notice is that of Shakuni. It is a most important character in the Mahabharata and Mr. Nareshchandra Mitra, B.L. who appeared in the role of Shakuni, left nothing to be desired in representing the part in a masterly way. Karna and Arjun respectively deserve to be mentioned next and it is difficult to say who was the better of the two.

फलतः, कलकत्ता में मेरे रहते समय तक कर्णार्जुन के लगभग तीन सौ अभिनय लगातार हुए। प्रत्येक सौवें अभिनय की रात्रि में बड़े समारोह से किसी प्रसिद्ध साहित्य-महारथी की अध्यक्षता में विराट् साहित्यिक महोत्सव मनाया जाता था। प्रथम शताभिनय-रजनी-महोत्सव खूब धूमधाम से सम्पन्न हुआ था। स्वर्गीय देशबन्धु चित्तरंजन दास ने सभापति का आसन ग्रहण किया था। बड़े-बड़े नाटककार और

अभिनय-कुशल साहित्यसेवी आमन्त्रित किये गये थे। अहा! कैसा उत्साह था! कैसी शोभा थी! व्यवसाय के साथ साहित्य का सुखद सम्मिश्रण और उसमें ऐसी विजय-गर्वोल्लास-भरी सफलता! धन्य बंगालियों का साहित्यानुराग!

इस प्रकार, इधर 'कर्णार्जुन' की धूम 'स्टार थिएटर' में थी, उधर 'मनोमोहन-नाट्य-मन्दिर' में 'सीता' की। यहाँ तक कि एक प्रकार से दोनों थिएटरों में होड़-सी लग गयी। जो दर्शक दोनों के ही अभिनय देख चुके थे, उनके लिए किसी-किसी दिन यह निर्णय करना बड़े असमंजस का काम हो जाता था कि दोनों में से किसे देखने जाया जाय। कारण, 'सीता' की प्रसिद्धि भी पराकाष्ठा को पहुँच गयी थी। श्री शिशिरकुमार भादुड़ी की 'राम' की भूमिका, श्रीमती प्रभा की 'सीता' की भूमिका और श्री मनोरंजन भट्टाचार्य की 'वाल्मीकि' की भूमिका में वस्तुतः इतनी स्वाभाविकता एवं आकर्षण-शक्ति थी कि लोग बेतरह लट्टू हो रहे थे। एक बार, कलकत्ता के सुप्रसिद्ध अँगरेजी दैनिक 'अमृत बाजार पत्रिका' ने अपने 'बिहाइंड द स्क्रीन' (Behind the Screen) नामक स्थायी स्तम्भ में लिखा था–

'Ram' is one of the greatest achievements of Mr. Bhaduri satisfying even the most exacting critic and we believe and believe strongly that in 'Ram' stago-goers have undoubtedly seen something the like of which can rarely met with. Next in importance is Manoranjan Babu's 'Balmiki' which has already left a very lasting impression on the theatre-goers and has won from them the unequivocal praise for the Artist Miss Prabha in her famous role of 'Seeta' has got greatest attraction and brilliant success.

फिर 'नाचघर' के एक अंक में भी देशबन्धु दास की यह अमूल्य सम्मति प्रकाशित हुई थी–

"आमि आमार कयेक जन अन्तरंग बन्धुर मुखे सुनिया छिलाम जे श्रीमान् शिशिर-कुमार भादुड़ी जगतेर श्रेष्ठ अभिनेतादेर मध्ये अन्यतम। आज आमि रामेर भूमिकाय ताँहार अभिनय देखिया बूझिते पारिलाम जे ताँहारा अति सत्य कथाइ बलिया छिलेन। रामेर भूमिकाय ताँहार अभिनय अपूर्व हइयाछे। आमि पूर्वे साधारण रंगमंचे जे सकल अभिनय देखियाछि से अभिनये अप्रधान चरित्र गुलि कोनउ दिनई आमार दृष्टि आकर्षण करिते पारे नाइ, किन्तु शिशिरकुमारेर संप्रदायेर कइ अभिनयेर अप्रधान अंशगुलिर अधिकांशइ आमाके मुग्ध करियाछे। सीतार चरित्रे जे अभिनेत्री अवतीर्ण हइया छिलेन शिशिरकुमारेर सहित तुलनाय ताँहार अभिनय अनेक निरशे हइलेउ साधारण रंगालयेर अभिनेत्रीदेर तुलनाय ताँहार अभिनय श्रेष्ठ उ सुन्दर हइयाछे। मोटेर ऊपर अभिनय आमार एत भाल लागिया छिल जे आमार शरीर अस्सुस्थ थाका सत्वेउ अयुक्त अवस्थाय शेष पर्यन्त ना देखिया फिरिते पारि नाइ।"

जिस दिन 'सीता' के प्रथम उद्‌बोधन-अभिनय का आरम्भिक महोत्सव था, उस

दिन बंगाल के वृद्धवसिष्ठ नाट्याचार्य श्री अमृतलाल ने कहा था–

"सारा जीवन धरे आमि एइ कलार साधना करे एसेछि, शेषे आमार एइ वृद्ध वयसे नाट्य-कलार एइ अवनति देखे अत्यन्त दुःखेर संगे आमाके एइ पृथिवी थेके बिदाय निते हच्छिल। किन्तु आज जाँरा बाँगलार नाट्य-शिल्पे नवयुग एने छेन–आर्टे थिएटरे जाँरा अभिनय कर छेन (दानी बाबू), एवं विशेष करे शिशिर बाबू ई एइ नवयुगेर प्रवर्त्तक। जे व्यथा निये आमार इहलोक थेके बिदाय निते हच्छिल से वेदना थेके एँरा आमाय मुक्ति दिये छेन। आमि भावछिलुम, ईश्वर कि आमाके रंगालयेर एइ हीन अवस्था देखबार जन्य जीवित रेखे छेन!"

कहाँ तक प्रशंसात्मक सम्मतियाँ उद्धृत करूँ? भादुड़ी महाशय को 'राम' की भूमिका में जिसने नाट्य करते देखा है, वही उनके उस अविरल अभिनय का आनन्द अनुभव कर सकता है। वर्णानात्मक शब्दों अथवा स्तुतिपूर्ण उद्धरणों द्वारा उस आनन्द का प्रकृत अनुभव कराना असम्भव है। उनकी नाट्य-पटुता ने बंगीय रंगमंच पर युगान्तर उपस्थित कर दिया है। उनमें दर्शक के कानों और आँखों को एक कर देने की अद्भुत क्षमता है। 'राम' की भूमिका वह सहृदय दर्शक की भावुकता के अन्तस्तल तक पैठ जाते हैं। उसे ऐसा आत्मविस्मृत कर देते हैं कि वह कोई उनका अभिन्न मित्र ही क्यों न हो, उन्हें आदर्श महापुरुष श्री रामचन्द्र समझने के सिवा कभी भादुड़ी के रूप में नहीं याद रख सकता। तभी तो वह बंगीय रंगमंच पर नवयुग-विधायिनी क्रान्ति की सृष्टि करने में समर्थ हो रहे हैं।

किन्तु, केवल 'राम' की ही भूमिका में नहीं, अन्य अभिनयों में भी भादुड़ी महाशय यक-साँ कमाल दिखाते हैं। गत वर्ष 'अमृत बाजार पत्रिका' ने लिखा था–

But the greatest attraction that is in store for Calcutta is Ravindra Nath's 'Bisarjan', Mr. Bhaduri playing the role of 'Raghupati'. In this role the audience is sure to see something which is only possible in Mr. Bhaduri and him alone.

फिर, बँगला की प्रभावशालिनी पत्रिका 'आत्मशक्ति' ने भी, एक दूसरे नाटक के अभिनय के विषय में, लिखा था–"गत शनिवार 'अज्ञातवासेर' अभिनये शिशिर कुमार (भादुड़ी) ताँर शक्तिर आर एक नूतन परिचय दियेचेन। से दिन भीम, बृहन्नला ओ ब्राह्मण–नाटकेर एइ तिन टि कठिनतम ओ सम्पूर्ण परस्परविरोधी भूमिकाय अवतीर्ण हये 'नवयुगेर एइ श्रेष्ठ नट' जे अपरूप अभिनय कलार विकाश देखियेचेन ता हृदय दिये अनुभव को उपयोग करबार जिनिश।"

कहाँ तक उद्धरण देकर बताऊँ। मेरे पास ऐसी प्रशंसात्मक सम्मतियाँ काफी संगृहीत हैं, जिन्हें पढ़कर बंगालियों के साहित्यानुराग पर ईर्ष्या उत्पन्न होती है। यहाँ मैंने केवल भादुड़ी महाशय के विषय में ही लोकमत उद्धृत किया है, जो आधुनिक

वंगीय रंगमंच के नूतन रत्नप्रदीप हैं। यदि यहाँ प्रसिद्ध बँगला नाटककार स्वर्गीय श्रीगिरिशचन्द्र घोष के सुपुत्र श्रीसुरेन्द्रमोहन घोष (दानी बाबू) की प्रशंसाओं का भी उल्लेख करूँ, तो लेख का अनावश्यक विस्तार हो जायगा।

दानी बाबू बंगीय रंगमंच के लब्धकीर्ति प्राचीन अभिनेता हैं और अनेक वर्षों के पश्चात उन्होंने अपने एकान्त कीर्ति-क्षेत्र में भादुड़ी जैसे सफल प्रतिद्वन्द्वी को अवतीर्ण होते देखा है। दानी बाबू जिस समय रंगमंच पर अवतीर्ण होते हैं, उस समय दर्शक भित्ति-चित्र-से बन जाते हैं। उनके चेहरे पर प्रसंगानुकूल भावों का चमत्कारपूर्ण परिवर्तन देखते ही बनता है। उनकी तन्मयता दर्शकों को भी तल्लीन कर छोड़ती है। उनका वीरता का अभिनय ऐसा रोमांचकारी होता है कि सहृदय दर्शक पनस-फल बन जाते हैं। बूढ़े होने पर भी वह अपने वीरोचित सम्भाषण और गर्जन से रंगभूमि को प्रकम्पित कर देते हैं। कहीं-कहीं उनके अभिनय में स्वाभाविकता की इतनी अतिशयता हो जाती है कि उसके मर्म को न समझनेवाला साधारण श्रेणी का दर्शक—पारसी रंगमंच का शौकीन—झुंझला उठता है। ऐसा मैंने स्वयं देखा है; किन्तु बँगला की नाट्य-शालाओं में ऐसा अमर्मज्ञ दर्शक प्रायः भावुक और मुग्ध दर्शकों के लिए कंटक-स्वरूप हो जाया करता है; क्योंकि वह अपनी अज्ञता-जनित व्याकुलता से उनकी तल्लीनता में बाधा पहुँचाता है, और कभी-कभी भाव-विभोर बंगालियों से 'खोट्टा' ('अप-कण्ट्रीमैन') का खिताब भी पा लेता है!!

सुनता था, अँगरेज लोग नाट्यकला में बड़े प्रवीण होते हैं। कला (आर्ट) की दृष्टि से उनका अभिनय बड़े महत्त्व का होता है। किन्तु, एक बार कलकत्ता के 'ग्रैंड-ओपेरा-हाउस' (ग्लोब थिएटर) के रंगमंच पर एक नवागत विलायती कम्पनी द्वारा अभिनीत 'सीता' (द क्वीन ऑफ द ईस्ट) का ही अभिनय देखकर मैं यही निष्कर्ष निकाल सका कि यह बँगला-रंगमंच की 'सीता' के पासंग-बराबर भी नहीं है। उस अभिनय में 'मतवाला' सम्पादक सेठजी और 'मतवाला'-मंडल के अन्यतम सदस्य मुंशी नवजादिक लालजी श्रीवास्तव भी गये थे। उन लोगों ने भी यही कहा कि 'दूर के ढोल सुहावने' होते हैं। उसमें Patrick O' Donnell ने 'राम' का और Rita Ainsely ने 'सीता' का पार्ट किया था। मालूम नहीं, भारतीय आदर्श को यथातथ्य प्रदर्शित करने की यथेष्ट क्षमता न रखने पर भी किस साहस से वे लोग सात समुद्र पार कर पाश्चात्य जगत की कला-मर्मज्ञता का जौहर दिखाने आये थे। उनसे तो कहीं अच्छा, बल्कि इतना अच्छा कि पटतर देना व्यर्थ है, एक बार कलकत्ता के अल्फ्रेड थिएटर में, अन्ध-वधिर-विद्यालय के नेत्रहीन छात्रों ने 'मेवाड़-पतन' का अभिनय किया था। उपर्युक्त 'मतवाला'-मंडलाधीशों के साथ मैं भी अंध-अभिनेताओं के उस अभिनय में गया था। वास्तव में यह परखना कठिन था कि अभिनेता अन्धे हैं या आँखवाले। बड़े ही कौशल से, सराहनीय सफाई के साथ, अभिनय सम्पन्न हुआ। एक प्रहसन भी अभिनीत हुआ। वह तो ऐसा सुशिक्षापूर्ण, मनोरंजक और विशुद्ध था कि वैसा निर्दोष प्रहसन हिन्दी-रंगमंचों पर शायद ही देखने में आता है। क्यों न हो,

जहाँ विश्वकवि रवीन्द्रनाथ स्वयं सपरिवार रंगमंच पर अवतीर्ण होकर अपने साहित्य की गौरव-वृद्धि करते हैं, वहाँ के अन्धे अभिनेता भी अगर कमाल दिखाएँ तो कोई अचम्भे की बात नहीं।

किन्तु, हमारे यहाँ—हिन्दी-संसार में—अभिनेता होना बड़ी लज्जा की बात है। जो नाटकों में अभिनय करने में जितनी ही अधिक दिलचस्पी लेता है, वह उतना ही बड़ा आवारा समझा जाता है। काशी की जिस नागरी-नाटक-मंडली की चर्चा हम ऊपर कर चुके हैं, उसके पास सम्पत्ति और सामग्री की कमी नहीं है, पर उसके सदस्यों से मुझे मालूम हुआ कि उसे अच्छे अभिनेता बहुत कम मिलते हैं, और जो कामचलाऊ मिलते भी हैं, वे अपने घरवालों और पड़ोसियों के धिक्कार-फटकार से घबराकर नाट्यकला का नियमित अभ्यास नहीं कर पाते। यदि उन्हें अवसर और उत्साह मिलता, तो अपना शौक पूरा करने के साथ-साथ वे अपने साहित्य और स्वदेश का बहुत कुछ उपकार करते। यही हाल प्रायः सभी हिन्दी नाटक-मंडलियों का है। खासकर 'फीमेल पार्ट' करने के लिए तो बहुत ही कम पात्र मिलते हैं। मूँछ मुँड़ाकर अभिनेत्री बने कि 'गुंडा' प्रसिद्ध हुए!! साड़ी पहनकर रंगमंच पर उतरना क्या है, मानो राहचलतों को भी आवाज कसने का मौका देना है! न जाने, हिन्दी-समाज के लोगों के विचार इतने भ्रष्ट और पतित क्यों हो गये हैं! केवल नाटक में पार्ट करने से ही कोई युवक या छात्र बदमाश निकल जायगा या पढ़ना-लिखना छोड़कर मटरगश्ती करने लगेगा, यह धारणा हिन्दी-समाज में ऐसी बद्धमूल हो गयी है कि हिन्दी की कितनी ही नाटक-मंडलियाँ, अन्य सब साधनों से सम्पन्न होकर भी, केवल सुयोग्य अभिनेताओं के अभाव से, अपनी भाषा, अपने साहित्य, अपने समाज और स्वदेश का कुछ हित नहीं कर पातीं।

वंगीय रंगमंच पर तो 'फीमेल पार्ट' करनेवाली वेश्याएँ भी बड़े आदर की दृष्टि से देखी जाती हैं। बँगला की प्रसिद्ध अभिनेत्री 'तारा सुन्दरी' जिस समय कोई प्रधान पात्री बनकर स्टेज पर आती है, कोई उसे वेश्या नहीं कह सकता। यहाँ तक कि पुरुष की भूमिका में उतरने पर भी उसे परखना कठिन हो जाता है। फीमेल-पार्ट में तो, बूढ़ी होने पर भी, रंगमंच पर दीपक की तरह बलने लगती है। उसके अभिनय-कौशल की प्रशंसा करते बंगाल के बड़े-बड़े प्रतिष्ठित पत्र नहीं अघाते। उसका चित्र छापने में भी किसी को संकोच नहीं होता। कभी किसी को कहने का अवसर नहीं मिलता कि वेश्या से आदर्श देवी का पार्ट क्यों कराया जाता है। भादुड़ी महाशय (राम) के साथ जब 'मिस प्रभा' सीता के वेश में रंगमंच पर आती है, तब कोई घोर छिद्रान्वेषी भी नहीं कह सकता कि यह वेश्या है। उसकी मंजुल मुखश्री, शान्त भाव-भंगिमा, विमल नेत्र-कान्ति, सरल गम्भीरता, मृदु-मन्द मुस्कान, मन्थर गति और मधुर वाणी—सब कुछ 'सीता' के आदर्श के रंग में शराबोर होता है। उसे वेश्या-रूप में पहचाननेवाला भी अभिनय के समय उसे प्रत्यक्ष 'सीता' के रूप में ही देखता है।

क्यों न देखे, स्वाभाविकता और आदर्श के पीछे जब स्वयं अभिनेत्री अपने व्यक्तित्व को भूल जाती है, तो फिर सहृदय दर्शक कैसे मुह्यमान हुए बिना रह सकता है। पारसी थिएटर की 'मिस पुटी' भी तो 'सीता' की भूमिका में कलकत्ता के अल्फ्रेड करिंथियन-रंगमंच पर उतरती है। नेपथ्य से रंगमंच पर आते-आते तक न जाने कितनी बार उसकी कमर बल खा जाती है। प्रत्येक 'प्रस्थान' और 'प्रवेश' में वह फतह-पेंची लचक-मटक दिखाती है कि कितने ही छापा-तिलकधारी रामभक्तों का ईमान डोल जाता है। बड़े-बड़े धर्मात्मा सेठ भी आर्चेष्ट्रा में बैठे-बैठे ऐंठने लग जाते हैं। उसकी एक-एक चंचल चितवन में सीता के आदर्श की हत्या और हर एक मनहर मुस्कान में राम की मर्यादा की अवहेलना होती है।

और, वहाँ के 'राम' भी बड़े रसीले होते हैं। नेपथ्य की ओर जाते समय ऐसी तिरछी निगाहों के साथ सीता को अपनी लटपटी गलबहियों में समेट ले जाते हैं कि तालियों की गड़गड़ाहट के मध्य उन्हें बारम्बार 'प्रस्थान' और 'प्रवेश' करना पड़ता है। कहिए, कहाँ छमाछम और कहाँ आदर्श! क्यों न समझदारों को इस बात का एतराज हो कि वेश्याओं से देवियों के पार्ट न कराए जायँ? रंगमंच तो वास्तविकता, स्वाभाविकता और आदर्श के प्रकृत प्रदर्शन का स्थान है, यारों के फँसाने का शिकारगाह नहीं—अपने हुनर और नखरे का इश्तहार चिपकाने के लिए पोस्टर-बोर्ड नहीं। किन्तु, इसे समझे कौन? हमारे समाज की जनता ही ऐसी बुद्धू है कि नाटक को वेश्यानृत्य की तरह सिर्फ दिलबस्तगी का एक सामान समझती है।

आशा है, इस लेख को पढ़कर नाटक-प्रेमी सज्जन टुक विचार करेंगे और बंगालियों के नाटक-प्रेम से कुछ सबक भी सीखेंगे। हमारी तो ईश्वर से यही प्रार्थना है कि नाटक जैसे साहित्य के उत्तमांग पर हिन्दी वालों का पूर्ण अनुराग और श्रद्धा हो। साथ ही, पत्र-सम्पादकों से प्रार्थना है कि जब तक हिन्दी में खास तौर से कोई नाटक-सम्बन्धी पत्र नहीं निकलता, तब तक प्रधान एवं प्रसिद्ध पत्र-पत्रिकाओं में इसके लिए वे कृपा करके विशेष स्तम्भ निश्चित कर दें, या एतद्विषयक सचित्र-अचित्र लेख-संवादादि को प्रश्रय दिया करें, ताकि इस विषय के हर एक बाजू पर सदा प्रकाश पड़ता रहे।* एवमस्तु!

—मासिक 'माधुरी' (लखनऊ); वर्ष 6ः श्रावण, 304 तुलसी-संवत् (1984 वि.)

---

* इस लेख में जो चित्र छपे थे, उनका संक्षिप्त विवरण— 1. श्रीकृष्ण और द्रोपदी— श्रीइन्दुभूषण मुखोपाध्याय और श्रीमती विभावती; 2. आलमगीर—श्रीशिशिरकुमार भादुड़ी, एम. ए.; 3. भीम—श्रीननि गोपाल मल्लिक; 4. अर्जुन—श्री अहीन्द्र चौधुरी; 5. नियति (भाग्य)—श्रीमती नीहारबाला; 6. राम—शिशिरकुमार भादुड़ी; 7. लव—श्रीजीवनभूषण गंगोपाध्याय 8-9. बाबू सुरेन्द्रनाथ घोष (दानी बाबू) —आह्लाद की मुद्रा में, भय की मुद्रा में; 10. दुःशासन—श्री दुर्गादास बंद्योपाध्याय

❑❑